DRAWING NOW 2015

Herausgegeben von | Edited by
Klaus Albrecht Schröder und | and Elsy Lahner

HIRMER ALBERTINA

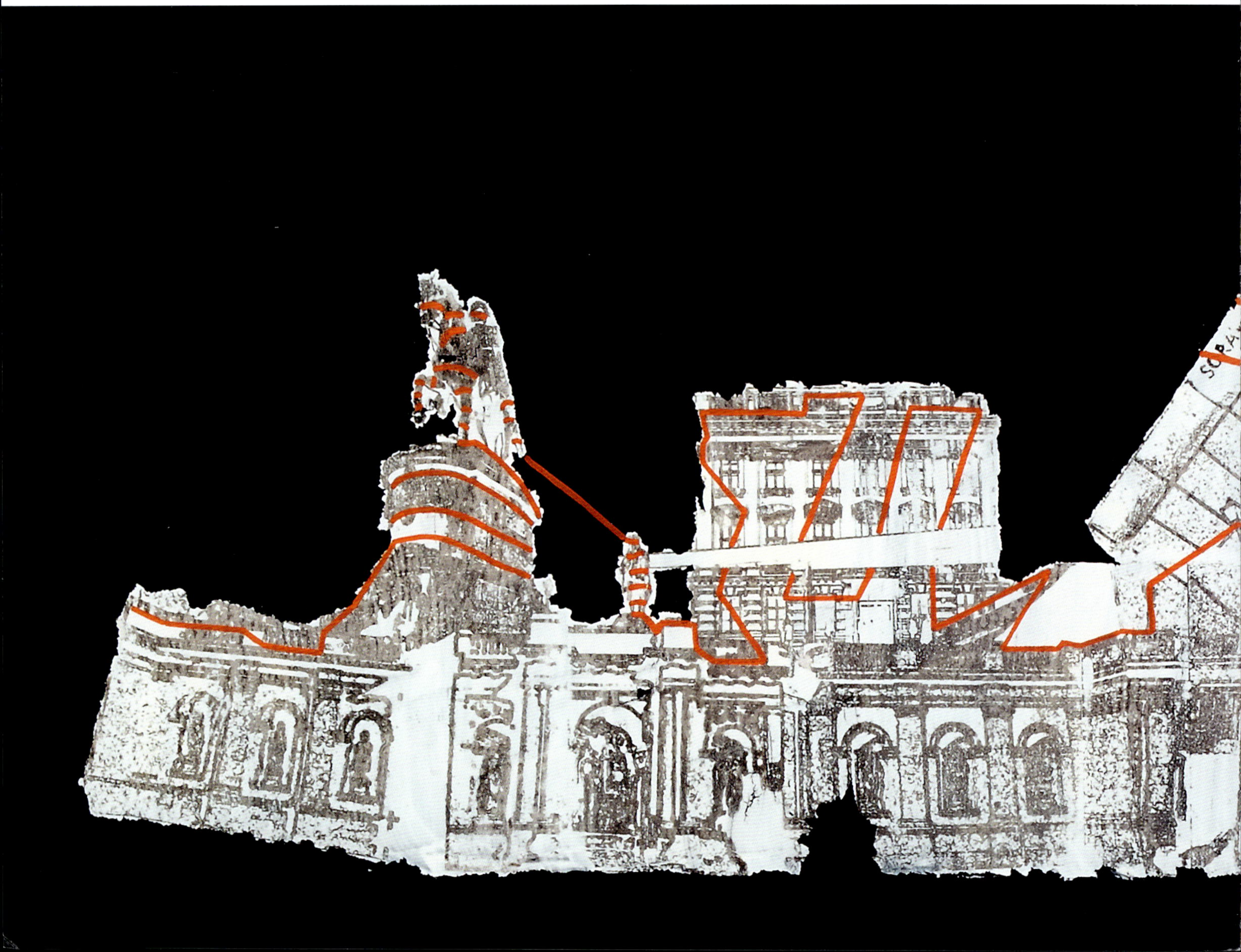

DRAWING NOW 2015

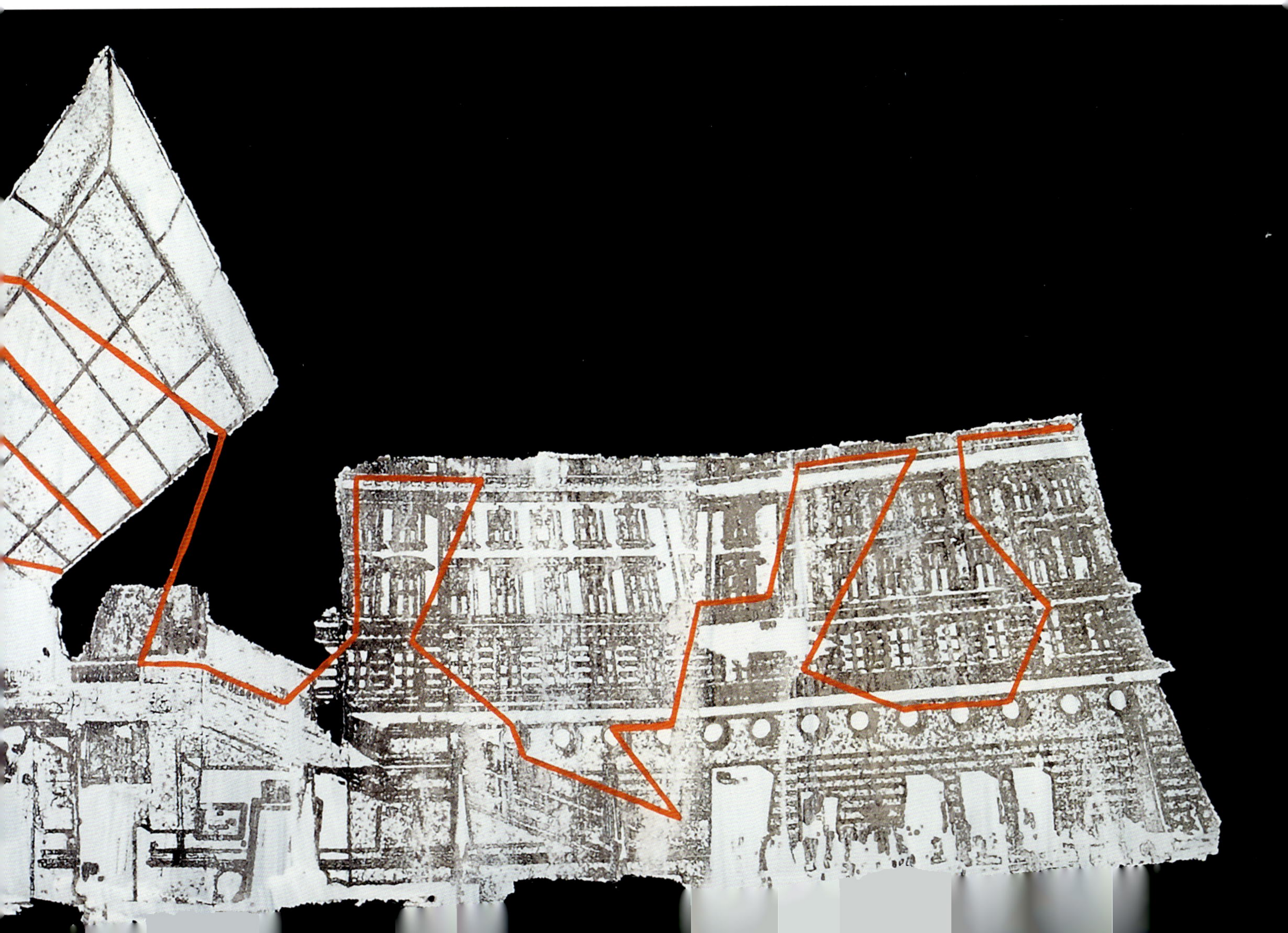

Wir danken allen Autorinnen und Autoren für ihre Textbeiträge |
We would like to thank all the authors for their contributions

Julien Bismuth, Künstler | artist, New York

Iara Boubnova, Gründungsmitglied und Direktorin | founding member and director of the | des Institute of Contemporary Art, Sofia

Katrin Bucher-Trantow, stellvertretende Leitung und Kuratorin | deputy manager and curator, Kunsthaus Graz

Catherine de Zegher, Museumsdirektorin | museum director, MSK Gent | Ghent

Marc Donnadieu, Kurator für zeitgenössische Kunst | curator for contemporary art, Lille Métropole Musée d'art moderne, d'art contemporain et d'art brut (LaM), Villeneuve d'ascq, Frankreich | France

Nina Folkersma, Kuratorin und Kunstkritikerin | curator and art critic, Amsterdam

David Frankel, Textredakteur | contributing editor, *Artforum*, New York

Paz Guevara, freie Kuratorin | independent curator, Berlin

Anita Haldemann, Leiterin ad interim | interim director, Kupferstichkabinett, Kunstmuseum Basel

Verena Hein, Kuratorin und Leitung Ausstellungen | curator and head of exhibitions, Museum Villa Stuck, München | Munich

Antonia Hoerschelmann, Kuratorin, Kunst des 20. Jahrhunderts und zeitgenössische Kunst | curator, 20th-century and contemporary art, Albertina, Wien | Vienna

Brigitte Huck, Kuratorin und Kunstkritikerin | curator and art critic, Wien | Vienna

Peter R. Kalb, Cynthia L. and Theodore S. Berenson Associate Professor of Contemporary Art, Brandeis University, Waltham, MA, USA

Joanna Kleinberg Romanow, außerordentliche Assistenzkuratorin | adjunct assistant curator, The Drawing Center, New York

Anders Kreuger, Kurator | curator, Museum van Hedendaagse Kunst (MuHKA), Antwerpen | Antwerp

Brett Littman, Leitender Direktor | executive director, The Drawing Center, New York

Aleksandra Mir, Künstlerin | artist, London

Hansi Momodu-Gordon, freie Kuratorin | independent curator, London

Bob Nickas, Autor und Kurator | writer and curator, New York

Warren Niesłuchowski, nomadischer Autor und Kurator | nomadic writer and curator

Paul Noble, Künstler | artist, London

Ursula Maria Probst, freie Kuratorin, Kunstkritikerin, Künstlerin, Kunsthistorikerin | independent curator, art critic, artist, art historian, Wien | Vienna

Christian Rattemeyer, Harvey S. Shipley Miller Kurator | associate curator, Department of Drawings and Prints, Museum of Modern Art, New York

Hans Rudolf Reust, Kunstkritiker | art critic, Studienbereichsleitung Fine Arts, Hochschule der Künste Bern

Andreas Schalhorn, Kurator für moderne und zeitgenössische Kunst | curator of modern and contemporary art, Kupferstichkabinett, Staatliche Museen zu Berlin

Bernhart Schwenk, Kurator für Gegenwartskunst | curator of contemporary art, Pinakothek der Moderne, München | Munich

Jasper Sharp, außerordentlicher Kurator für moderne und zeitgenössische Kunst | adjunct curator for modern and contemporary art, Kunsthistorisches Museum, Wien | Vienna

Andreas Spiegl, Senior scientist, Akademie der bildenden Künste Wien | Vienna

Eva Maria Stadler, Professorin für Kunst und Wissenstransfer | professor of art and knowledge transfer, Universität für angewandte Kunst, Wien | Vienna

Jonas Storsve, Leiter, Grafische Abteilung | keeper, Department of Drawings, Musée national d'art moderne, Centre Pompidou, Paris

Katharine Stout, Stellvertretende Direktorin | associate director, The Drawing Room, und Programmleiterin | and head of programme, Institute of Contemporary Arts, London

Hans-Peter Wipplinger, Direktor | director, Kunsthalle Krems

Vorwort | Preface

Die Zeichnung gilt seit der Renaissance nicht nur als die Mutter aller Künste, sie ist auch die traditionellste und am wenigsten ästhetischen Revolutionen und Umbrüchen zugetane Kunstgattung. Länger als jede andere Kunstform hält sie am Papier als Bildträger und am Bleistift bis zur Kohle, am Aquarell bis zu verschiedenen Farbkreiden als Zeichen- und Malmittel fest. Darüber hinaus wird die Zeichnung – entgegen aller künstlerischen Erfahrung – als unmittelbarstes künstlerisches Ausdrucksmittel angesehen: als der direkte Niederschlag des Temperaments. Demgegenüber werden die anderen traditionsreichen Kunstgattungen der Malerei und Skulptur viel eher als Ergebnis von Planung und Vorbereitung, von Überlegung und Konzept angesehen.

Nicht zuletzt werden der Zeichnung weithin die skizzenhafte Vorläufigkeit, das Prozesshafte, Spontane und die Brisanz des direkten Ausdrucks zugeschrieben. Bildhafte Zeichnungen und Aquarelle werden hingegen eher immer als Sonderfall der Zeichnung betrachtet und nicht als das, was sie eigentlich sind: Bilder. Bilder, die nicht auf Leinwand oder Holz gemalt sind, sondern eben auf Papier oder Pergament. Von Albrecht Dürers *Feldhasen* über Pieter Brueghels »Vorzeichnungen« für Stiche bis zu den Kreidezeichnungen Jean-Honoré Fragonards, den Aquarellen Rudolf von Alts oder den Gouachen Egon Schieles: All diese Künstler haben »Bilder« auf Papier geschaffen.

Erst weit in der zweiten Hälfte des 20. Jahrhunderts hat die bereits seit der Erfindung der Collage und Assemblage grassierende »Expansion« der Künste die Zeichenkunst ergriffen und mit Sol LeWitt in Form der Wall Drawings den Sprung vom Papier auf die Wand oder mit Fred Sandback in den Raum gemacht, bis sie schließlich mit William Kentridge die Hauptrolle im Animationsfilm übernommen hat.

Den der Zeichenkunst zugeschriebenen Charakter der größten Subjektivität hat sie spätestens mit der Concept Art hinter sich gelassen. Das Wesen der Skizzenhaftigkeit und Spontanität hat die Zeichenkunst mit allen Formen der fotorealistischen Präzision ad acta gelegt: von der Neuen Sach-

Drawing has not only been regarded since the Renaissance as the mother of all the arts, it is also the most traditional artistic technique and the least affected by aesthetic revolutions and upheavals. Longer than any other art form it has remained firmly bound to paper as the picture support and to pencil, charcoal, watercolor, or various colored chalks as the drawing media. In addition, drawing—in the face of all artistic experience—is seen as the most immediate means of artistic expression: as the direct manifestation of temperament. By comparison, the other long-established artistic techniques, namely painting and sculpture, are regarded much more as the result of planning and preparation, of consideration and concept.

Not least, the sketched tentativeness, process-oriented spontaneity, and explosiveness of direct expression are qualities largely attributed to drawing. By contrast, pictorial drawings and watercolors are more likely to be regarded as a special case in drawing, rather than as what they actually are: pictures. Pictures painted not on canvas or wood, but on paper or parchment. From Albrecht Dürer's *Hare* and Pieter Brueghel's "sketches" for engravings, all the way to the chalk drawings of Jean-Honoré Fragonard, the watercolors of Rudolf von Alt, or the gouaches of Egon Schiele: all these artists created "pictures" on paper.

It was only well into the twentieth century that drawing too was seized by the rampant expansion of the arts since the invention of collage and assemblage and with Sol LeWitt made the leap from paper to the wall in the form of wall drawings, or with Fred Sandback from the flat surface into three dimensions, until finally with William Kentridge it took on the lead role in animated films.

lichkeit bis zu den monumentalen Kohlezeichnungen Robert Longos. Nun konnte und durfte auch die Zeichnung – wie alle anderen Künste – alles! Sie durfte – ohne ihr Wesen zu verraten – fast jede Erscheinung annehmen.

Grund genug, dass die Albertina mit ihrer größten und bedeutendsten Sammlung der Zeichnung und Druckgrafik sich einer Bestandsaufnahme annimmt, was Zeichnung denn heute – *Drawing Now* – für Künstlerinnen und Künstler bedeutet, und zwar in globaler Perspektive, ohne Nationalismen und ohne mediale Scheuklappen, wie sie nur allzu leicht in sogenannten grafischen Sammlungen und Kupferstichkabinetten angelegt werden.

Die Ausstellung – *Drawing Now: 2015* – bietet also einen aktuellen Überblick und zeigt 35 ausgewählte internationale Positionen der Zeichnung heute in ihren spannenden Ausprägungen und Dimensionen – von abstrakt bis gegenständlich, von kleinen bis hin zu monumentalen Formaten, von der schnell hingeworfenen Skizze bis zum vorab konzipierten Großprojekt. Die Linie der Zeichnung breitet sich in der Ausstellung vom Blatt Papier auf die Wand oder die Decke aus. Sie erstreckt sich in den Raum oder wird in Videoarbeiten animiert. Das inhaltliche Spektrum reicht von privaten Erlebnissen, die im spontanen Tagebucheintrag ihren Niederschlag finden, über schlichte Alltagsbeobachtungen und skurrile Episoden bis hin zum politischen Ereignis.

Die Künstlerinnen und Künstler reflektieren in ihren Arbeiten das Medium der Zeichnung als objektivierten Prozess oder unter dem Zeitaspekt, sie untersuchen die Produktionsbedingungen der Zeichnung. Behandelt werden ebenso die vorgefundene und angeeignete Zeichnung wie die Zeichnung als performativer oder kollaborativer Akt.

Durch die Intervention von Rainer Prohaska, *Drawing an Orange Line*, erfährt die Ausstellung eine zusätzliche Erweiterung im Außenraum, wenn orangene Zurrgurte die Albertina umspannen und so in ein dreidimensionales Drawing-Board verwandeln.

The character of maximum subjectivity attributed to drawing was abandoned at the latest with conceptual art. Drawing relegated the quality of the sketch and spontaneity to the archive when various forms of photo-realist precision came along, from Neue Sachlichkeit to the monumental charcoal drawings by Robert Longo. Now drawing too could, indeed it had to, do anything—like all the other arts. It could take on any manifestation without betraying its essence.

Reason enough for the Albertina, with its largest and most significant collection of drawings and prints to take stock of what drawing today—*Drawing Now*—means for artists, and to do this with a global perspective, without the nationalist or media-specific blinkers which are too easily made use of in departments of drawings and prints.

The exhibition *Drawing Now: 2015* thus offers a current overview with works by 35 selected international artists and artist groups in all their exciting manifestations and dimensions, from abstract to figural, from small to monumental, from the rapid sketch to the planned major project. In the exhibition, the line of the drawing spreads out from the sheet of paper to the wall or the ceiling. It extends into three-dimensional space or is animated in video works. The thematic spectrum ranges from private experiences reflected in spontaneous diary entries via simple everyday observations and droll episodes all the way to political events.

The artists in their works reflect on the medium of drawing as an objectified process, or, considering the aspect of time, they investigate the production conditions of drawing. The found and appropriated drawing is dealt with as is drawing as a performative or collaborative act.

Mit dem Titel *Drawing Now: 2015* knüpft die Albertina an den Anspruch einer Ausstellung an, die zuletzt 1977 als Kooperation mit dem Museum of Modern Art (MoMa) in New York in der Albertina zu sehen war. *Drawing now – Zeichnung heute* ermöglichte damals primär aus amerikanischer Sicht einen Überblick zur zeitgenössischen Zeichnung und deren relevanten Strömungen. *Drawing Now: 2015* verfolgt ein ähnliches Anliegen. Die diesjährige Ausstellung ist demnach keine Momentaufnahme eines einzigen Jahres, noch erhebt sie den Anspruch einer globalen Gesamtschau enzyklopädisch-lexikologischer Dichte. Global ist der Horizont der Ausstellung. Sie bietet eine Bestandsaufnahme der letzten zehn Jahre und gibt anhand von ausgewählten Positionen wesentliche Tendenzen der Zeichnung von heute wieder. Sie präsentiert Künstlerinnen und Künstler, die die Zeichnung in dieser Zeitspanne zu ihrem vorrangigen Medium gemacht und sie besonders geprägt haben. Die Albertina zeigt Künstlerinnen und Künstler, in deren Werk der Zeichnung jedenfalls ein ganz zentraler Bereich innerhalb des Gesamtwerks eingeräumt wird. Der Fokus liegt dabei auf den Geburtsjahrgängen der 1960er- und 1970er-Jahre, doch teils finden auch Kunstschaffende, die erst in den letzten Jahren eine radikale neue zeichnerische Richtung eingeschlagen haben, in der Ausstellung Berücksichtigung. Die Albertina plant, *Drawing Now* in unregelmäßigen Abständen mit jeweils unterschiedlichen Schwerpunktsetzungen als Reihe fortzusetzen.

Mein ausdrücklicher Dank gilt allen Künstlerinnen und Künstlern für ihre Teilnahme, für die hervorragende Zusammenarbeit und für ihr Engagement für diese Ausstellung. Danken möchte ich auch besonders allen Leihgebern, die uns großzügig mit Werken unterstützt haben, sowie allen Autorinnen und Autoren, die eigens für den vorliegenden Katalog Textbeiträge zu den einzelnen Künstlerinnen und Künstlern verfasst haben. Ein großer Dank gilt auch den Galerien, die uns in der Organisation der Ausstellung behilflich waren.

The exhibition expands outdoors with *Drawing an Orange Line*, an intervention by Rainer Prohaska: the orange lashing straps wrapped around the Albertina transform the museum's façade into a three-dimensional drawing board.

With the title *Drawing Now: 2015* the Albertina is picking up on the aspiration of an exhibition which was last seen in the Albertina in 1977 in cooperation with the Museum of Modern Art (MoMA) in New York. *Drawing Now—Zeichnung heute* allowed, at the time primarily from an American point of view, an overview of contemporary drawing and its relevant tendencies. *Drawing Now: 2015* pursues a similar concern. This year's exhibition is thus not a snapshot of a particular year, nor does it claim to be a global show of encyclopedic or lexicological density. What is global is the exhibition's horizon. It takes stock of the last ten years, and, through selected artists, reflects the important trends of drawing today. It presents artists who have made drawing their primary medium, who have influenced it during this period. The Albertina shows artists in whose work drawing is accorded in any case a central position within their total œuvre. The focus is on those born in the 1960s and 1970s, but also including a few artists who in the last few years have struck out in a radically new direction. The Albertina is planning to continue *Drawing Now* at irregular intervals as a series whose episodes will each have different focal points.

I would like to expressly thank all the artists for taking part, for the excellent collaboration, and for their commitment to this exhibition. I should also like to thank all those who have loaned works for their generous support, and all the authors who have written articles on the individual artists for the present catalogue. I am also extremely grateful to the galleries that have helped us to organize the exhibition.

Für das Zustandekommen dieser Ausstellung danke ich insbesondere Elsy Lahner, der Kuratorin für zeitgenössische Kunst an der Albertina, die meine ursprüngliche Idee, *Drawing Now: 2015* zu realisieren nicht nur aufgegriffen, sondern letztendlich zutiefst zu ihrem eigenen Projekt gemacht hat. Sie hat die Ausstellung konzipiert, die Auswahl der Künstlerinnen und Künstler sowie deren Werke vorgenommen. Ich danke weiter allen Mitarbeiterinnen und Mitarbeitern, die zum Gelingen der Ausstellung beigetragen haben: Barbara Buchbauer vonseiten des Ausstellungsmanagements, Margarete Heck für die editorische und produktionstechnische Betreuung des Katalogs und Melissa Lumbroso für die kuratorische Assistenz. Bedanken möchte ich mich an dieser Stelle auch bei Klaus E. Göltz, der für die grafische Gestaltung des Katalogs verantwortlich war, sowie bei Walter Kirpicsenko, der die Ausstellungsarchitektur entworfen hat.

Drawing Now: 2015 ist eine Ausstellung, die nicht nur einer der Kernkompetenzen der Albertina entspricht. *Drawing Now: 2015* fordert in ihrer Erscheinung diese Kernkompetenz der Albertina auch heraus und wird dergestalt zum Auftrag für unser Museum, niemals zu erstarren, immer offen zu bleiben für Experimentelles und jenes Abenteuer, das allein aus der Entdeckung des Unbekannten, des Noch-nie-Gesehenen resultiert.

Klaus Albrecht Schröder
Direktor

I am particularly grateful to Elsy Lahner, the curator of contemporary art at the Albertina, for enabling this show to take place. She not only seized upon my idea for a *Drawing Now: 2015* exhibition, but ultimately made it her own project in a very profound sense. She developed the concept of the exhibition and selected the artists and works. I am also grateful to all the staff who have contributed to the success of the exhibition: Barbara Buchbauer from the exhibition management team, Margarete Heck for seeing to the editorial and production side of the catalogue, and Melissa Lumbroso as assistant curator. I would also like to thank Klaus E. Göltz, who was responsible for the graphic design of the catalogue, and Walter Kirpicsenko, who designed the exhibition architecture.

Drawing Now: 2015 is an exhibition that not only fulfills one of the core competencies of the Albertina but also challenges this core competency, and to that extent calls upon our museum never to allow itself to get into a rut, but always to remain open to experimentation and the adventure that results solely from the discovery of the unknown, the not-yet-seen.

Klaus Albrecht Schröder
Director

FOLGENDE SEITEN | FOLLOWING PAGES
Nikolaus Gansterer
Thinking Matters Other Others, 2014
Performance Lecture

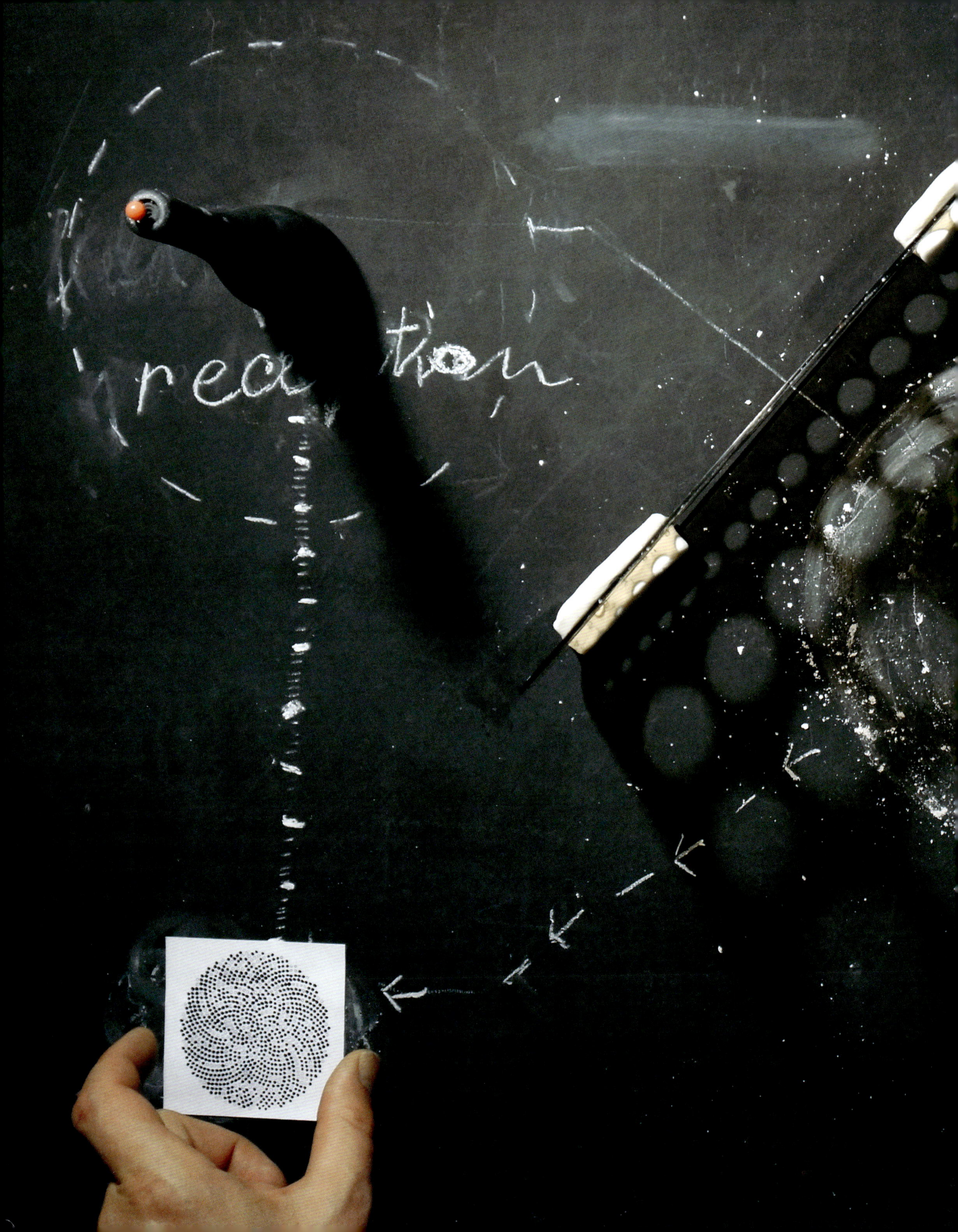

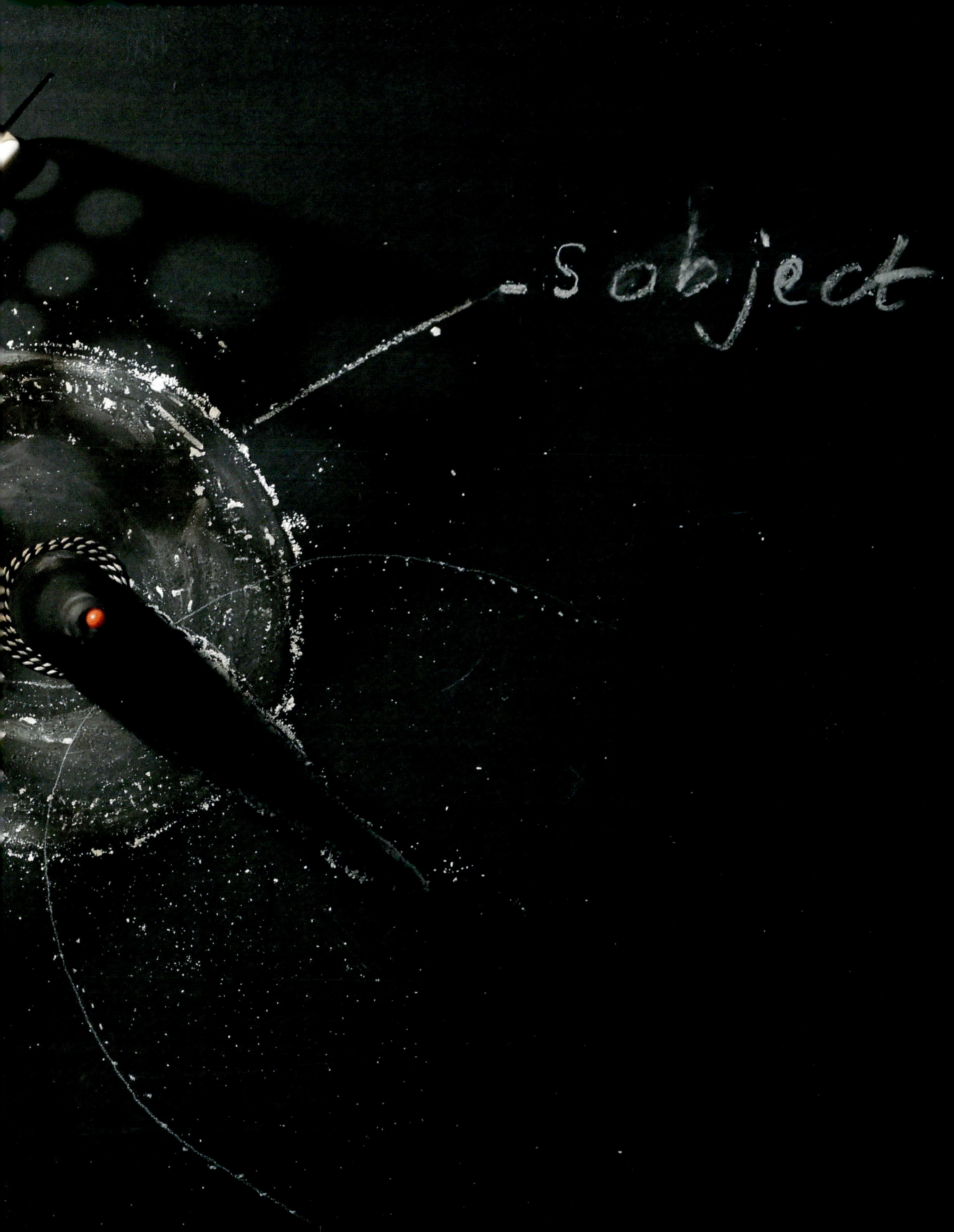
subject

Die Zeichnung und ihr Potenzial
Drawing and Its Potential

Elsy Lahner

Zeichnung ist allgegenwärtig – von der allerersten Kinderzeichnung bis hin zu Piktogrammen oder dem Graffiti-Tag auf der Straße, dem Comic oder der Graphic Novel oder dem eigenen Kugelschreibergekritzel während eines Telefonats.

Zeichnung ist ein »demokratisches Medium«,[1] das allen offensteht. Dies hebt sie von anderen Gattungen der Bildenden Kunst ab und hat sie durch die Kunstgeschichte hindurch deshalb auch oft im Schatten von Malerei und Bildhauerei erscheinen lassen. Doch gerade die Omnipräsenz der Zeichnung offenbart ihr Potenzial und ihre Vielseitigkeit, der sich Künstlerinnen und Künstler bedient haben und auch heute bedienen.

Vor allem im 20. Jahrhundert hat sich die Zeichnung deutlich emanzipiert. Die Zeichnung der Gegenwart scheint keine Grenzen zu kennen, weder was die Technik noch was die Dimensionen betrifft. Was heute als Zeichnung gilt, hat sich geändert und wurde in den letzten Jahren auch in den verschiedensten internationalen Zeichnungsausstellungen thematisiert, besonders anschaulich 2010 im Museum of Modern Art (MoMa), New York, in *On line. Drawing Through the Twentieth Century,* kuratiert von Cornelia H. Butler und Catherine de Zegher.

So kann eine Linie, die beim Gehen in einer Wiese entsteht, wie in Richard Longs legendärer Arbeit *A Line made by Walking* von 1967, ebenso als Zeichnung betrachtet werden wie die im Raum gespannten Schnüre von Fred Sandback, die Filmarbeiten von William Kentridge oder eine Performance von Joan Jonas oder Anne Teresa De Keersmaeker. Karin Sander zeichnete 1998 mit Haaren, die sie einzeln auf ein Blatt Papier fallen ließ. Wim Delvoye überträgt seine Zeichnungen als Tätowierungen auf die Haut von Menschen und Schweinen, Cai Guo-Qiang lässt sie als ephemere Erscheinung als Feuerwerk am Himmel entstehen. Vieles lässt sich als Zeichnung interpretieren und lesen: eine einfache Linie, eine Spur, ein Abdruck, ein Fleck, ein Schatten. Die Gefahr besteht höchstens, zu viel als Zeichnung einzuordnen.[2]

Drawing is ubiquitous, from the very first children's attempts at depiction all the way to pictograms or the graffiti tag on the street, the comic or the graphic novel, or one's own doodles with a ballpoint pen while on the phone. Drawing is a "democratic medium"; it is open to all.[1] This distinguishes it from other genres of visual art, and as a result throughout the history of art it has often been overshadowed by painting and sculpture. But it is precisely the ubiquity of drawing that reveals its potential and its versatility, which has been, and continues to be, exploited by artists.

Above all in the twentieth century, drawing underwent a significant emancipation process. The drawing of the present day seems to know no bounds with regard to either technique or dimensions. What is today regarded as drawing has changed, and in recent years this theme has been addressed in a wide range of international drawing exhibitions, particularly clearly in the 2010 show in the Museum of Modern Art (MoMA), New York, in *On Line: Drawing Through the Twentieth Century,* curated by Cornelia H. Butler and Catherine de Zegher.

Thus a line that comes into being when walking through a meadow, as in Richard Long's legendary 1967 work *A Line Made by Walking*, can just as well be regarded as a drawing as the yarn tensed in a room by Fred Sandback, the film works of William Kentridge, or a performance by Joan Jonas or Anne Teresa De Keersmaeker. In 1998 Karin Sander drew with hairs that she dropped one by one onto a sheet of paper. Wim Delvoye transfers his drawings as tattoos onto the skins of people and pigs; Cai Guo-Qiang has them appear as ephemeral phenomena as fireworks in the sky. Many things can be interpreted and read as drawings: a simple line, a trail, an imprint, a mark, a shadow. The danger consists, if at all, in categorizing too much under the heading "drawing."[2]

Auch *Drawing Now: 2015* veranschaulicht das große Spektrum von Zeichnung heute. Neben kleineren Formaten, wie den spontanen Zeichnungen von Tomma Abts oder Olga Chernyshevas Straßenszenen, finden sich die monumentalen Stadtentwürfe von Paul Noble oder eine expressive Arbeit von Erik van Lieshout; neben in schwarz-weiß gehaltenen Zeichnungen von Chloe Piene oder Marc Bauer die farbenfrohen Buntstiftzeichnungen von Amy Cutler oder die großformatigen Aquarelle von Los Carpinteros. Bei Muntean / Rosenblum, Dan Perjovschi oder David Shrigley wird die Zeichnung um Wörter und Textpassagen ergänzt.

Als Bildträger fungiert nicht nur das weiße Platt Papier. Michaël Borremans etwa greift auf Briefumschläge und Buchdeckel zurück, Sandra Vasquez de la Horra zeichnet auf andere gefundene Papiersorten, wie etwa alte Geschäftsbücher, und überzieht das Papier im Anschluss mit Wachs. Toba Khedoori setzt ihre Zeichnungen direkt in das mit Wachs bedeckte Papier, Mithu Sen ritzt ihre Zeichnungen in Plexiglas. Dan Perjovschi, Constantin Luser oder Lotte Lyon bewegen sich mit ihren Zeichnungen auf die Wand oder die Decke, während sich die Linie der Zeichnung bei Monika Grzymala oder Fritz Panzer in den Raum ausbreitet oder von David Shrigley in seinen Videoanimationen in Bewegung versetzt wird. Marc Bauer setzt unzählige seiner Zeichnungen auf Plexiglasplatten zu Filmen zusammen. Bei Nikolaus Gansterer findet die Zeichnung als performativer Akt statt. Auch die Form der Präsentation der Arbeiten spielt oftmals eine entscheidende Rolle. Für Silvia Bächli sind die Abstände zwischen ihren Blättern als weiße Platzhalter ebenso wichtig, wie die einzelnen Gouachen. Marcel van Eeden nimmt in seinen Arrangements Bezug zu den Kadern eines Filmstreifens.

Vorrangig sticht einem die formale Vielfalt der gezeigten Arbeiten ins Auge. Der Fokus der Ausstellung liegt dennoch nicht allein auf formalen Kriterien. Vielmehr soll veranschaulicht werden, welche Themen die Künstlerinnen und Künstler aufgreifen, um sie speziell mithilfe der

Drawing Now: 2015 illustrates the broad spectrum of today's drawing. Alongside smaller formats, such as the spontaneous drawings of Tomma Abts, or Olga Chernysheva's street scenes, there are the monumental city designs by Paul Noble and an expressive work by Erik van Lieshout; alongside the black-and-white drawings of Chloe Piene or Marc Bauer, we have the colorful drawings of Amy Cutler and the large-scale watercolors of Los Carpinteros. In the works of Muntean / Rosenblum, Dan Perjovschi, and David Shrigley, drawing is supplemented by words or passages of text.

White sheets of paper are not the only picture supports. Michaël Borremans, for example, uses envelopes and book covers; Sandra Vásquez de la Horra draws on other kinds of paper she finds, such as old ledgers, and finally coats the paper in wax. Toba Khedoori coats the paper with wax before drawing on it, Mithu Sen scratches her drawings into Plexiglas. Dan Perjovschi, Constantin Luser, and Lotte Lyon draw directly on walls or ceilings, while the line of drawing in Monika Grzymala's or Fritz Panzer's work spreads out into space, or is set in motion as in David Shrigley's video animations. Marc Bauer assembles countless drawings on Plexiglas plates into films. In the case of Nikolaus Gansterer, the drawing takes place as a performative act. Often the form of presentation also plays a crucial role. For Silvia Bächli, the distances between her sheets, as white placeholders, are just as important as are the individual gouaches. In his arrangements, Marcel van Eeden makes reference to the frames of a filmstrip.

What is perhaps most striking is the formal variety of the works on display. The focus of the exhibition is however not on formal criteria alone. Rather, the intention is to illustrate the variety of themes artists choose to take up and address specifically through the medium of drawing. For the

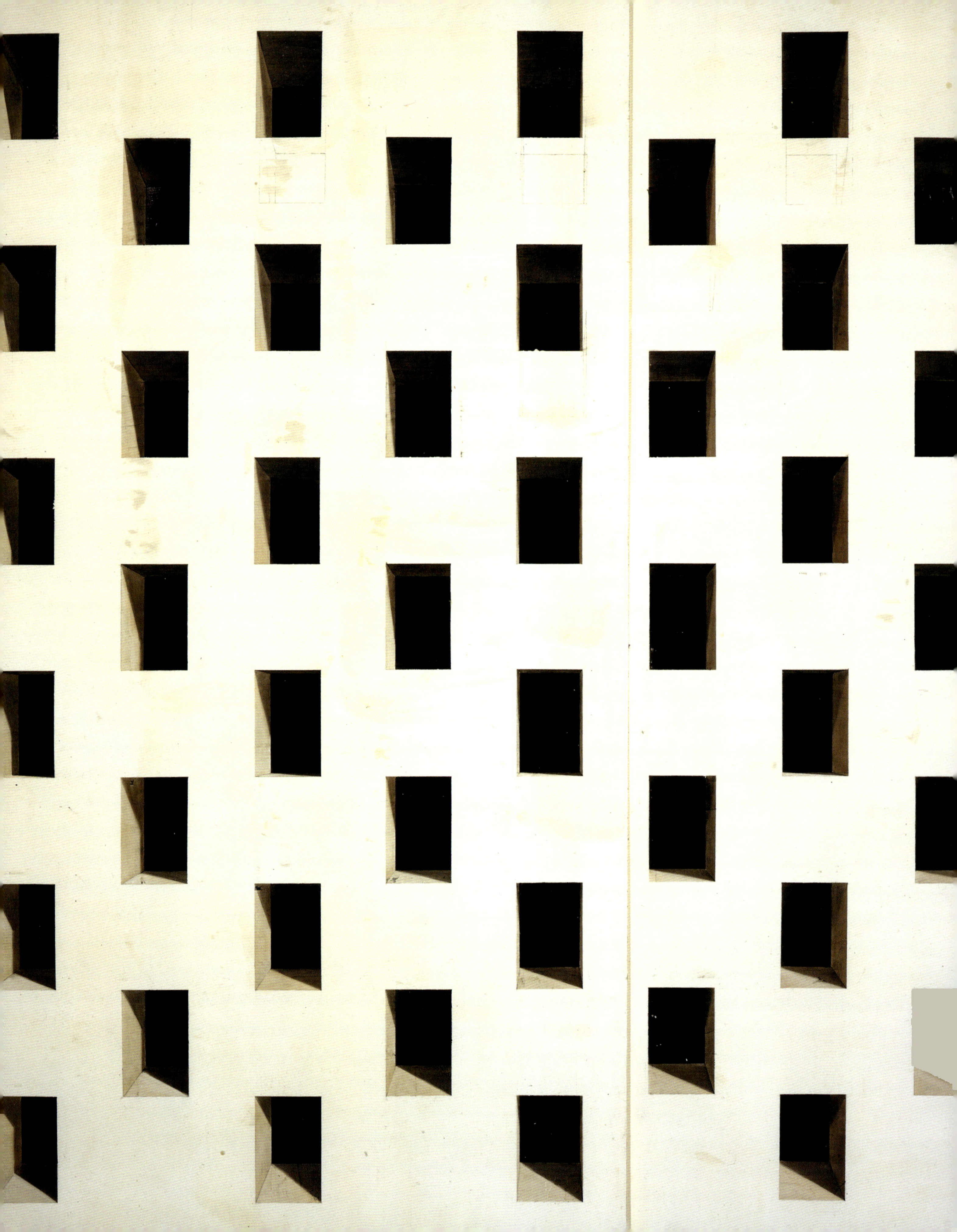

Zeichnung umzusetzen. Denn auch die Themen sind so mannigfaltig und unterschiedlich wie die Kunst im Allgemeinen. Sie kreisen um persönliche Erlebnisse oder historische Geschehnisse, Alltagsszenen oder politische Ereignisse, verweisen auf die Kunstgeschichte oder schöpfen aus der Populärkultur.

Doch in diesem Zusammenhang geht es auch um die Frage, welche Eigenheiten und Vorteile der Zeichnung die Künstlerinnen und Künstler für ihre Zwecke einsetzen. Im Folgenden sollen vier Aspekte herausgegriffen werden, die in dieser Ausstellung Berücksichtigung finden.

Intimität der Zeichnung

Die Zeichnung ist im Vergleich zu anderen Kunstgattungen sicherlich privater und intimer, sowohl in der Anfertigung als auch in der Präsentation. Aufgrund ihrer Fragilität und Lichtempfindlichkeit eignet sie sich weniger zu Repräsentationszwecken. Oftmals muss sie im Verborgenen gehütet werden und darf nur für besondere Gelegenheiten ans Licht. Zarte Linien machen es unter Umständen erforderlich, näher an das Blatt heranzutreten.

Genau diesen Aspekt der Intimität der Zeichnung machen sich auch einige der in der Ausstellung vertretenen Künstlerinnen und Künstler zunutze. Manche Werke zeigen erst bei näherer Betrachtung ihr wahres Gesicht, bekunden ihre eigentliche Aussage.

Die zarten Arbeiten von Michaël Borremans ermuntern einen durch ihr kleines Format und die augenscheinliche Lieblichkeit, die Zeichnung genauer zu betrachten, um einen erst dann abrupt mit den dargestellten, teils schauderhaften Details zu konfrontieren und oftmals abzustoßen. Jorinde Voigts Arbeiten hingegen können auf den ersten Blick ausschließlich als ästhetische abstrakte Zeichnungen betrachtet werden. Wer nähertritt, dem offenbart sich mittels per Hand eingefügter

themes are no less manifold and diverse than in art generally. They cover personal experiences or historical events, everyday scenes or political happenings, make reference to art history or draw on popular culture.

But in this context, we are also concerned with the characteristics and the advantages of the drawing that the artists use for their purposes. In what follows, I shall concentrate on four aspects considered in this exhibition.

The Intimacy of the Drawing

Compared with other artistic techniques, drawing is certainly more private and intimate, both in its production and in its presentation. By dint of its fragility and sensitivity to light, a drawing is less suited to public display purposes. Often it has to be kept stowed away, only seeing the light of day on special occasions. Delicate lines may make it necessary to come nearer to the paper. It is precisely this aspect of the intimacy of the drawing that is put to use by some of the artists represented in the exhibition. Some works only show their true face on closer inspection; only then do they proclaim their real statement.

Through their small format and seeming charm, the delicate works of Michaël Borremans encourage beholders to look at the drawing more closely, only for them to be abruptly confronted with, and often repelled by, the sometimes horrific details. Jorinde Voigt's works, by contrast, may be seen at first sight as nothing more than aesthetic, abstract drawings. A closer look reveals fine lines and words added by hand unveiling a world of their own with many and various planes of

Toba Khedoori
Detail aus | of *Untitled (White Windows)*, 2005–2006
Wachs und Öl auf Papier | Wax and oil on paper

Wörter und feiner Linien eine eigene Welt der verschiedensten Bedeutungsebenen. Mithu Sen lässt in ihren Werken ebenfalls eine zusätzliche Ebene erkennen. In die Plexiglasabdeckungen ihrer Zeichnungen hat sie weitere Linien und Objekte geritzt, die jedoch nur bei bestimmten Lichtverhältnissen als Schatten auf dem Papier sichtbar werden.

Austausch mit dem Betrachter

Auch darüber hinaus ist der Betrachter von Zeichnungen – wie generell in der Kunst – oftmals gefordert, sich die Bedeutung eines Werks zu erschließen. So lassen etwa die Arbeiten von Julie Mehretu gewisse Assoziationen zu; eine Lösung zu dem, was mit den Linien und Schraffuren gemeint sein könnte, erhalten wir jedoch nicht. Im Gegensatz dazu sind die gegenständlichen Zeichnungen von Amy Cutler, Tatiana Trouvé, Marcel van Eeden, Jockum Nordström oder Michaël Borremans deutlich narrativer. Sie enthalten allerdings keinen vollständigen Erzählstrang, sondern liefern nur bestimmte Bilder und Eindrücke. Als Betrachter müssen wir selbst unsere Schlüsse daraus ziehen, interpretieren und die Geschichte weiterdenken.

David Shrigley denkt den Betrachter gleich von Beginn an mit. Für ihn ist die Zeichnung ein Mittel, um mit den Betrachtern seiner Werke in Austausch zu treten und zu kommunizieren. Dabei wählt er bewusst eine vereinfachte Bildsprache und kombiniert seine Zeichnungen gelegentlich mit Wörtern oder Sätzen. Er erreicht den Betrachter damit abseits von Ästhetik über simple Alltagsbeobachtungen und die Ebene des Humors. Dan Perjovschi geht es mit seinen Zeichnungen, die auch im Außenraum zu finden sind oder die er in Zeitungen und Künstlerbüchern publiziert, darum, diese sichtbar zu machen. Sein Anliegen ist es, das Publikum anzusprechen. Er ermuntert uns durch seine ironischen Slogans und politischen Piktogramme dazu, Stellung zu beziehen. Robin Rhode

meaning. An additional level can also be discovered in Mithu Sen's works. In the Plexiglas covers of her drawings she has scratched additional lines and objects, which are, however, only visible in particular lighting conditions as shadows on the paper below.

Interaction with the Beholder

Over and beyond this, too, beholders of drawings, as of art generally, are often urged to open themselves up to the meaning of a work. Thus the works of Julie Mehretu allow certain associations, but we do not find any solution as to what could be meant by the lines and hatching. By contrast, the figural drawings of Amy Cutler, Tatiana Trouvé, Marcel van Eeden, Jockum Nordström, and Michaël Borremans are substantially more narrative in character. However, they contain no complete narrative thread, supplying only individual pictures and impressions. As beholders we must draw our own conclusions, make our interpretations, and think the story further.

David Shrigley thinks of the beholder right from the start. For him drawing is a means to interact and communicate with the viewers of his works. In the process, he consciously chooses a simplified pictorial language and occasionally combines his drawings with words or sentences. In so doing he gets through to the beholder, away from the aesthetics, via simple everyday observations and the level of humor. Dan Perjovschi is concerned with making his drawings, which are sometimes displayed out of doors or published in newspapers or artist books, visible. He wants to address the public. He encourages us with ironic slogans and political pictograms to take sides. Robin Rhode takes the opposite path. He takes up the themes of the street and uses them to confront the

Amy Cutler
Detail aus | of *Stampede*, 2013
Gouache auf Papier | Gouache on paper

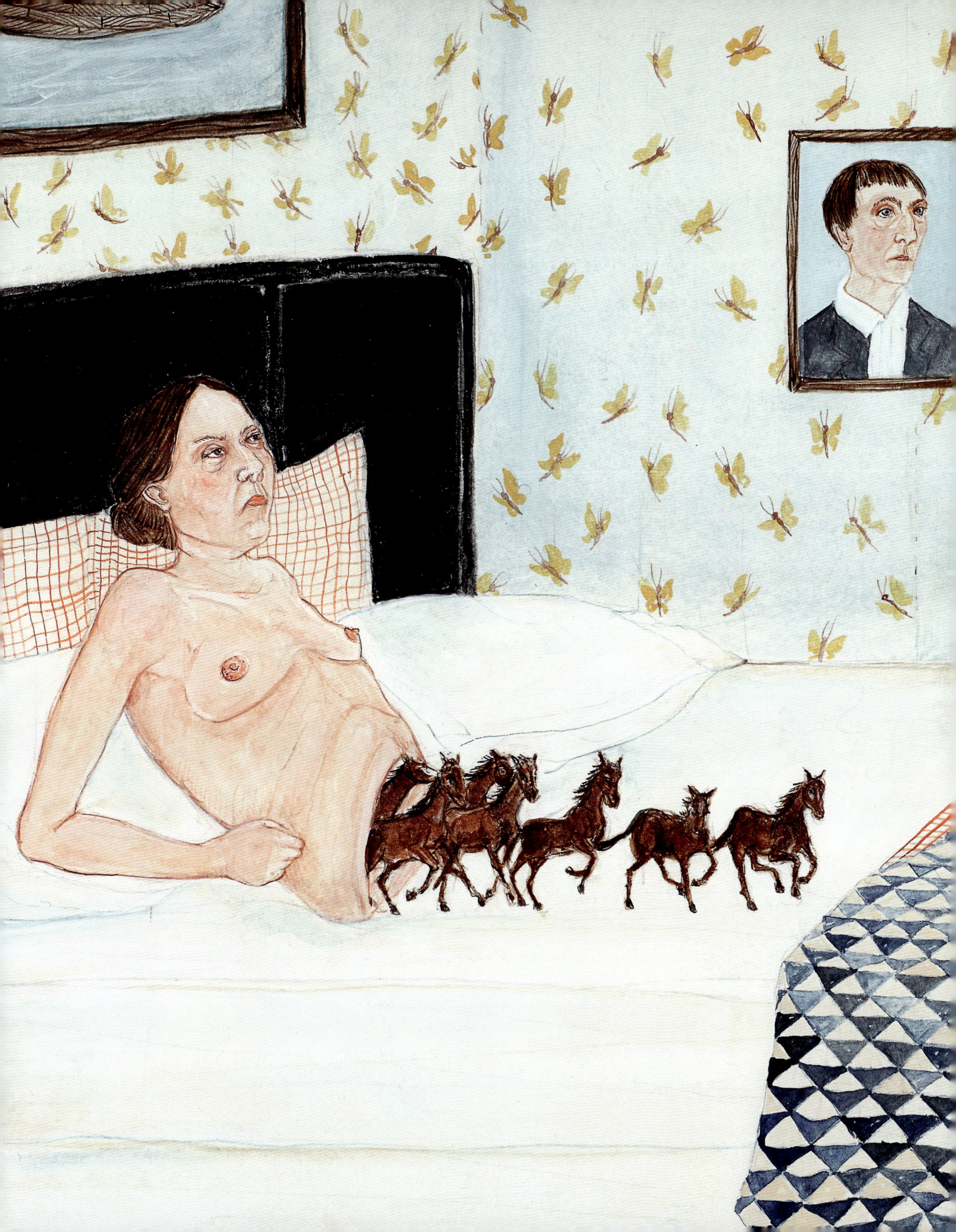

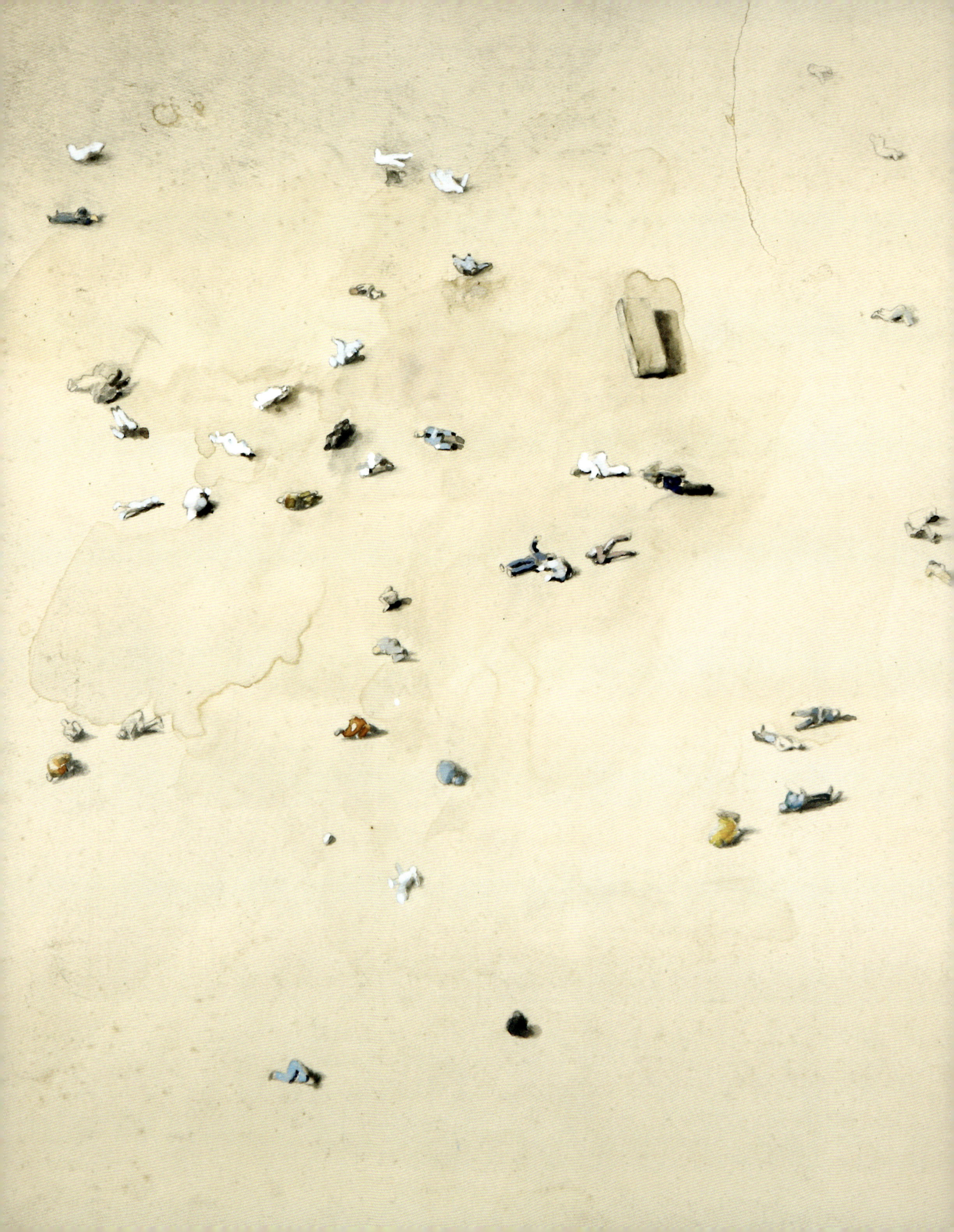

geht den umgekehrten Weg. Er greift die Themen der Straße auf und konfrontiert mit diesen die Besucher seiner Ausstellungen in Galerien und Museen. Dabei bedient er sich der Ausdrucksform der Streetart, zugleich pointiert-witzig und subversiv.

Der Zeitaspekt

Unsere Zeit ist eine schnelllebige. Wir sind täglich mit einer Flut von Bildern konfrontiert, die auf Plakaten, im Fernsehen, im Internet auf uns einwirken. Das Zeichnen bietet Künstlerinnen und Künstlern die Möglichkeit einer Entschleunigung, durch die sie die Bilder erfassen, festhalten und damit innehalten.

Andrea Bowers greift aus der Bilderflut einzelne, für sie prägnante Motive heraus und zeichnet die digitalen Bilder haarscharf und detailgetreu mit dem Buntstift nach. Sie löst sie damit auch aus dem ursprünglichen Kontext, setzt sie alleine auf ein weißes Blatt und lässt sie dort isoliert auf uns wirken. Mit ebensolch fotorealistischer Präzision geht auch Sonja Gangl vor, wenn sie sich den Schlussbildern von Filmen widmet. Durch das Abzeichnen friert sie diese zu Standbildern ein und verleiht ihnen somit bleibende Bedeutung. Durch den langsamen Prozess des Zeichnens arbeitet sich auch Paul Sietsema geradezu am Bildmaterial ab, dadurch dass er gewollt langwierige und zeitaufwendige Methoden zur deren zeichnerischer Reproduktion anwendet. So entpuppen sich die Zeitungsseiten oder Geldnoten in seinen Werken bei genauerer Betrachtung als fein säuberlich mit Tinte abgezeichnete Kopien. Anders thematisiert Ignacio Uriarte den Zeitaspekt, wenn er den sich gelegentlich schleppenden Büroalltag in einen zeitintensiven und monotonen Zeichenprozess überträgt und dabei unter Verwendung von einfachen Bürostiften das simple Telefongekritzel ad absurdum führt. Anna Barriball geht der Geschichte von Gegenständen wie Türen oder Fenstern auf den

visitors of his exhibitions in galleries and museums. In the process he uses the expressive form of street art, at the same time subversive and acerbically witty.

The Time Aspect

Our age lives in the fast lane. We are confronted on a daily basis with a deluge of images on posters, the Internet, or television. Drawing offers artists the possibility of deceleration, whereby they register and capture the pictures, and thereby pause for thought.

From this flood of images Andrea Bowers seizes on individual motifs which she regards as rich in meaning and renders the digital pictures with absolute accuracy and true to the last detail with a colored pencil. In so doing she detaches them from their original context, isolating them on a white sheet, from where they work on us. Sonja Gangl also proceeds with this photo-realist precision when she reproduces the end frames of cinema films. By drawing them, she turns them into stills, thus bestowing lasting significance on them. Paul Sietsema also employs a slow drawing process, and positively slaves away at the pictorial material, consciously employing slow and time-consuming methods for their graphic reproduction. In this way the newspaper pages or banknotes in his works, when one looks at them closely, appear to be copies finely drawn in ink. Ignacio Uriarte addresses the theme of time differently, transferring the occasionally tedious office routine into a time-intensive and monotonous drawing process and as a result, pushes the simple telephone doodle to the point of absurdity using ordinary office rollerball pens. Anna Barriball delves into the history of objects such as doors or windows by reproducing their surface textures in her drawings using the

Michaël Borremans
Detail aus | of *Sculptural Installation for Abandoned Airport (proposal five)*, 2014
Bleistift und Aquarell auf Papier | Pencil and watercolor on paper

Grund, indem sie in ihren Zeichnungen mittels Frottagetechnik deren Oberflächen wiedergibt und durch die gleichmäßige Schraffur sorgsam jede Spur, jeden Kratzer, jeden Fleck nach und nach für sich entdeckt und sichtbar macht.

Auflösung der individuellen Handschrift

Ähnlich akribisch gehen Micha Payer + Martin Gabriel vor, wenn auch sie Bildmaterial reproduzieren. Hier ist es eine der eigenen detailreichen Zeichnungen, die das Künstlerpaar, das stets zu zweit an einem Blatt arbeitet, erneut und so genau wie nur möglich mit dem Buntstift abzeichnet und somit zwei fast identische Kopien des Originals erstellt. Neben dem Aspekt der Wiederholbarkeit hinterfragen sie damit auch die individuelle Handschrift. Aleksandra Mir erweitert den Begriff von Zeichnung nicht nur dadurch, dass sie mit ihren großformatigen Arbeiten den Raum einnimmt und bühnenbildgleiche Strukturen schafft. Sie untersucht die Zeichnung zudem als kollaborativen Akt und fertigt diese gemeinsam mit einem Team an. Dabei lässt sie zu, dass im vorgegebenen Rahmen jeder im Team sein oder ihr eigenes Potenzial auslotet und die Zeichnung durch die eigene Arbeitsweise mitprägt. Los Carpinteros (»Die Zimmermänner«) verdeutlichen schon durch ihren Namen, dass sie als Gruppe arbeiten. Sie nehmen sich als Einzelpersonen zurück und verabschieden sich damit ebenfalls von der Idee der individuellen Autoreschaft. Gleichzeitig verdeutlichen die kubanischen Künstler damit ihre Haltung zum (handwerklichen) Arbeiten im Kollektiv. Nikolaus Gansterer zieht sich für seine Werkgruppe *Traces of Spaces* sogar beinahe ganz als Künstler aus dem zeichnerischen Schaffensprozess zurück und stellt nur die notwendigen Grundbedingungen her. Mittels selbst entworfener Apparaturen nimmt er die Bewegungen von Wellen oder Wind als Zeichnungen auf dem Blatt Papier auf. Tacita Dean ist in dieser Ausstellung nicht mit einer ihrer bekannten Krei-

frottage technique, and through the even hatching gradually discovering and making every mark, every scratch, every stain visible.

Dissolution of the Individual Style

Micha Payer + Martin Gabriel take a similarly meticulous approach when they too reproduce images. Here it is one of their own detailed drawings that the artist couple, who always work together on a sheet, copy once more as precisely as possible with a colored pencil, and thus produce two almost identical versions of the original. In addition to the aspect of replicability, they thus also question individual style or "signature." Aleksandra Mir extends the concept of drawing not only by occupying space with her large-format works, creating stage-set-like structures, but also by investigating drawing as a collaborative act, preparing it with the help of a team. In the process she allows everyone on the team, within prescribed limits, to explore their own potential and to contribute to the drawing through their own working method. Los Carpinteros ("The Carpenters") show by their very name that they work as a group. They place their individual identities in the background and thus likewise take their leave of the idea of individual authorship. At the same time, these Cuban artists make clear their attitude to (craft) working in a collective. For his group of works *Traces of Spaces*, Nikolaus Gansterer even withdraws from the creative draftsmanship process as an artist almost entirely, establishing only the necessary basic conditions. Using devices he has constructed himself, he records the movements of waves or wind as drawings on the sheet of paper. Tacita Dean is represented in this exhibition not with her well-known chalk drawings, but with a work for dezeichnungen vertreten, sondern mit einer Arbeit, für die sie gefundenes Material verwendet. Neben alten Fotografien und Postkarten sind es die auf einem Flohmarkt entdeckten Bleistiftzeichnungen des Künstlers Martin Stekker, die sie sich für ihre Arbeit aneignet und zu Arrangements collagiert.

Die Zeichnung eröffnet Kunstschaffenden besondere Möglichkeiten und ganz eigene Herangehensweisen. Es ist spannend zu beobachten, wie Künstlerinnen und Künstler heute diese Chance ergreifen, die Grenzen der Zeichnung ausloten und ihr Potenzial ausschöpfen.

[1] Reinhard Ermen, Und dann sieht man plötzlich nichts anderes mehr als das ... Ein unproportioniertes Plädoyer für die Zeichnung, in: Kunstforum 196, Zeichnen zur Zeit, April/Mai 2009, S. 41.
[2] Elsy Lahner, in: Drawing Talks – the limits of contemporary drawing, Drawing Now Paris. Salon du dessin contemporain, Paris, 25.03.2015, URL: <https://www.youtube.com/watch? v=aR9g9YPFi3l> (min. 18:20).

which she uses found material. In addition to old photographs and postcards, this material consists of pencil drawings by the artist Martin Stekker that she found at a flea market. She appropriates these for her work, arranging them into collages.

Drawing opens up to artists particular possibilities and very individual approaches. It is exciting to observe how artists seize this chance to plumb the boundaries of drawing and to draw on its potential.

[1] Reinhard Ermen, "Und dann sieht man plötzlich nichts anderes mehr als das ... Ein unproportioniertes Plädoyer für die Zeichnung," *Kunstforum* 196, "Zeichnen zur Zeit" (April/May 2009): 41.
[2] Elsy Lahner, in "Drawing Talks: The Limits of Contemporary Drawing," *Drawing Now Paris. Salon du dessin contemporain*, Paris, March 25, 2015, https://www.youtube.com/watch?v=aR9g9YPFi3l (at min. 18:20).

FOLGENDE SEITEN | FOLLOWING PAGES
Robin Rhode
Detail aus | of *Vultures*, 2012
C-Print

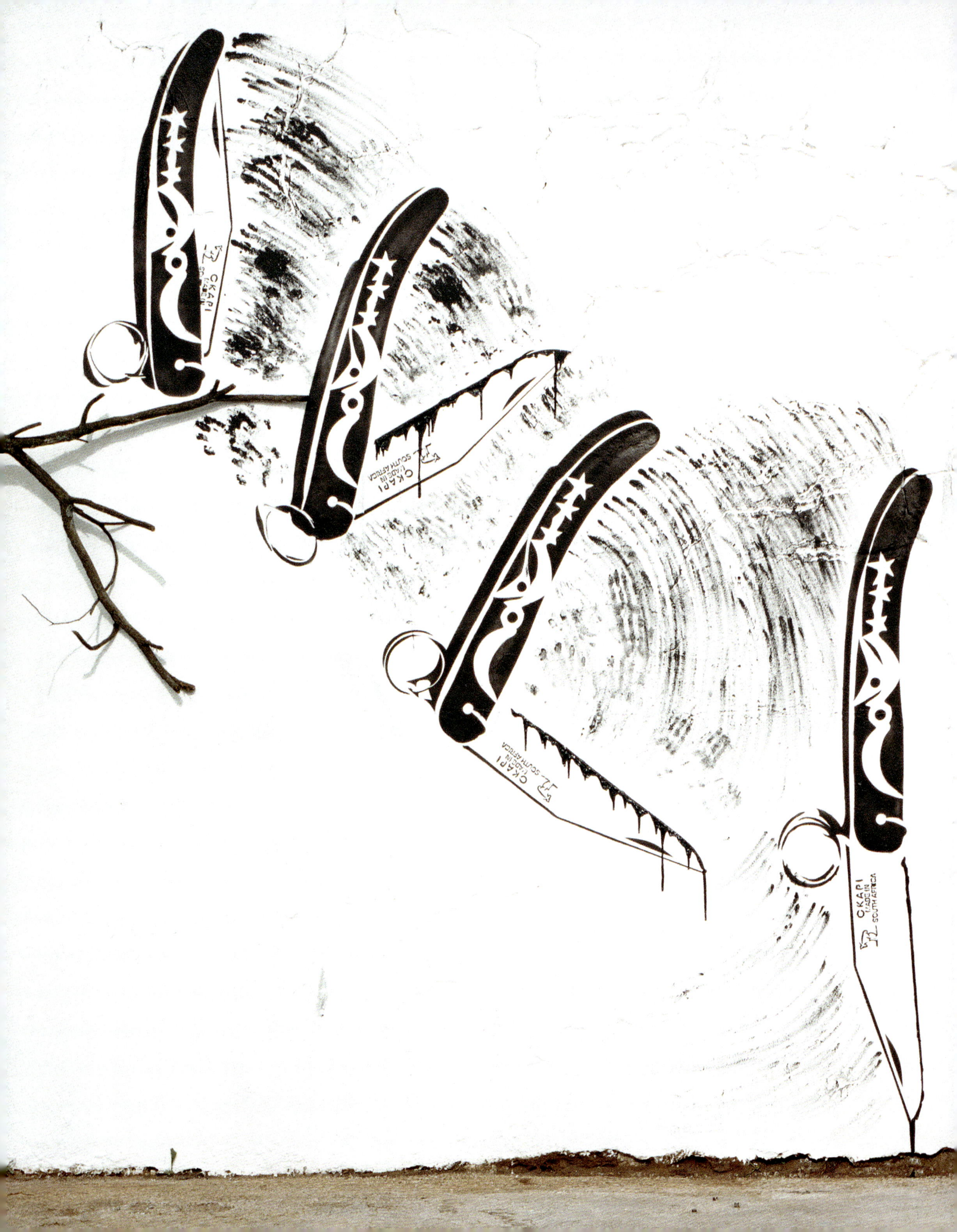
CKAPI
MADE IN
SOUTH AFRICA
CKAPI
MADE IN
SOUTH AFRICA
CKAPI
MADE IN
SOUTH AFRICA

Künstlerinnen und Künstler | Artists

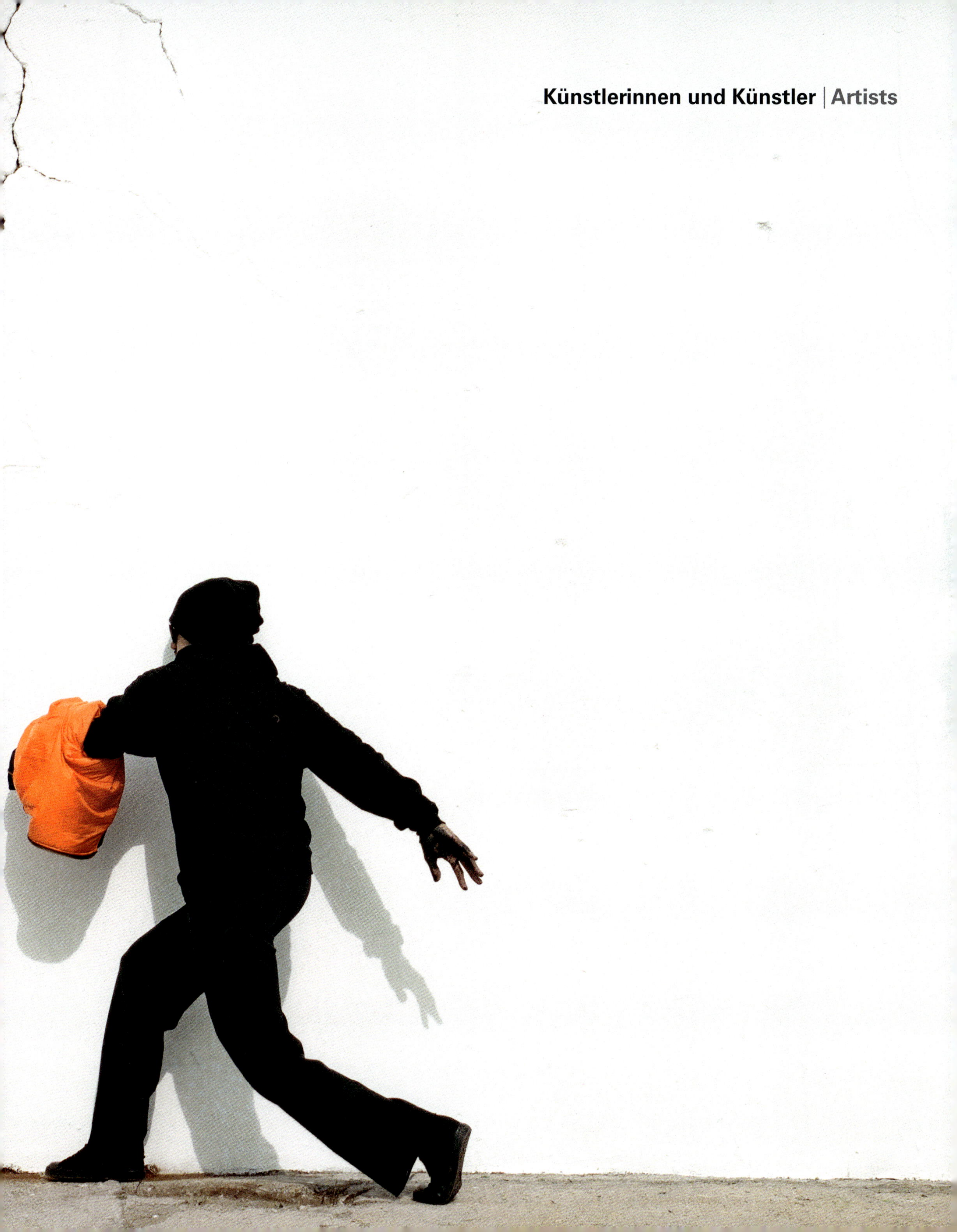

Michaël Borremans

Michaël Borremans präsentiert seine kleinformatigen Zeichnungen in weißen Passepartouts und dunklen, schlichten Holzrahmen wie Preziosen aus einer vergangenen Zeit. Auch die Patina der Bildträger – manchmal ein gebrauchter Briefumschlag oder ein abgetrennter Buchdeckel – und die Farbigkeit der mitunter lavierten, doch farblich zurückhaltenden Zeichnungen verkörpern eine gewisse Nostalgie. Poststempel oder zufällige Randnotizen erwecken den Eindruck, die Blätter seien auf einem Dachboden gefunden und als Relikte ans Tageslicht geholt worden. Unterstützt wird dieser erste Eindruck durch die Figuren, die Kleider und Frisuren aus der Zeit der Großeltern aus der ersten Hälfte des 20. Jahrhunderts tragen.

Borremans' Zeichnungen entstehen über lange Zeit. Diese Langsamkeit trägt zur Verdichtung und Komplexität des Dargestellten bei und wiederholt sich in gewisser Weise in der Betrachtung, die Zeit in Anspruch nimmt. Wer sich vom Charme der Oberfläche verführen lässt und die Zeichnungen aus der Nähe anschaut, um ein Detail genauer zu erkennen oder das Geheimnis einer Szene zu ergründen, wird nicht selten zurückschrecken, weil er eine abgeschnittene Nase, triefendes Blut oder deformierte Gesichter erkennt. Und schon nähert man sich fasziniert erneut dem Blatt, weil man genau wissen will, was hier geschieht. Doch nichts ist eindeutig und endgültig erklärbar. Der Künstler versteht es, Geschichten anzudeuten, in der Schwebe zu halten, aber nie zu Ende zu erzählen. Unterstützt wird diese Offenheit der Darstellung durch das Skizzenhafte der selten blattfüllenden Darstellungen. Sie bleiben Fragmente. Tatsächlich handelt es sich bei zahlreichen Zeichnungen um fiktive Entwürfe für Ahnengalerien, Monumente, Installationen oder Filmprojektionen. Er kommentiert dabei nicht nur Architektur und Kunst, sondern die heutige Gesellschaft mit ihren Tabus, Phobien und Missständen, ohne je moralisierend zu werden.

Michaël Borremans presents his small-format drawings in white mats and simple dark wooden frames as if they were precious objects from a past era. The patina of the picture supports—sometimes a used envelope or a torn-off book cover—and the coloration of the reticently tinted drawings, sometimes provided with a wash, embody a certain nostalgia. Postmarks or random marginal notes awaken the impression that the sheets were found in an attic and brought to light as bygones. This first impression is supported by the figures with clothes and hairstyles dating from the first half of the twentieth century, our grandparents' day.

Borremans's drawings take a long time to draw. This slowness contributes to the concentration and complexity of what they depict, and is repeated in a sense in the viewing, which itself takes time. If we allow ourselves to be seduced by the charm of the surface, and inspect the drawings from close up in order to be able to make out a detail more clearly or plumb the secret of a scene, we shall often enough shrink back from the sight of a severed nose, dripping blood, or deformed faces. And yet we return once again, fascinated, to the picture, because we want to know precisely what's going on. And yet nothing is clearly or definitively explicable. The artist knows how to hint at stories, to keep them on a knife's edge, without ever telling them to the end. This open-ended nature of the depictions is reinforced by their sketchy quality, and by the fact that they rarely fill up the sheet. They remain fragments. Indeed, many drawings are fictitious drafts for ancestral galleries, monuments, installations, or film projections. In the process, he comments not only on architecture and art, but also on today's society, with its taboos, phobias, and shortcomings, without ever moralizing.

Anita Haldemann

First Design for a Square of Despair, 2005
Bleistift und Gouache auf Papier | Pencil and gouache on paper

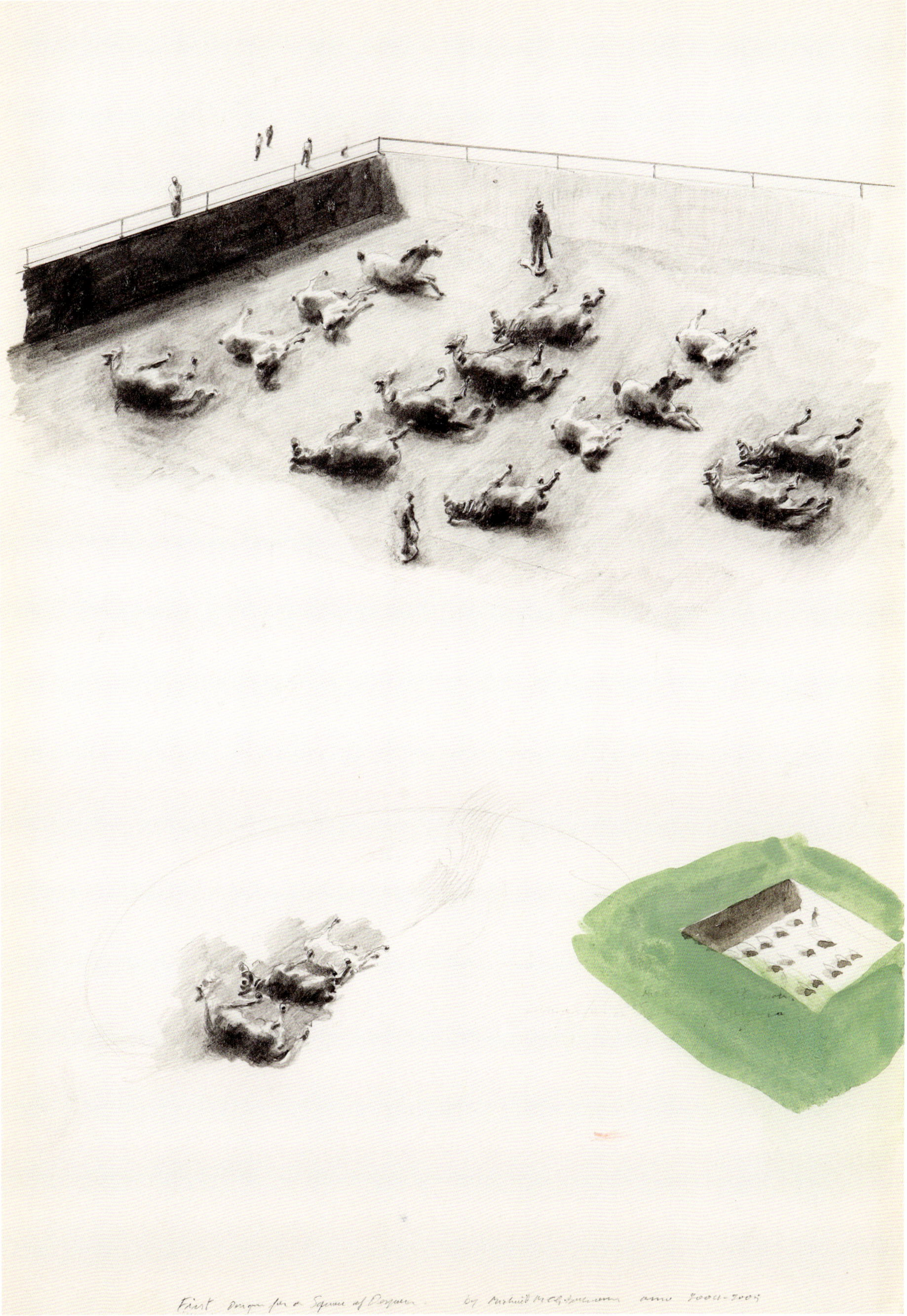

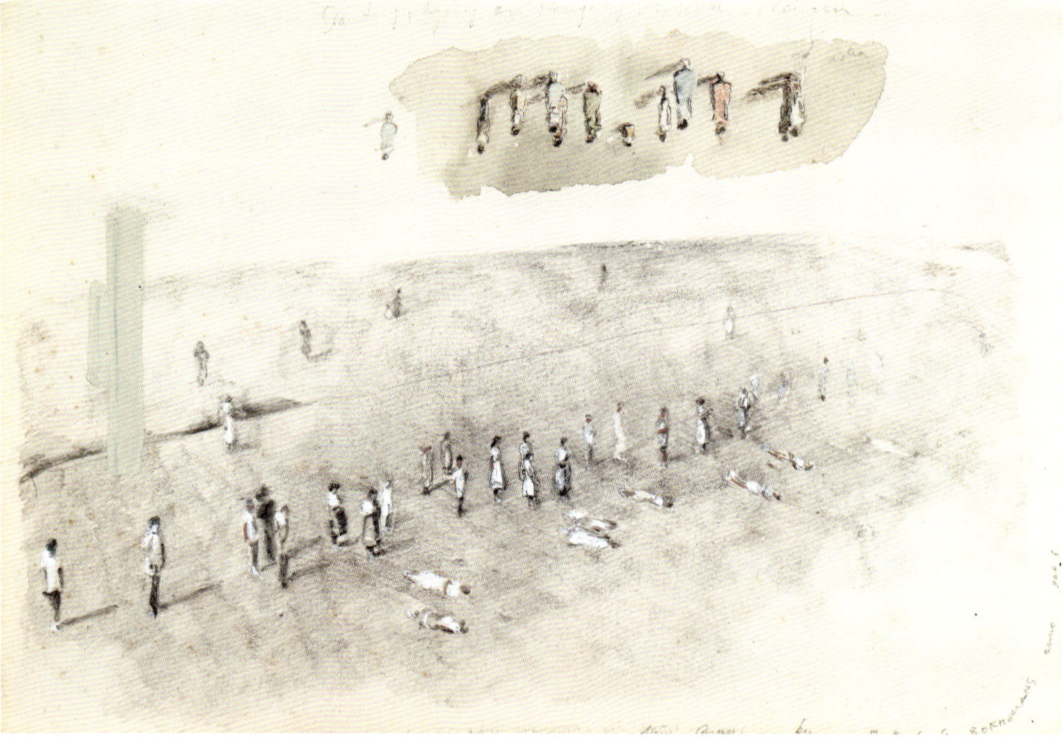

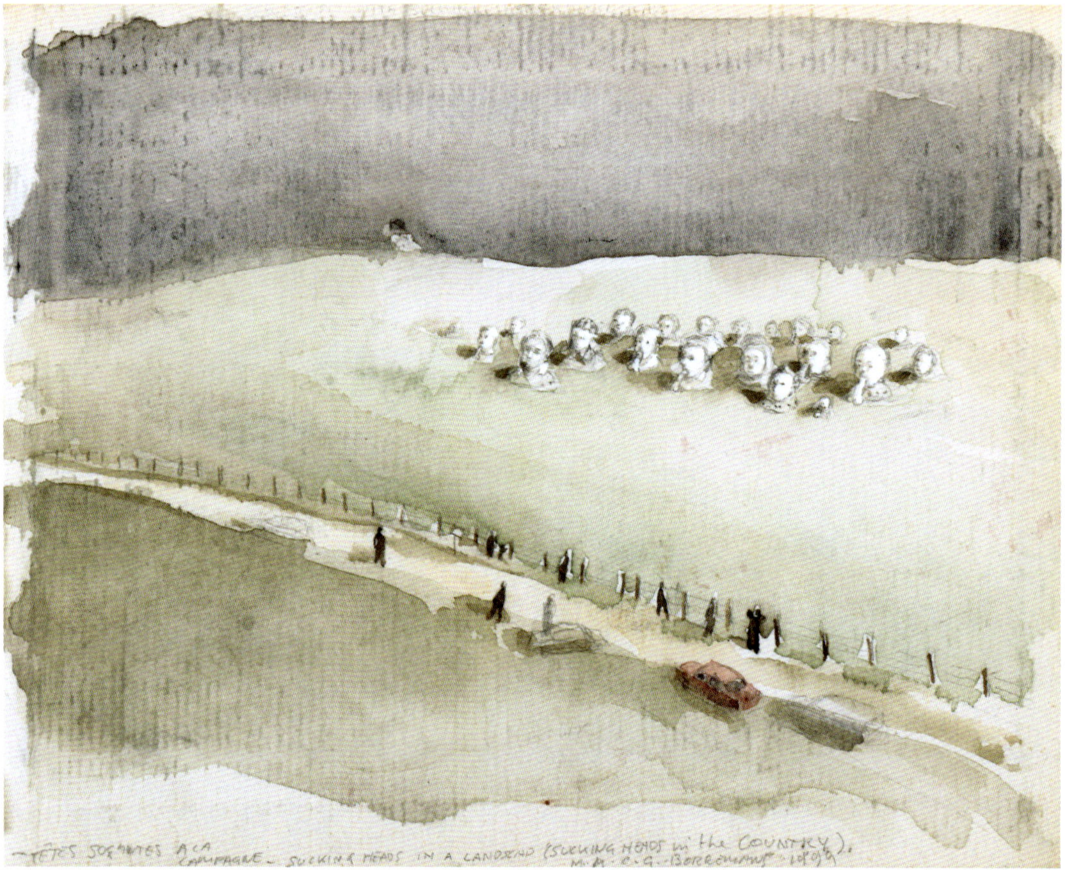

New Corpses, 2006, Bleistift, Gouache und Aquarell auf Papier | Pencil, gouache, and watercolor on paper

Sucking Heads in the Country, 1999
Mischtechnik auf Papier | Mixed media on paper

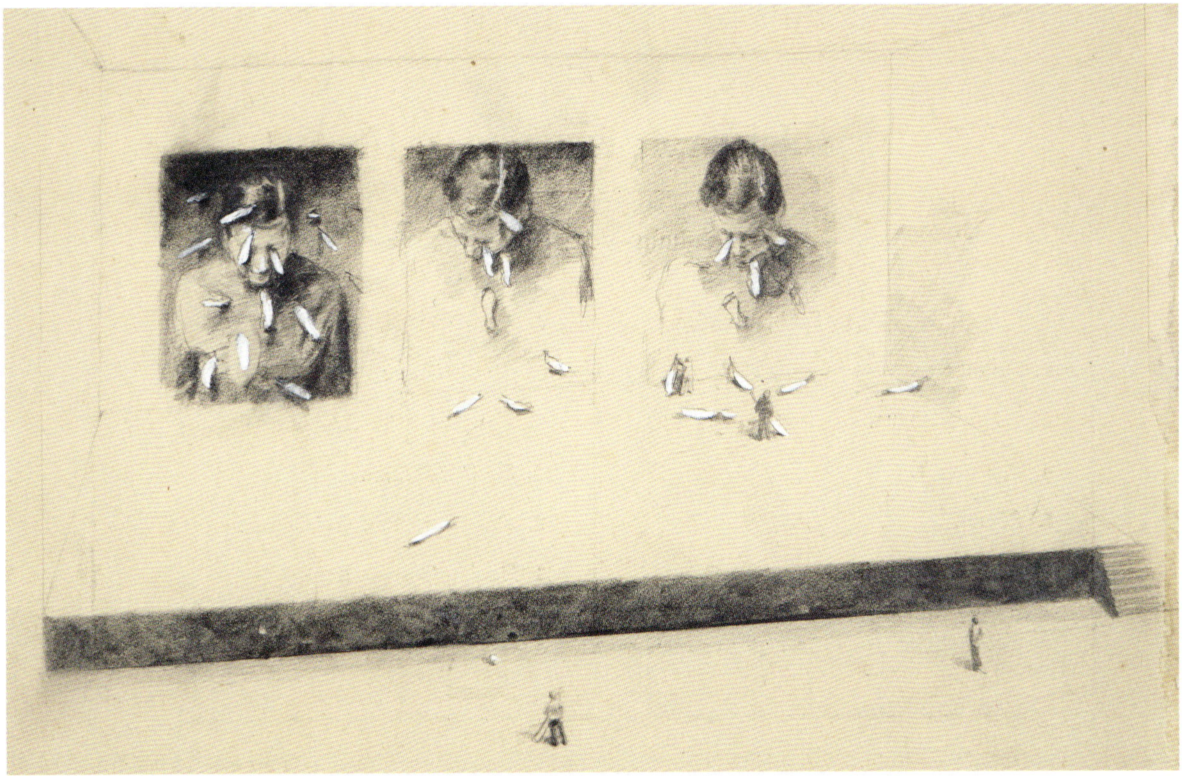

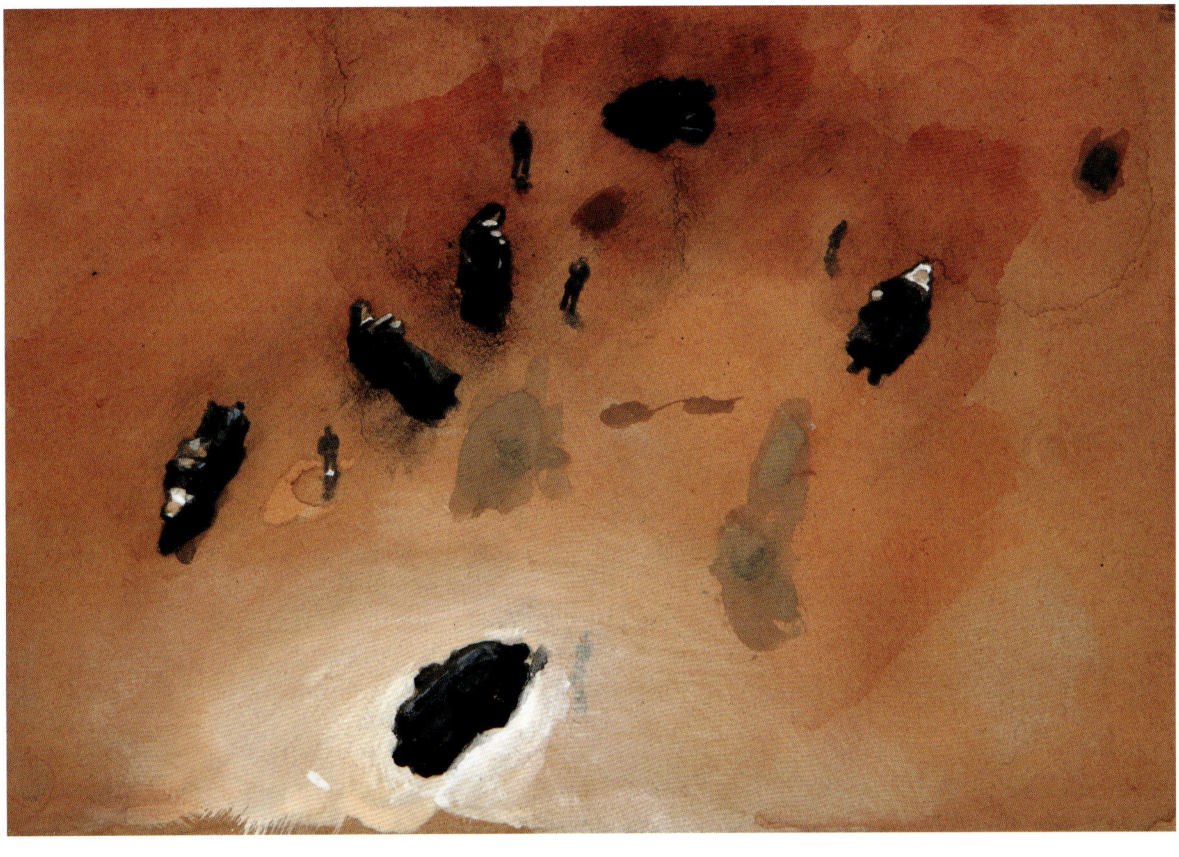

Sculptural Installation for Abandoned Airport: Tears (proposal two), 2012
Bleistift und weiße Tusche auf Papier | Pencil and white ink on paper

Sculptural Installation for Abandoned Airport (proposal three), 2012
Bleistift und Aquarell auf Papier | Pencil and watercolor on paper

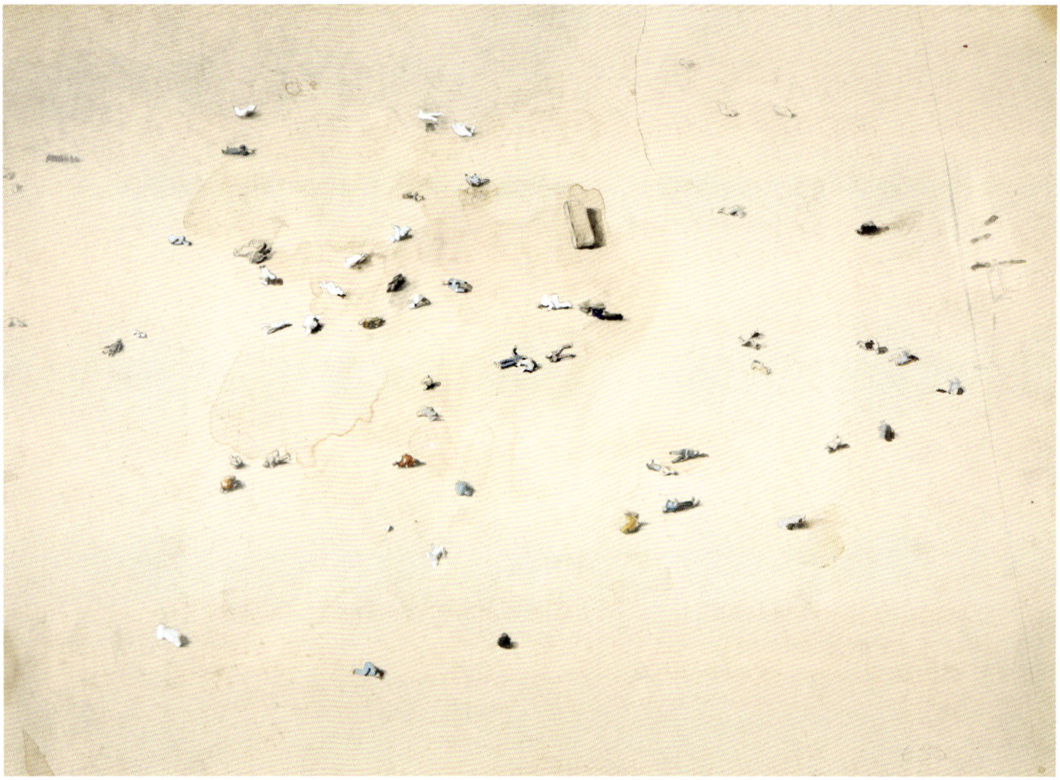

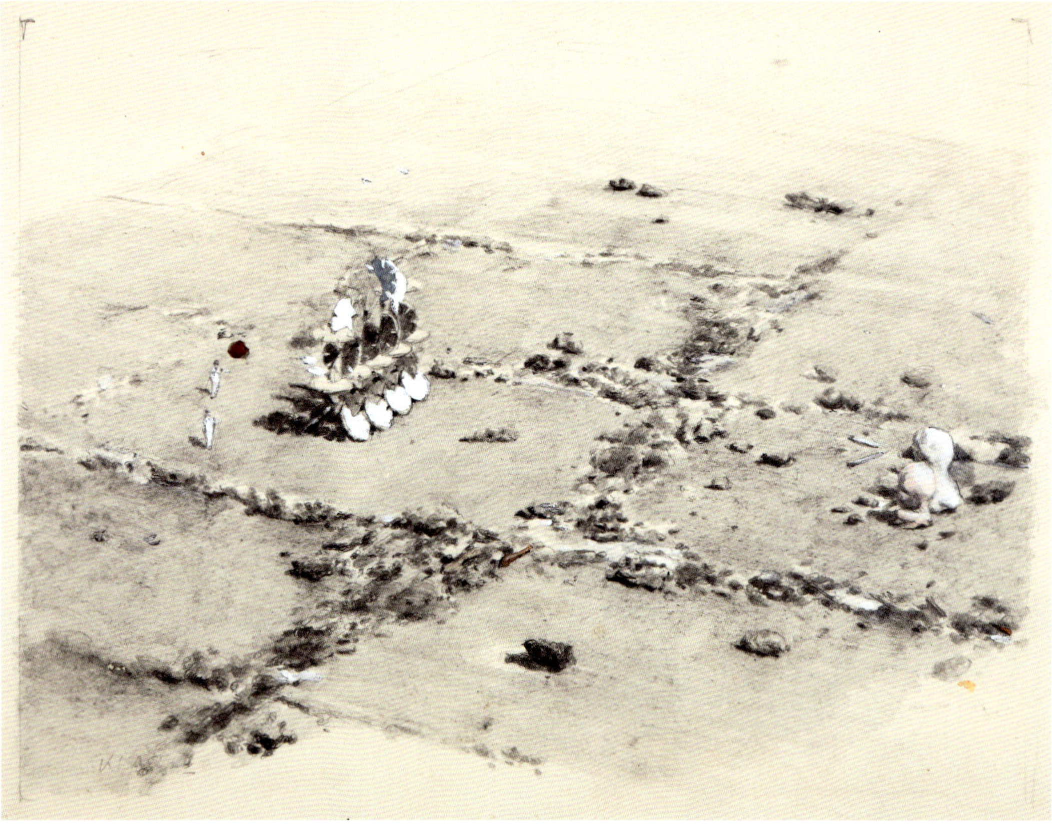

Sculptural Installation for Abandoned Airport (proposal five), 2014
Bleistift und Aquarell auf Papier | Pencil and watercolor on paper

Sculptural Installation for Abandoned Airport (proposal one), 2011
Bleistift und weiße Tusche auf Papier | Pencil and white ink on paper

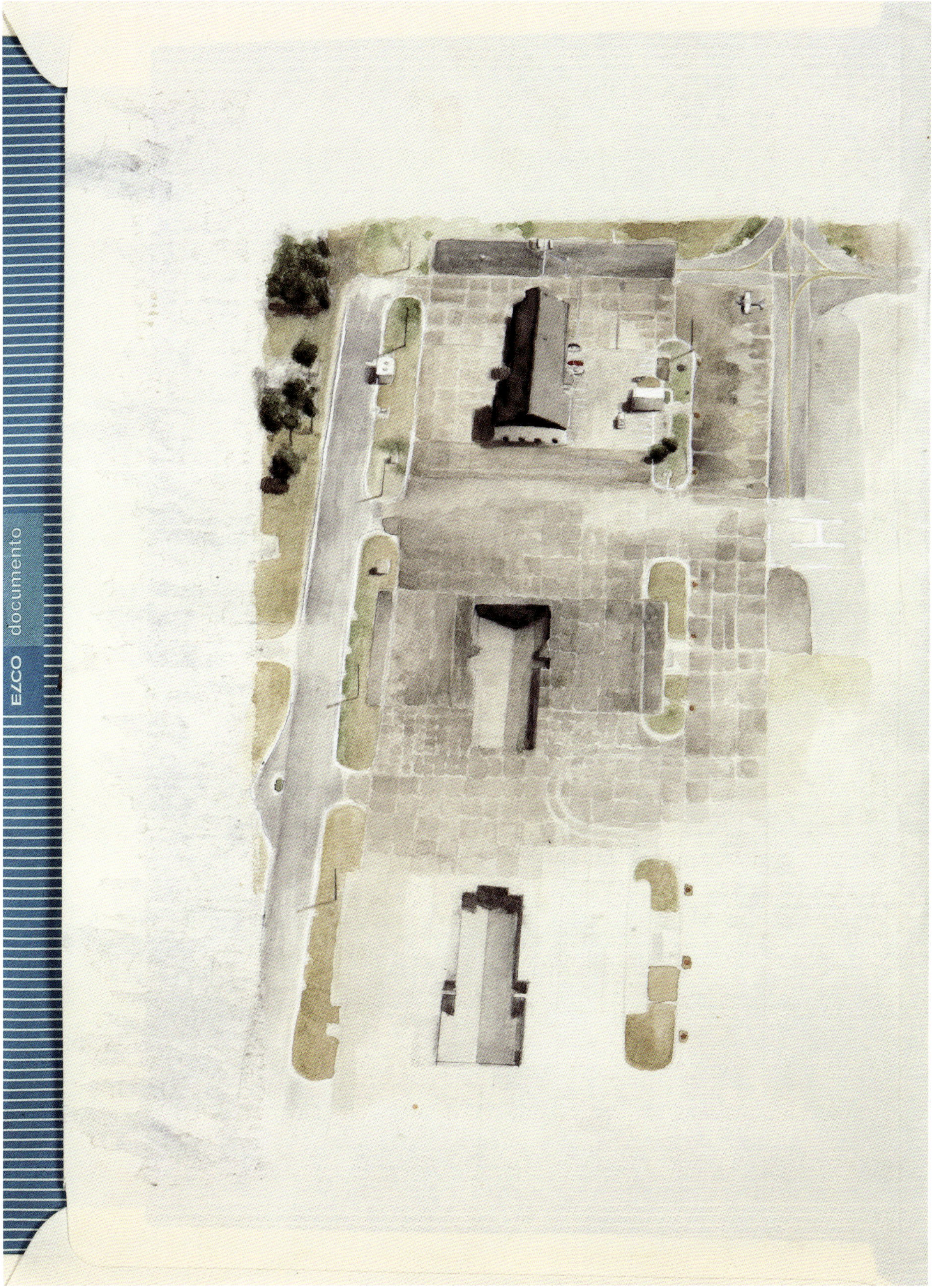

Sculptural Installation for Abandoned Airport (proposal four), 2014
Bleistift und Aquarell auf Papier | Pencil and watercolor on paper

Muntean / Rosenblum

In den Kompositionen ihrer Zeichnungen wenden das Künstlerpaar Markus Muntean und Adi Rosenblum Methoden des Samplings und Resamplings von Sujets aus der Kunstgeschichte und gegenwärtigen Populärkultur an. Eine intensive Auseinandersetzung mit Pathosformeln der Kunstgeschichte und die Hinterfragung dessen, wie dadurch zum Ausdruck gelangende Emotionen und Affekte in verschiedenen Epochen unterschiedlich artikuliert und interpretiert werden, bilden dabei einen Ausgangspunkt. Motiviken, wie wir sie aus Passionszyklen kennen, werden auf psychologische Dispositionen zeitgenössischer Existenz angewendet und teils zum Ausdruck einer Apathie, die an die Empathie des Gegenübers appelliert. Angestellt wird eine Übertragung von historisch überwältigenden Bildsujets in die Gegenwart, die gleichzeitig eine Diskussion über mediale Bedingungen auslösen, durch die heute Bilder produziert werden.

Durch das Aufgreifen von Sprache und Schrift dringt in den Zeichnungen von Muntean / Rosenblum eine weitere Ebene ins Bild, die Einblicke in die Komplexität der Herausforderungen gibt, der sich ein subtiles Medium wie die Zeichnung heute zu stellen hat. Dabei befassen Muntean / Rosenblum sich auch mit dem Aspekt eines nomadisch Narrativen. Die Textcollagen bilden in Relation zu den szenischen Kompositionen Aphorismen, die pointiert Phrasen der Populärkultur konterkarieren und durch ihre paradoxe Verknüpfung mit figuralen Darstellungen ein doppeltes Bewusstsein wecken. Der Kunsthistoriker William John Thomas Mitchell, der als Vordenker des *pictorial turn* gilt und dessen Schriften die interdisziplinäre Bildforschung wesentlich prägte, ging ebenfalls in seiner Hinterfragung dessen, »Was wollen Bilder wirklich« und »Was ist visuelle Kultur«, heute von einem denkenden Sehen aus. Gegenüber einem beliebigen globalen Bildkapitalismus und dessen Äußerungen setzen die Zeichnungen von Muntean / Rosenblum klare Akzente. Die Verletzlichkeit menschlichen Lebens interpretieren sie in der Umsetzung ihrer Motive neu und unterziehen die Lesbarkeit der Welt und das Unbehagen der Kultur zeichnerisch mit einer stilistischen Direktheit einer Analyse.

In the compositions of their drawings, the artist couple Markus Muntean and Adi Rosenblum use methods of sampling and resampling of subjects from art history and present-day popular culture. The starting point is an intensive confrontation with the pathos formulas of art history and the questioning of how emotions that find expression as a result are articulated and interpreted in different eras. Motifs that we know from Passion cycles are applied to the psychological dispositions of contemporary existence, sometimes as the expression of an apathy that appeals to the empathy of the beholder. Historically overwhelming pictorial subjects are transferred into the present day, while at the same time triggering a discussion of the media conditions in which pictures are produced today.

As a result of the use of language and lettering, a further plane penetrates into the drawings of Muntean/Rosenblum and gives insights into the complexity of the challenges which a subtle medium such as drawing has to face up to today. In the process, Muntean/Rosenblum also take an interest in the aspect of the nomadic narrative. The text collages form, in their relationship with the scenic compositions, aphorisms which pointedly contradict phrases of popular culture, and, through their paradoxical link with figural representations, awaken a dual consciousness. In his questioning works *What Do Pictures Really Want?* and "What Is Visual Culture?" the art historian William John Thomas Mitchell, who is regarded as the pioneer of the pictorial turn and whose writings are an important influence on interdisciplinary picture theory, also starts out from a cognitive vision. In opposition to an undifferentiated global capitalism of pictures and its expressions, the drawings of Muntean/Rosenblum set clear accents. They reinterpret the vulnerability of human life in the implementation of their motifs, and subject the interpretability of the world and the unease of culture to analysis with stylistic directness in their drawings.

Ursula Maria Probst

Untitled (Some things can be explained ...), 2008
Öl, Acryl, Bleistift, Cut-out auf Leinwand | Oil, acrylic, pencil, and cutout on canvas

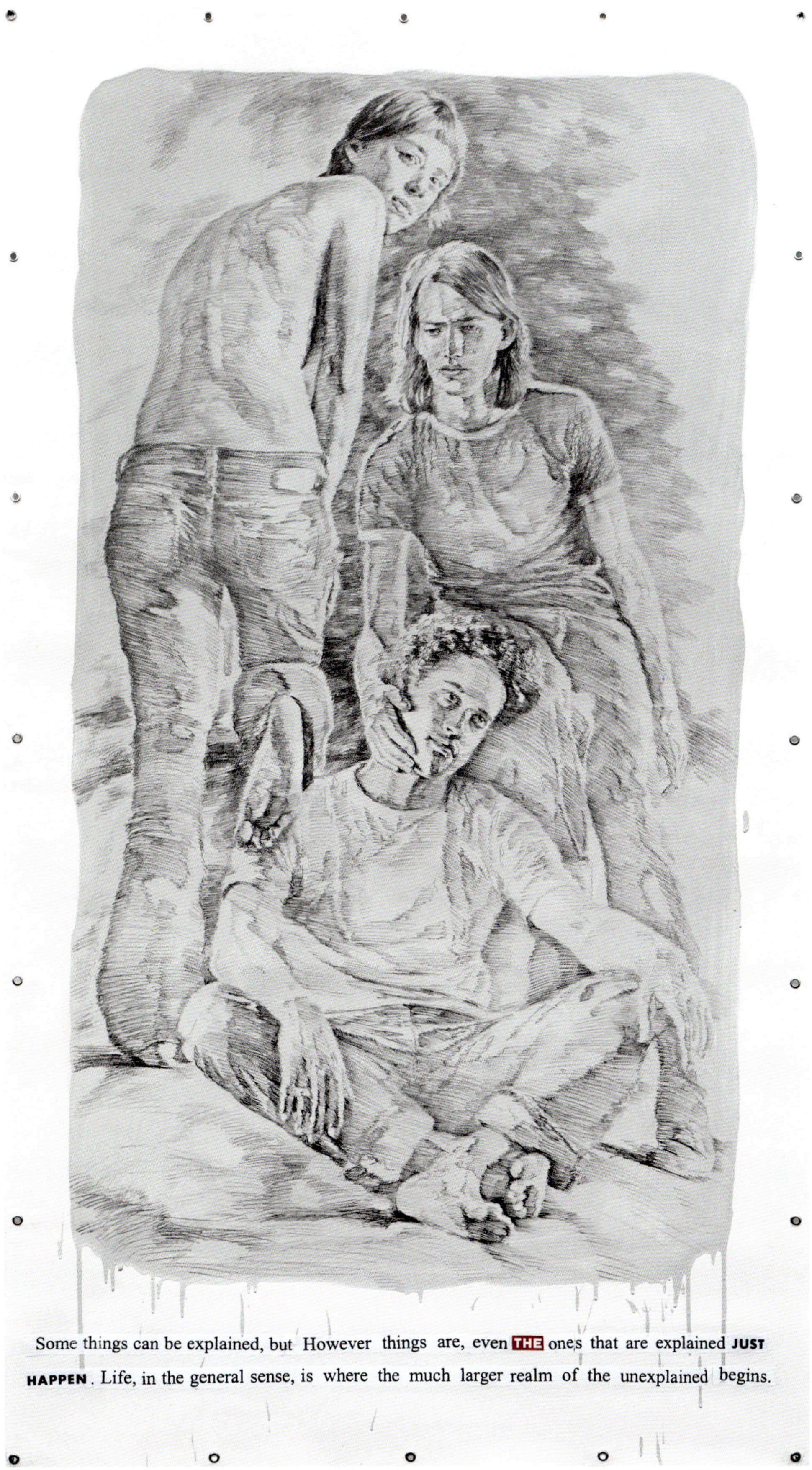
Some things can be explained, but However things are, even THE ones that are explained JUST HAPPEN. Life, in the general sense, is where the much larger realm of the unexplained begins.

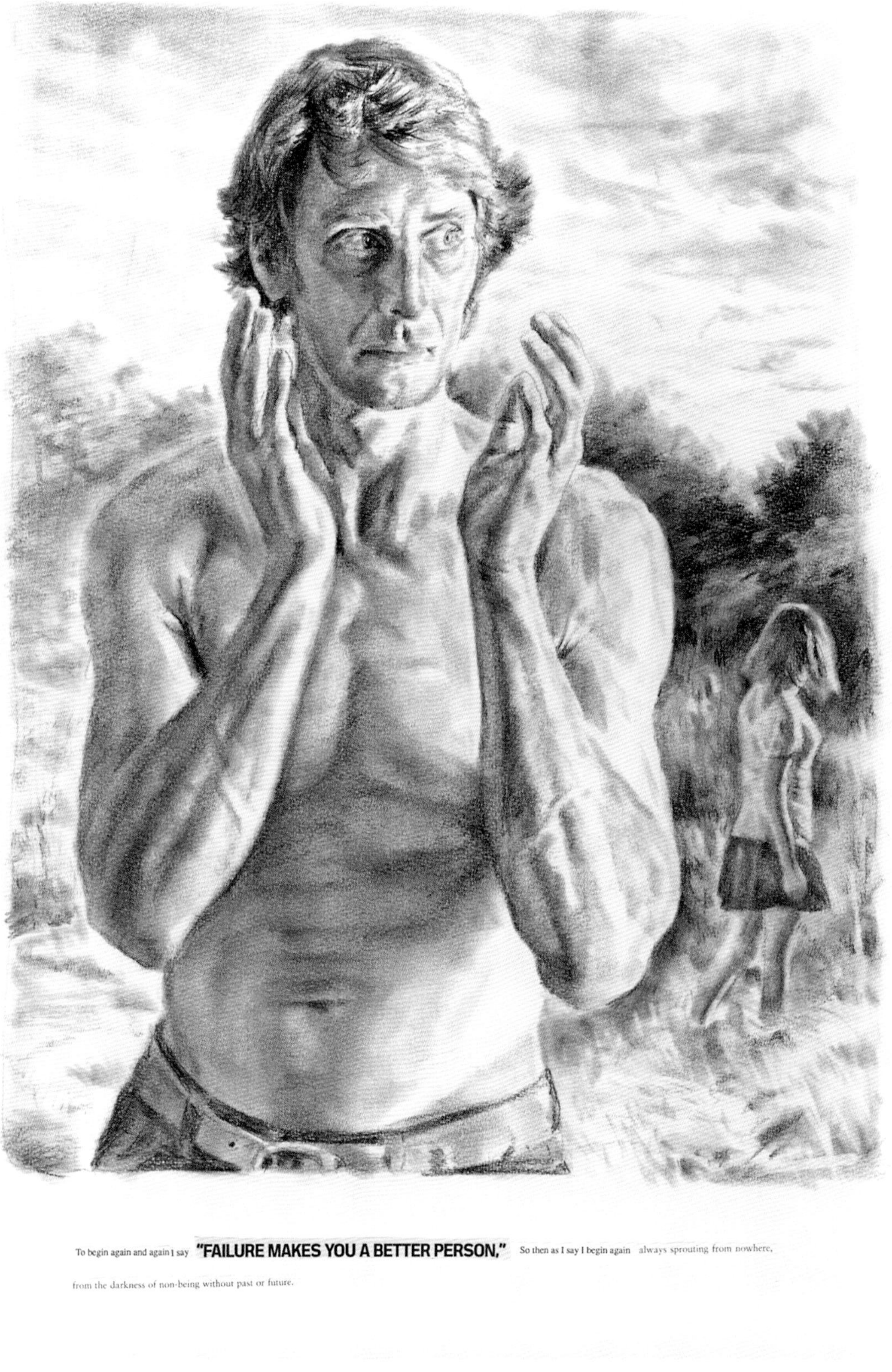

Untitled (To begin again and again), 2010
Kreide und Collage auf Papier | Chalk and collage on paper

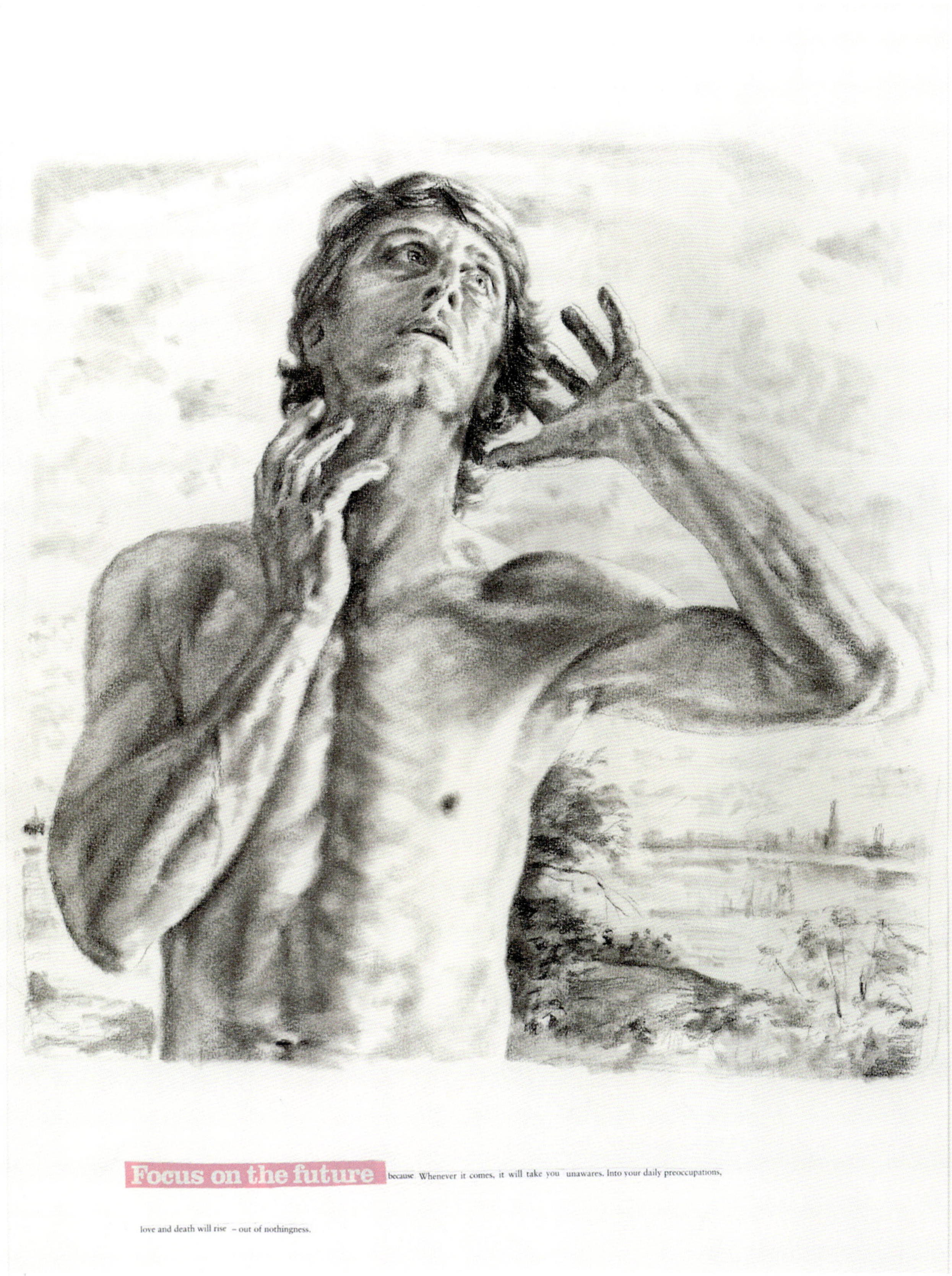

Untitled (Focus on the future), 2010
Kreide und Collage auf Papier | Chalk and collage on paper

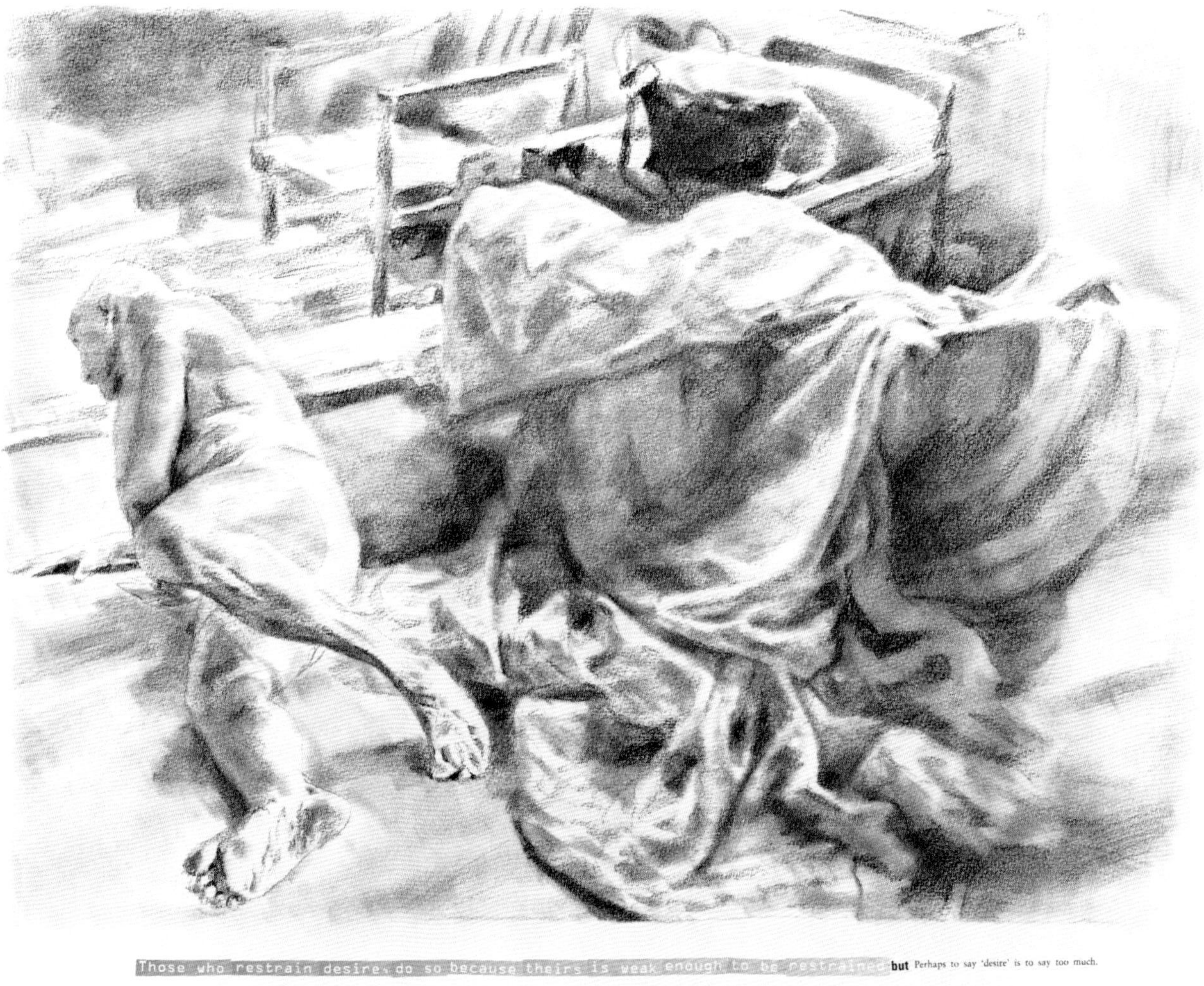

Untitled (Those who restrain), 2010
Kreide und Collage auf Papier | Chalk and collage on paper

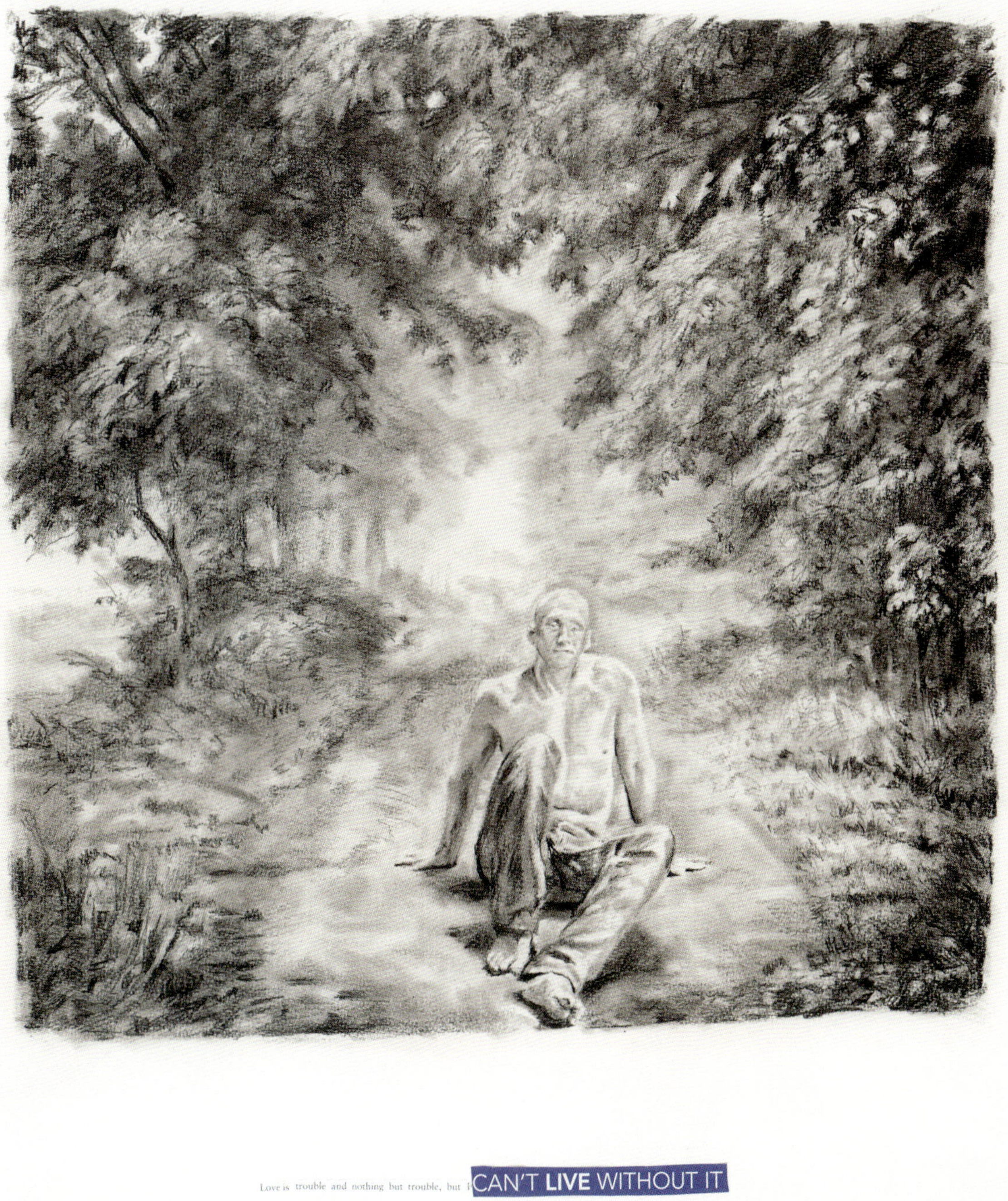

Untitled (Love is trouble ...), 2010
Kreide und Collage auf Papier | Chalk and collage on paper

Marcel van Eeden

Gelegentlich hört man, dass es zwei Sichtweisen auf die Welt gibt: die des Malers und die des Zeichners. Ein Maler sieht Farben, Flächen, Texturen und Gefühle. Ein Zeichner sieht Linien, Verknüpfungen und Strukturen. Der niederländische Künstler Marcel van Eeden fällt, trotz eines vorwiegend zeichnerischen Werks unter die erste Kategorie. Seine Zeichnungen weisen unverkennbar malerischen Charakter auf, van Eeden ist eher mit Ton und Stimmung als mit Linienführung beschäftigt. In großem Maß ist dies seiner Verwendung des Negro-Stifts geschuldet, einem tiefschwarzen, fettigen Kreidestift, mit dem van Eeden deutliche Kontraste schafft und einen eigenen Chiaroscuro-Effekt erzielt, für den er bekannt geworden ist.

Seinen figurativen Zeichnungen eignet eine nostalgische Optik und Atmosphäre. Ihre düstere Stimmung erinnert an alte Schwarz-Weiß-Krimis und deutet eine dramatische Spannung an. Die den Zeichnungen beigegebenen Texte geben Hinweise auf die Idee einer Hintergrundgeschichte. Anscheinend wollte van Eeden zunächst Dichter oder Schriftsteller werden, bevor er sich der Kunst zuwandte. So hat er seinen Traum auf andere Weise verwirklicht: Er wurde zum Schöpfer bebilderter Geschichten, die zum Teil auf wahren Begebenheiten und historischen Figuren basieren oder seiner Fantasie entspringen. Ihnen ist gemeinsam, dass sämtliche vorkommenden Charaktere, Orte und Ereignisse vor dem Jahr 1965 angesiedelt sind, dem Geburtsjahr Marcel van Eedens. Van Eeden bezieht sein Bildmaterial aus Zeitschriften, Büchern und Zeitungen aus der Zeit vor seiner Geburt und eignet sich so jene Folge von Ereignissen an, die ihn zu dem gemacht haben, was er jetzt ist – nicht allein um die Vergangenheit in seinem Leben wachzurufen, sondern um sie zu verstehen und ihr neue Bedeutung zu verleihen.

Als er 1993 sein Projekt in Angriff nahm, machte er es sich zur Aufgabe, jeden Tag eine Zeichnung zu schaffen. Schon 2008 wurde deutlich, dass dieser Tagesrhythmus nicht mehr einzuhalten war: Seine Vorgehensweise hatte sich verändert. Er begann nun, größere, komplexere Zeichnungen an-

It is sometimes said that there are two ways to look at the world: as a painter or as a draftsman. A painter sees colors, surfaces, textures, emotions; a draftsman sees lines, connections, structures. The Dutch artist Marcel van Eeden falls into the first category, even though his oeuvre consists almost exclusively of drawings. His drawings unmistakably have painterly characteristics in their preoccupation with tone and mood rather than line. This is in large part due to his use of the Negro pencil, a deep-black, greasy chalk with which Van Eeden creates stark contrasts and achieves the chiaroscuro effect that he is well known for.

His figurative drawings have a nostalgic look and feel. They are reminiscent of scenes from old black-and-white crime movies. The gloomy atmosphere suggests dramatic suspense and the casual texts in the drawings hint at the idea of a storyline. Apparently, it was Van Eeden's first artistic ambition to become a poet or writer. He has realized this aspiration in a different form: he is a creator of illustrated stories, partly based on true historical events and persons, partly from his own imagination. What the stories have in common is that all characters, locations, and events that occur in it come from the time before 1965, the year Marcel van Eeden was born. This unlived life before his birth is the peg to which the artist has hung his artistic production. By drawing on images from magazines, books, and newspapers from before his birth, he seeks to appropriate that time in order to understand the chain of events that brought him to where he is now—not only to recall the past in his life, but to give it new meaning.

When he started his project in 1993, he set himself the task of doing a drawing a day. By 2008 this daily rhythm was no longer feasible: his practice had changed and he was creating larger, more

Untitled, 2013
Negrostift und Buntstift auf Papier | Negro pencil and colored pencil on paper

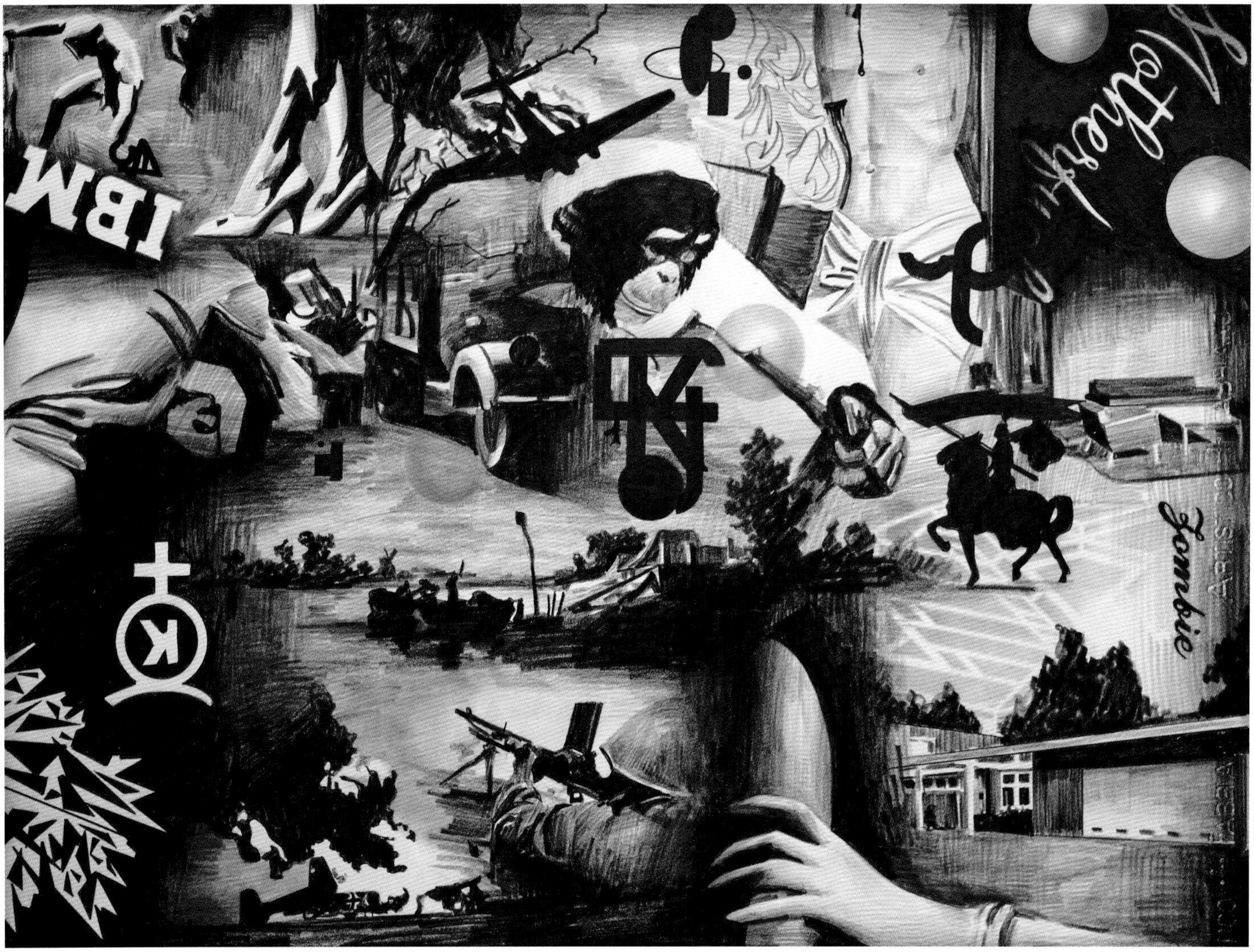
IBM
Zombie

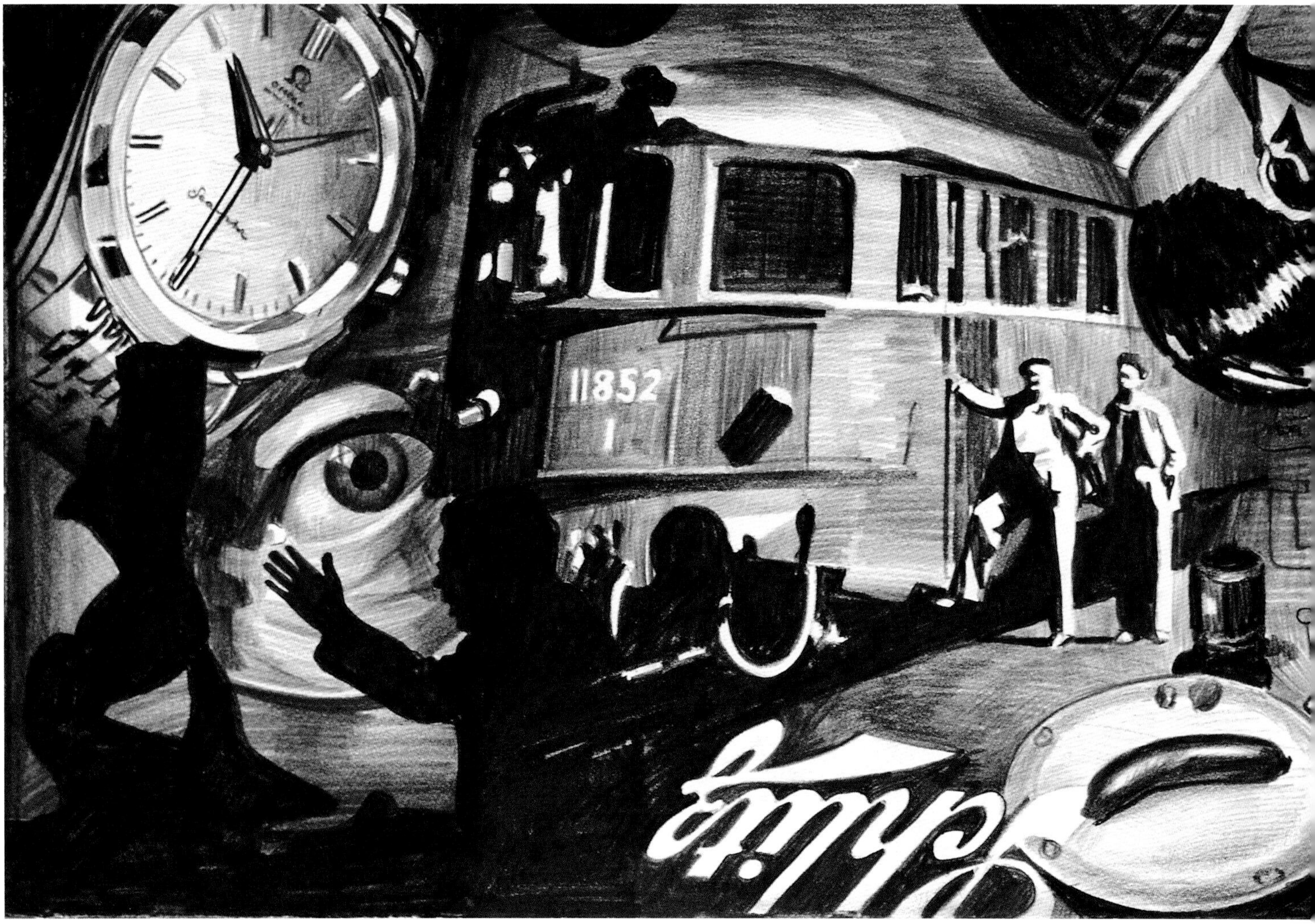

zufertigen. Seine jüngsten Zeichnungen scheinen willkürliche Mixturen aus kommerziellen Logos, Cartoonfiguren, Buchumschlägen, Körperteilen und Architekturfragmenten zu sein. Es verwundert nicht, dass van Eedens Metazeichnungen sich zunehmend zu Installationen auswachsen. Ausgestellt werden sie in regelmäßigen Rastern wie die Kader eines Films. Mitunter werden sie auf einer monumentalen Wandzeichnung montiert oder von Skulpturen begleitet. So erlauben uns diese Installationen der Zeichnungen tiefer in die narrativen Dimensionen seines andauernden Projekts einzutauchen und sie zu erkunden.

complicated drawings. His most recent drawings are seemingly random amalgamations of commercial logos, cartoon figures, book covers, body parts, and architectural fragments. It is no wonder that Van Eeden's meta-drawings have increasingly acquired the form of installations. Displayed in regular grids like frames in a film, sometimes mounted against a monumental wall drawing or accompanied by occasional sculptures, these drawing installations allow for greater exploration of the narrative dimensions of his ongoing project.

Nina Folkersma

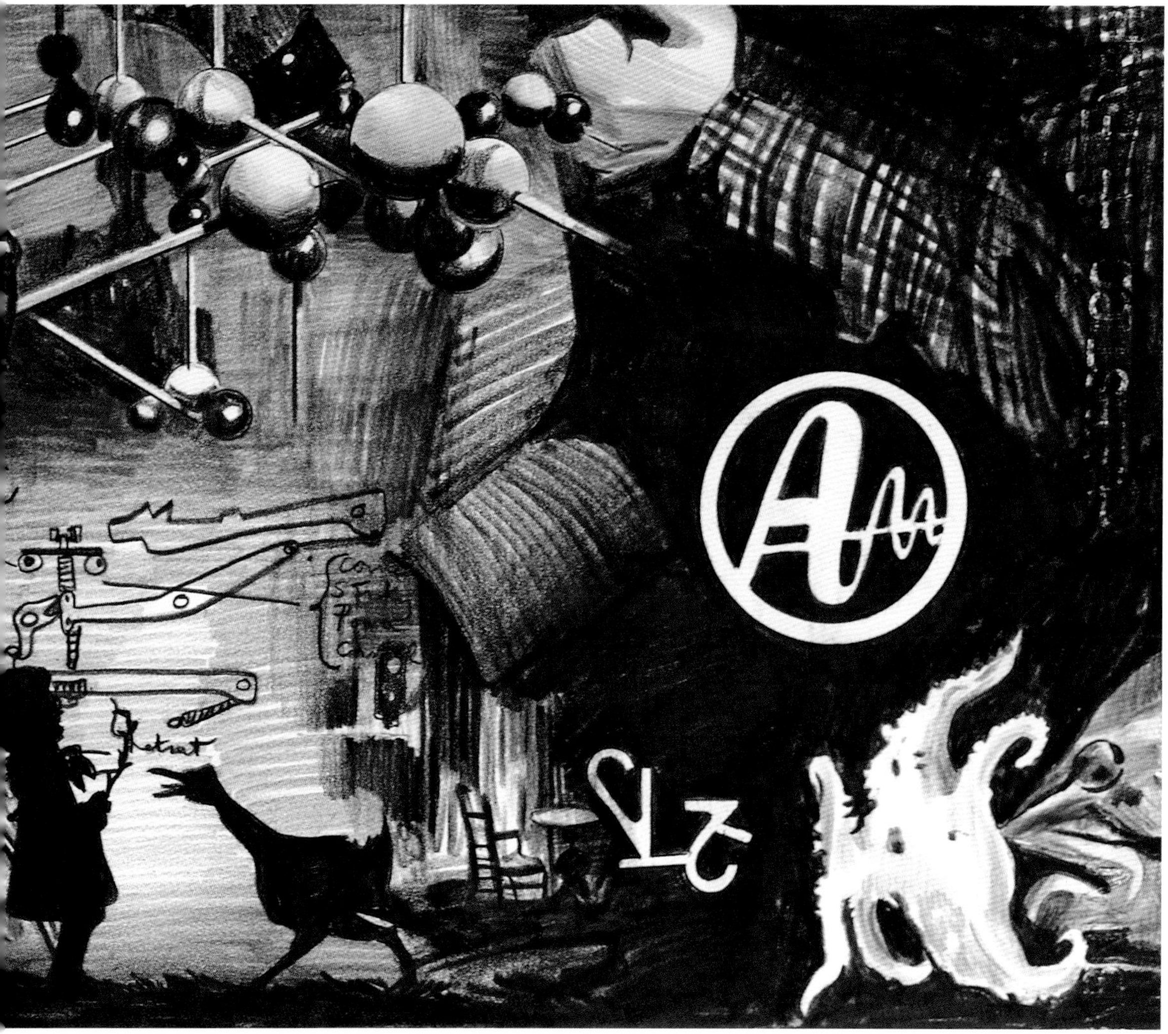

Untitled, 2013
Negrostift und Buntstift auf Papier | Negro pencil and colored pencil on paper

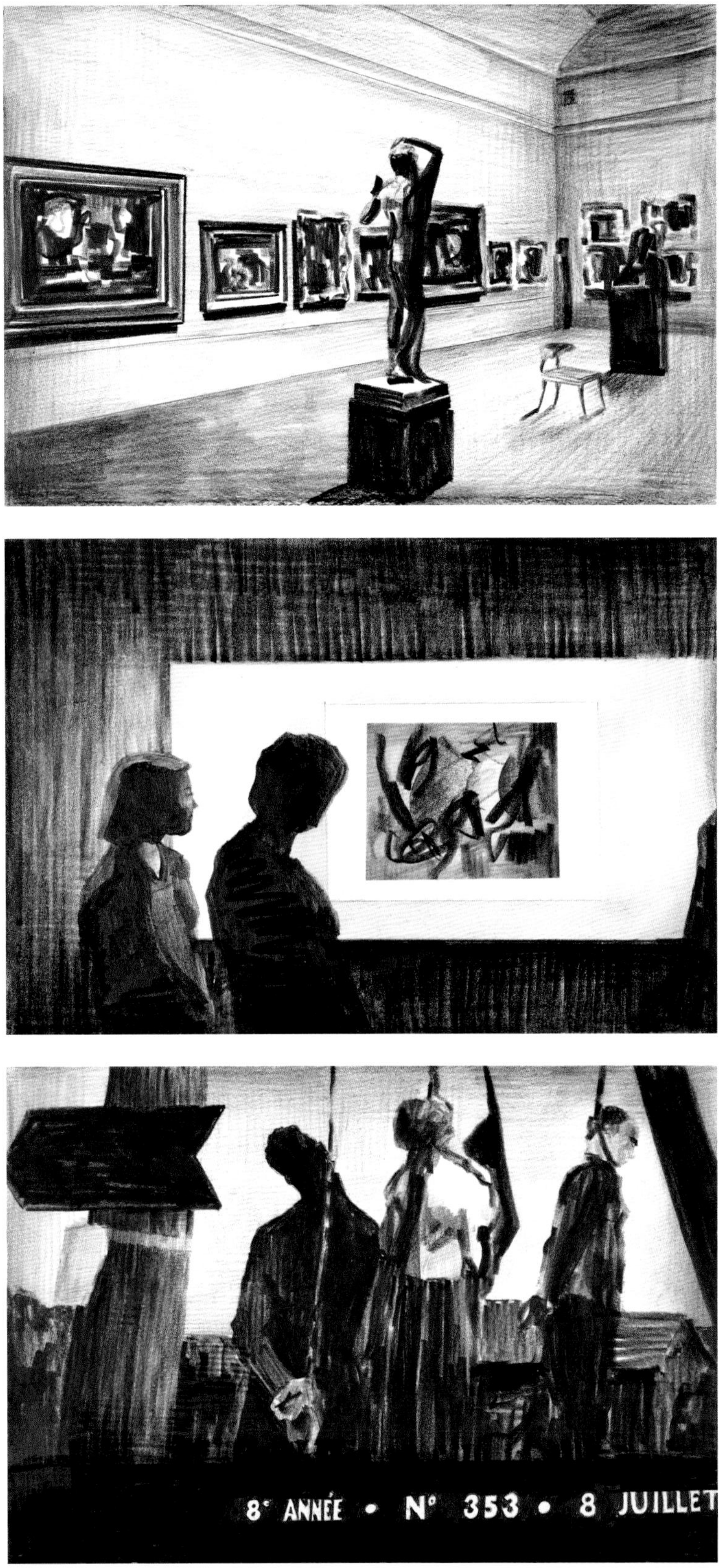

Untitled, 2013
Negrostift und Buntstift auf Papier | Negro pencil and colored pencil on paper

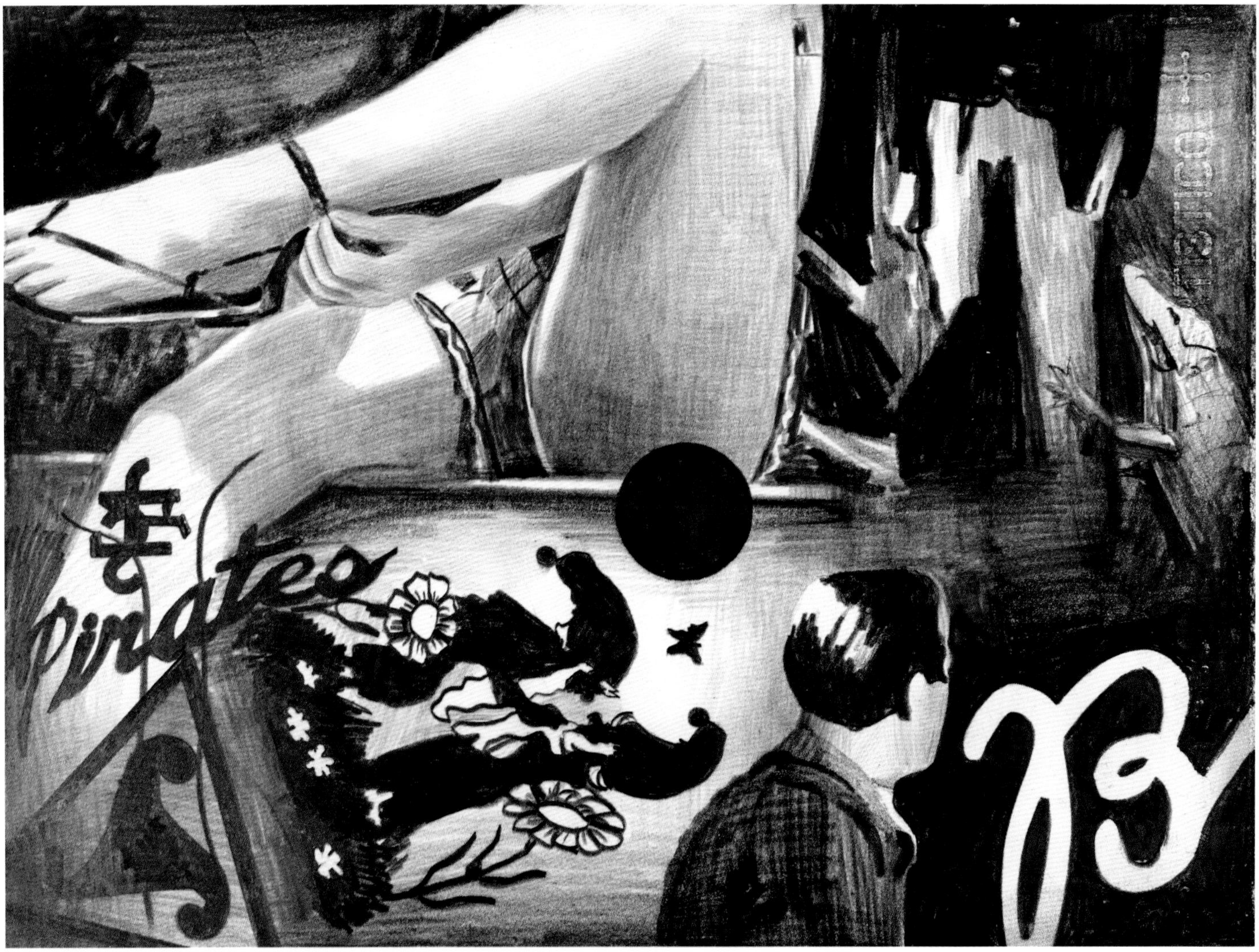

Untitled, 2013
Negrostift und Buntstift auf Papier | Negro pencil and colored pencil on paper

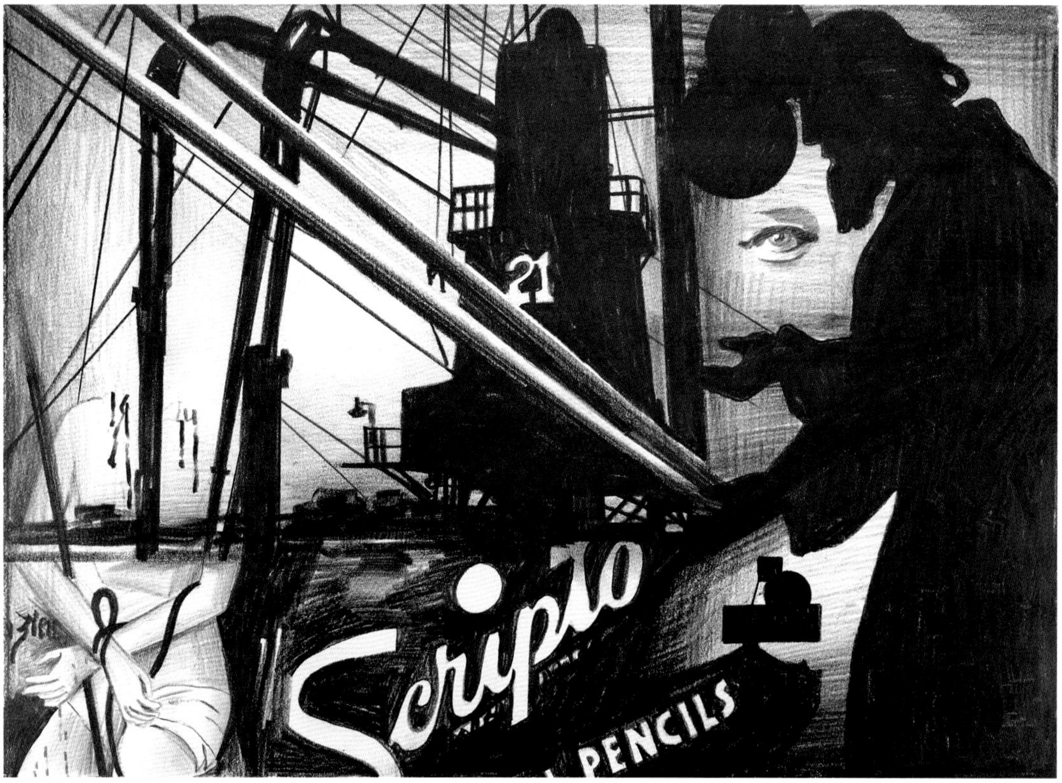

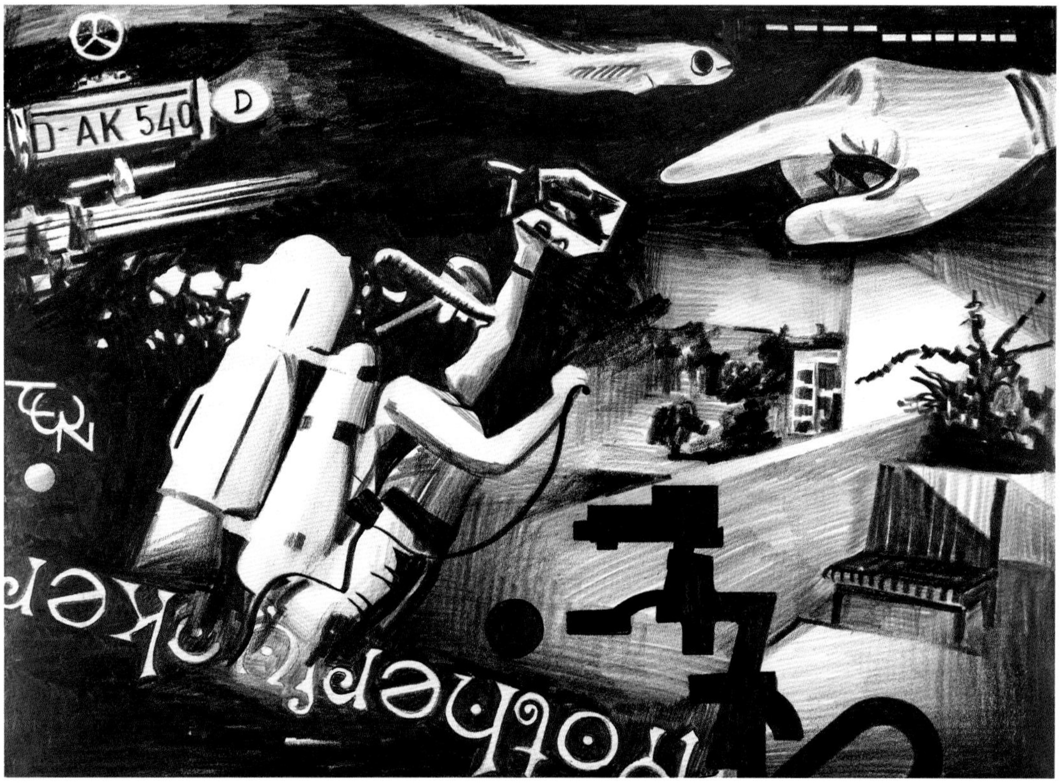

Untitled, 2013
Negrostift und Buntstift auf Papier | Negro pencil and colored pencil on paper

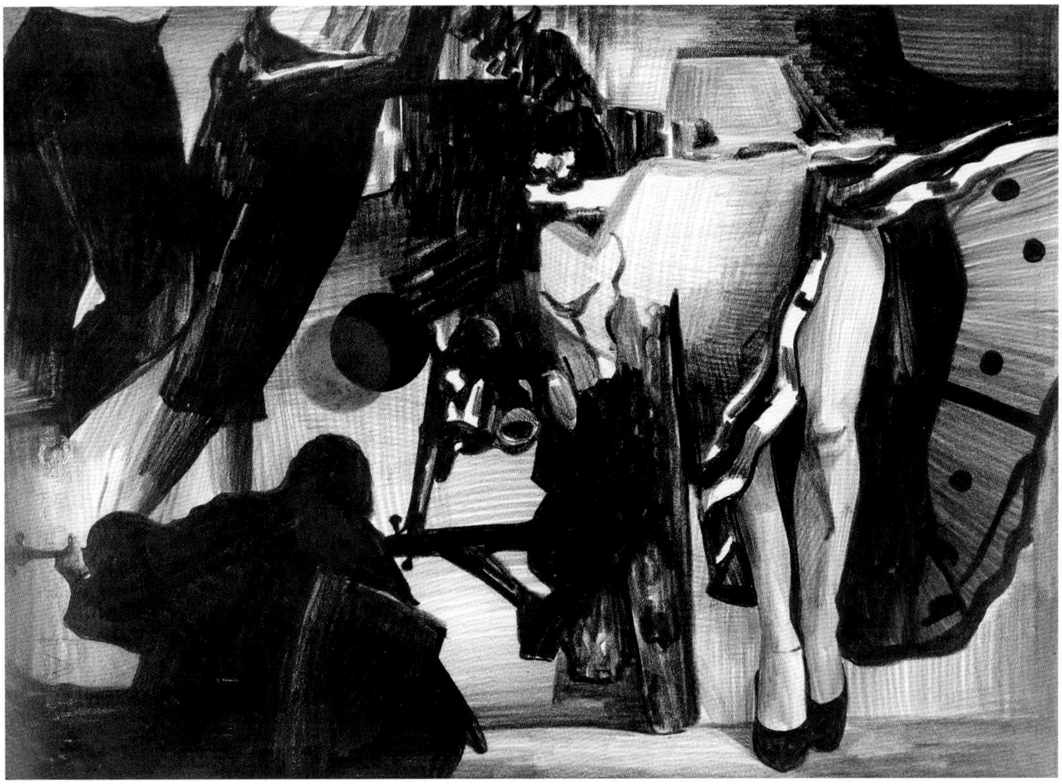

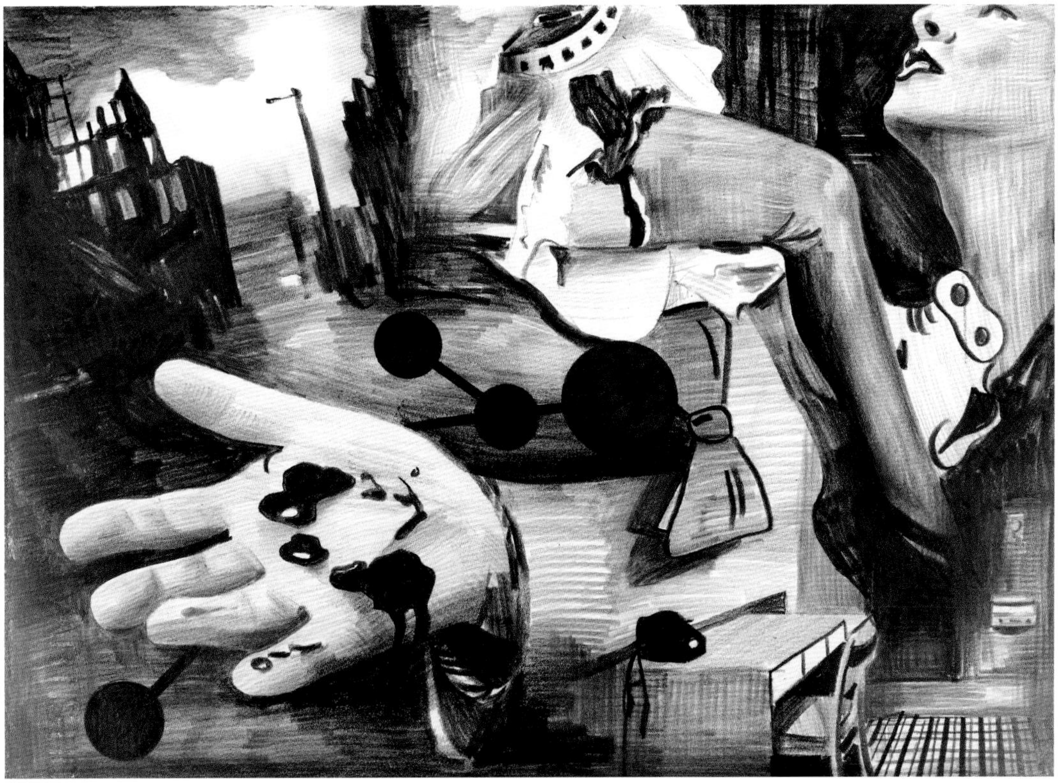

Untitled, 2013
Negrostift und Buntstift auf Papier | Negro pencil and colored pencil on paper

Marc Bauer

Die Zeichnung ist für Marc Bauer das beste Medium, um seinen Blick auf die Gegenwart jedoch ohne Vernachlässigung der Vergangenheit zum Ausdruck zu bringen. Der französischsprachige Schweizer Künstler lebt und arbeitet gegenwärtig in Berlin – nach einer Ausbildung an der Ecole Supérieure d'Art Visuel in Genf und der Rijksakademie in Amsterdam, gefolgt von einem Aufenthalt am Istituto Svizzero in Rom sowie einem Aufenthaltsstipendium in Peking. Der künstlerische Kosmos von Marc Bauer ist unleugbar männlich, seine Einzelausstellung im Genfer Kunstraum Attitudes 2007 trug sogar den Titel *History of Masculinity, Epilogue*. Frauen tauchen darin so gut wie nicht auf. Er arbeitet vorzugsweise mit Serien von Zeichnungen, die mehrere Dutzend Blätter umfassen können. In diesen Serien verbindet er Historie und persönliche Lebensgeschichte (Anspielungen auf Heidegger, Paul Celan, Mussolini und Pinochet finden sich dort ebenso wie eigene Kindheitserinnerungen) zu einer diskontinuierlichen Narration, zusammengesetzt aus erzählerischen Bruchstücken. Er vermischt autobiografische Elemente mit politischen oder gesellschaftlichen Ereignissen und erschafft so eine Welt, die sich aus fiktiven oder realen kollektiven Erinnerungen zusammensetzt. Es entsteht eine eigenartig dichte, häufig homoerotisch aufgeladene Atmosphäre. Marc Bauer assoziiert dabei Bild und Text, wobei er die Wörter eher zeichnet als schreibt. Ebenso wie die fein abgestufte Skala von Schwarz- und Grauwerten in Grafit und Lithografiekreide – Farbe wird von ihm nur sparsam und immer in sehr gezielter Absicht verwendet – dies dient dazu, die Erinnerungen in Distanz zu rücken. Durch den Gebrauch von Schrift erhöht er nicht nur die Spannung innerhalb der Zeichnungen, er verstärkt auch deren narrativen Aspekt. Der filmische Charakter seiner Arbeit findet seinen vorläufigen Höhepunkt in den Zeichentrickfilm *L'Architecte* (2013) und *The Astronaut* (2013).

For the French-speaking Swiss artist Marc Bauer, drawing seems to be the medium best enabling him to convey his vision of today's world without neglecting the past. After an eclectic training at the Ecole Supérieure d'Art Visuel in Geneva, then at the Rijksakademie in Amsterdam, followed by a stay at the Swiss Institute in Rome and an artist's residency in Beijing, he is currently living and working in Berlin. Marc Bauer's artistic world is essentially masculine: for instance, in his 2007 exhibition at attitudes, espace d'arts contemporains in Geneva, *History of Masculinity, Epilogue*, women are quasi-absent. He works mainly in series of drawings comprising as many as several dozens of sheets. In these series he associates collective history and personal anecdote (evoking Heidegger, Paul Celan, Mussolini, and Pinochet, but also his own childhood memories) in a discontinuous narration composed of fragments of stories. He allows autobiographical elements to mingle with political or societal events to create a world of fictive or real collective memories. In doing so, he succeeds in creating a strangely dense atmosphere, often with a latent homoerotic charge. His associations of images and text (Marc Bauer *draws* more than he writes words), the range of gray and black tones of the graphite and lithographic chalk (color is used only sparingly and always for a very precise reason) combine to create a sense of detachment from this memory. His use of writing enables him to heighten the tension in the images and to accentuate their narrative aspect. His work's eminently cinematic nature achieves its fullest expression in the animated film *L'Architecte* (2013) and *The Astronaut* (2013).

Jonas Storsve

The Astronaut, 2013
Animierter Schwarz-Weiß-Film | Animated black-and-white film
Ausstellungsansicht | exhibition view

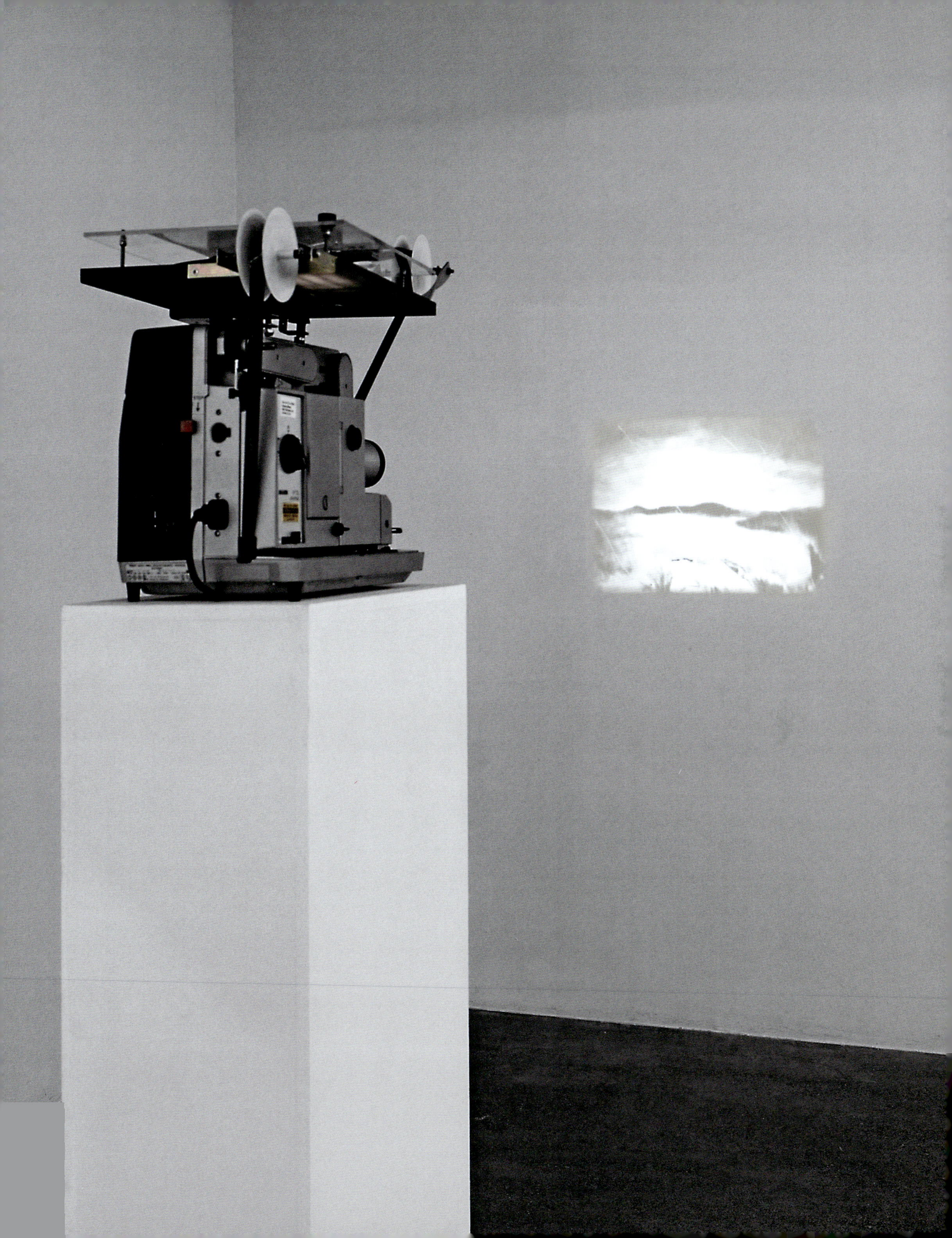

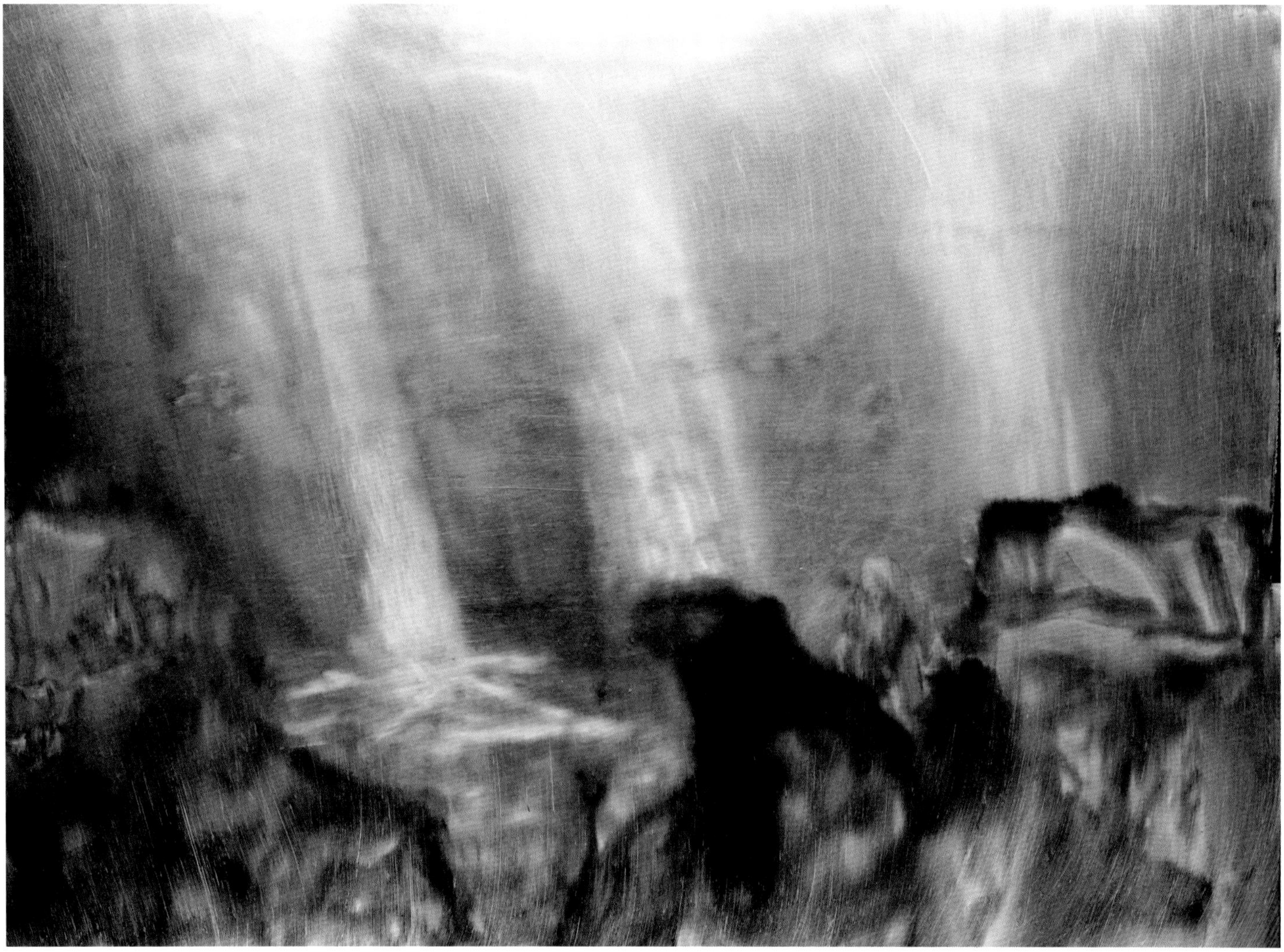

Stills aus | from *The Astronaut*, 2013

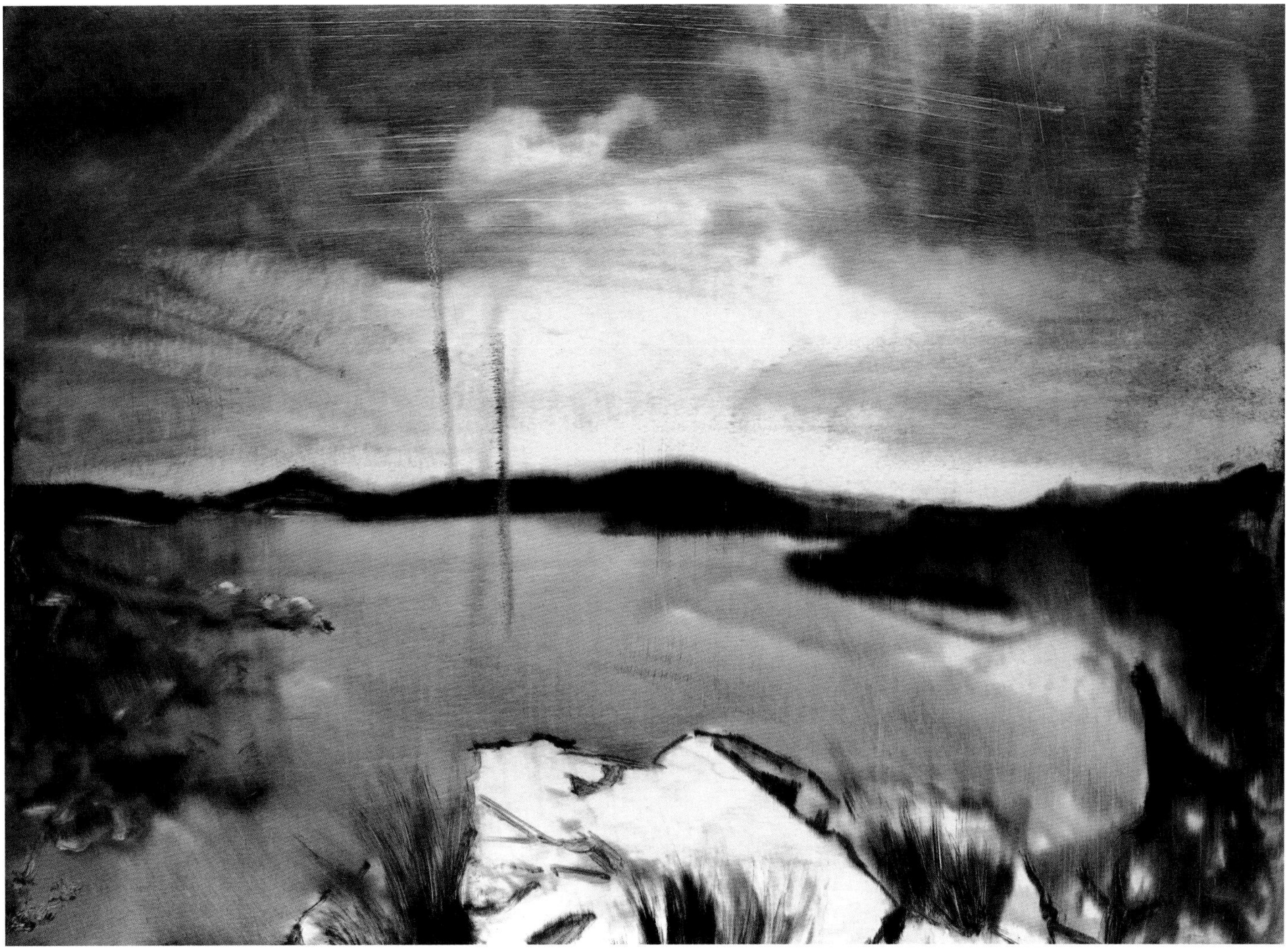

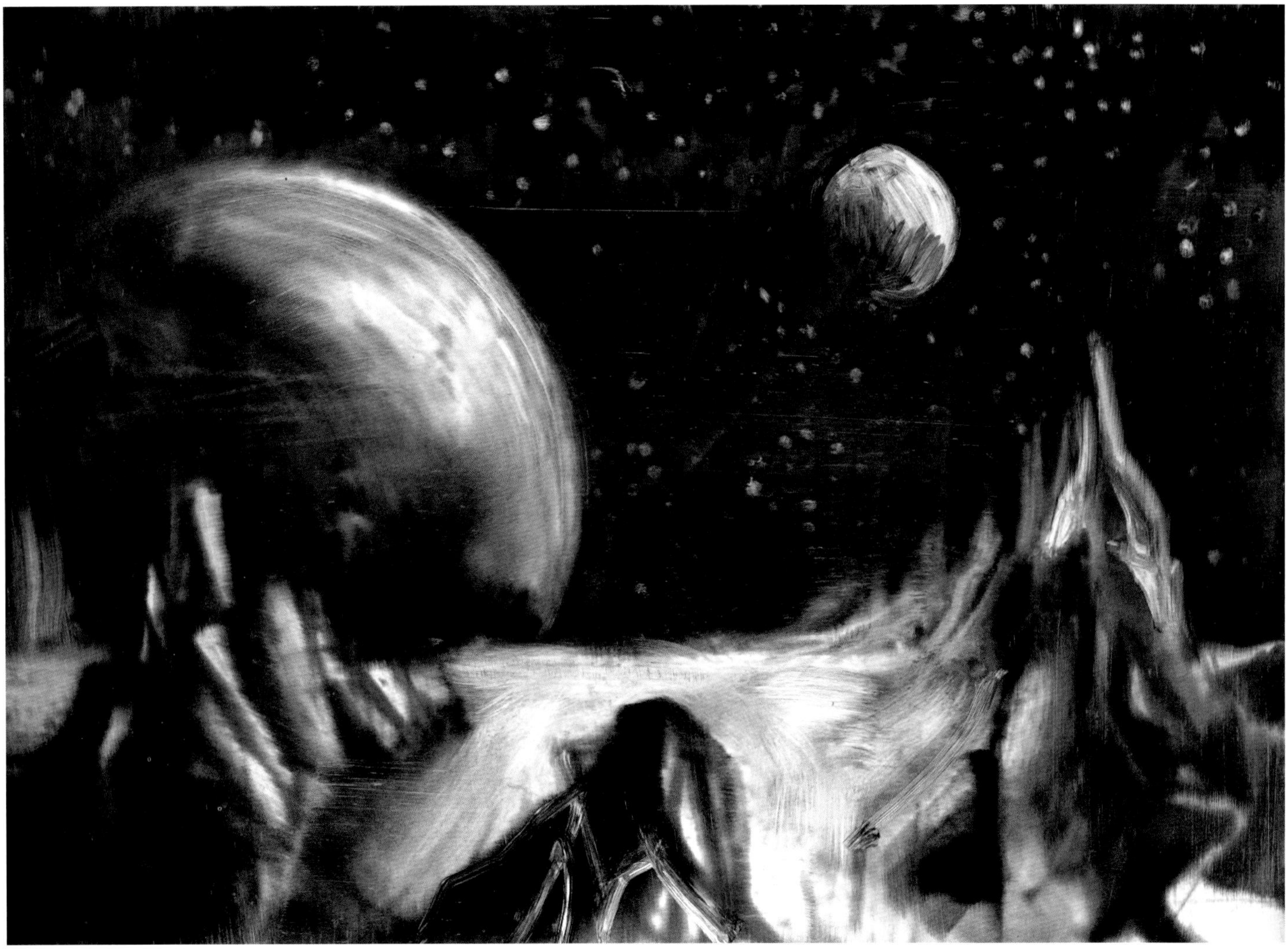

Stills aus | from *The Astronaut*, 2013

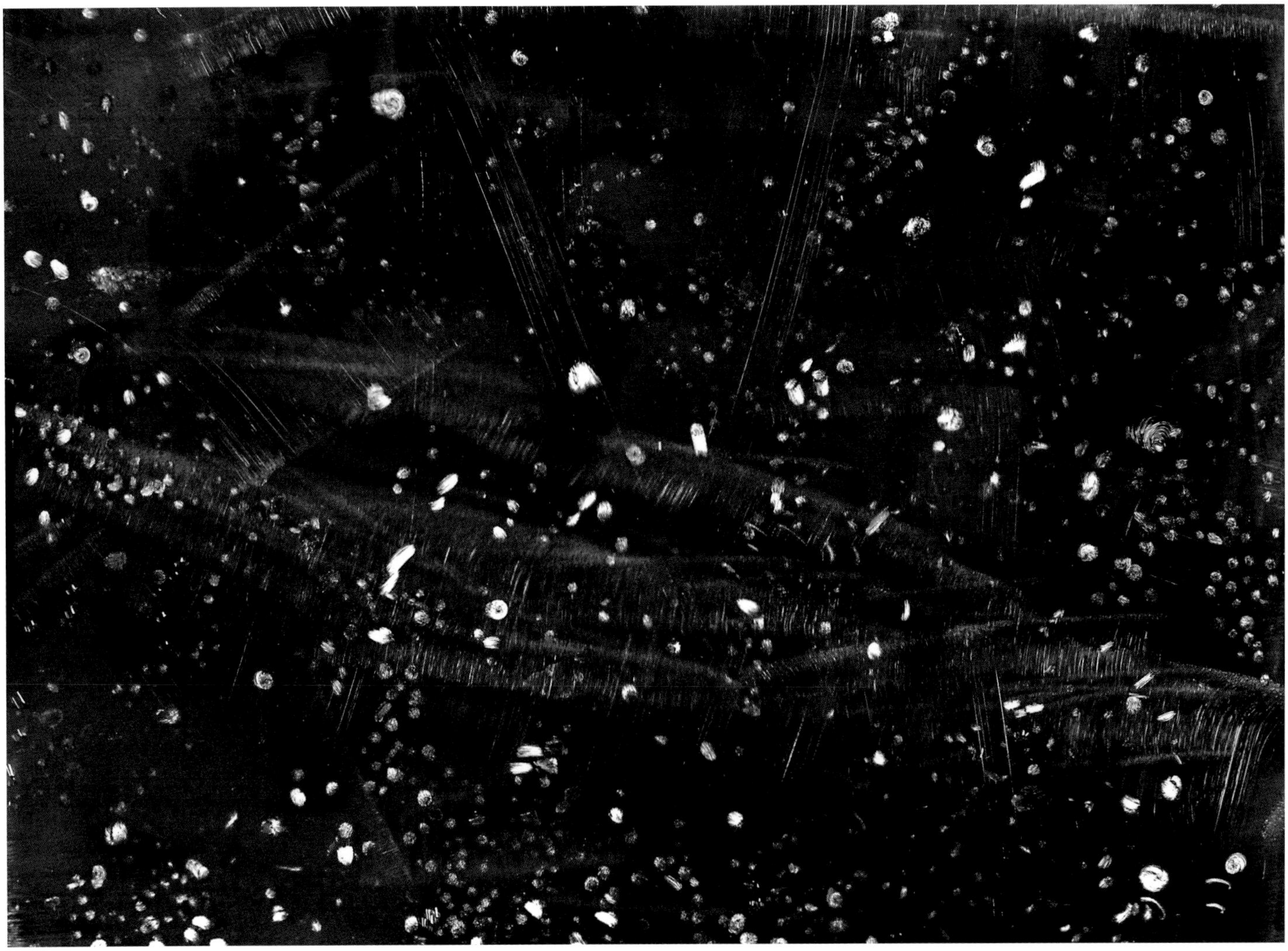

Sonja Gangl

In der Geschichte der modernen Malerei ist oft von ihrem Ende die Rede. Sogenannte letzte Bilder gehören zu ihrem festen Inventar. Adorno beschwört in der *Ästhetischen Theorie* von 1961 die Kunst der Neuzeit als eine, die das Bewusstsein von der Negativität und der Zerstörung enthält und dabei geprägt ist von der Grundfarbe Schwarz.

Sonja Gangl benutzt zur Bildfindung immer wieder diese Farbe. In Form von Bleistiftzeichnungen setzt sie Schwarz im Allgemeinen zur Reduktion und radikalen Bildanalyse ein. Neben schwarzen Balken sind es Zeichnungen der Augen von Freunden, die sie im Stile Jan Vermeers als Verweis auf eine Welt auf und hinter der Netzhaut einsetzt. Außerdem beschäftigt sie sich seit einigen Jahren mit filmischen Schlussbildern und deren oft verwendeten Schriftzügen »Ende« – »Fin« – »The End«. Die minutiös ausgearbeiteten Zeichnungen analysieren diese letzten Bilder als Momente der radikalen Konzentration, die kurz vor dem Auftauchen in die Realität zusammenfassen, was sich als Nachbild des Filmes in die Netzhaut der Betrachter bohren soll: So berichtet bereits die Wahl der Schrift von inhaltlichen Schwerpunkten des Films. Einmal leuchtet aus sonnengegerbtem Holz die typische Westernschrift – eine ähnliche hat heute den sprechenden Namen Tequila –, dann auf einem hängenden Netz eine Slab-Serife, die eine Zeit des 19. Jahrhunderts evoziert, und vor den Wellen des Meeres eine ebenso alte Buchstabenform, die Assoziationen an Berichterstattungen von Entdeckungsreisen entstehen lässt. Die zeichnerische Auseinandersetzung mit dem Medium Film greift auf die Eigentümlichkeiten des Analogfilmes zurück. Gangl benennt den Anfang ihres melancholisch anmutenden Interesses am Ende des Filmes als eine Neugier gegenüber der grafischen Qualität des Schriftbildes, das sich in Form einer Marke in das Filmmaterial einschreibt – und dieses gleichzeitig überdeckt: Es handelt sich also um ein Interesse an den Schnittstellen von semantischem Code und typografischem Stil, die in der Überlagerung zum Bildelement werden, dem etwas Ikonenhaftes zu eigen ist. Dort, wo das Schriftbild das Filmbild überdeckt und sich im Sinne einer Trademark oder

In the history of modern painting, we often hear about its end. So-called last pictures are constant fixtures in its inventory. In his *Aesthetic Theory* of 1961, Theodor Adorno characterizes the art of the modern age as one that contains the consciousness of negativity and destruction and is dominated by the color black.

Black is the color used time and again by Sonja Gangl when creating her images. In the form of pencil drawings, she generally deploys black for the purposes of reduction and radical picture analysis. Alongside black bars, she produces drawings of the eyes of friends, which she deploys in the manner of Jan Vermeer as a pointer to a world on and behind the retina. In addition, for a number of years she has been concerned with the end-title cards of films with the often-used caption "Ende – Fin – The End." The meticulous drawings analyze these final frames as moments of radical concentration which summarize, shortly before the viewers' reemergence into reality, what (or so is the intention) will burn itself into their retinas: thus even the choice of font reports on the thematic focus of the film. Out from sun-bleached wood stares the typical western font—a similar modern face bears the telling name Tequila; then on a hanging net we have a slab-serif or Egyptian font, which evokes the nineteenth century, and in front of ocean waves an equally old lettering which conjures up associations with the documentation of voyages of discovery. This exploration of the medium of film through the medium of drawing takes up the characteristic features of analog film. Gangl says her seemingly melancholic interest in the end of a film started out as a form of curiosity vis-à-vis the graphic quality of the typeface, which brands, so to speak, the film material while at the same time concealing it: in other words, she is interested in the interface of semantic

CAPTURED ON PAPER_THE END_1100101, 2014
Bleistift auf Waterford-Papier | Pencil on Waterford paper

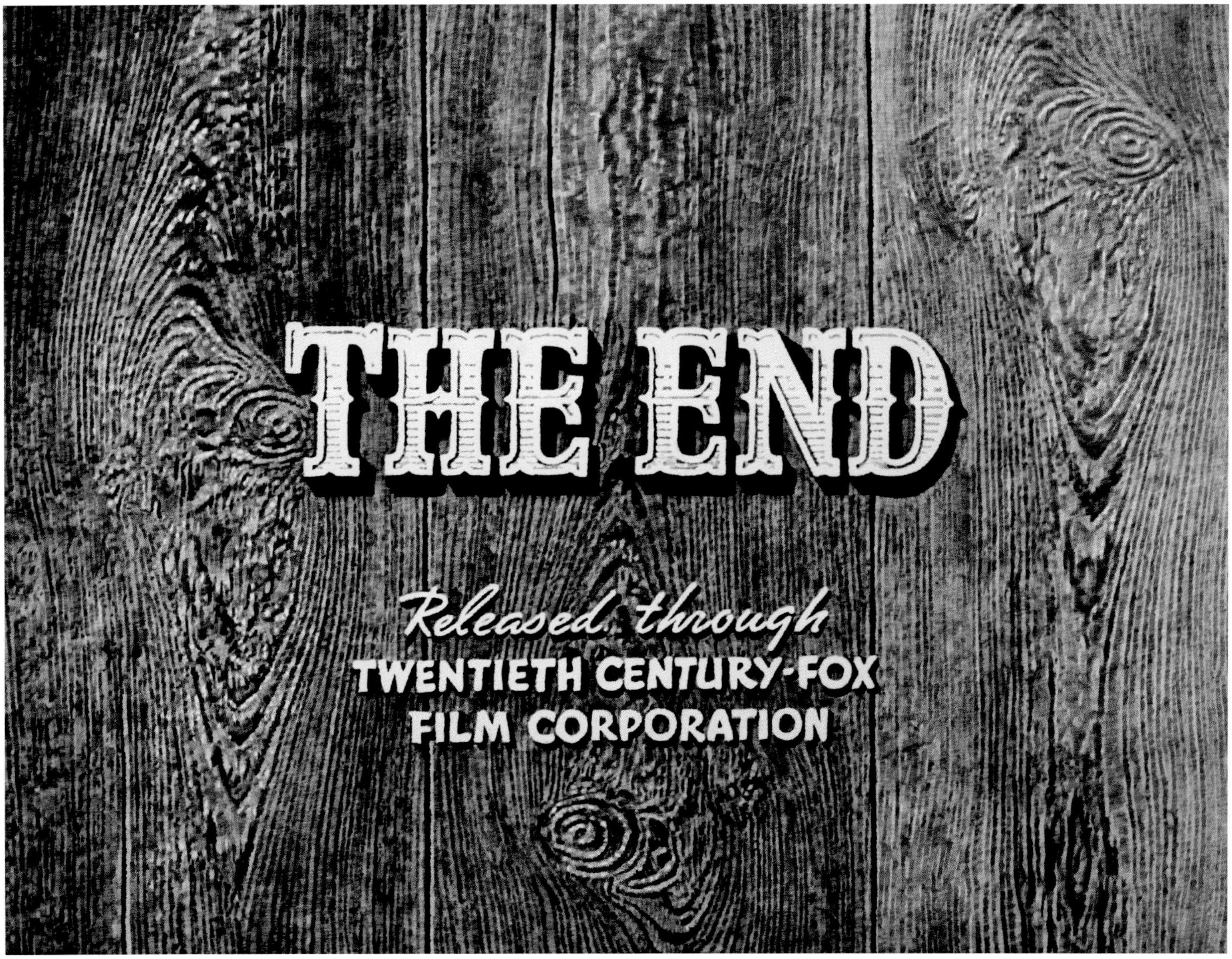

eines Labels in die Netzhaut von Film und Zuseher einzubrennen vermag, kristallisiert sich Gangls Bildfindung. Wir werden an die frühen Arbeiten der Künstlerin unter dem Label »Rebeka International« erinnert, an ihre Auseinandersetzung mit den Strategien der Vermarktung und des Branding.

code and typographic style, which, when superimposed, becomes a pictorial element with something iconic about it. Gangl's pictorial invention crystallizes where the typeface covers the picture, and in the spirit of a trademark or a label, can burn itself into the retina both of the film and of the viewer. We are reminded of the artist's early works under the "Rebeka International" label, her response to the strategies of marketing and branding.

Katrin Bucher-Trantow

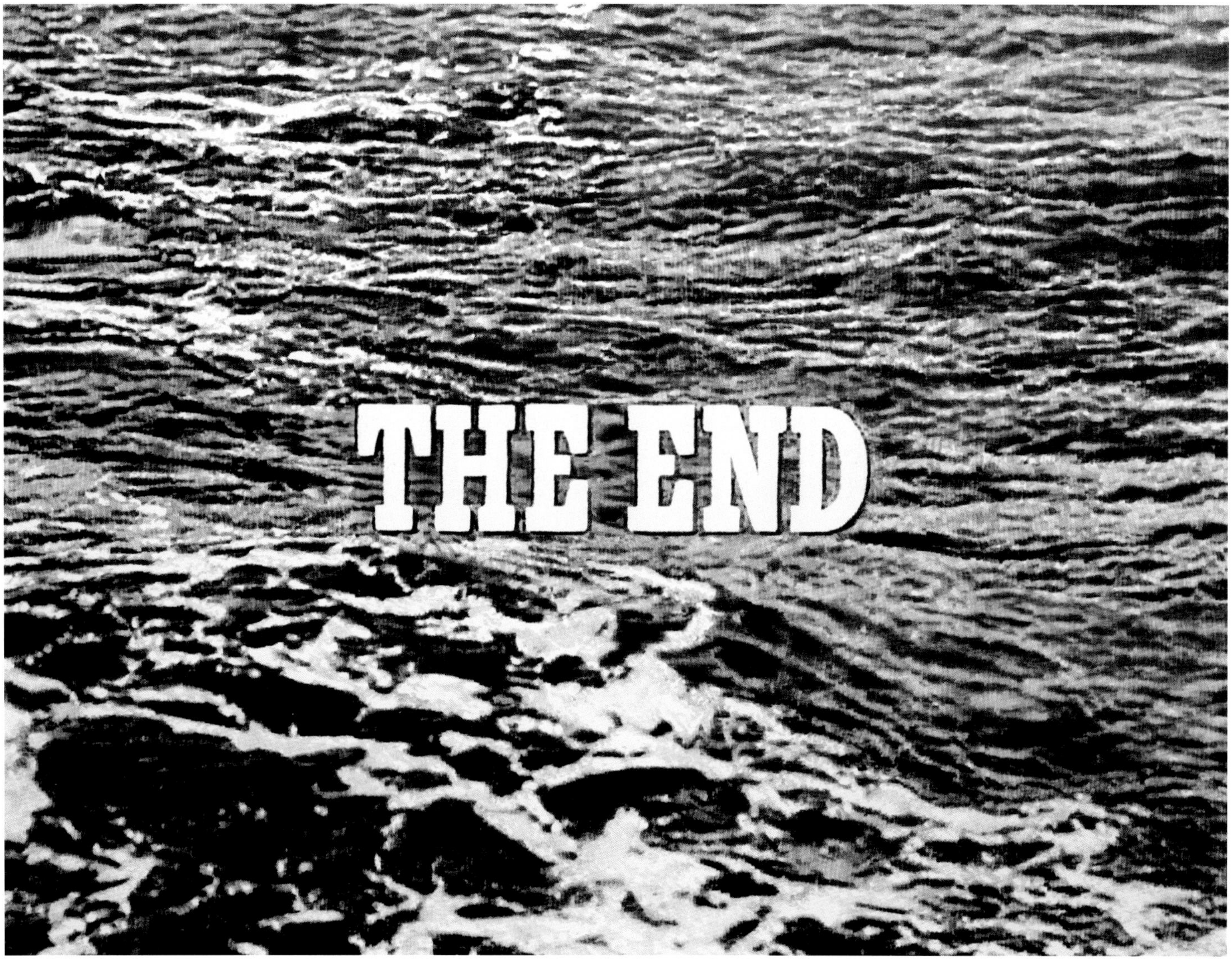

CAPTURED ON PAPER_THE END_1100110, 2014
Bleistift auf Waterford-Papier | Pencil on Waterford paper

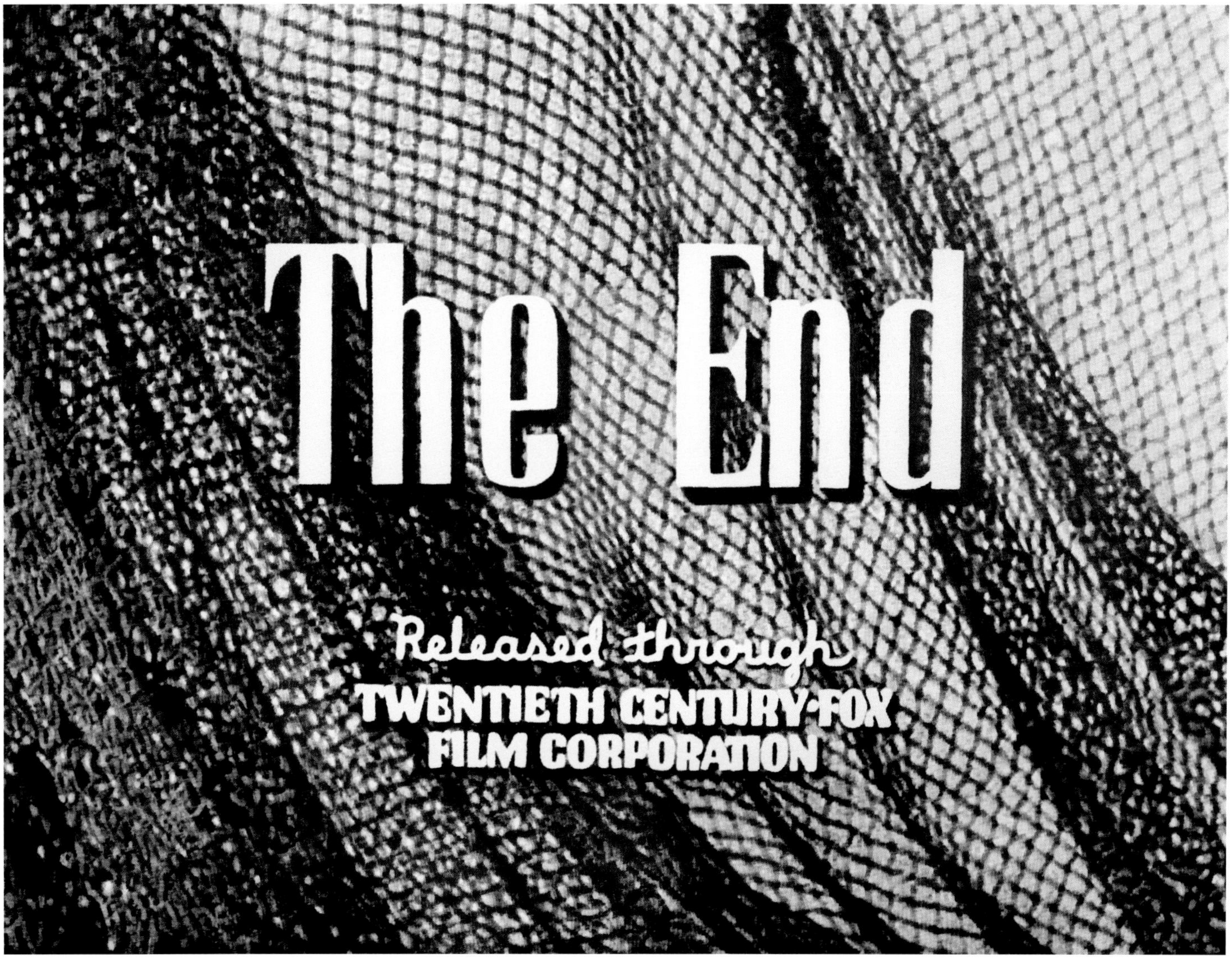

CAPTURED ON PAPER_THE END_1100111, 2014
Bleistift auf Waterford-Papier | Pencil on Waterford paper

Erik van Lieshout

Erik van Lieshout gehört zu den Künstlern, die zeigen, dass die Zeichnung – jenes Medium, das häufig als das intimste und subjektivste aller künstlerischen Medien angesehen wird – sich auch als Mittel zur Auseinandersetzung mit aktuellen gesellschaftlichen Fragen eignet. Der Niederländer wurde während der 1990er-Jahre für seine expressive Malerei und seine großformatigen Zeichnungen bekannt, in denen drastisches Bildmaterial über Pornografie, Drogen und Straßenkultur sich mit einer Vielfalt an Medienfiguren von holländischen Politikern bis hin zu Batman und Snoop Dogg vermischt. In den darauffolgenden Jahren entwickelte sich sein Werk zu einer multimedialen Praxis, die auch grob konstruierte Skulpturen, Videoinstallationen und performative Arbeiten umfasst. Oft sind seine Arbeiten explizit pornografisch und gewaltgeladen, aber auch herzhaft komisch. In seinen tagebuchartigen Videoarbeiten mit ihren schnellen Schnittfolgen tritt der Künstler stets selbst auf. Persönliche und emotionale Erfahrungen dienen ihm als Hilfsmittel, um die komplexe Psychologie einer Nation auszudeuten, die mit Einwanderung, Intoleranz, Kolonialismus und Sexualität ringt.

Die Zeichnung bildet seit jeher eine Konstante in van Lieshouts vielfältiger Arbeit. Eine der wichtigsten, meist verklärten Merkmale der Zeichnung ist, dass sie als ehrlich und unmittelbar gilt, als hätten Kopf und Hand des Zeichners simultan agiert und als sei es ihnen unmöglich, auf dem Papier Unwahres zu hinterlassen. Diese hyperpersönliche und direkte Sicht passt gut zu van Lieshout. Seine Zeichnungen besitzen dieselbe Gestimmtheit aus Ruhelosigkeit und Energie wie seine Filme. Sie werden mit expressionistischer Verve ausgeführt und erstrecken sich häufig horizontal auf überlebensgroßen Formate, als müssten sie ihre filmischen Qualitäten unterstreichen.

Gut veranschaulicht wird dies in *The Mall*, einer Zeichnung, die auf van Lieshouts Projekt für das Einkaufszentrum Zuidplein in Rotterdam-Süd basiert. Im Sommer des Jahres 2010 eröffnete er einen befristeten Laden in einem verwaisten Teil dieser Shoppingmeile, die einst für eine utopische Vision von zukünftigem Wohlstand und urbaner Harmonie stand, im Laufe der Jahrzehnte jedoch

Erik van Lieshout is one of the artists who demonstrates that drawing—a medium often seen as the most intimate and subjective of all artistic media—is also a means to address current social issues. The Dutch artist became known in the 1990s with his expressive paintings and large-scale drawings, in which graphic images of pornography, drugs, and street culture mingle with a multitude of media figures ranging from Dutch politicians to Batman and Snoop Dogg. In subsequent years, his work has evolved into a multimedia artistic practice including rudely constructed sculptures, video installations, and performative works. The work is often explicitly pornographic and violent, but also genuinely funny. His rapidly cut, diary-like video works always feature the artist himself. He uses his personal and emotional experiences as a tool to interpret the complex psychology of a nation struggling with immigration, intolerance, colonialism, and sexuality.

Drawing has always been a constant in Van Lieshout's multifaceted practice. One of the most important, and most romanticized characteristics of drawing is its sense of honesty and immediacy, as if the head and the hand of the draftsman have acted simultaneously and are not able to be untruthful on paper. This hyperpersonal and direct perspective fits well with Van Lieshout. His drawings have the same sense of restless mobility and energy as his films. They are executed with expressionist verve and often stretched out horizontally on larger-than-life formats, as if to underline their cinematic qualities.

Take for example *The Mall*, a drawing based on a project of Van Lieshout in Zuidplein, a shopping mall in Rotterdam South. In summer 2010 Van Lieshout opened a temporary store in an abandoned unit in this shopping mall, which once stood for a utopian vision, future wealth, and urban harmony,

Ron, 2010
Mischtechnik auf Papier | Mixed media on paper

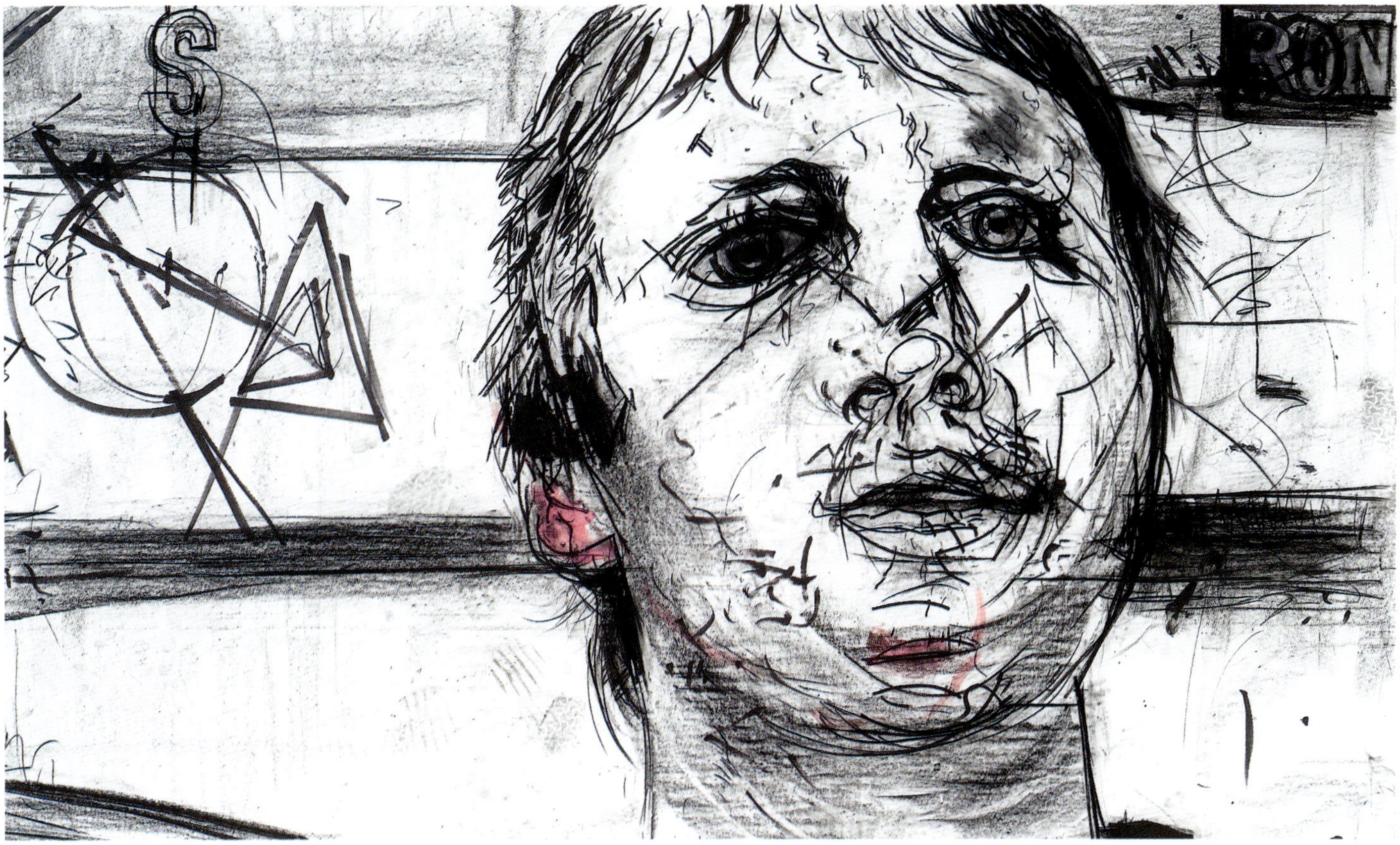

zum Treffpunkt der Armen und Arbeitslosen verkommen ist. Anstatt Waren zu verkaufen, nutzte van Lieshout den Laden als Basis, von der aus er mit der Nachbarschaft und ihren Bewohnern in Kontakt trat und sie in offene und humorvolle Gespräche über Wurzeln, Erholung, Sicherheit und Konsumverhalten verwickelte. Seine Zeichnung von den Besuchern des Einkaufszentrums ist skizzenhaft, fast wie bei einer klassischen Studie, mit schnell hingeworfenen Konturen. Van Lieshout kommt es nicht auf technische Perfektion oder Ästhetik an, sondern auf Effizienz: Die Zeichnung sollte Reibung und Brüche nahelegen. Dieser Zweck heiligt sämtliche Mittel.

but over the decades has turned into a hangout for the poor and unemployed. Instead of selling goods, Van Lieshout used his shop as a base from which to connect with the neighborhood and its inhabitants, engaging them in frank and funny conversations, dealing with roots, regeneration, security, and consumerism. His drawing of the mall's visitors is sketchy, almost as in a classic study, with hastily sketched contours. What matters to Van Lieshout is not technical perfection or aesthetics, but efficiency: the drawing should suggest friction and disruption. That end justifies all means.

Nina Folkersma

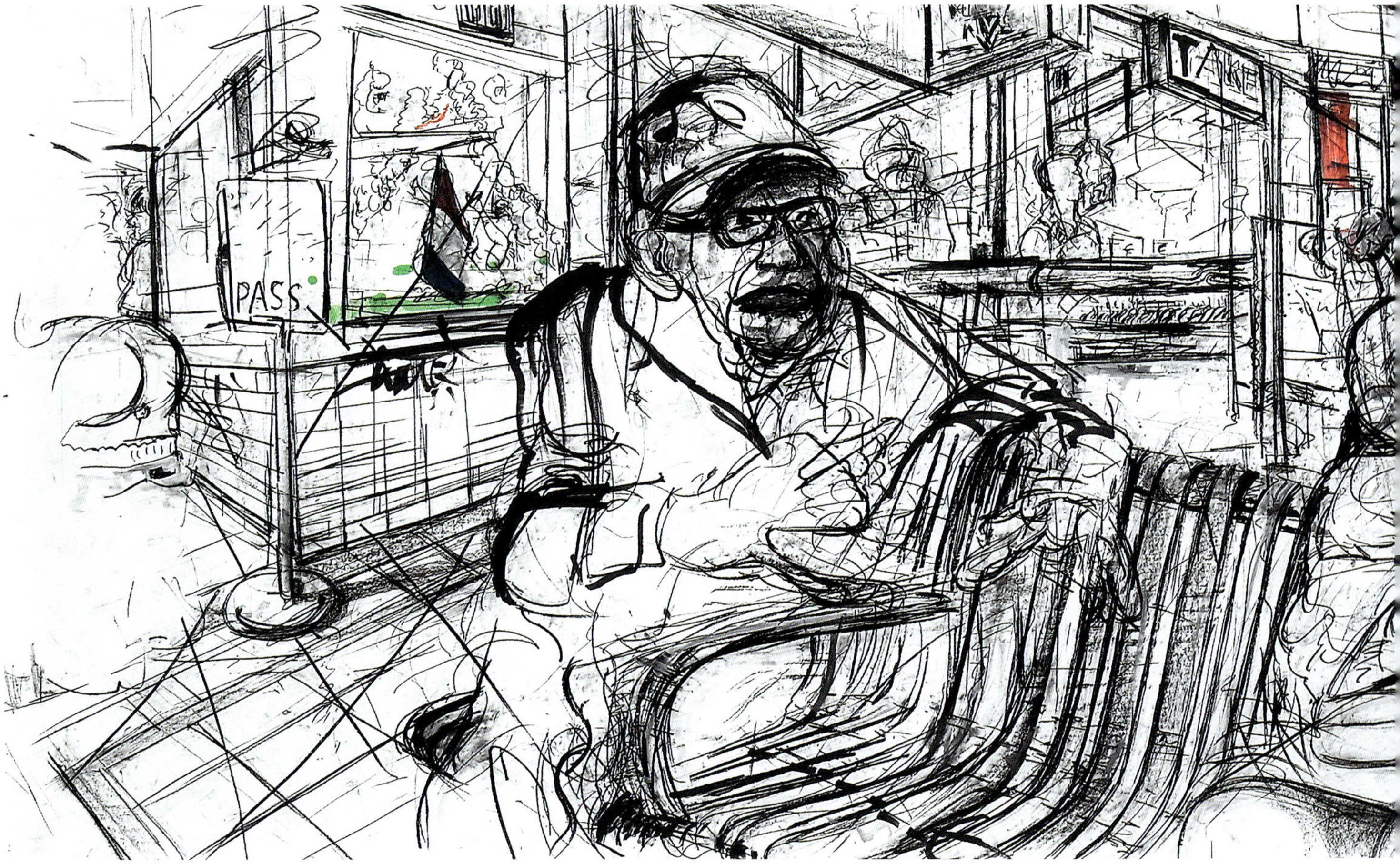

The Mall, 2010
Mischtechnik auf Papier | Mixed media on paper

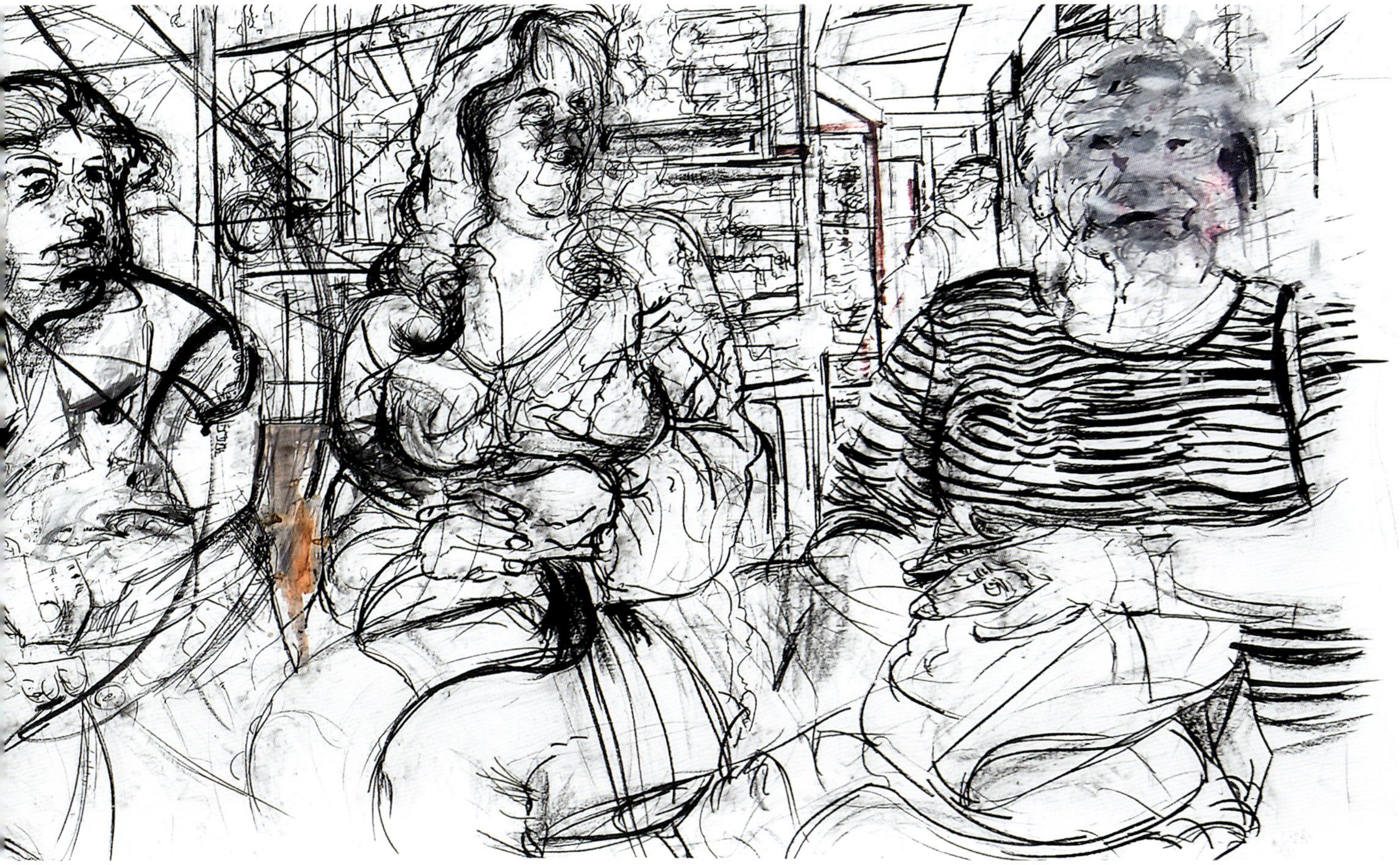

Andrea Bowers

Andrea Bowers meinte zu ihren fotorealistischen Zeichnungen, dass deren meist langwieriger und häufig schmerzhafter Entstehungsprozess sowohl ihr selbst als auch ihrem Publikum ein tieferes, intimeres, gar ein körperliches Verständnis der von ihr dargestellten Welt ermöglicht. Ursprünglich aus dem Bildfundus der Massenmedien stammend, zeigen diese mit Genauigkeit wiedergegebenen Schnappschüsse der Demokratie Demonstranten gegen Atomenergie, Krieg, wirtschaftliche Ungerechtigkeit oder für das Recht auf Abtreibung, AIDS-Forschung, Umweltschutz und ein reformiertes Einwanderungsgesetz. Stellt die Fotografie unsere Kultur der Nachrichtenaufnahme dar, so bietet die Zeichnung eine Möglichkeit zu ihrem Verständnis. Bowers' Fokus liegt nicht nur auf dem Zeitgeschehen und spezifischen Themen, sondern auf dem politischen Aktivismus: Sie stellt Individuen auf dem weißen Blatt frei und lädt so den Betrachter ein, sich auf die Entscheidungen und Handlungen des engagierten Bürgers zu konzentrieren.

Für die Serie *May Day* hat Bowers die Medien umgangen und selbst Aktivisten fotografiert. Die Bilder sind in Grafit und Buntstift und oft ohne die Rasterlinien ihrer vorangegangenen Arbeiten ausgeführt. Die *May Day*-Zeichnungen drücken künstlerisches, persönliches und politisches Engagement aus. Für die Zeichnung *Wendy Davis* greift sie wieder auf ein in den Nachrichten gefundenes Bild zurück, nämlich die berühmten pinkfarbenen Schuhe, welche die Senatorin von Texas trug, als sie sich für eine Gesundheitsgesetzgebung zugunsten von Frauen aussprach.

Andrea Bowers Arbeit unterscheidet sich von den heutigen politisch interessierten Fotografen und Zeichnern, da sie ein verführerisches und wirksames Trompe l'œil einsetzt und unsere Aufmerksamkeit auf die Mechanismen des Aktivismus und des gesellschaftlichen Wandels lenkt. Bowers Zeichnungen bilden das Herzstück einer künstlerischen Arbeit, die monumentale Installationen zur Geschichte der Arbeiterbewegung ebenso umfasst wie Künstlerbücher zum Feminismus der 1970er-Jahre, Videos und Vortragsreihen über Bürgerrechte und die Situation in den USA, aber auch ihre Teilnahme an Aktionen des gewaltlosen zivilen Ungehorsams.

Andrea Bowers has said of making her photo-realist drawings that her long and often painful process grants both herself and her audience a deeper, more personal, and even a physical understanding of the world they represent. Drawn initially from the image banks of mass media, these studiously rendered snapshots of democracy present demonstrators protesting nuclear power, war, and economic inequality, and advocating for abortion rights, AIDS research, environmental preservation, and immigration reform. If photography is the way our culture ingests the news, then drawing is how we might understand it. Not just concerned with current events or specific issues, Bowers's focus is activism: She isolates individuals on the white page inviting viewers to focus on the choices and actions of engaged citizens.

For the *May Day* images, Bowers bypassed the media and photographed activists herself. Rendered in graphite and colored pencil, and in several cases done without the gridded guidelines that aided her earlier work, the *May Day* drawings express artistic, personal, and political commitment. The *Wendy Davis* drawing marks a return to images found in the news, this time of the famous pink shoes the Texas state senator wore as she advocated for women's health legislation.

Bowers's work stands out from current interests in politics, photography, and drawing for its seductive and effective trompe l'oeil and for its attention to the mechanics of activism and social change itself. Bowers's drawings are the heart of a practice that has included monumental installations addressing the history of the labor movement, artist books on 1970s feminism, videos and speaker series on citizenship and the US landscape, and her own participation in nonviolent civil disobedience.

Peter Kalb

Study from May Day March, Los Angeles 2010 (We are all Americans), 2010
Grafit auf Papier | Graphite on paper

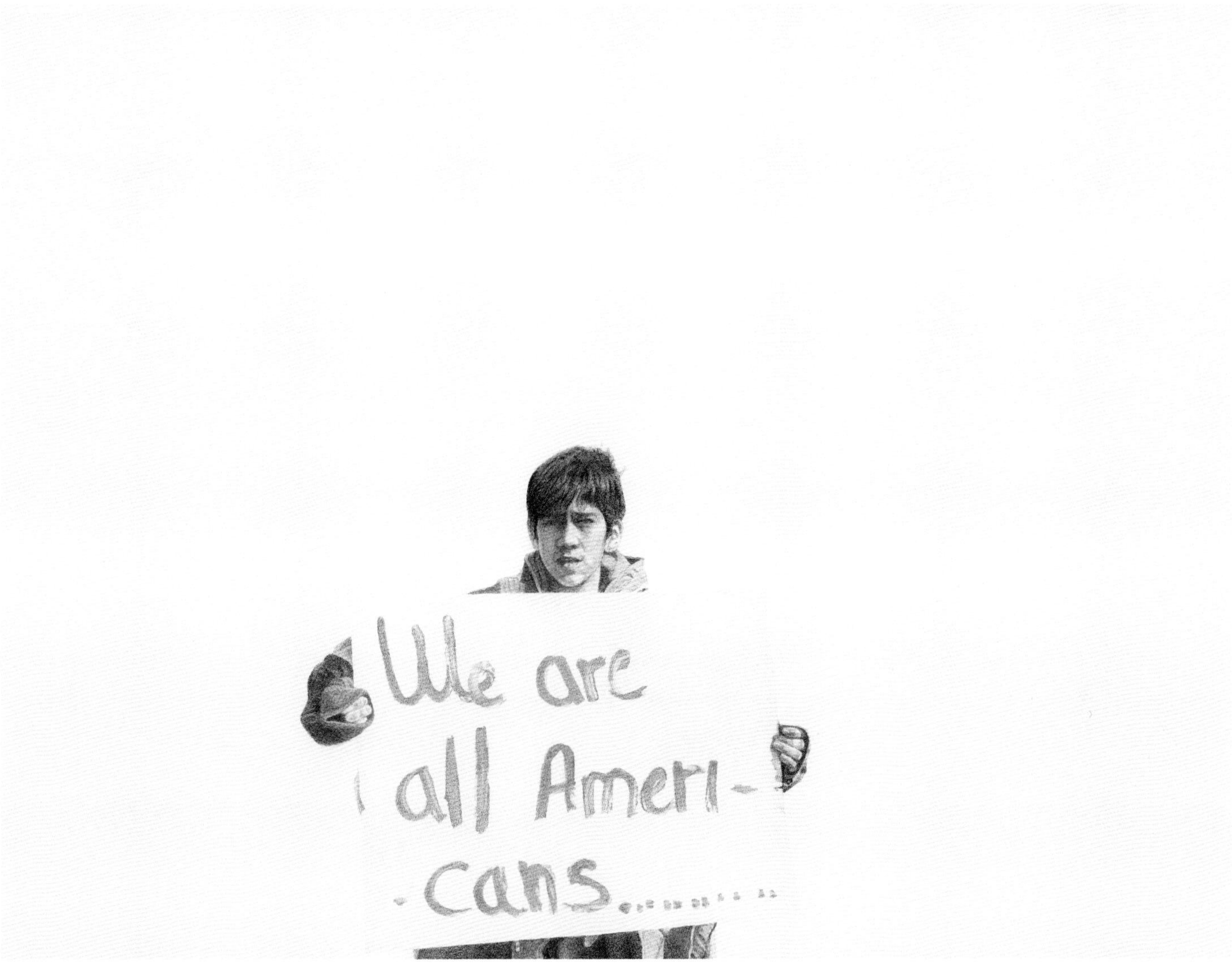
We are
all Ameri-
-cans........

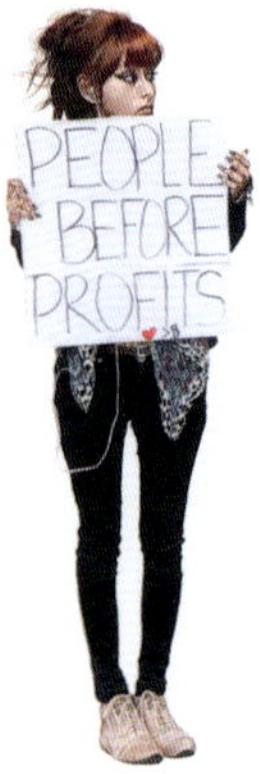

People Before Profits (May Day March, Los Angeles, 2012), 2012
Buntstift auf Papier | Colored pencil on paper

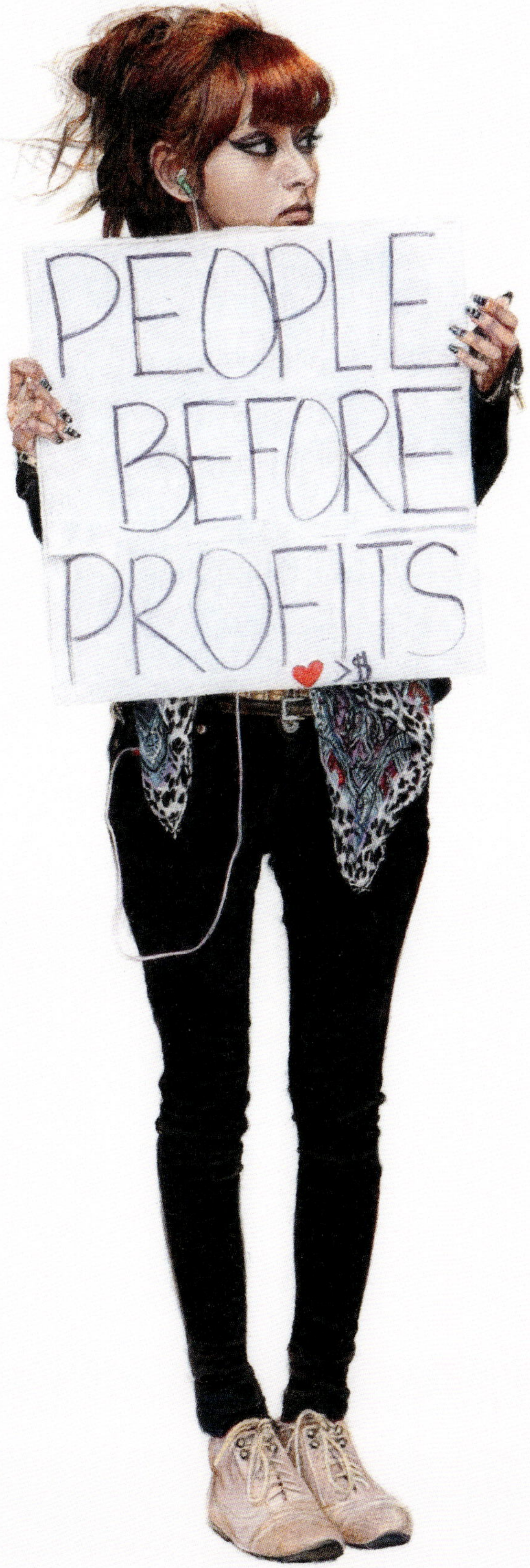
PEOPLE
BEFORE
PROFITS

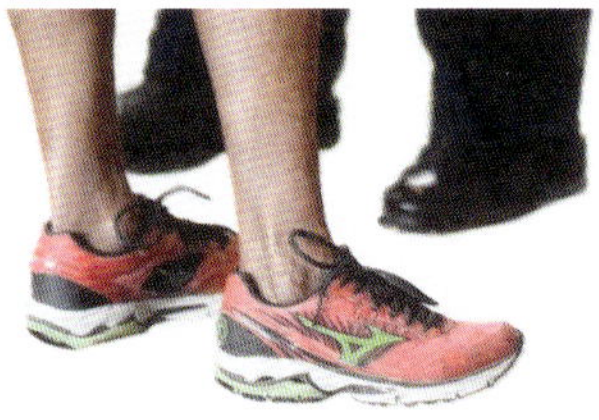

Wendy Davis, Texas State Senator (11-Hour Filibuster to Block Anti-abortion Legislation, June 25, 2013), 2013
Buntstift auf Papier | Colored pencil on paper

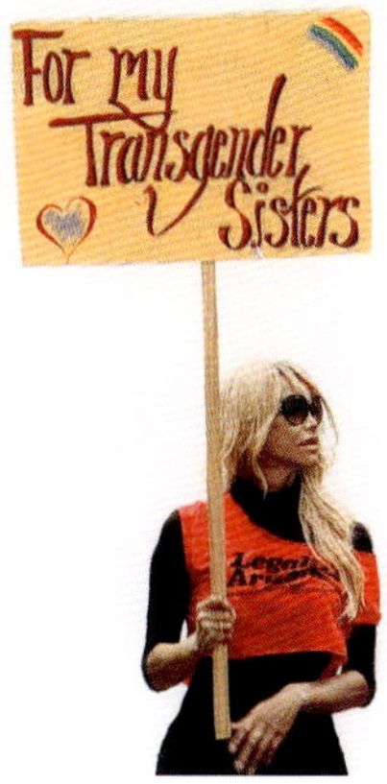

For My Transgender Sisters (May Day March, Los Angeles, 2012), 2012
Buntstift auf Papier | Colored pencil on paper

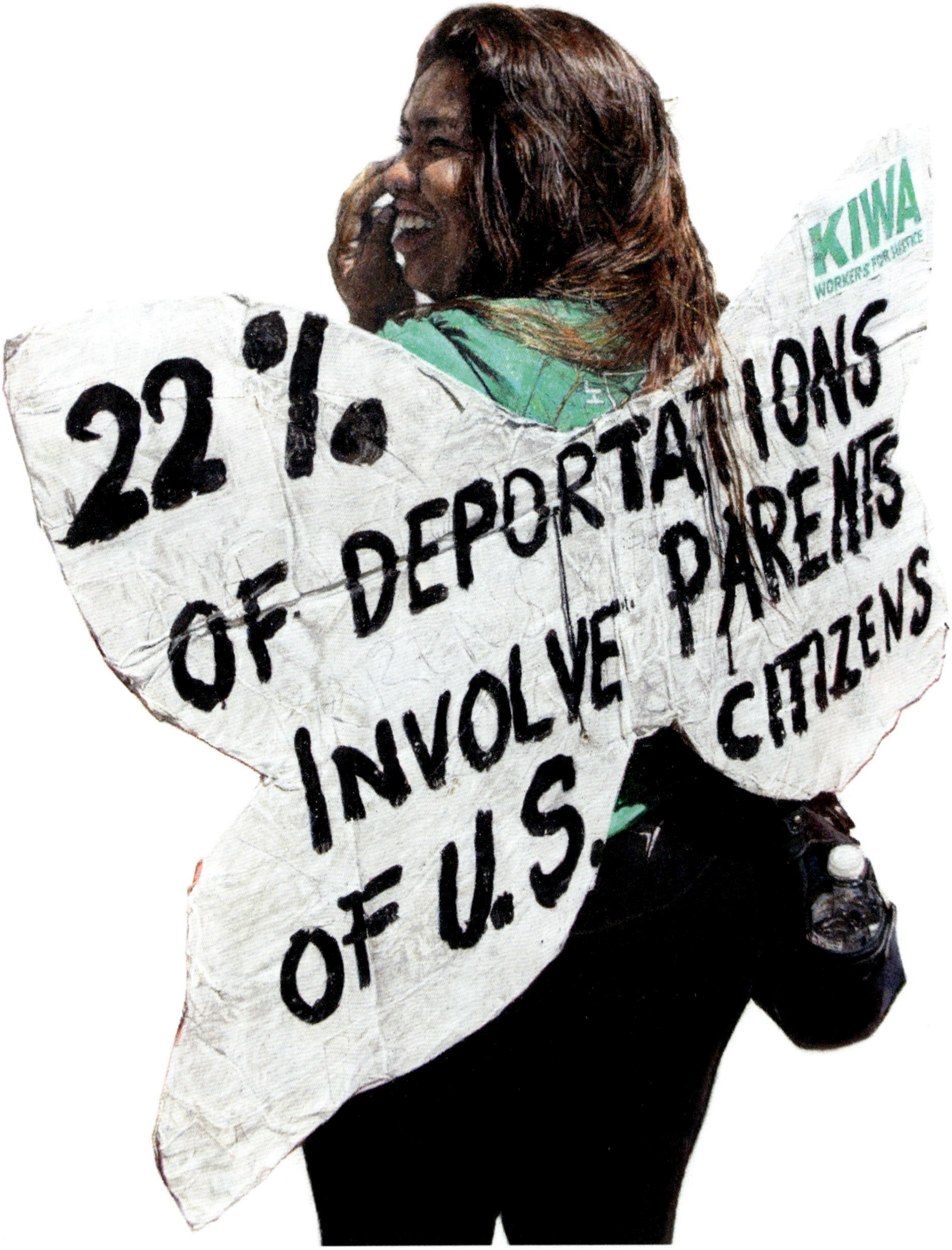
22%
OF DEPORTATIONS
INVOLVE PARENTS
OF U.S. CITIZENS
KIWA
WORKERS FOR JUSTICE

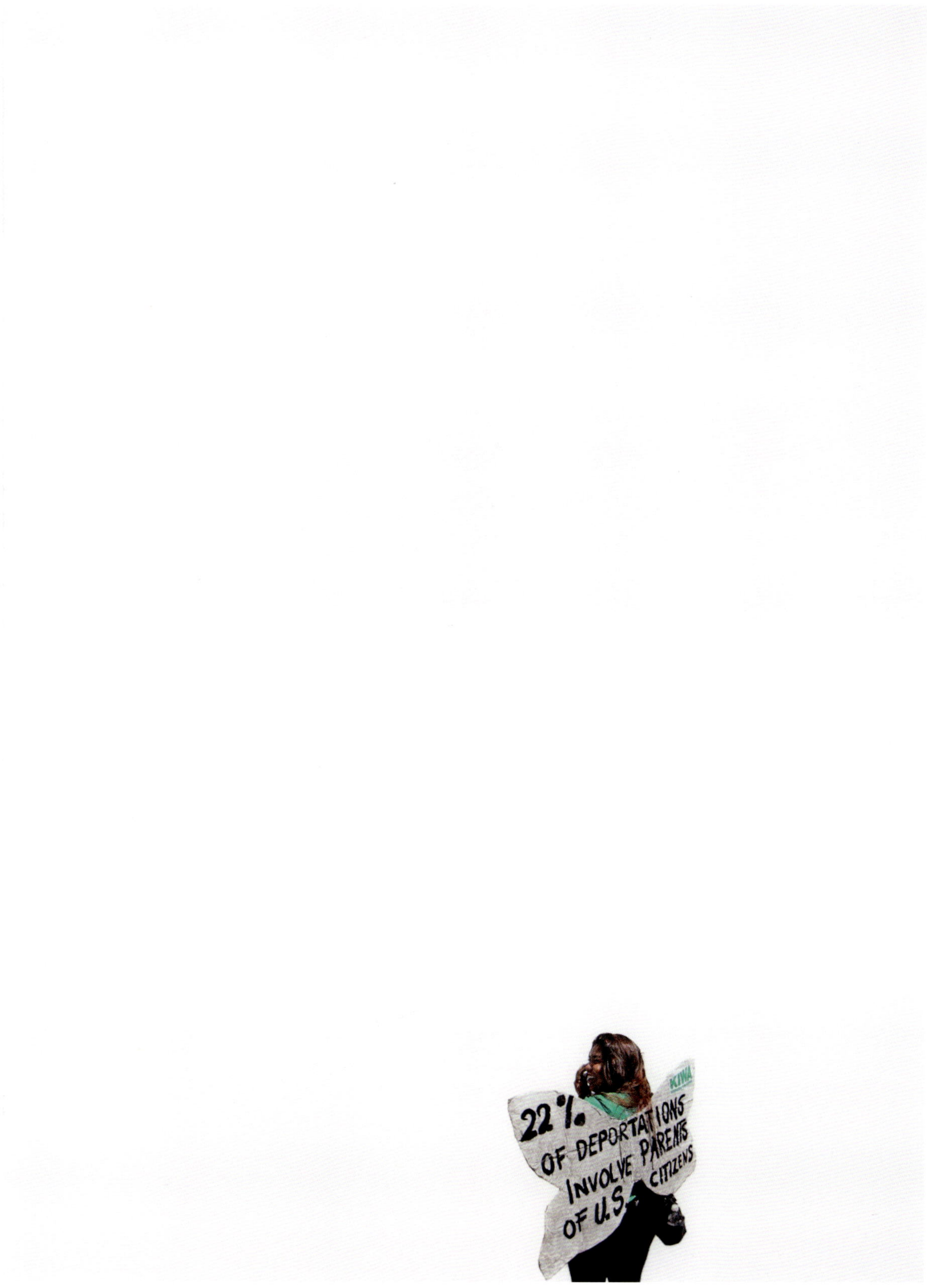

22% of Deportations Involve Parents of U.S. Citizens
(Immigrant Justice Activist, May Day 2014, Los Angeles), 2014
Buntstift auf Papier | Colored pencil on paper

Olga Chernysheva

Die Zeichnung hat stets einen Ehrenplatz in Olga Chernyshevas Œuvre eingenommen, schon als sie in den späten 1980er-Jahren Animationsfilm studierte. Energisch und überzeugend setzt sie Stift und Aquarell ein, um Szenen der russischen Wirklichkeit einzufangen, die sie dazu anregen und veranlassen, als Künstlerin zu handeln, was in ihrem Falle bedeutet, Bilder zu machen. Diese Techniken erlauben es ihr, die Einstellungen in ihren Videoarbeiten wie *Russian Museum* (2003) und *Steamboat Dionysus* (2004) weiter zu Einzebildern auszuführen.

Als sie jedoch zum ersten Mal Zeichenkohle verwendete, war dies etwas durchaus Neues und Unerwartetes. Ich erinnere mich, dass ich es, nur halb im Scherz, ihren Käthe-Kollwitz-Moment genannt habe (nach der in der Sowjetunion hochgeschätzten, politisch engagierten deutschen Künstlerin). In der Serie *Person protected by ...* (2012) wirft Chernysheva die visuellen Krücken der Bildsprache von Film und Fotografie fort. Nur mit Kohle und Papier dokumentierte sie unmittelbar und ohne weitere Hilfsmittel, was sie in den Straßen und Gassen der Moskauer Metropolis sah. Die Menschen dort führen ein prekäres Leben in unmittelbarer Nachbarschaft zu einem übertriebenen und barbarischen Luxus, der nicht übel zur Verfilmung der *Tribute von Panem* passen würde. Sie mögen Wanderarbeiter aus Zentralasien oder heruntergekommene Bürger der riesigen Russischen Föderation sein, es sind allemal Menschen, die eines Obdachs und Schutzes bedürfen.

Chernysheva scheut sich nicht, uns unbehagliche Charaktere vorzuführen und sie etikettiert ihre Kompositionen ohne Umschweife mit per Computer ausgedruckten englischen oder russischen Titeln. Die Abgebildeten werden buchstäblich von einer Decke oder einer Warmwasserleitung behütet, von Handlungen wie dem Lesen eines zerfledderten Buchs oder dem Zeichnen einer kleinen Karawane von Einkaufs- und Rollwagen, aber auch von abstrakteren Entitäten: »das Rauchen« *(a smoke)*, »Pfütze« *(a puddle)* oder »null Kilometer« *(zero kilometer)*. Die Serie erfasst das Bildermachen in seiner einfachsten Form als etwas, woraus die Menschen in den verschiedenen Umständen Kraft ziehen können.

Drawing has always had a place of honor in Olga Chernysheva's oeuvre, ever since she studied to become a maker of animated films in the late 1980s. She has made active and convincing use of pencil and watercolor to capture scenes from the Russian reality that inspires and provokes her to act as an artist, which in her case means making images. These techniques have also allowed her to elaborate on frames from video works such as *Russian Museum* (2003) and *Steamboat Dionysus* (2004).

But when she first used charcoal, it was something new and quite unexpected. I remember calling it, only half-jokingly, her Käthe Kollwitz moment (the socially engaged German artist was much appreciated in the Soviet Union). For the series *Person protected by . . .* (2012), Chernysheva threw away the visual crutches offered by lens-based imagery. Unaided and unguarded, she recorded in charcoal on paper what she saw in the streets and alleys of metropolitan Moscow. These people lead a precarious life alongside displays of elaborate, barbarian luxury that would not be out of place in the speculatively cruel *Hunger Games* films. They might be migrant workers from Central Asia or déclassé citizens of the vast Russian Federation, human beings in need of shelter and protection.

Chernysheva is not afraid of showing us awkward figures, and she unceremoniously tags computer-printed English or Russian titles directly onto her compositions. The persons depicted are literally protected by a blanket or a hot water pipe, by activities such as reading a tattered book or drawing a small train of shopping carts and roller bags, but also by more abstract entities: "a smoke," "a puddle," "zero kilometer." The series embraces image-making in its simplest form as something that persons in various predicaments can draw strength from. No pun intended. Anders Kreuger

Untitled (Person protected by the book), 2012
Kohle auf Papier | Charcoal on paper

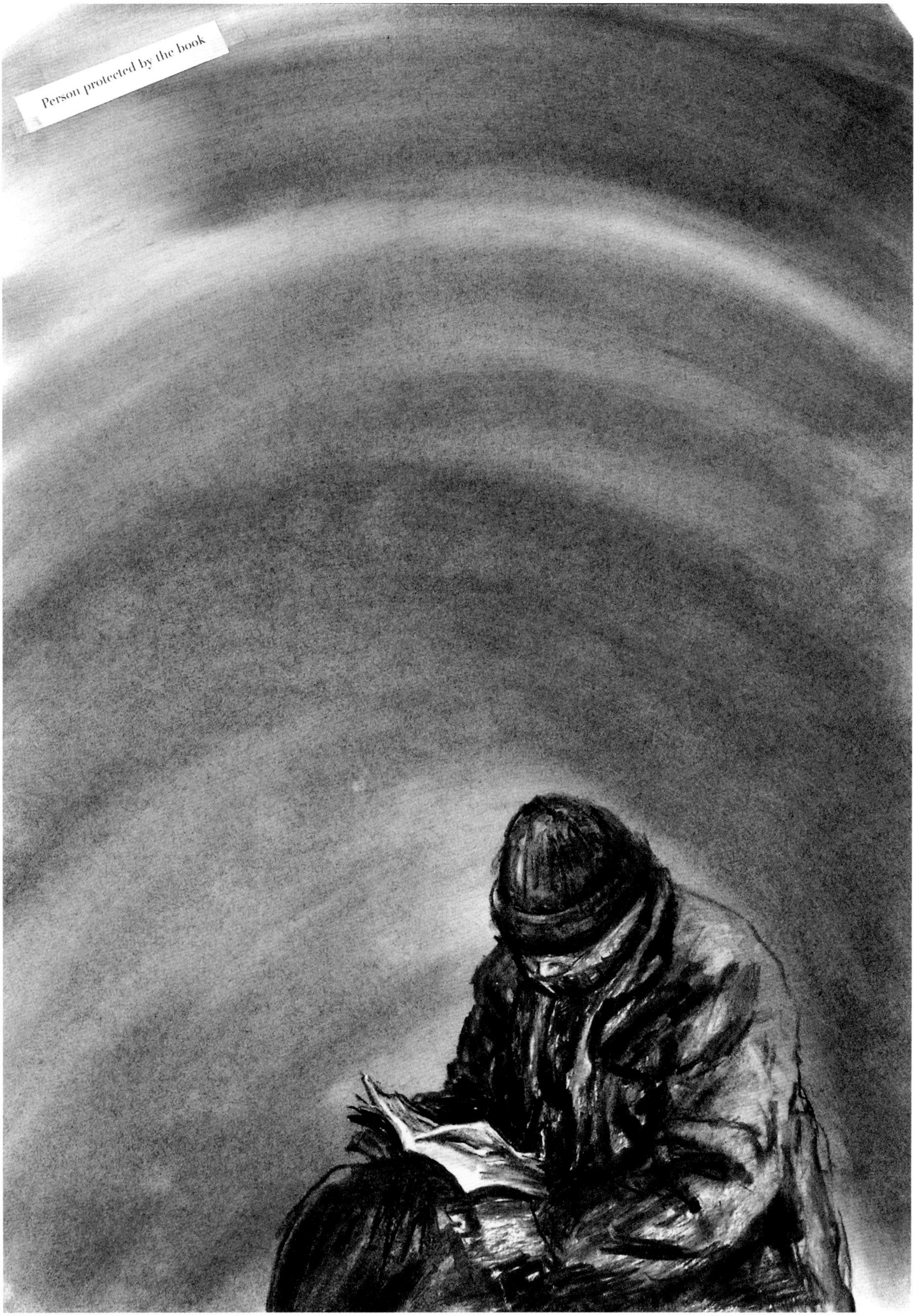
Person protected by the book

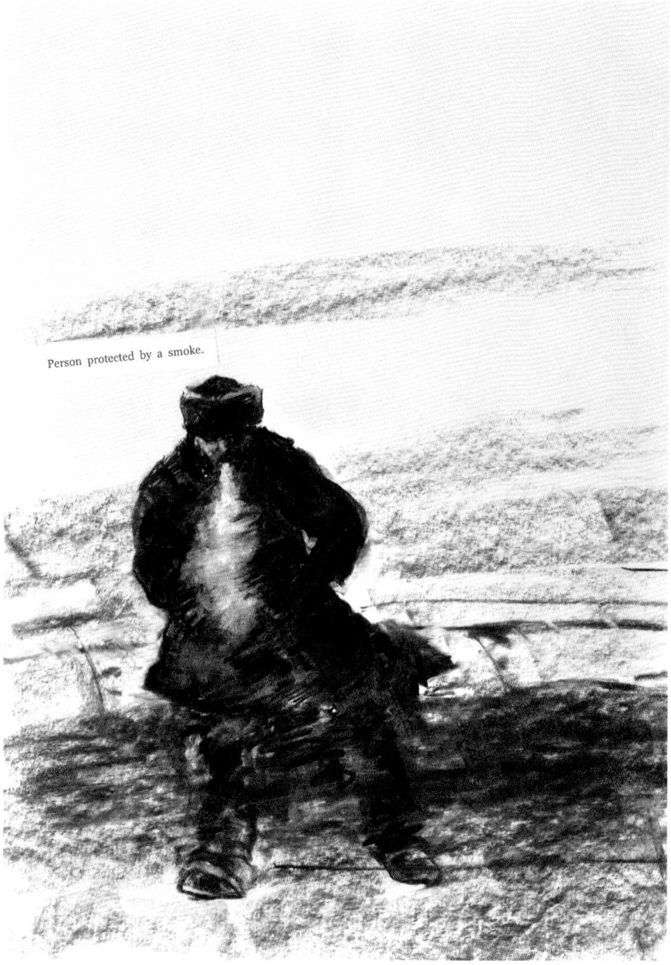

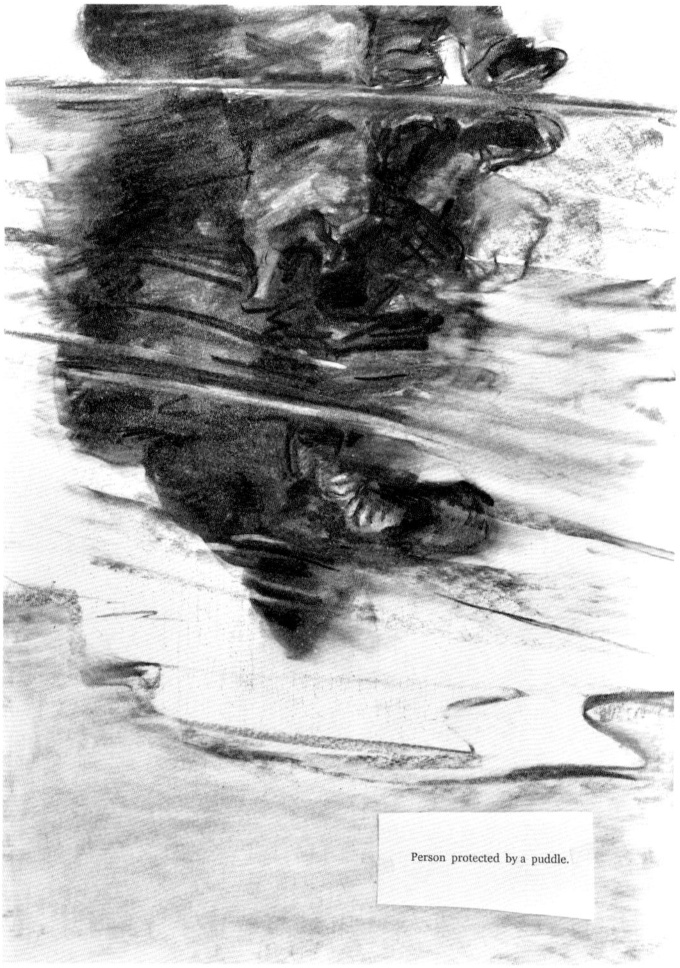

Untitled (Person protected by a smoke), 2012
Kohle auf Papier | Charcoal on paper

Untitled (Person protected by a puddle), 2012
Kohle auf Papier | Charcoal on paper

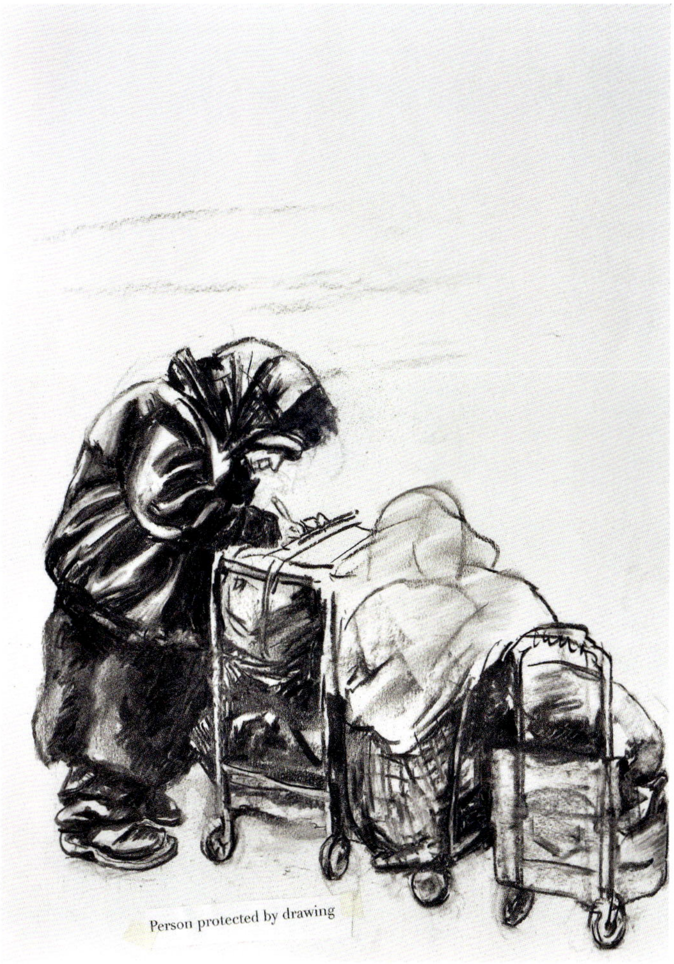

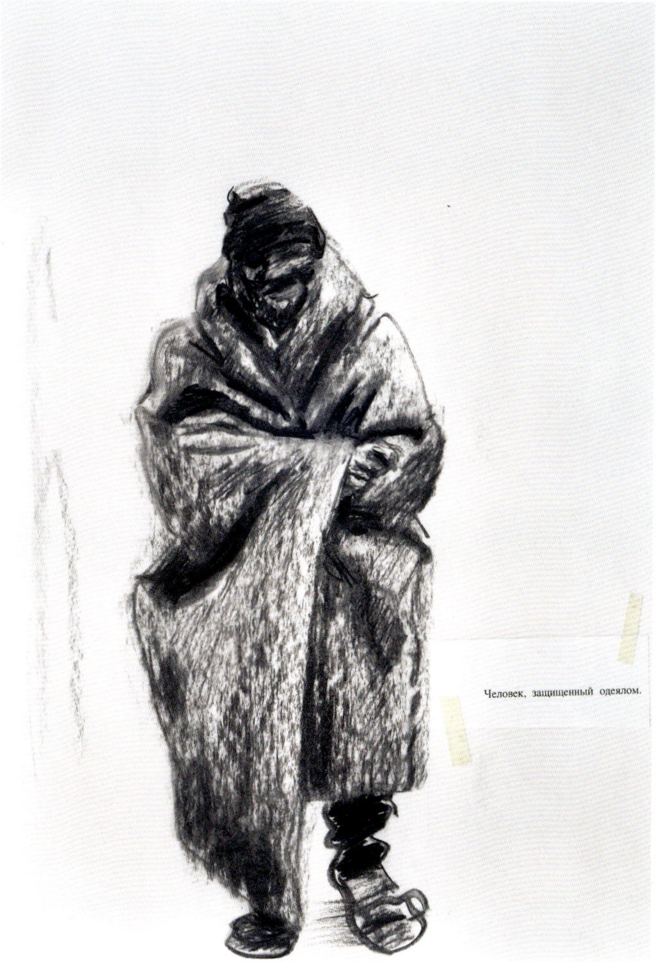

Untitled (Person protected by drawing), 2012
Kohle auf Papier | Charcoal on paper

Untitled (Person protected by a blanket), 2012
Kohle auf Papier | Charcoal on paper

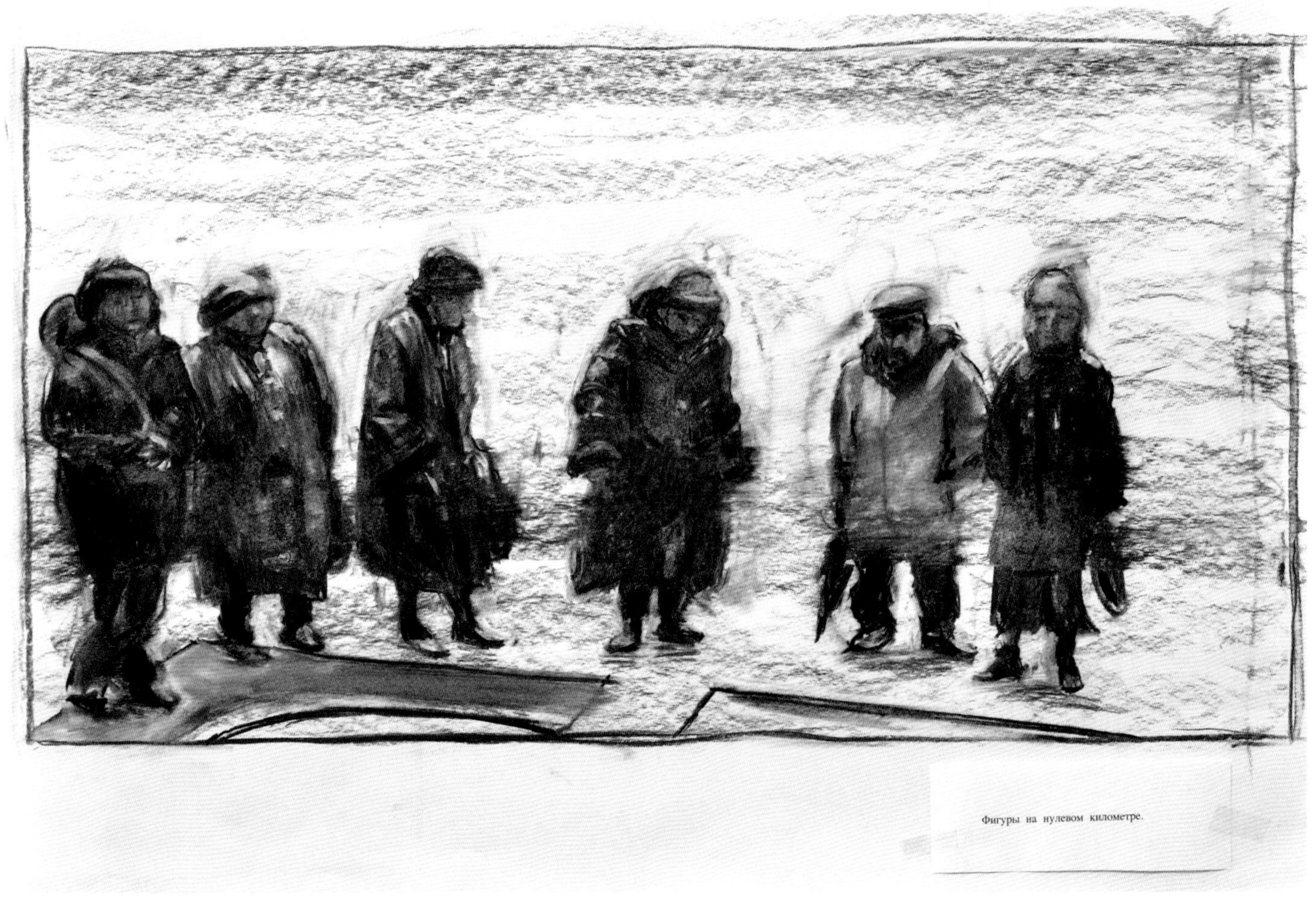

Untitled (Person protected by zero kilometer), 2012
Kohle auf Papier | Charcoal on paper

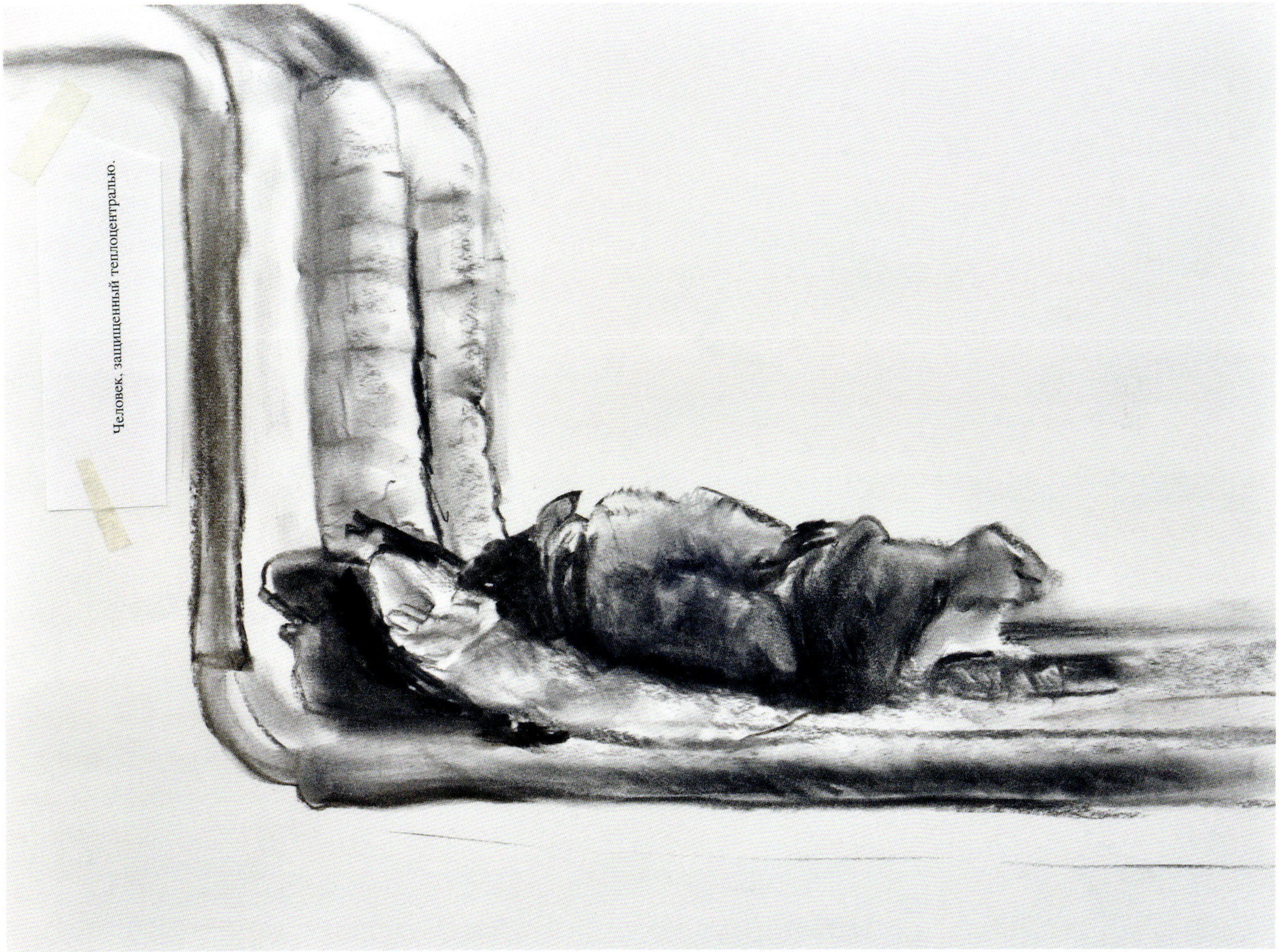

Untitled (Person protected by a pipe), 2012
Kohle auf Papier | Charcoal on paper

Dan Perjovschi

Die typische Dan-Perjovschi-Arbeit ist eine (überlebens-)große Sache. Jede seiner Zeichnungen hat ihren eigenen Handlungsablauf, ihre eigene Komposition und Botschaft. Die Geschichten stellen eine Welt von Bezügen her: zur globalen und lokalen Politik, zu Klischees von Einsicht und Unwissenheit, zum privaten und öffentlichen Leben des Individuums und letztlich zum grundlegenden menschlichen Anstand in jedem von uns.

Der Künstler beobachtet ständig; alles ist ihm Quelle für seine Geschichten. Seine Ressourcen sind das Internet, Zeitungen, Radio- und Fernsehsendungen und deren vielfältige Ausdeutungen. Sein Betätigungsfeld ist der grenzenlose öffentliche Raum der Information. Er zielt auf die öffentliche Meinung und die Einbildungskraft ab. Seine Kunst ist der Beitrag des Autors zur Debatte. Seine Position gründet auf Lebenserfahrung, gesundem Menschenverstand und Menschlichkeit. Während der Arbeit an einer Ausstellung findet er seinen Rhythmus, indem er den jeweiligen Kontext an Ort und Stelle untersucht und seiner riesigen visuellen Enzyklopädie neue Elemente hinzufügt. Im Angesicht seiner Arbeiten möchte man den Prediger Salomo zitieren: »Denn wo viel Weisheit ist, da ist viel Grämens« (1,18). Für gewöhnlich folgt an diesem Punkt ein gesundes Maß an Gelächter.

Zeichnen ist ein intimer Vorgang. Dennoch neigen Künstler heute häufig dazu, die Zeichnung mit größerer Autonomie und öffentlicher Sichtbarkeit auszustatten und die Zeichnungen folglich in Statements zu verwandeln. Perjovschi hat zum Prozess der Emanzipation des Zeichnens seinen Beitrag geleistet. Seine Zeichnungen existieren nicht im eingeschränkten Raum des Blatts. Flexibel passt er sich konkreten Räumen an. Er zieht es vor, seine Zeichnungen auf Bestandteilen seiner aktuellen Umgebung anzufertigen. Er ist bekannt dafür, auf Wänden und Fußböden, Decken und Fenster oder direkt auf das Pflaster einer Stadt zu zeichnen. Nicht nur verschmilzt die Arbeit so mit der Wirklichkeit, sie tritt auch leichtfüßig mit dem Publikum in Kontakt.

A typical Dan Perjovschi work is a larger-than-life affair. Each drawing has its own plot, composition, and message. The stories form a massive world of reference to global and local politics, to clichés of knowledge or ignorance, to the private and public lives of the individual, and ultimately to the basic human decency in every one of us.

The artist is constantly observing; he might use any source for stories. His resources are the Internet, newspapers, media broadcasts, and the various interpretations on these. His sphere of operation is the endless public space of information. His target is public opinion and the imagination; his art is the input of the author in the debate. His stand is based on real-life experiences, common sense, and humanity; while working on a new show he gets into stride by investigating the local context and adding new elements to his vast visual encyclopedia. In front of his works one feels like quoting from Ecclesiastes: "he that increaseth knowledge increaseth sorrow" (1:18). This is usually followed by a healthy dose of laughter.

The process of drawing is an intimate one. However, artists now tend to treat drawing with more autonomy and public visibility, thus transforming drawings into statements. Dan Perjovschi has contributed to this process of emancipating drawing. His drawings do not exist in the restricted space of the sheet of paper. He adapts to concrete spaces with flexibility; he prefers to create his drawings over the elements of the environment surrounding him in a given situation. He is known to work on walls and floors, ceilings and windows, or straight on the pavement in a city. Thus the work not only merges with reality, it easily makes contact with the audience.

Chalk Reality, 2011
Kreide auf Tafel | Chalk on blackboard
Ausstellungsansicht | exhibition view

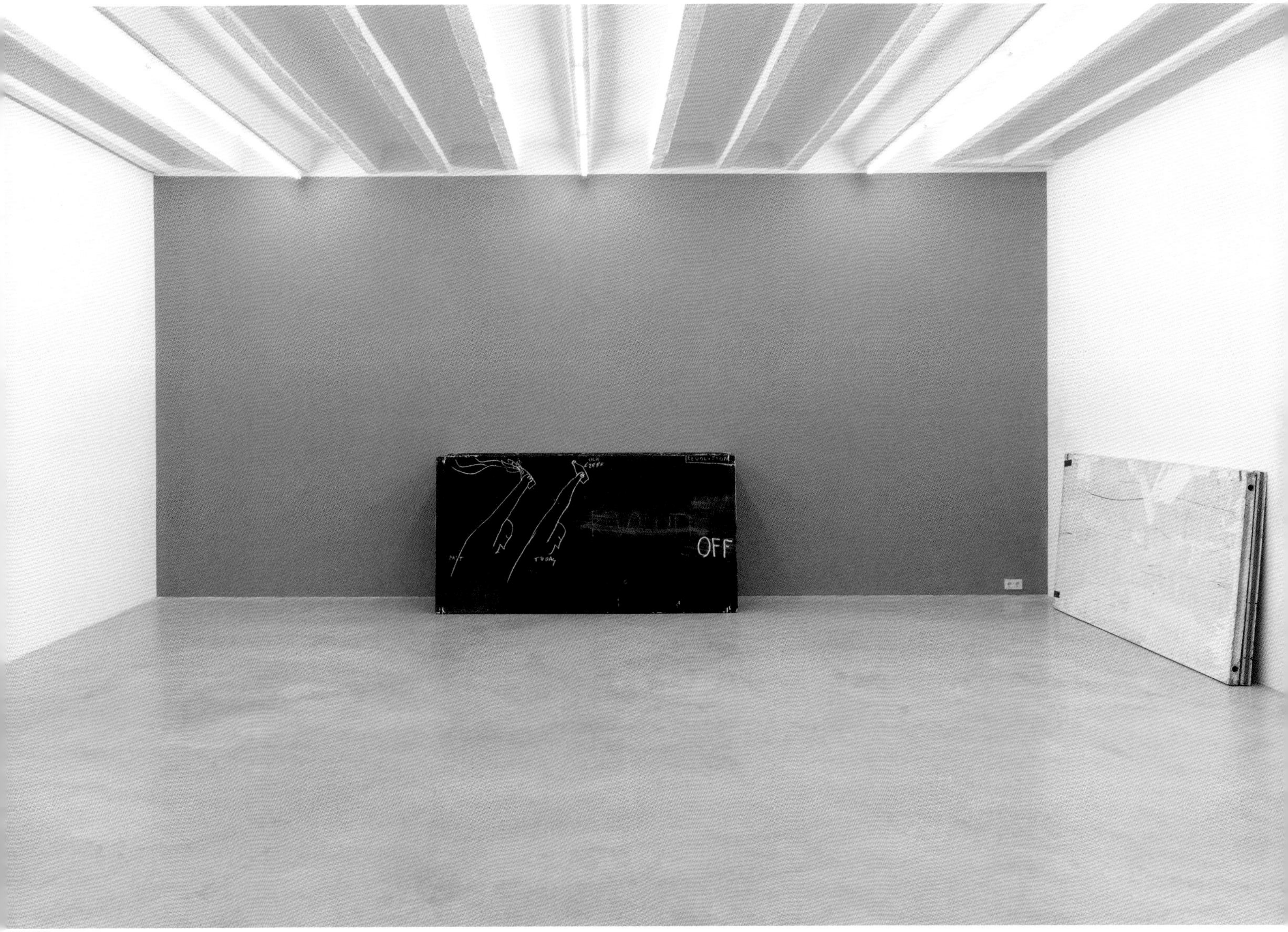

Perjovschis Arbeiten sind weltweit bekannt. Ich vermute, die meisten Betrachter halten seine Zeichnungen für eine Verbildlichung ihrer eigenen Gedanken, wenn auch schärfer, lustiger und einfacher als diese.

The works of Dan Perjovschi are known to people on all continents. I suspect that people think his drawings are a visualization of their own thoughts except for being expressed in a sharper, funnier, and simpler way.

Iara Boubnova

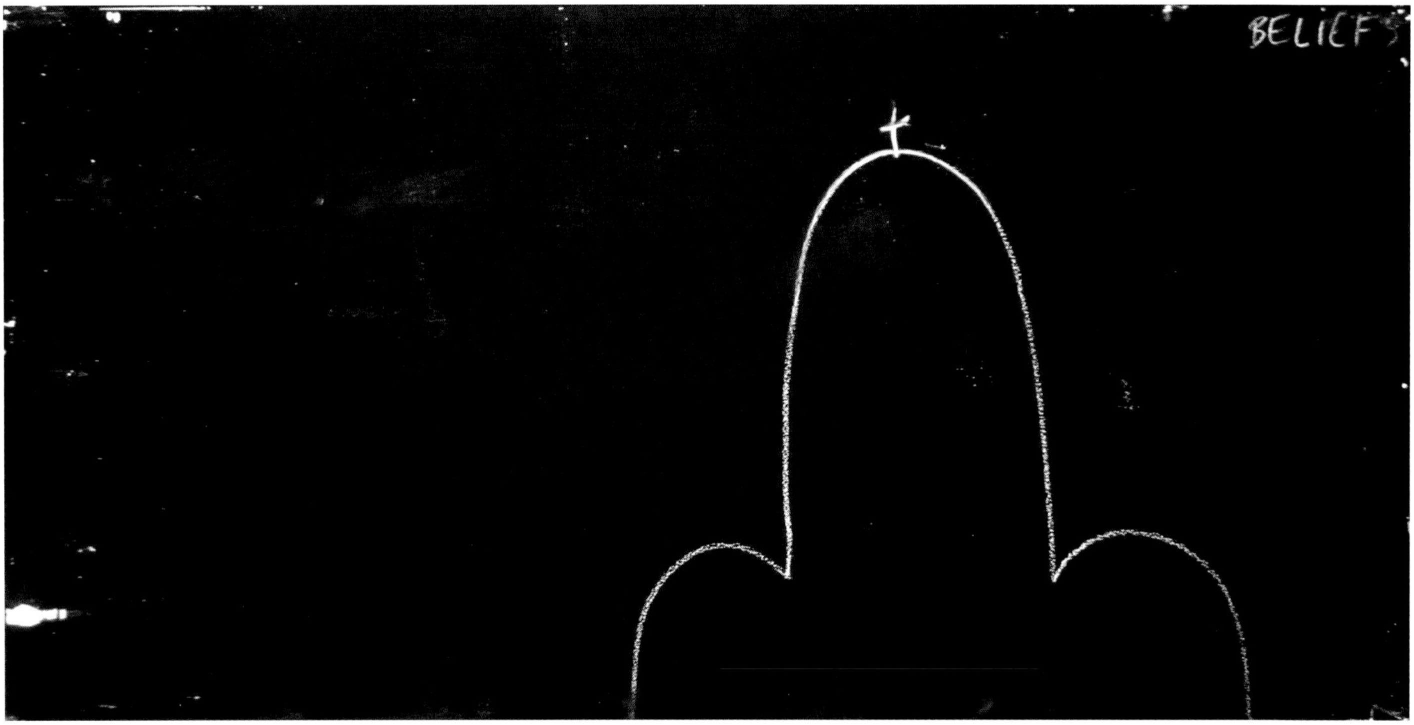

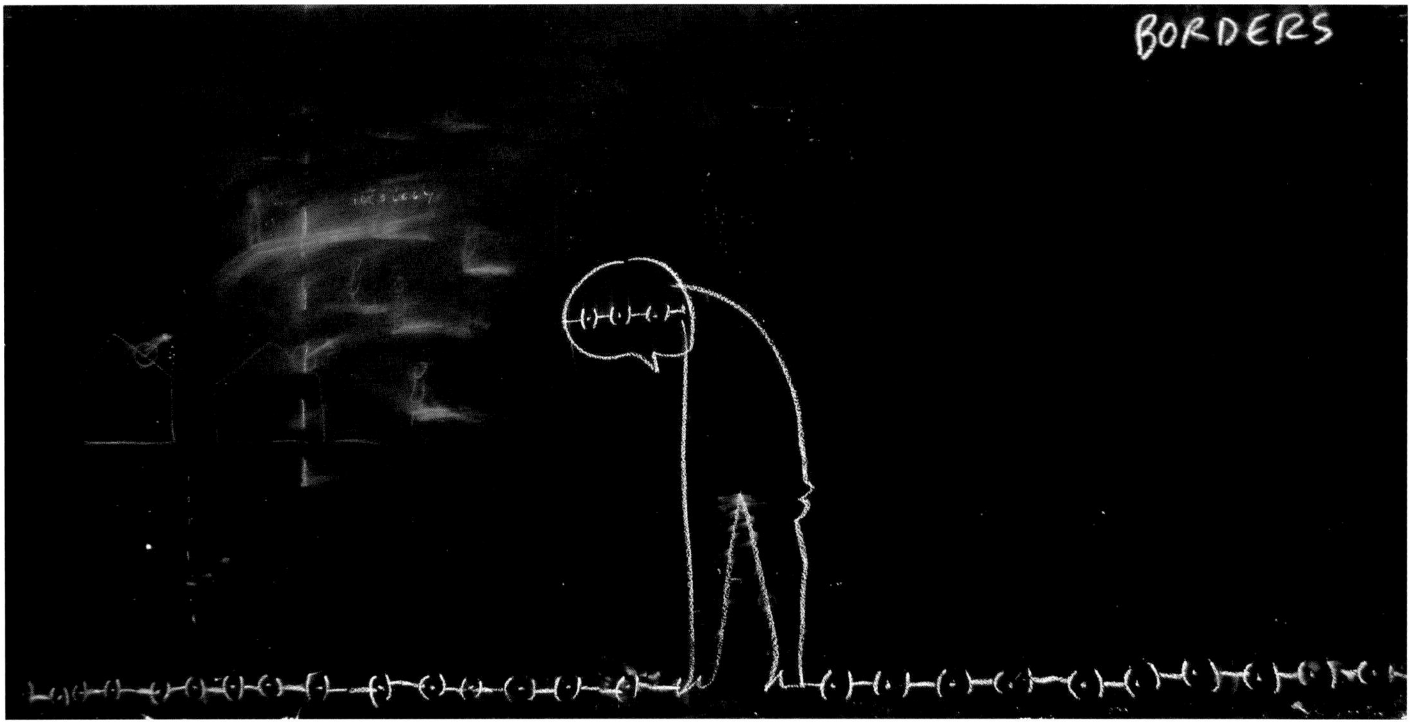

Chalk Reality (Beliefs), 2010–2011
Kreide auf Tafel | Chalk on blackboard

Chalk Reality (Borders), 2010–2011
Kreide auf Tafel | Chalk on blackboard

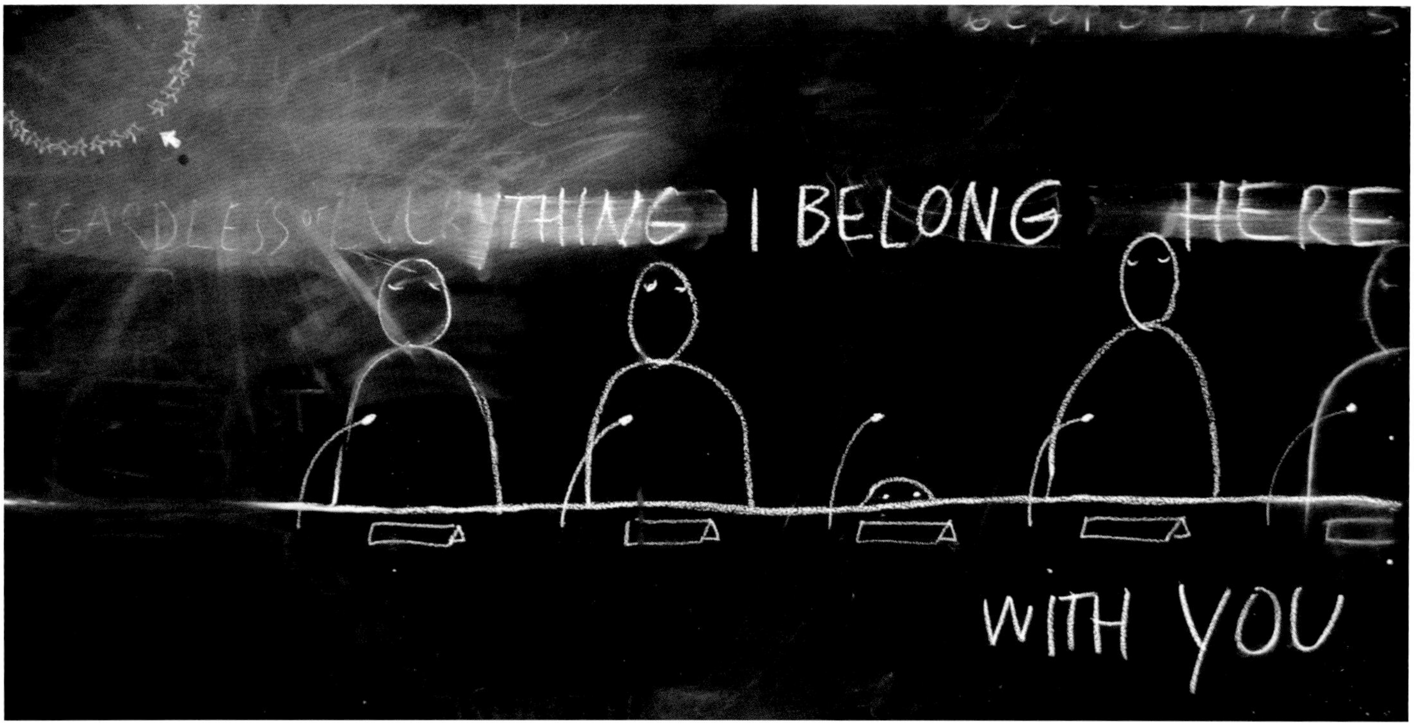

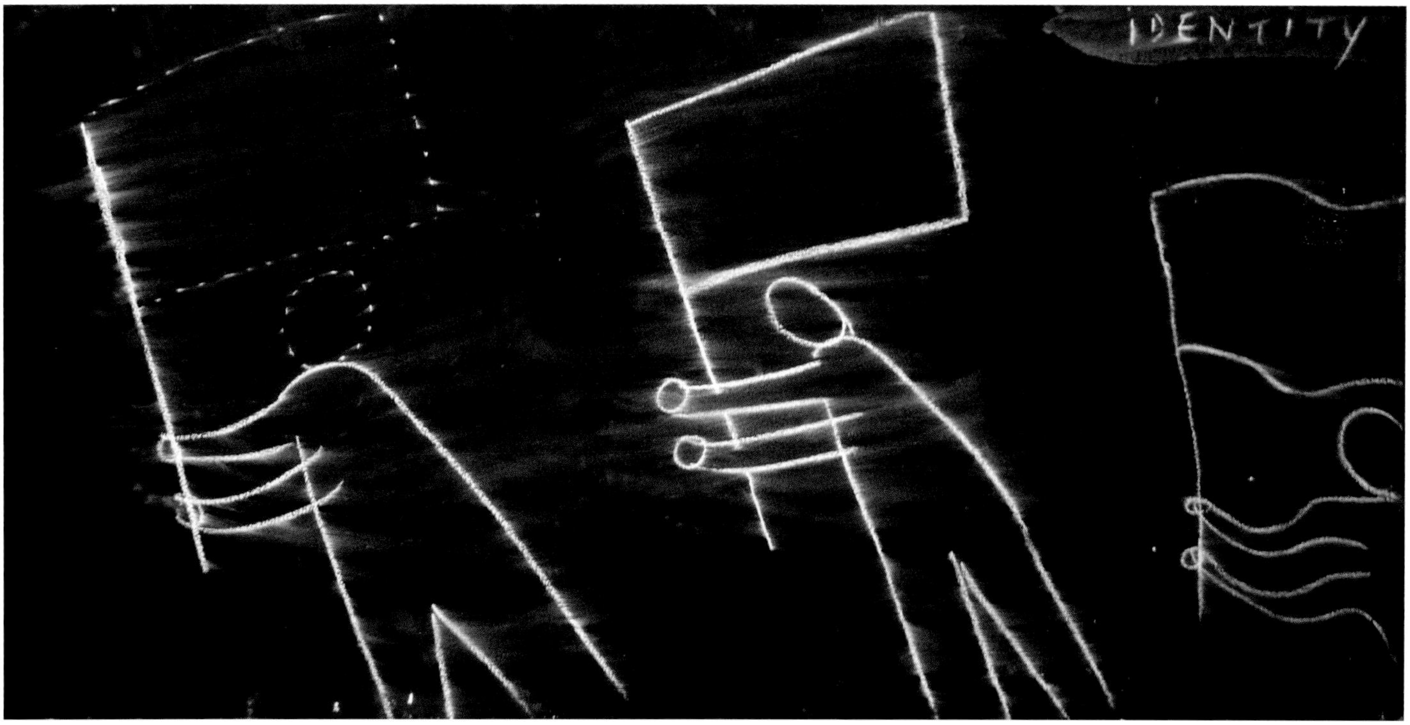

Chalk Reality (Geopolitics), 2010–2011
Kreide auf Tafel | Chalk on blackboard

Chalk Reality (Identity), 2010–2011
Kreide auf Tafel | Chalk on blackboard

FOLGENDE SEITEN | FOLLOWING PAGES
WHAT HAPPENED TO US?, 2007
Wandzeichnung | wall drawing
Ausstellungsansicht | exhibition view

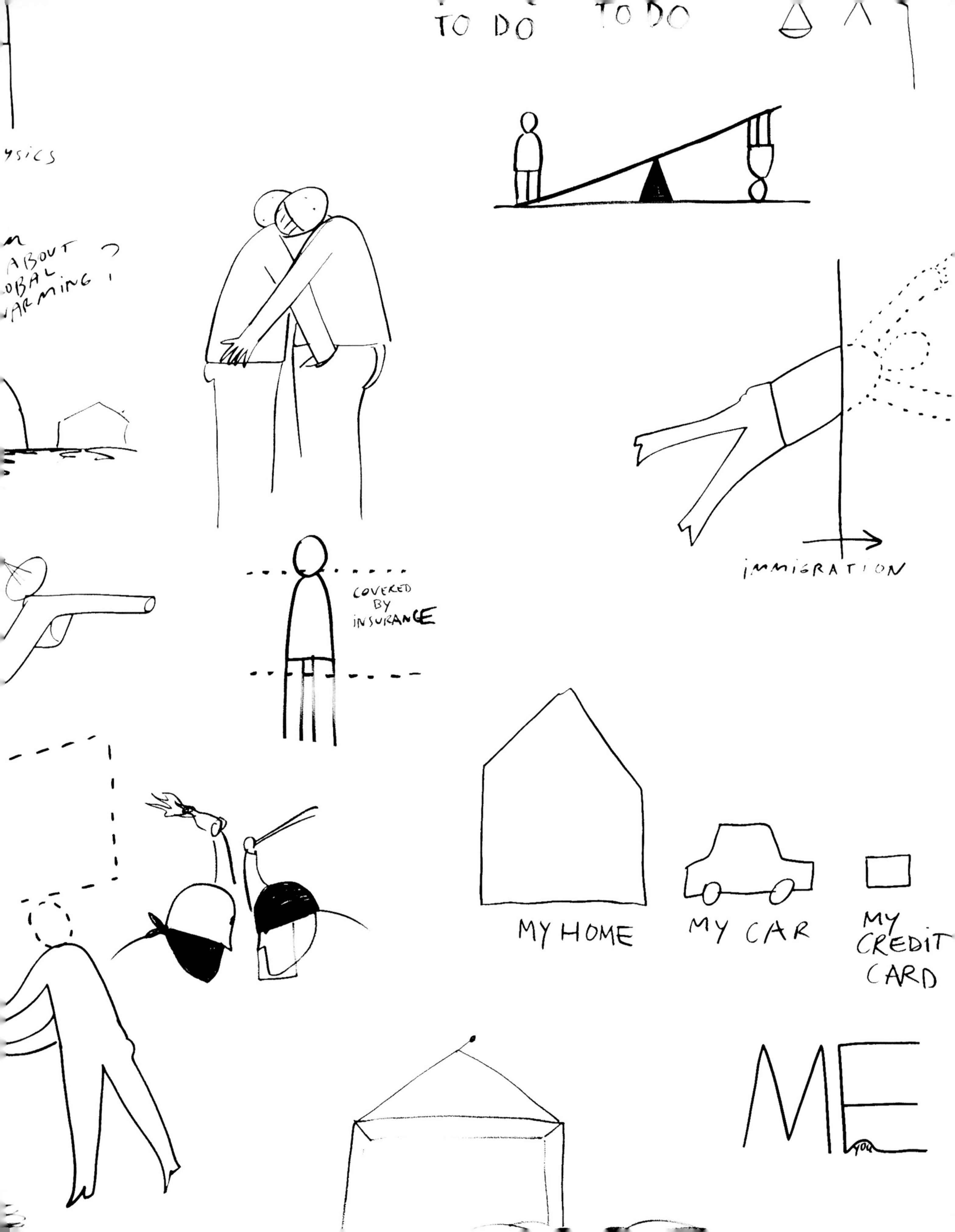
TO DO
TO DO
YSICS
ABOUT
OBAL
ARMING ?
COVERED BY INSURANCE
IMMIGRATION
MY HOME
MY CAR
MY CREDIT CARD
ME
YOU

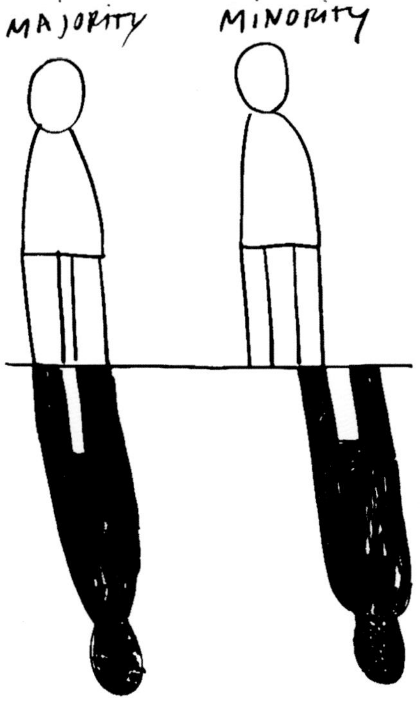
MAJORITY
MINORITY

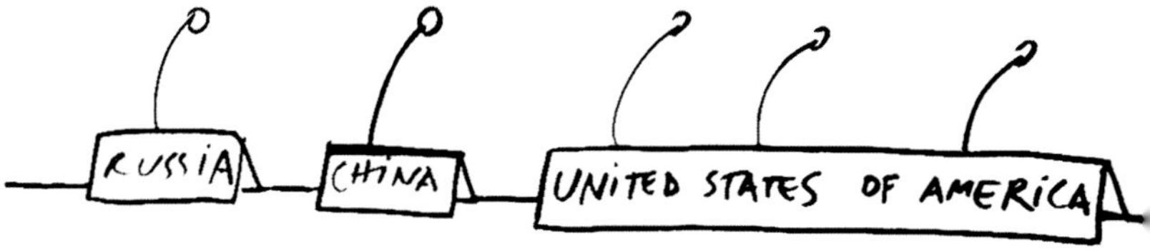
RUSSIA
CHINA
UNITED STATES OF AMERICA

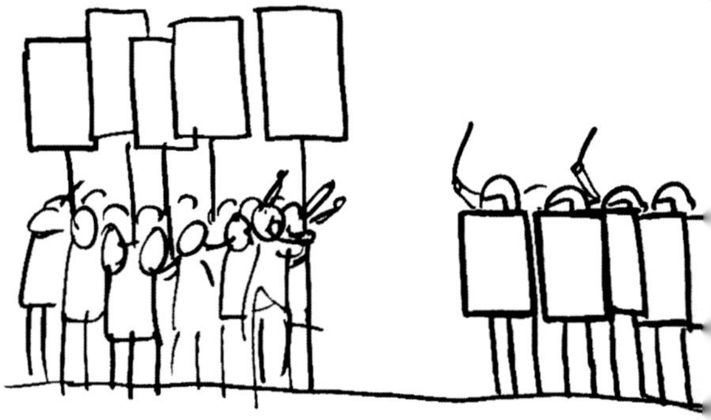

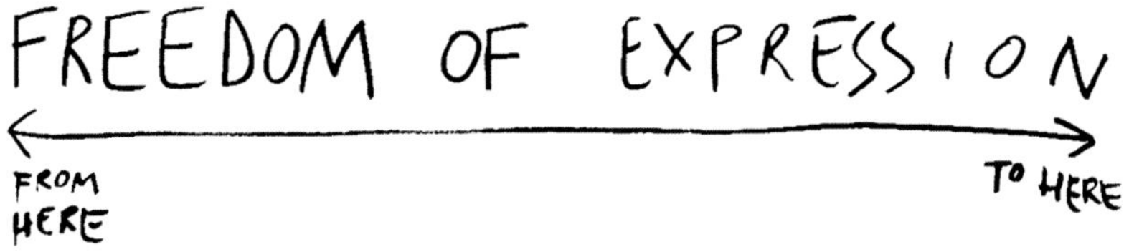
FREEDOM OF EXPRESSION
FROM HERE
TO HERE

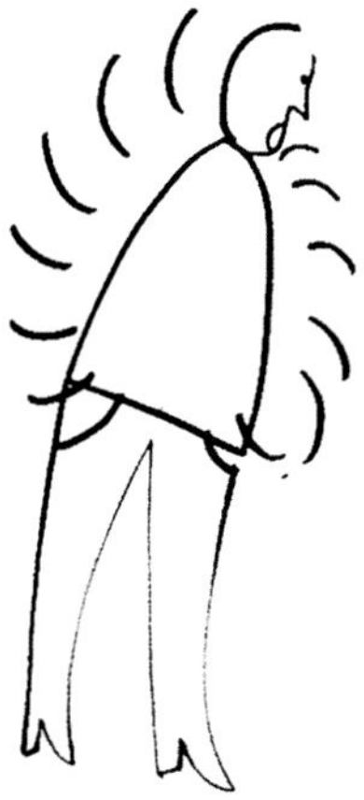

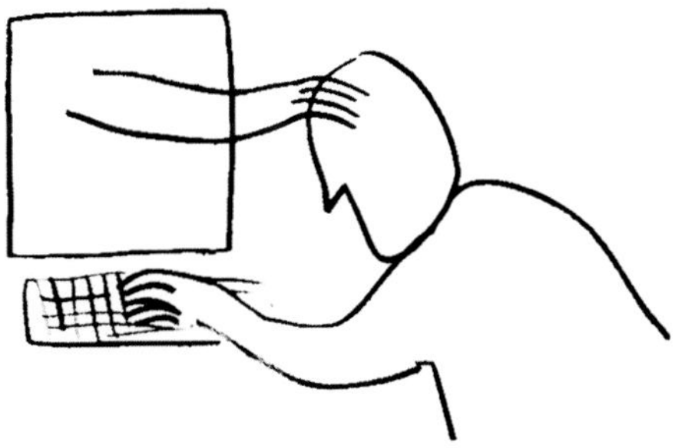

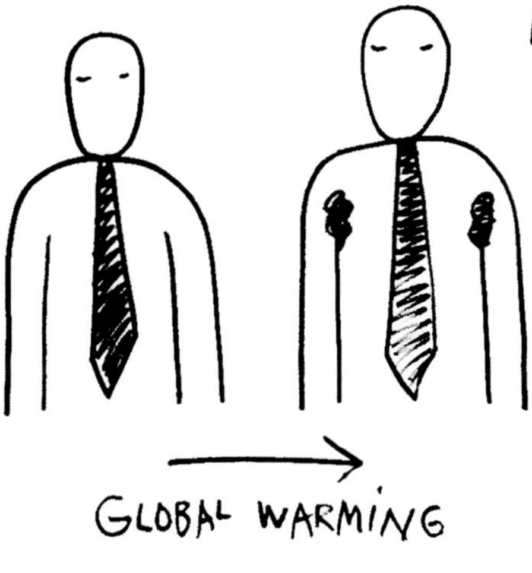
GLOBAL WARMING

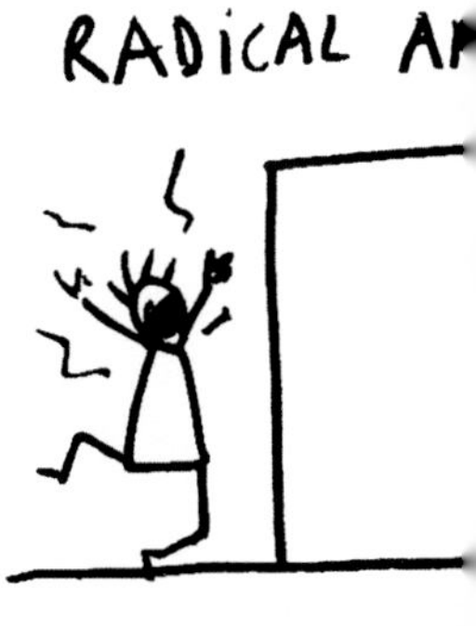

Robin Rhode

Die Arbeiten des in Berlin lebenden, südafrikanischen Künstlers Robin Rhode zeichnen sich durch ihre Direktheit aus. Mit Hip-Hop großgeworden und nach dem Ende der Apartheid aufgewachsen, setzt Rhode ein Vokabular, Methoden und Materialien ein, die der neuen politischen Wirklichkeit unmittelbar Rechnung tragen. Geradlinigkeit ist ein Markenzeichen seines Stils und seiner Bildsprache und ist wesentlich für das, was er mit seiner Kunst ausdrücken will. Rhode beschäftigt sich nicht nur mit neuen Ausdrucksmöglichkeiten und Artikulationsformen der globalen Straßenkultur, sondern auch mit dem Drängen der Marktschreier und den Auswirkungen der Armut. Graffiti, Breakdance und Basketball sind ebenso Teil dieser neuen urbanen Wirklichkeit wie schwere körperliche Arbeit, Bestechung und Diebstahl. Das Unmittelbare eines hingekritzelten *Tag*-Kürzels, die handschriftliche Botschaft des urbanen Raums findet sein Spiegelbild im Ethos von Rhodes Tableaus. »We drew bicycles on walls when we didn't own one« (»Wir zeichneten Fahrräder, weil wir keines besaßen«), so beschreibt Rhode den Augenblick, in dem die Sprache seiner Kunst Gestalt annahm.

Der Akt des Zeichnens stellt den primären expressiven Antrieb in Rhodes Kunst dar, auch wenn seine Arbeiten häufig in den Medien Fotografie, Stop-Motion-Video, Wandmalerei oder Installation Form finden. In den meisten seiner seit 2000 entstandenen Werke zeichnet Rhode kleine Dramen auf, die sich scheinbar in einem Raum abspielen, der unmittelbar in der Welt präsent ist: In der Arbeit *Stone Flag* (2004) sehen wir, wie der Künstler eine »Fahne« schwenkt, die aus Ziegeln und einem Holzstock besteht, vor dem die Fotografien aufgenommen wurden. Demgegenüber deuten in *Car on Bricks* (2008) auf dem Boden gestapelte Ziegel auf die fehlenden Räder einer Mercedes-Limousine hin, deren Umrisse Rhode mit Kohle auf die dahinterliegende Wand zeichnet. In jüngerer Zeit erkennt der Künstler auch den Stellenwert und die Werte westlicher Kunstgeschichte an: In *A Spanner in the Works of Infinity* (2012/13) animiert Rhode einen Kreuzschlüssel, der gewöhnlich benutzt wird, um Autoreifen zu wechseln (oder zu stehlen), indem er diesen so »wirbelt«, dass er den Prinzipien des Goldenen Schnitts folgt. So schlägt der Künstler eine Brücke zwischen der Straße und dem Museum.

Berlin-based artist Robin Rhode's works excel in their directness. Coming of age in an era of hip-hop and raised in post-Apartheid South Africa Rhode utilizes methods, materials, and vocabularies that speak directly of these new realities. Directness is a hallmark of Rhode's style and vocabulary, and is at the core of what his art aims to express. Rhode addresses not only new styles of individual expression and the flourishes of global street culture, but also the hustle of market vendors and the repercussions of poverty. Graffiti, breakdancing, and basketball as well as graft and theft are all part of this new urban reality, and the immediacy of the tagged scribble, the written message in urban space, is mirrored by the ethics of Rhode's staged tableaux. "We drew the bicycle because we couldn't afford to own bikes" is how the artist describes this moment when his language as an artist was formed.

The act of drawing is, in fact, the primary expressive motor of Rhode's practice; even though his final works often take the form of photography, stop-motion video, wall paintings, sculpture, or installation. For most of his works since the early 2000s, Rhode draws out small dramas that seem to unfold in a space immediately present in the world: in one work (*Stone Flag*, 2004) we see the artist waving a "flag" made of bricks and a wooden stick across the ground against which the images are shot; while in *Car on Bricks* (2008), stacks of bricks on the ground suggest missing tires of a Mercedes sedan for which Rhode draws the outlines onto a wall in black charcoal. In recent years, the artist also acknowledges the weight and values of Western art history: in *A Spanner in the Works of Infinity* (2012/13), Rhode animates a cross lug wrench used for changing (or stealing) tires by "throwing" it into a spiraling whirl that continues to follow the principles of the golden section, thus bridging the gap between the street and the museum.

Christian Rattemeyer

Detail aus | of *A Spanner in the Works of Infinity*, 2012/13
C-Print

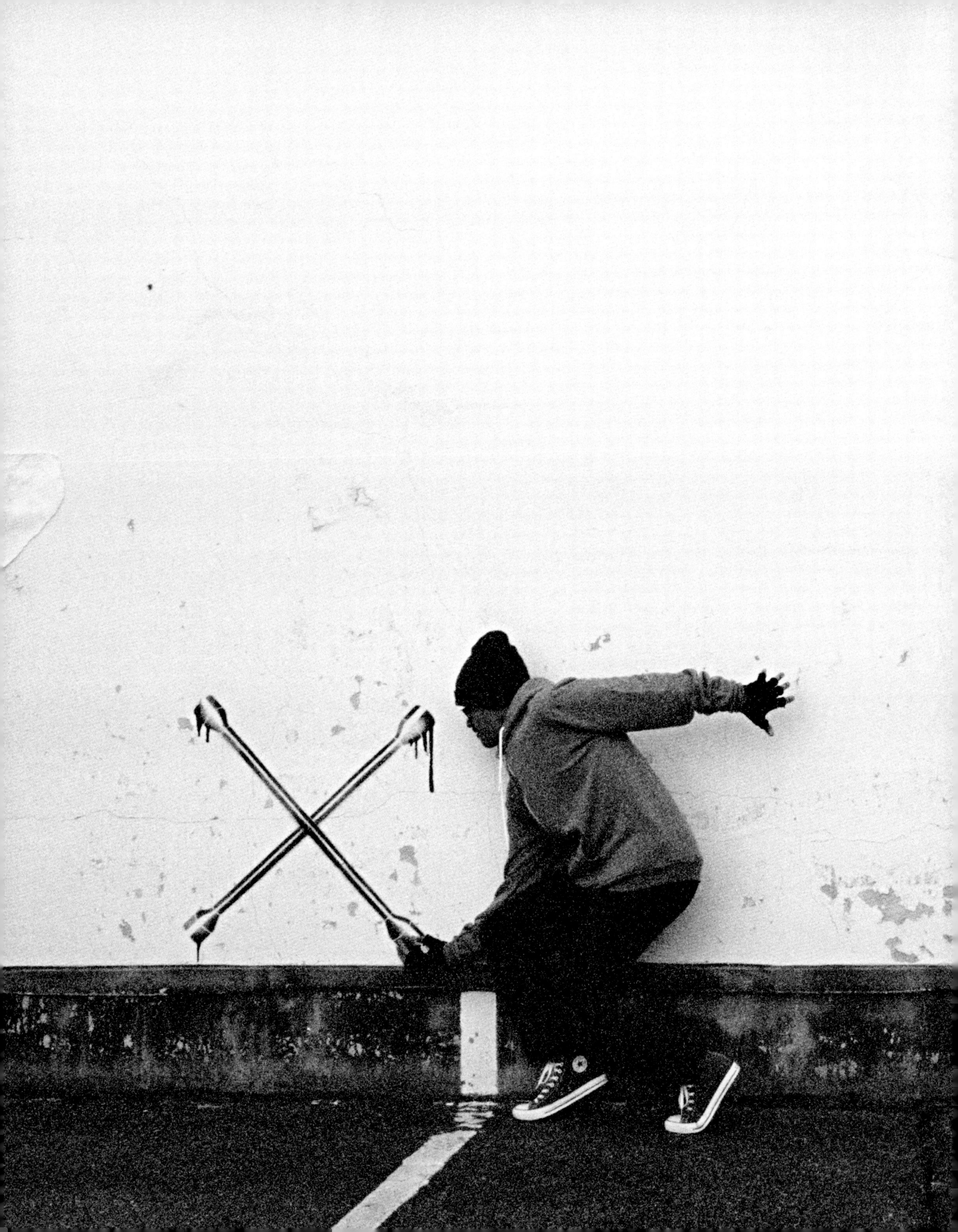

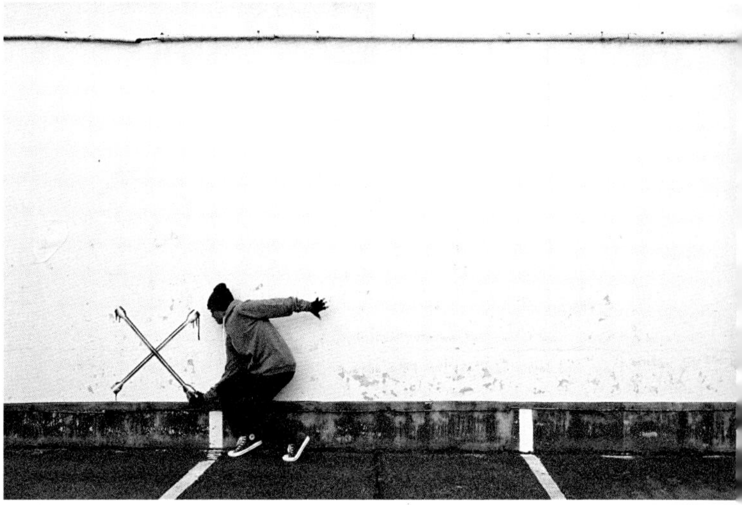

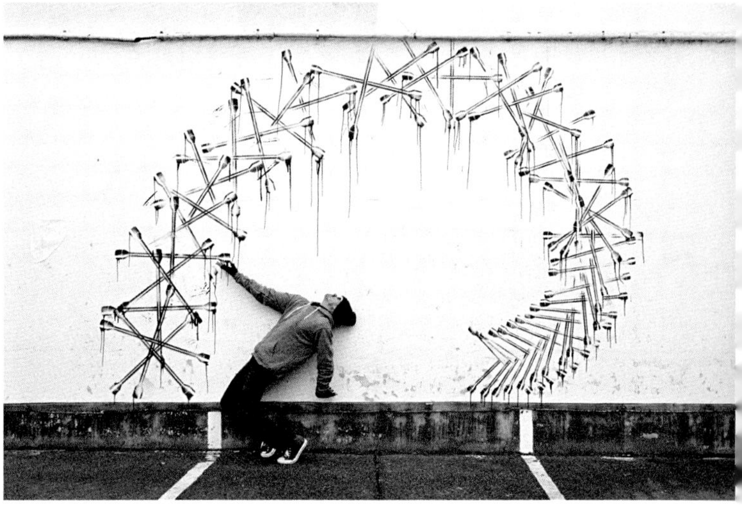

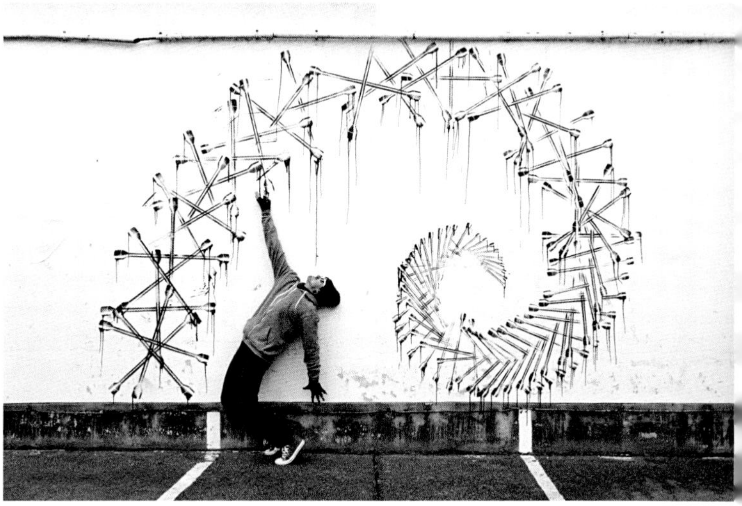

A Spanner in the Works of Infinity, 2012/13
C-Prints, 9 Teile | parts

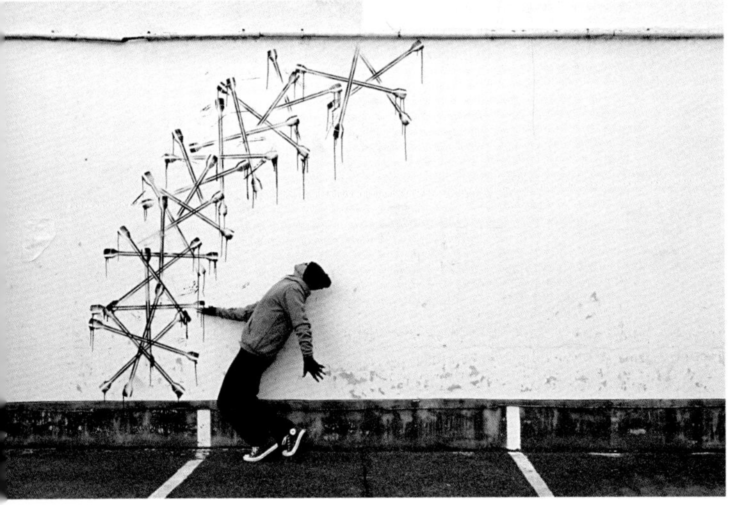
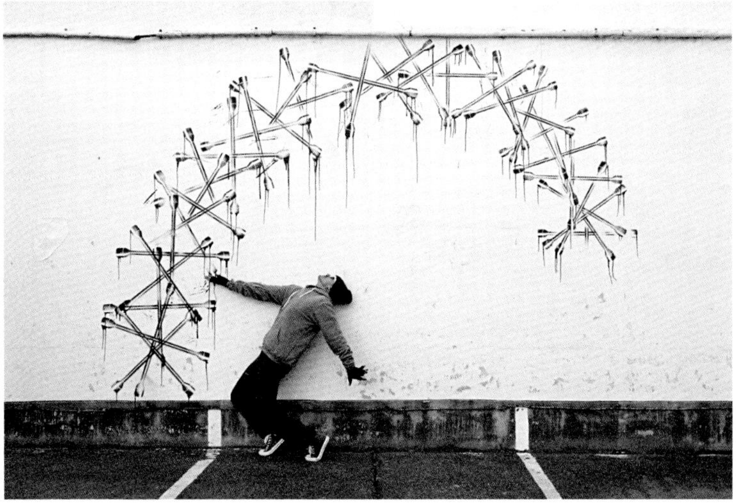
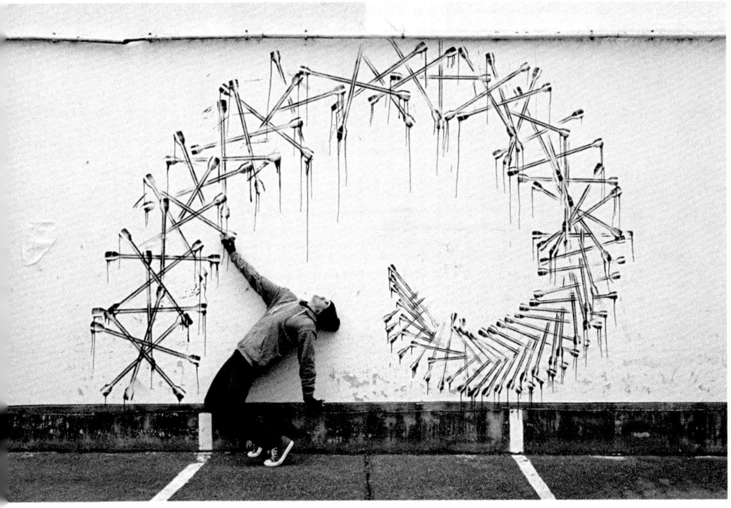
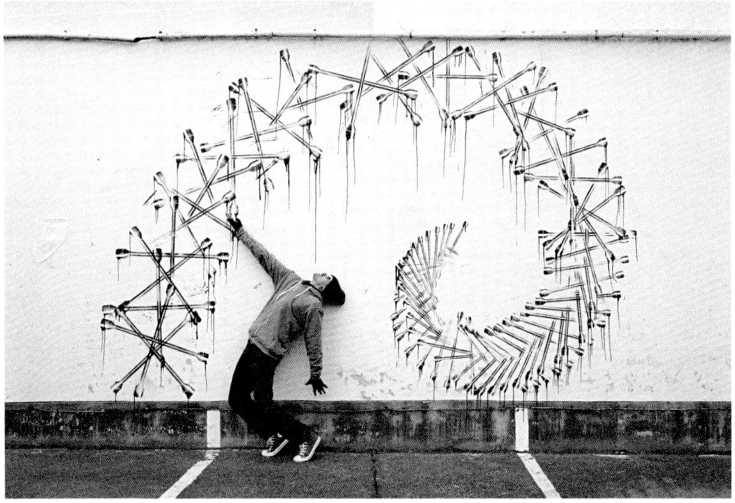
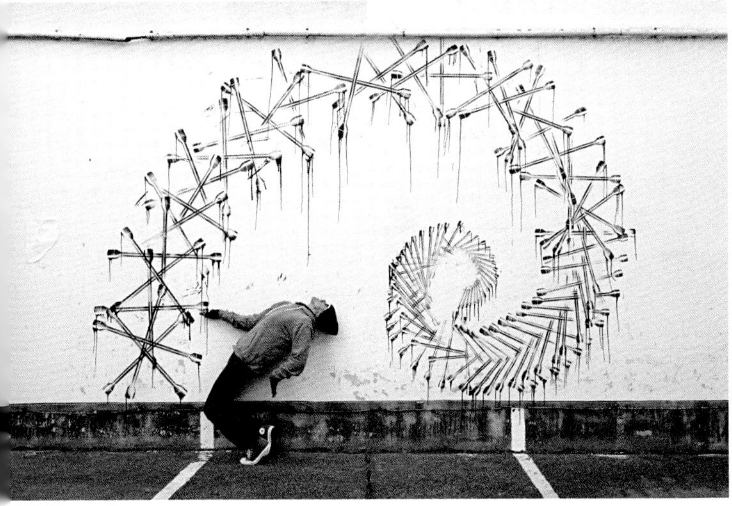
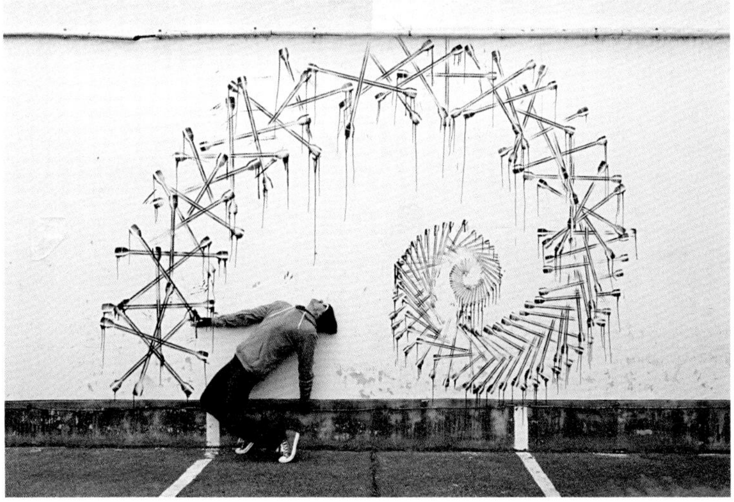

David Shrigley

Für David Shrigley ist das Zeichnen mehr als nur ein künstlerisches Ausdrucksmedium. In erster Linie ist es für ihn ein direkter Austausch mit den Betrachtern seiner Arbeiten. Der Künstler selbst behauptet von sich, nicht gut zeichnen zu können, und sieht als sein wichtigstes Anliegen an, bewusst einfach zu kommunizieren. Entsprechend beschränkt er sich in seinen Werken auf wesentliche Bildelemente, die mit einzelnen Worten oder knappen Sätzen kombiniert sind. Die Motive erscheinen vordergründig ungelenk, wie zufällig hingekritzelt, und vermitteln sich doch treffender als alles raffiniert Komponierte.

In gewisser Weise erinnert Shrigleys Haltung an die von Kindern, die das Erlebte ohne Vorurteile wiedergeben und dabei Komisches wie Schreckliches schonungslos offenlegen. Auf eine ähnliche, gleichsam unschuldig beiläufige Art wirken auch Shrigleys Zeichnungen zeitlos und unverbraucht. Vielleicht berühren sie gerade deshalb, weil sie eher eine emotionale Wirkung entfalten als Anspruch auf einen ästhetischen Wert zu erheben, den sie auf besondere Weise dennoch besitzen. Shrigley geht es um ein soziales Empfinden und positive Gefühle, die angeregt werden – vielleicht letztlich, um verborgene Ängste zu zerstreuen oder Trost zu spenden.

Auch Shrigleys bewegte Zeichnungen, seine Animationen, erzählen mit minimalen Bildinformationen Geschichten voller Komik und Absurdität und können eine alltägliche Handlung durch Wiederholung seltsam erscheinen lassen. Hier richtet der Künstler ebenfalls seinen Blick auf das Unlogische im scheinbar Logischen, den Fehler im System, das Unerwartete im Erwartbaren. So provozierend populär sich Shrigleys Bildsprache zeigt, so gleichermaßen unberechenbar und rätselhaft bleibt sie dabei stets – eine in der Gegenwartskunst seltene Kombination und Qualität.

For David Shrigley, drawing is more than just a medium of artistic expression. For him it is primarily a direct exchange with the beholders of his works. The artist himself claims not to be able to draw, and sees it as his most important concern to communicate in a consciously simple fashion. Accordingly, he limits himself in his works to essential pictorial elements, which are combined with individual words or succinct sentences. The motifs seem at first sight clumsy, as if scribbled randomly, and yet they put themselves across more tellingly than any sophisticated composition.

In a sense, Shrigley's attitude recalls that of children, who reproduce what they have experienced without prejudice, and in the process mercilessly lay bare the comic and the terrible. In a similar, innocently casual fashion, Shrigley's drawings, too, come across as timeless and fresh. Maybe they touch a nerve precisely because they trigger an emotional effect rather than claim to have aesthetic value, which nonetheless they do have, in a special way. Shrigley is concerned with a social sensibility and positive feelings, which are stimulated, maybe not least, in order to dissipate hidden fears or to give comfort.

Shrigley's animations, too, use minimal pictorial information to tell stories full of comedy and absurdity, and can by dint of repetition make an everyday action look strange. Here the artist likewise directs his gaze at the illogical in the seemingly logical, the error in the system, the unexpected in the expectable. Provocatively popular as Shrigley's pictorial language is, it remains equally unpredictable and puzzling—a rare combination and quality in contemporary art.

Bernhart Schwenk

Still aus | from *Light Switch*, 2007
Animation, 1:29 min., loop

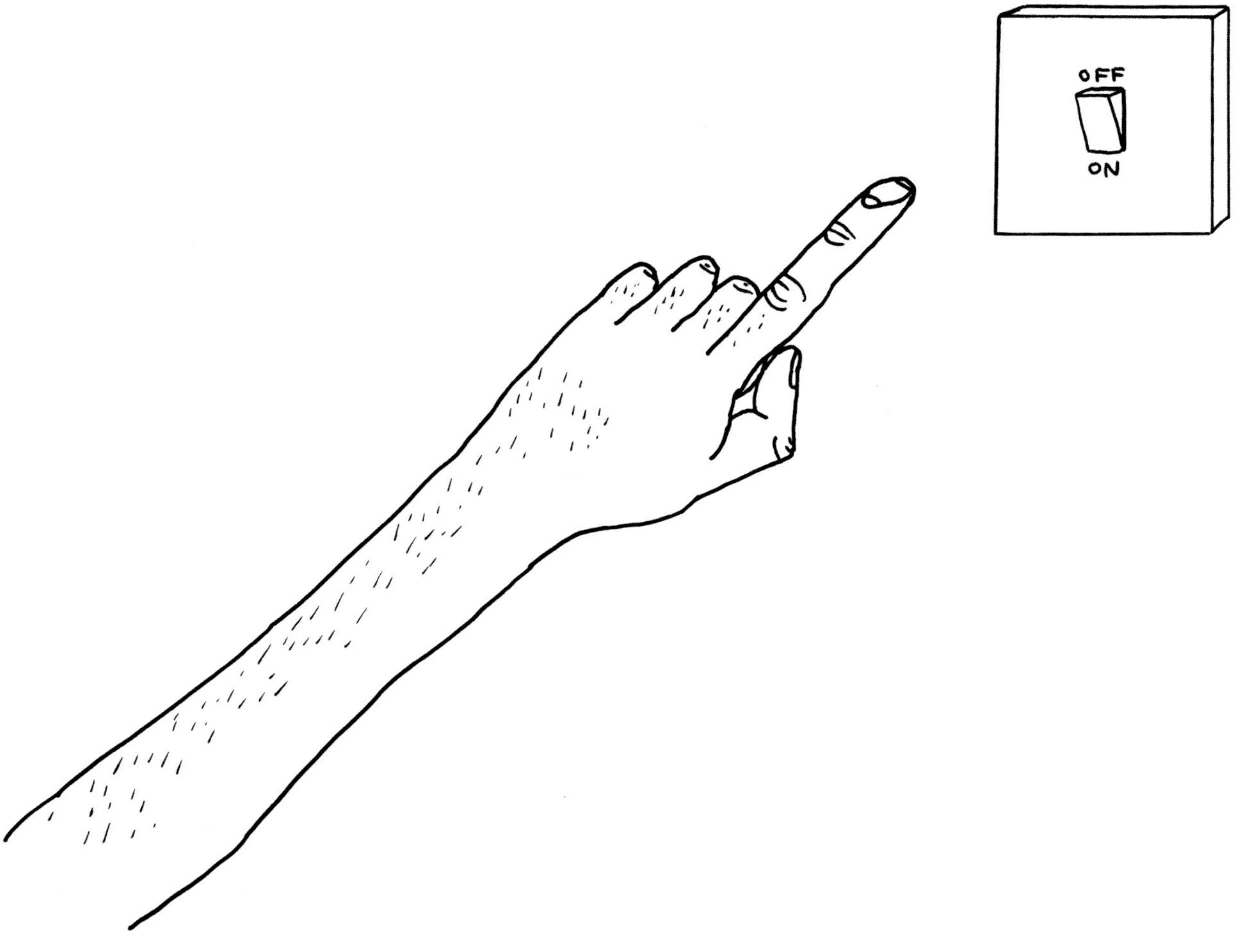
OFF
ON

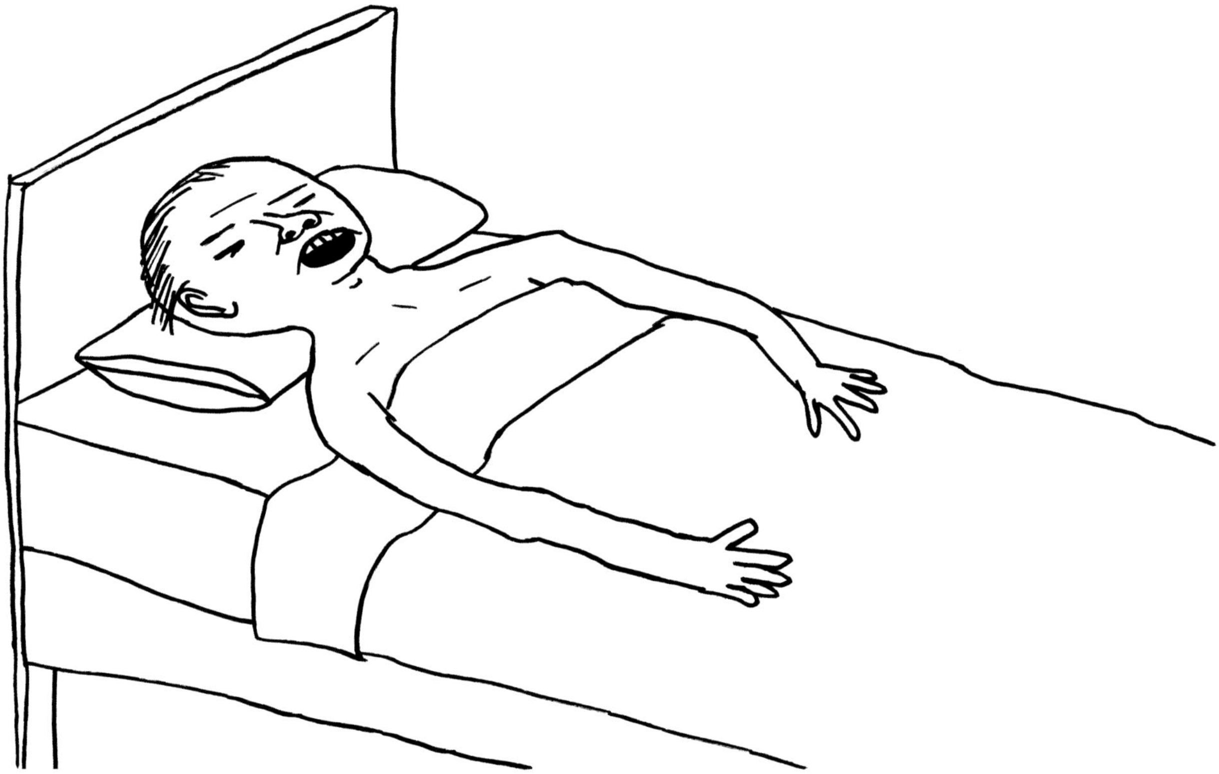

Still aus | from *Sleep*, 2008
Animation, 1 min., loop

FOLGENDE SEITEN | FOLLOWING PAGES
Tintenstrahldrucke von digitalisierten Zeichnungen, mit Weizenstärkekleister auf die Wand tapeziert | Inkjet prints of digital files of drawings wheat-pasted on wall
Ausstellungsansicht | exhibition view

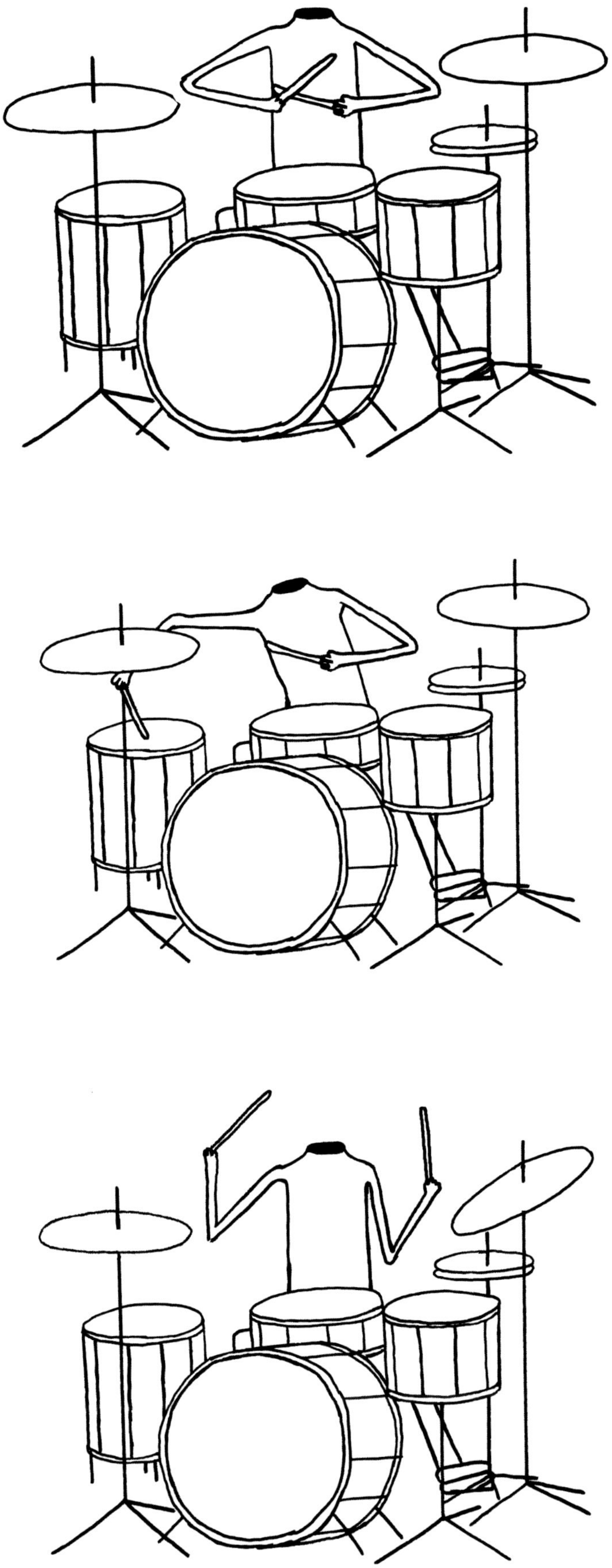

Stills aus | from *Headless Drummer*, 2012
Animation, 1 min., loop

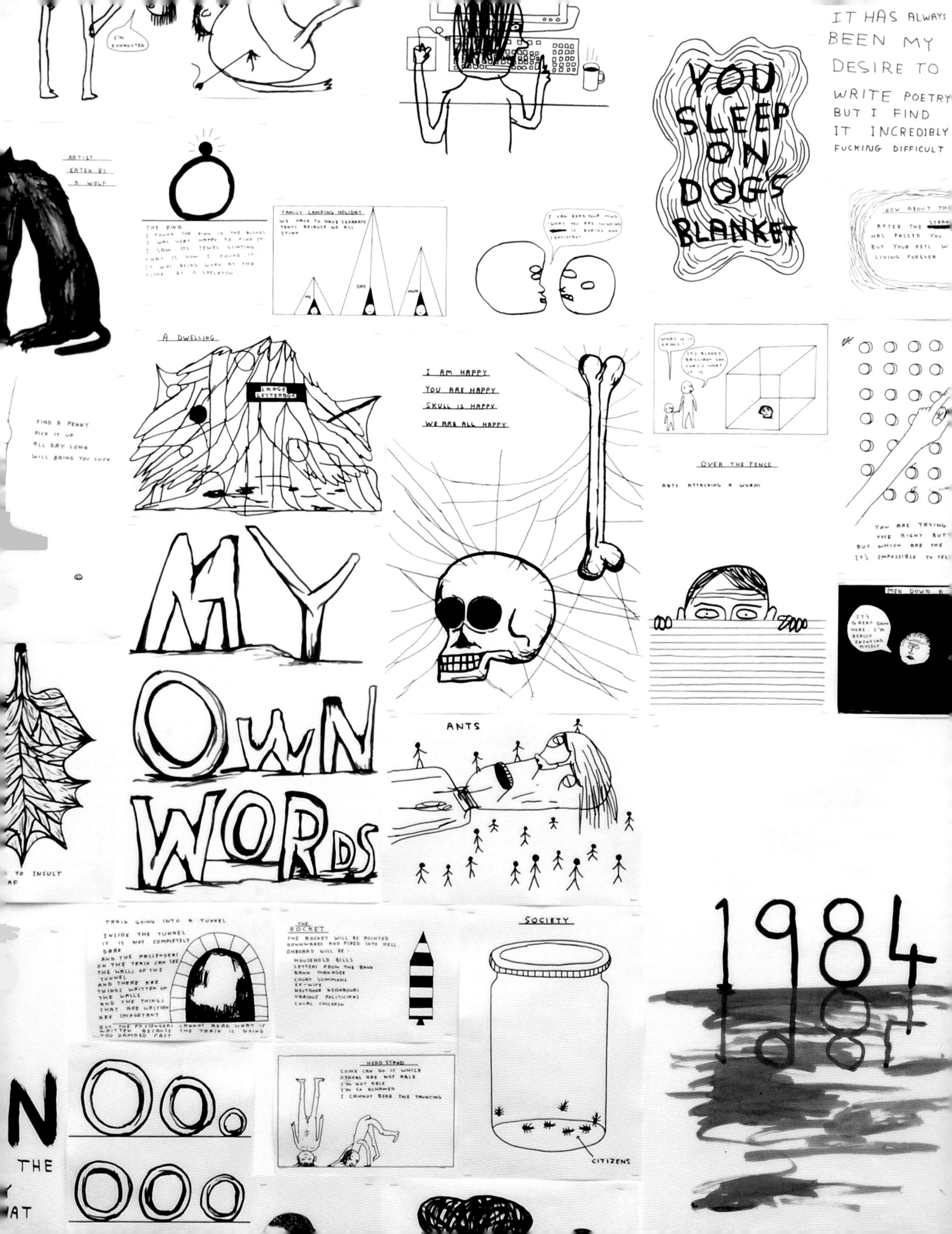
I'M EXHAUSTED
IT HAS ALWAYS BEEN MY DESIRE TO WRITE POETRY BUT I FIND IT INCREDIBLY FUCKING DIFFICULT
YOU SLEEP ON DOG'S BLANKET
ARTIST EATEN BY A WOLF
THE RING
I FOUND THE RING IN THE BUSHES
I WAS VERY HAPPY TO FIND IT
I SAW ITS JEWEL GLINTING
THAT IS HOW I FOUND IT
IT WAS BEING WORN AT THE TIME BY A SKELETON
FAMILY CAMPING HOLIDAY
WE HAVE TO HAVE SEPARATE TENTS BECAUSE WE ALL STINK
ME
DAD
MUM
I CAN READ YOUR MIND
HOW ABOUT THIS
AFTER THE
HAS PASSED YOU
BUT YOUR PETS
LIVING FOREVER
A DWELLING
LARGE LETTERBOX
FIND A PENNY
PICK IT UP
ALL DAY LONG
WILL BRING YOU LUCK
I AM HAPPY
YOU ARE HAPPY
SKULL IS HAPPY
WE ARE ALL HAPPY
WHAT IS IT DADDY?
IT'S BLOODY BRILLIANT SON THAT'S WHAT IT IS
OVER THE FENCE
ANTS ATTACKING A WORM
YOU ARE TRYING
THE RIGHT
BUT WHICH ARE THE
IT'S IMPOSSIBLE TO TELL
MEN DOWN A
IT'S GREAT DOWN HERE. I'M REALLY ENJOYING MYSELF
MY OWN WORDS
ANTS
TO INSULT
TRAIN GOING INTO A TUNNEL
INSIDE THE TUNNEL
IT IS NOT COMPLETELY DARK
AND THE PASSENGERS ON THE TRAIN CAN SEE THE WALLS OF THE TUNNEL
AND THERE ARE THINGS WRITTEN ON THE WALLS
AND THE THINGS THAT ARE WRITTEN ARE IMPORTANT
BUT THE PASSENGERS CANNOT READ WHAT IS WRITTEN BECAUSE THE TRAIN IS GOING TOO DAMNED FAST
THE ROCKET
THE ROCKET WILL BE POINTED DOWNWARDS AND FIRED INTO HELL
ONBOARD WILL BE:
HOUSEHOLD BILLS
LETTERS FROM THE BANK
BANK MANAGER
COURT SUMMONS
EX-WIFE
NEXTDOOR NEIGHBOURS
VARIOUS POLITICIANS
LOCAL CHILDREN
SOCIETY
CITIZENS
1984
HEAD STAND
SOME CAN DO IT WHILE
OTHERS ARE NOT ABLE
I'M NOT ABLE
I'M SO ASHAMED
I CANNOT BEAR THE TAUNTING
N
OOo
THE
OOO

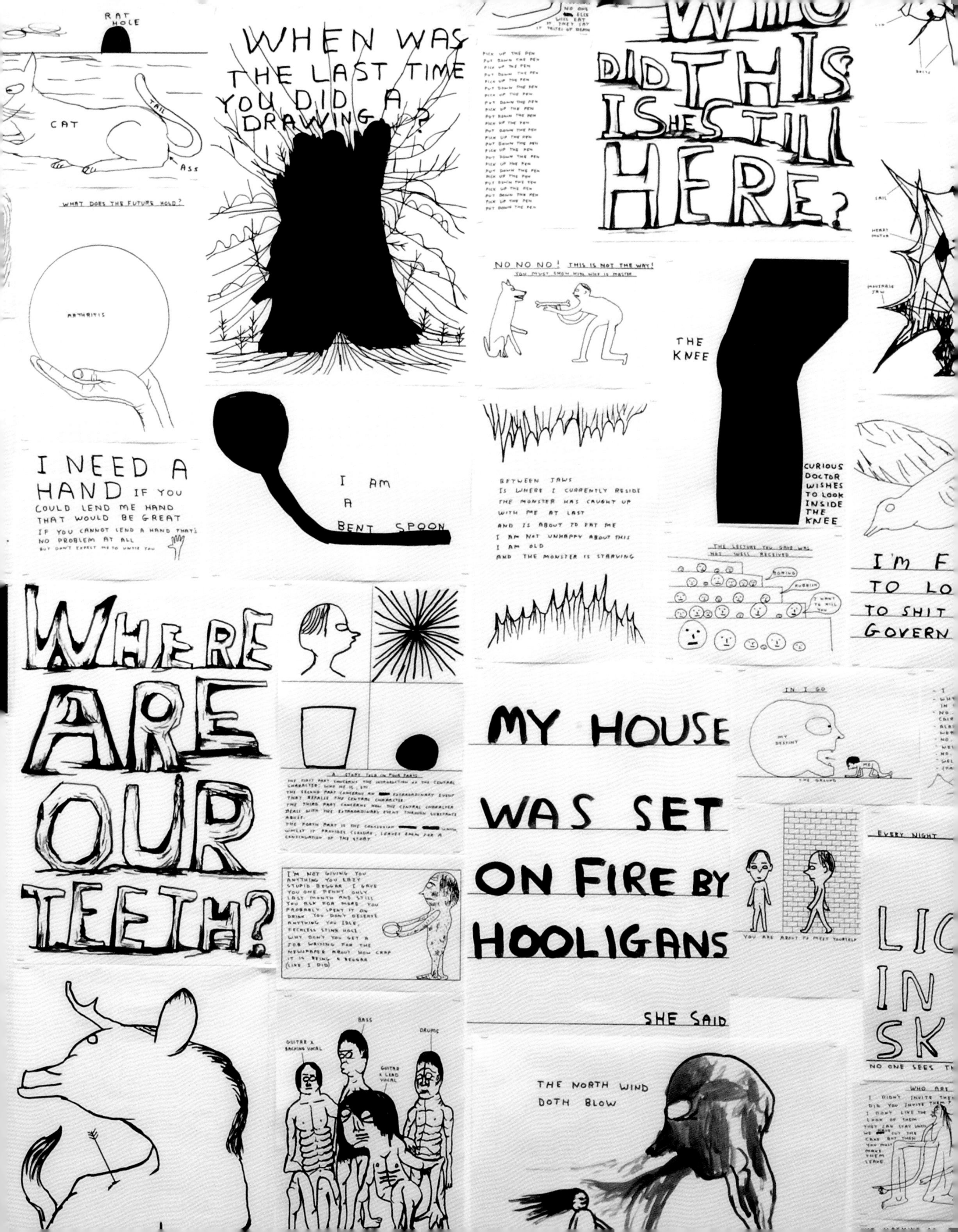

RAT HOLE
TAIL
CAT
ASS
WHAT DOES THE FUTURE HOLD?
ARTHRITIS
WHEN WAS THE LAST TIME YOU DID A DRAWING?
WHO DID THIS IS HE STILL HERE?
NO NO NO! THIS IS NOT THE WAY!
THE KNEE
CURIOUS DOCTOR WISHES TO LOOK INSIDE THE KNEE
I NEED A HAND IF YOU COULD LEND ME HAND THAT WOULD BE GREAT
IF YOU CANNOT LEND A HAND THAT'S NO PROBLEM AT ALL
I AM A BENT SPOON
BETWEEN JAWS IS WHERE I CURRENTLY RESIDE
THE MONSTER HAS CAUGHT UP WITH ME AT LAST
AND IS ABOUT TO EAT ME
I AM NOT UNHAPPY ABOUT THIS
I AM OLD
AND THE MONSTER IS STARVING
THE LECTURE YOU GAVE WAS NOT WELL RECEIVED
BORING
RUBBISH
WHERE ARE OUR TEETH?
A STORY TOLD IN FOUR PARTS
MY HOUSE WAS SET ON FIRE BY HOOLIGANS
SHE SAID
IN I GO
YOU ARE ABOUT TO MEET YOURSELF
EVERY NIGHT
I'M NOT GIVING YOU ANYTHING YOU LAZY STUPID BEGGAR I GAVE YOU ONE PENNY ONLY LAST MONTH AND STILL YOU ASK FOR MORE. YOU PROBABLY SPENT IT ON DRINK YOU DON'T DESERVE ANYTHING YOU IDLE, FECKLESS STINK HOLE. WHY DON'T YOU GET A JOB WRITING FOR THE NEWSPAPER ABOUT HOW CRAP IT IS BEING A BEGGAR (LIKE I DID)
BASS
DRUMS
GUITAR & BACKING VOCAL
GUITAR & LEAD VOCAL
THE NORTH WIND DOTH BLOW
NO ONE SEES

Jockum Nordström

In der Arbeit mit einfachen Materialien wie Papier oder Pappe hat der schwedische Künstler Jockum Nordström eine Bildsprache entwickelt, die zugleich naiv und gelehrt, beschreibend und rätselhaft ist. Die Geschichten, die er uns mittels seiner Bilder erzählt, die Objekte, Tiere und Figuren beleben, sind von unbezweifelbarer stilistischer Eleganz, äußerst berührend und angenehm verstörend.

Die Themen seiner äußerst präzisen oder vorgeblich ungenauen Bleistiftzeichnungen sind gewollt historizistisch. Die Arrangements aus zuvor eigens aquarellierten Papiersilhouetten folgen vielschichtigen erzählerischen Prinzipien; seine Collagen aus Schwarz-Weiß-Figuren, aus Büchern oder Zeitschriften herausgeschnitten, erinnern an die Avantgarde-Assemblagen der Zwischenkriegszeit; seine kleinen Pappskulpturen gleichen hastig gefertigten Miniaturmodellen.

Unter seinen zahlreichen Inspirationsquellen führt der Künstler die Musik – er musiziert selbst – und die Poesie an. Auch die Architektur spielt für ihn eine große Rolle, was sich im aufmerksamen Blick auf den urbanen Raum Stockholms spiegelt, insbesondere auf die Vorortwelt, in der er aufgewachsen ist. Sowohl seine Zeichnungen als auch seine Skulpturen in ihrer zugleich geometrischen und flüchtigen Gestalt sind deutlich von der Beschäftigung mit Architektur geprägt. Anspielungen auf schwedische Volks- und Hochkultur sind ebenso zu finden wie solche auf die amerikanische Folk Art, die Art brut oder Collagen der Surrealisten. Oder mit den Worten des ehemaligen Direktors des Stockholmer Moderna Museet Lars Nittve ausgedrückt: »Zwischen Welten und Epochen wechselnd, gibt er uns fantasievolle Traumwelten und Märchen für Erwachsene zu sehen«.

Working with humble materials such as paper and cardboard, the Swedish artist Jockum Nordström has developed a language that is both naive and erudite, descriptive yet enigmatic. The stories he creates in images scattered with objects, animals, and human figures are undeniably elegant, totally engaging, and perfectly disconcerting.

The themes of his graphite drawings, executed either with extreme precision or feigned clumsiness, are willfully historicist; the arrangements of his collages of silhouettes cut out of watercolored paper follow complex narrative principles; his collages of black-and-white figures, cut out of books and magazines, adopt assembly modes worthy of the interwar avant-gardes; and his small cardboard sculptures resemble hastily constructed models.

Among his many sources of inspiration, Nordström cites music—which he practices himself—and poetry. Another influence is architecture, seen through the attentive eye he keeps on the urban environment of Stockholm, particularly the suburb in which he grew up. He refers to this both in drawings and in geometric yet fragile sculptures. He also mixes references to popular and learned Swedish culture, but also to American Folk Art, Art Brut, and Surrealist collages. As Lars Nittve, former director of the Moderna Museet in Stockholm, emphasized: "Jumping between worlds and eras, he offers us dreamlike and imaginative tales for adults."

Marc Donnadieu

Inability, 2014
Aquarell und Collage auf Papier |
Watercolor and collage on paper

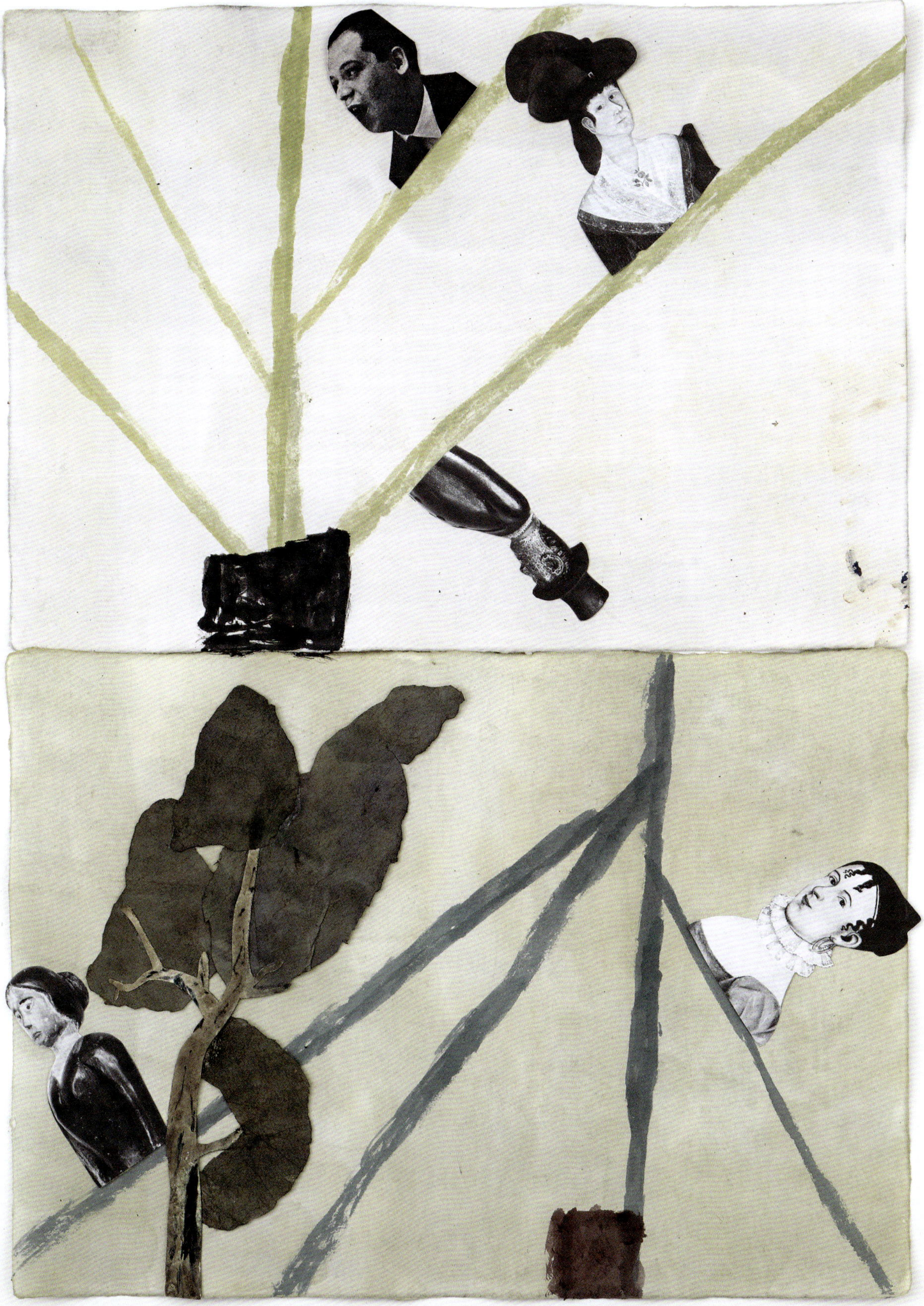

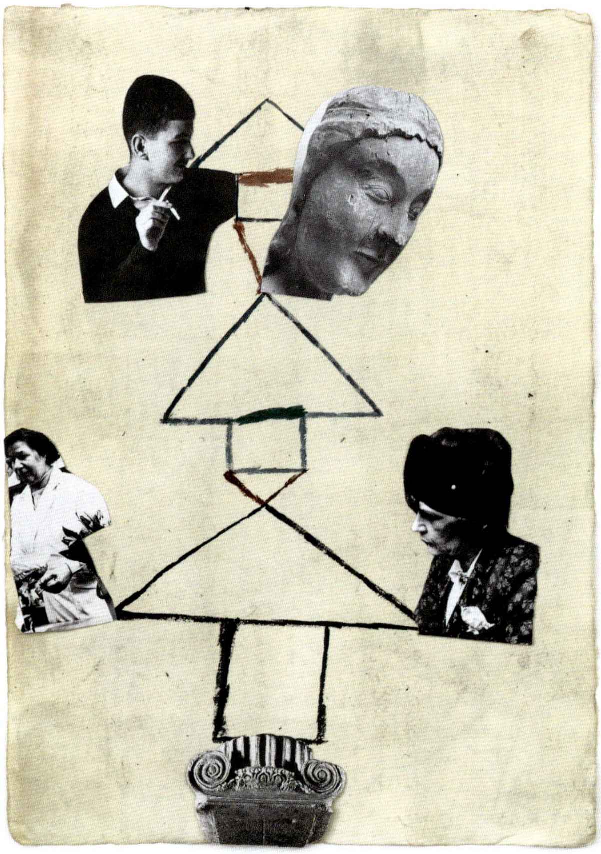

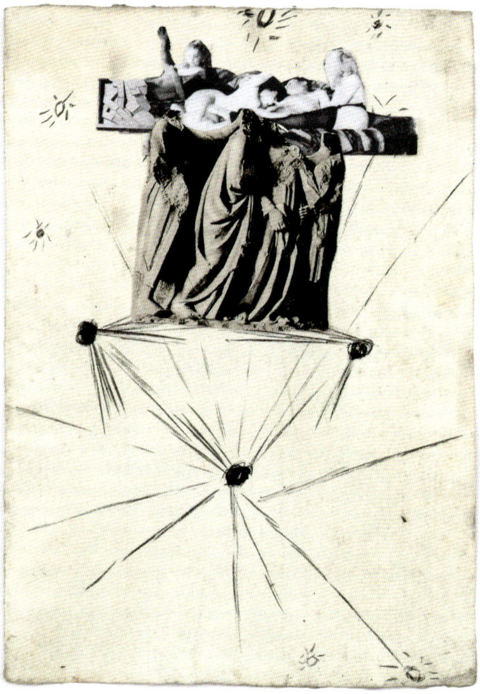

Järtecken (Portent), 2014
Aquarell und Collage auf Papier | Watercolor and collage on paper

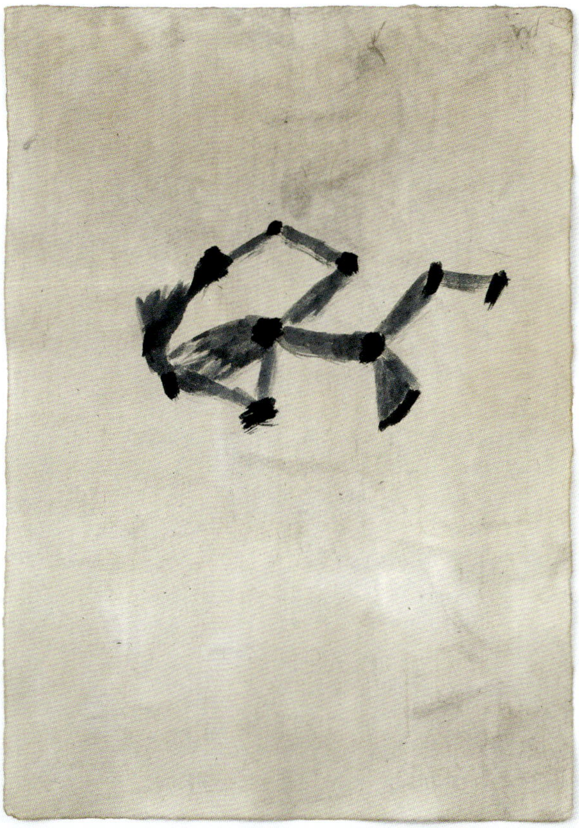

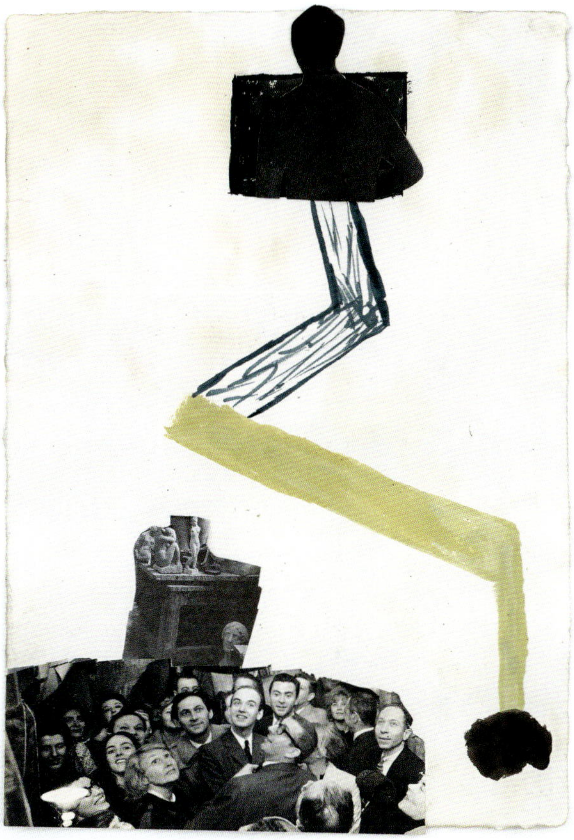

Let's open the year, 2014
Aquarell und Collage auf Papier | Watercolor and collage on paper

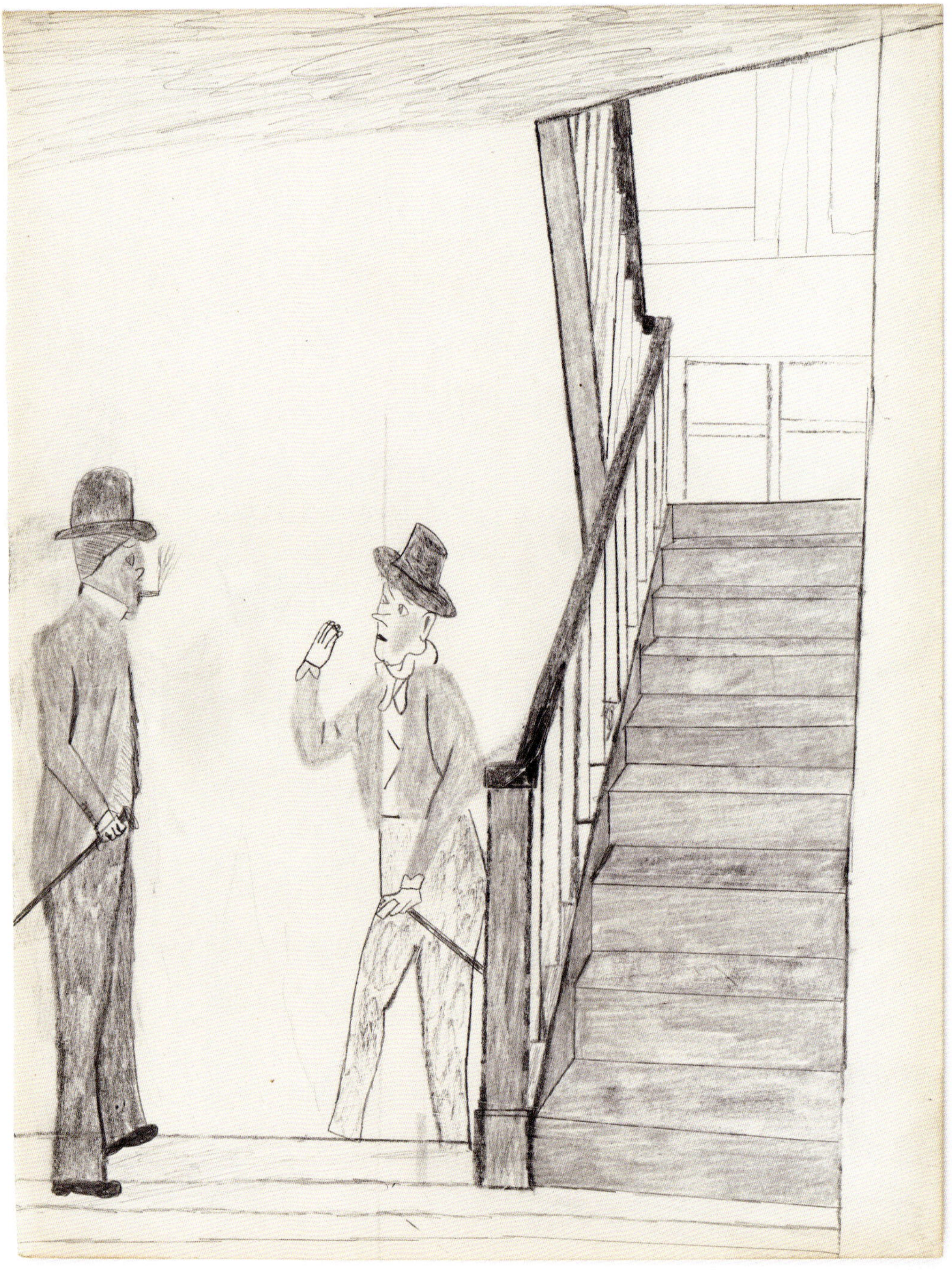

When I met myself, 2014
Grafit auf Papier | Graphite on paper

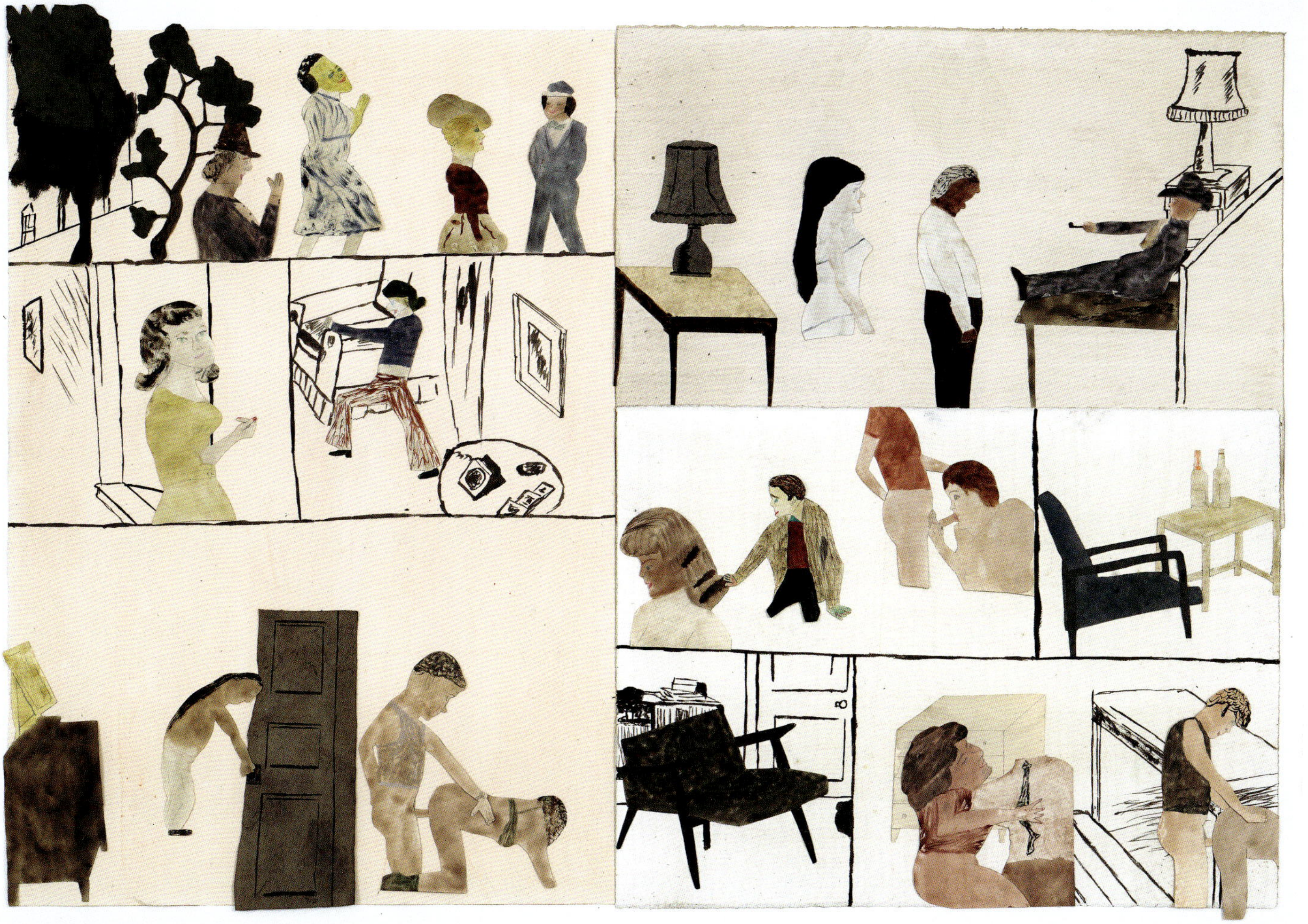

Jag låg och jag satt
Jag drömde den natt
Jag drömde den visan var bakvänd satt
I was laying down and I was sitting up
I dreamed that night
I dreamed that the song was backwards, 2014
Malkreide, Grafit, Aquarell und Collage auf Papier |
Crayon, graphite, watercolor, and collage on paper

Mithu Sen

Mithu Sen schafft grazile und doch provokante Zeichnungen, die Details von Mischwesen aus Mensch, Tier und Pflanze zeigen. Die Geschöpfe und Formen, die in Serien wie etwa *individual mythologies* (2014) entstehen, lassen eine Innenwelt erkennen, ein Aufeinandertreffen der psychologischen mit der physischen Welt. Sens jüngste Zeichnungen richten ihr Augenmerk auf den Raum zwischen Äußerung und Verständnis, die An- und Abwesenheit der Linie. In *I am a Poet* (2013) hat Sen damit experimentiert, einen asemischen Text herzustellen, in dem die grafische, visuelle Repräsentation Priorität gegenüber der Bedeutung erfährt. Diese abstrakten Schriften verstärken die Undurchsichtigkeit der Sprache, und so entsteht ein Möglichkeitsraum.

Das Zeichnen bietet eine Herangehensweise an das Hinterlassen von Spuren, die es einem Künstler erlaubt, seine eigene Zeichensprache zu entwickeln. Hierin ist es dem Schreiben ähnlich, geht jedoch darüber hinaus. In der Serie *Tongues that won't stop wounding* (2014) beschreiben eine Reihe von Arbeiten den nackten männlichen Körper bis ins Detail, sei es in Fötushaltungen, sei es mit zur Schau gestellten Genitalien und Sperma, das durch transparente Farbe zum Glänzen gebracht wird. Mit diesen erotischen Bildern kehrt Sen zu einer Motivkonstellation zurück, die sie bereits seit Jahren entwickelt. Neben der sexuellen Konnotation deutet der Titel die der Sprache potenziell eigene Gewalt an.

Komponiert sind die Zeichnungen aus zahlreichen Schichten von Grafit und Wasserfarbe auf Papier, das mit von Hand graviertem Plexiglas bedeckt ist. So wird auch das Licht als gestalterisches Mittel eingesetzt, da es so eingestellt ist, dass es mal dunkler und mal heller wird, und so eine Schattenlinie auf das Blatt wirft. Dieser Mechanismus erzeugt ein ephemeres Zeichen, das zeitweise das Bild vervollständigt, bevor es wieder unsichtbar wird, aber noch vom geistigen Auge in Erinnerung gerufen werden kann. Sen manipuliert Licht und Schatten und lotet so die Grenzen des Materiellen aus, sodass ihre Zeichnungen die Grenzen zu Immaterialität und Vergänglichkeit überwinden.

Mithu Sen makes delicate yet provocative drawings detailing amalgams of human, animal, and plant life. The creatures and forms that emerge in series such as *individual mythologies* (2014) speak of an inner world, a meeting between the psychological and the physical realms. Sen's recent drawings center on the space between utterance and comprehension, the void between language and meaning, the presence and absence of the line. With *I am a Poet* (2013) Sen experimented with producing asemic text in which the graphic, visual representation took priority over meaning. Through these abstract writings, the opacity of language is heightened and a space of possibility emerges.

Drawing offers an approach to mark making—similar to, but beyond writing—that allows for the artist's own language of signs to unfold. In the series *Tongues that won't stop wounding* (2014) a number of works detail the naked male body, some in fetal positions, genitalia on view and semen glistening with an accent of translucent paint. These erotic images return to a constellation of motifs that Sen has been developing over a number of years; in addition to the sexual connotation, the title implies the violence of language.

The drawings are composed of numerous layers of graphite and watercolor on paper, which is covered by hand-etched Plexiglas. Light is also harnessed as a material, as it is designed to gradually dim and relight to cast a shadow line onto the page. This mechanism produces an ephemeral mark that temporarily completes the picture, before it disappears from your vision but can still be recalled by the mind's eye. Sen manipulates shadow and light to test the limits of materiality and pushes her drawings into the space of immateriality and transience.

Hansi Momodu-Gordon

Tongues that won't stop wounding 1, 2014
Mischtechnik auf Papier mit handgraviertem Plexiglas | Mixed media on paper and hand engraving on Plexiglas

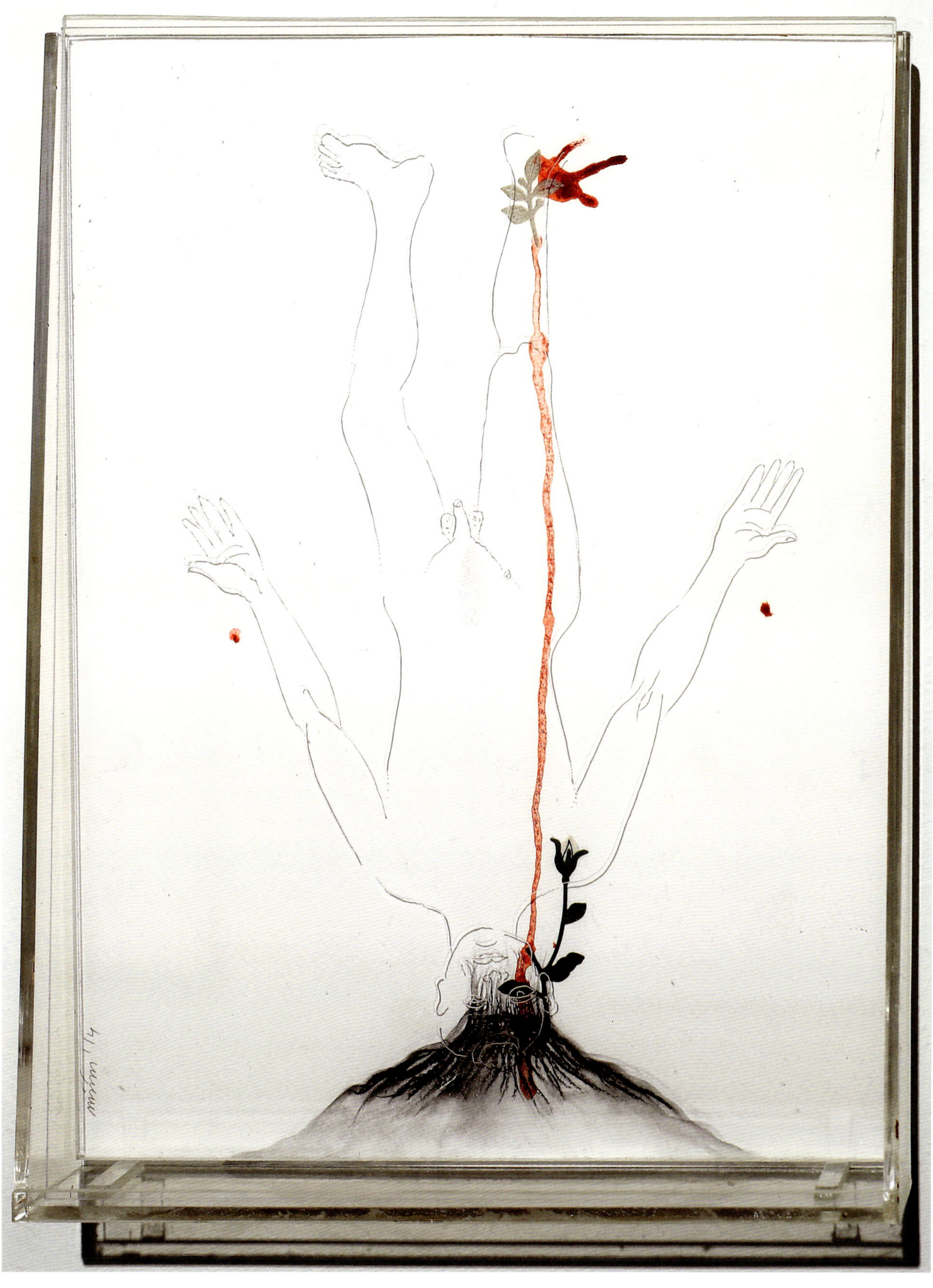

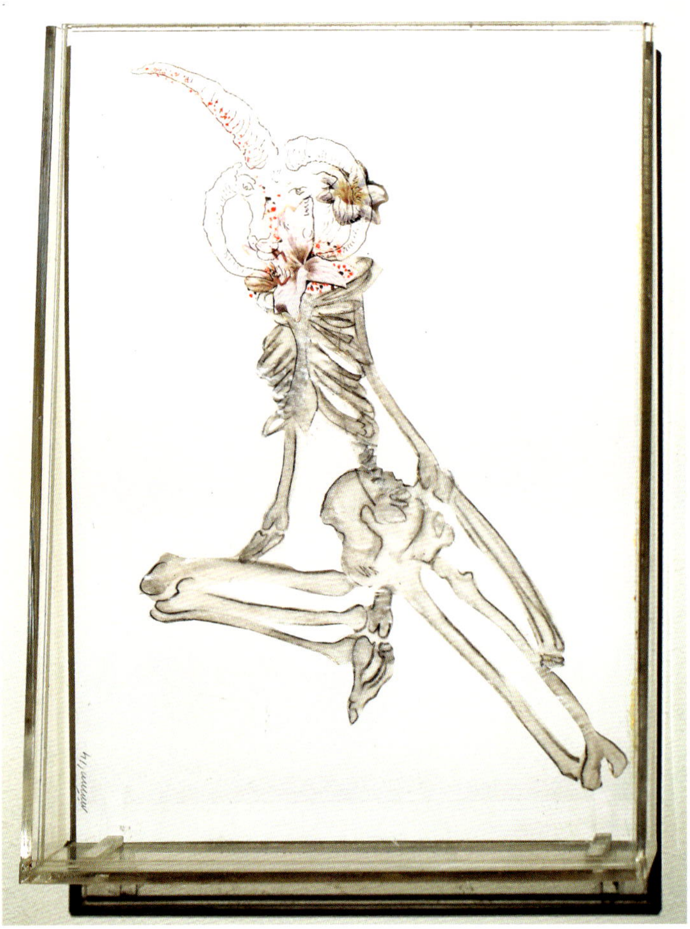

Tongues that won't stop wounding 5, 2014
Mischtechnik auf Papier mit handgraviertem Plexiglas |
Mixed media on paper and hand engraving on Plexiglas

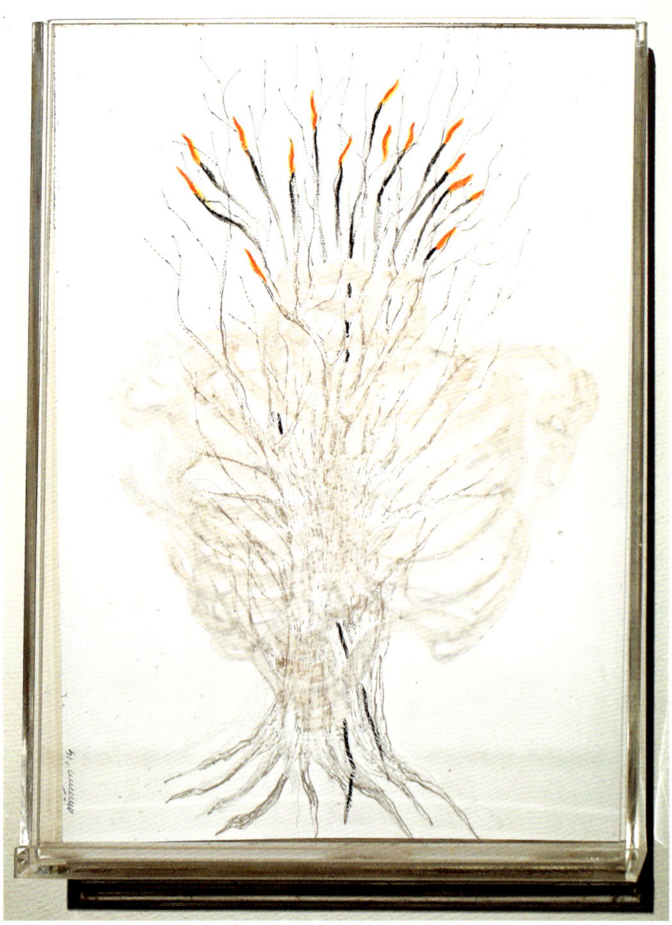

Tongues that won't stop wounding 6, 2014
Mischtechnik auf Papier mit handgraviertem Plexiglas |
Mixed media on paper and hand engraving on Plexiglas

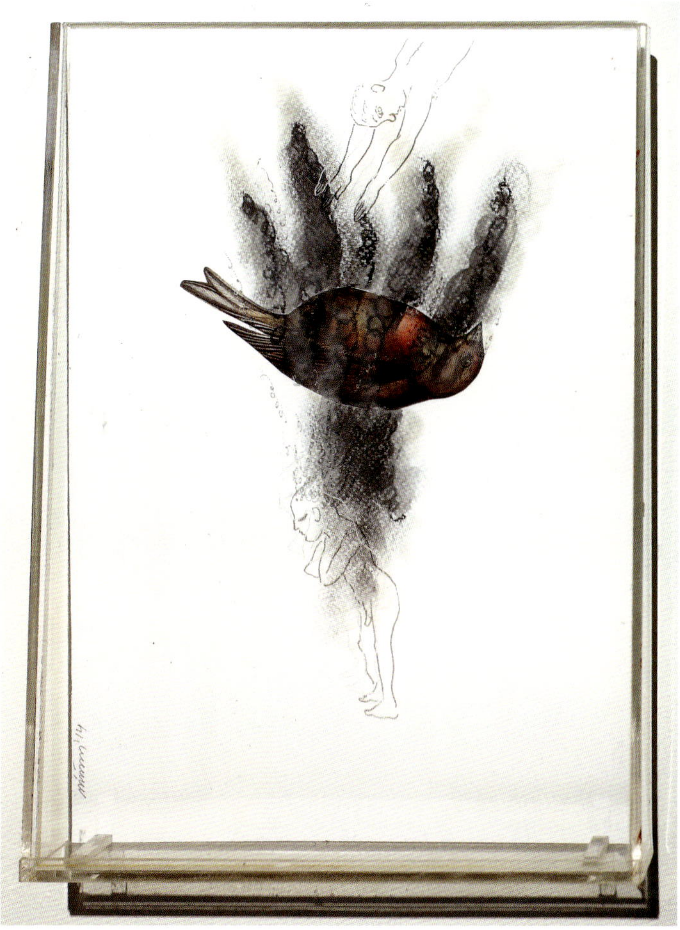

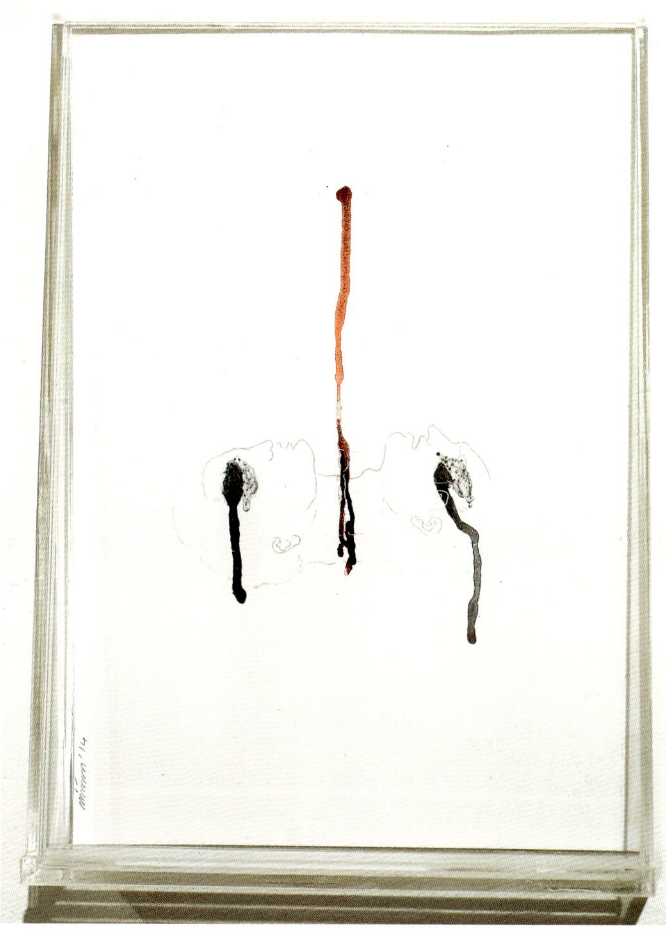

Tongues that won't stop wounding 11, 2014
Mischtechnik auf Papier mit handgraviertem Plexiglas |
Mixed media on paper and hand engraving on Plexiglas

Tongues that won't stop wounding 4, 2014
Mischtechnik auf Papier mit handgraviertem Plexiglas |
Mixed media on paper and hand engraving on Plexiglas

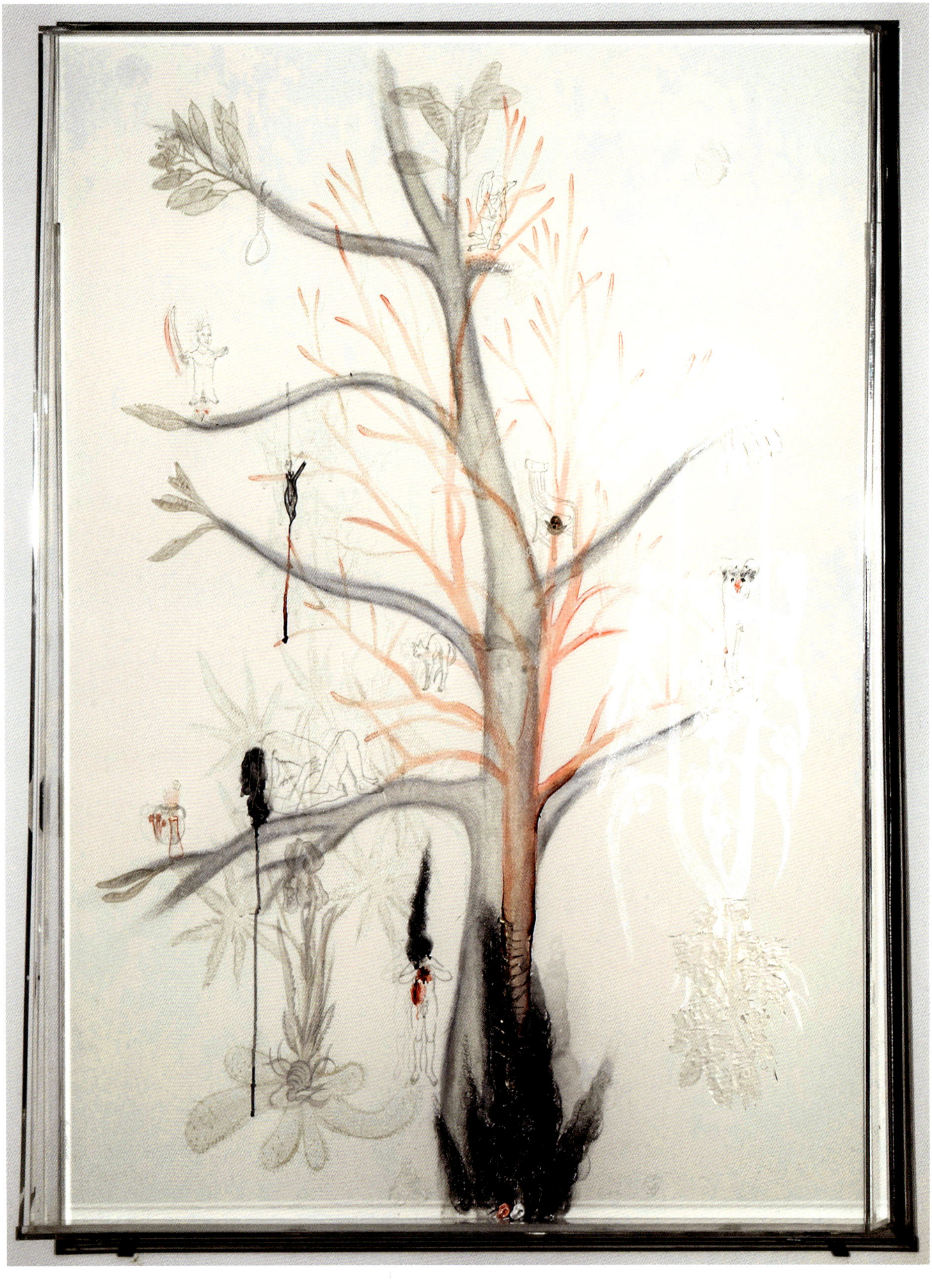

individual mythologies, 2014
Mischtechnik auf Papier mit handgraviertem Plexiglas |
Mixed media on paper and hand engraving on Plexiglas

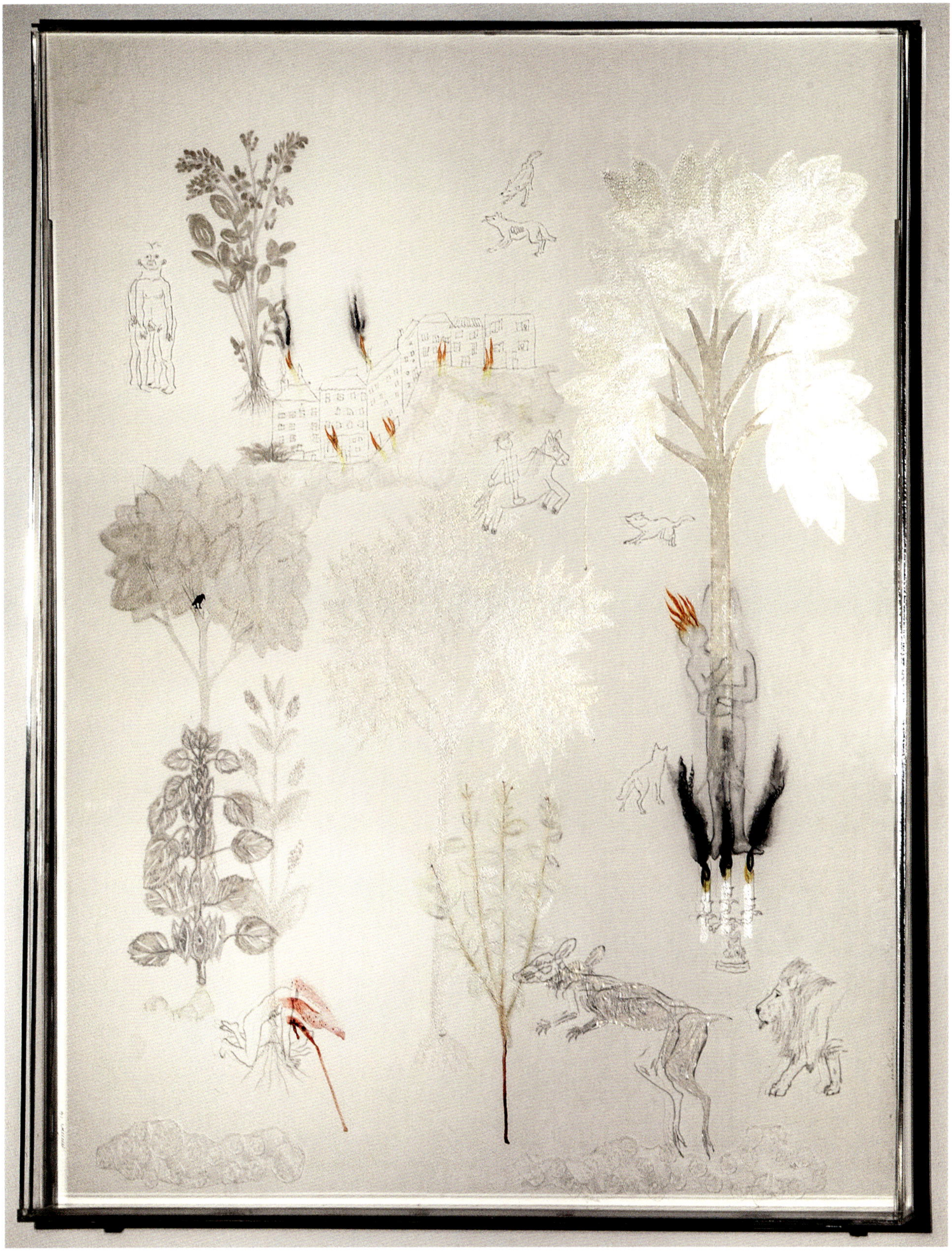

a day of standing still, 2014
Mischtechnik auf Papier mit handgraviertem Plexiglas |
Mixed media on paper and hand engraving on Plexiglas

Chloe Piene

Für die Historie ist es eine Frage von Linien, die gezeichnet werden, aber streng an das Blatt gebunden sind. In unserer heutigen Kunst der Postrenaissance und Postromantik ist und bleibt *disegno*, die Dienerin von Malerei und Skulptur, etwas, das immer noch der Ausarbeitung bedarf, nämlich aufopferungsvoll durch *colore,* die Farbe, das andere Verfahren. Chloe Piene, die man für die Stärke ihrer figuralen Kunstgriffe und ihren Widerstand gegenüber Einschränkungen kennt, reagiert spontan, wenn auch formal: »Die Zeichnung ist als Medium das A und O. Es gibt nichts dazwischen […], ich habe nie gemalt. Das sind zwei völlig unterschiedliche Dinge, von denen das eine sehr viel kehliger und instinktgesteuerter ist als das andere«.

Pienes Œuvre lebt in dem Streiflicht jener legendären deutschen Morgenröte eines Hegel oder Hölderlin, zu jener Zeit, als Griechisch die Ursprache zu sein schien. In der Antike war der größere »Rest« der sakrale heidnische Kern, der sich durch rituelle Opfer auszeichnete, Bestandteil jeder öffentlichen Zeremonie. Die bildenden Künste besaßen keinen Begriff für die Malerei, lediglich den Neologismus *zoögraphia,* »lebend-schreiben«. Die Römer verharrten in dieser Trope und verwendeten den Terminus *graphis* für »Zeichnung«, während sie die »gestaltende« Kunst im Reich der *fictio* beließen.

In der Dionysischen Tragödie bot das mythologische Material den »Frauenwörtern«, wie sie die *Orestie* verwendete, eine transformative Stimme, wie nirgendwo sonst. Piene beschwört eine Welt des Mythos, nicht wie die Ariadne des heilbringenden Fadens, eher einer Diana-gleichen Gebieterin der *Animae,* die sich in drastischen Zyklen tief in die menschliche Wildnis versenkt. Mit jenem scharfen Instrument, dem Griffel, gelingt ihr eine Kunst jenseits der *ratio,* in der sie die »gewalttätige Anmut« des Aischylos einfängt, eine Gnade, mit der sich das höhere Wesen, der Daimon, herablässt, uns Menschen Lernen, *mathos,* ausschließlich im Leiden, *pathos,* zu gewähren. Der späte Wittgenstein beschäftigte sich mit den Implikationen dieser Gefangennahme durch *imago* und *eikon,* Zeichen und Zeichnung, unserem profunden logischen wie moralischen Dilemma. Der Ikonoklasmus ist ebenfalls

For Historie, it's a matter of lines drawn but strictly bound by the sheet. In our post-Renaissance and -Romantic art, disegno is and remains ancillary to painting or sculpture, to be fleshed out, sacrificially, by colore, a schema for some other praxis. Chloe Piene, recognized for the power of her figural artifice and resistance to restraints, responds spontaneously but is formal: "Drawing is the first and final medium; there is nothing inbetween [...] I have never painted. Two completely different things where one is much more guttural and instinctive than the rest."

Piene's oeuvre pulses in the now raking light of that legendary dawn of Hegel and Hölderlin when Greek seemed an Ur-tongue. For the ancients the greater "rest" was its sacred pagan core, marked by ritual sacrifice in which every public act was embedded. The visual arts had no word for the art of painting, only the neologism *zoögraphia*, "life-writing"; the Romans remained caught in the trope, employing the term *graphis* for "drawing" and leaving the work of "shaping" art to the realm of fictio. In Dionysian tragedy, mythic material offered "women words," as the *Oresteia* had it, a transformative voice as nowhere else. Piene conjures up a world of mythos not as Ariadne of the salutary thread, but a Diana-like Mistress of the Animae, delving into the human wild in drastic cycles. She achieves an art beyond ratio with that sharp instrument, a style, capturing the Aeschylean "violent grace" with which that higher being the daimon deigns us humans learning, *mathos*, only in suffering, *pathos*. Late Wittgenstein devoted himself to the implications of this capture by imago and icon, Zeichen and Zeichnung, our profound logical and moral dilemma. Iconoclasm, too, is a sharp tool, one that cuts both ways, but the radically different gut instinct of Piene fictrix, a

Engel 01, 2014
Weiße Kreide auf schwarzem Papier |
White charcoal on black paper

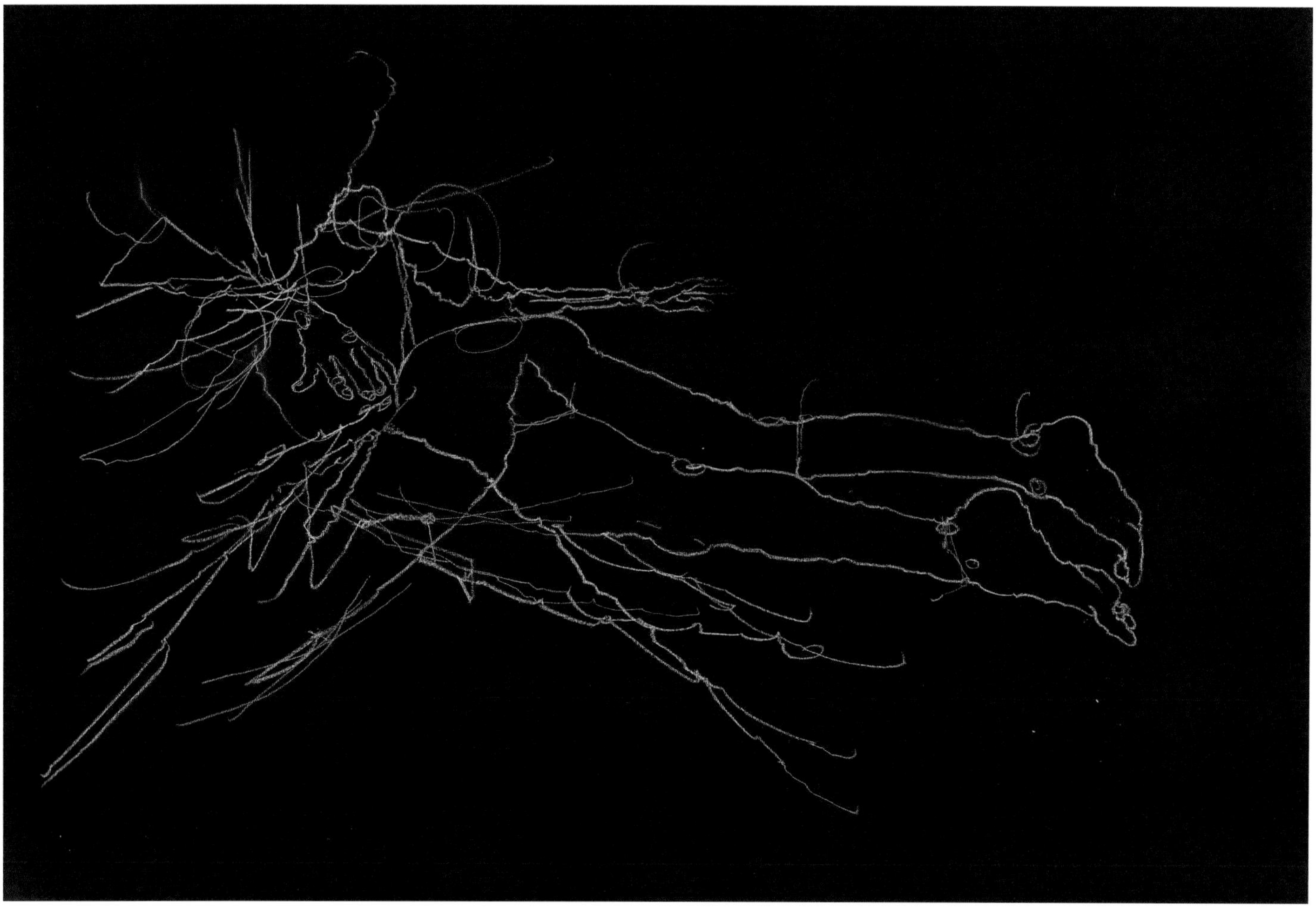

ein scharfes Werkzeug, noch dazu ein zweischneidiges, doch ihr radikal anderes Bauchgefühl gibt der Piene *fictrix,* einer wahren Ikonoklastin, ein, *disegno* nichts als bloße *Poiesis* einzusetzen, sondern als ein Organ des Denkens, es treibt ihre Kunst höher hinaus und kopfüber in die Arme einer spekulativen und notationalen Partitur für eine neue Gnosis, eine Affektwissenschaft der Zukunft.

true 'clast, to deploy disegno not merely as poesis, but as an organ for Denken, drives her art higher and headlong toward a notional and notational score for a new gnosis, an Affektwissenschaft for the future.

Warren Niesłuchowski

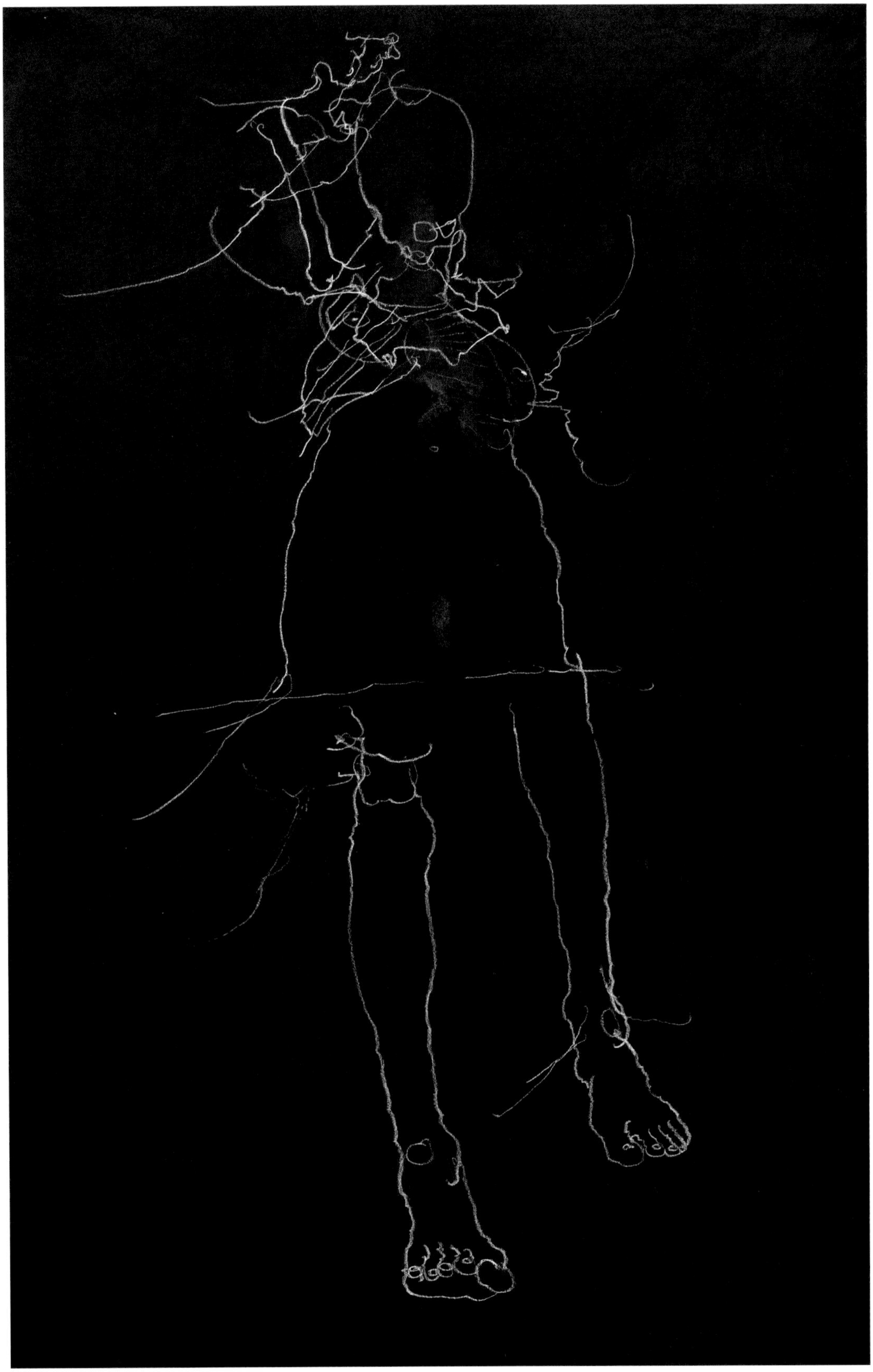

King Night (Valkyrie), 2013
Weiße Kreide auf schwarzem Seidenpapier | White charcoal on black tissue

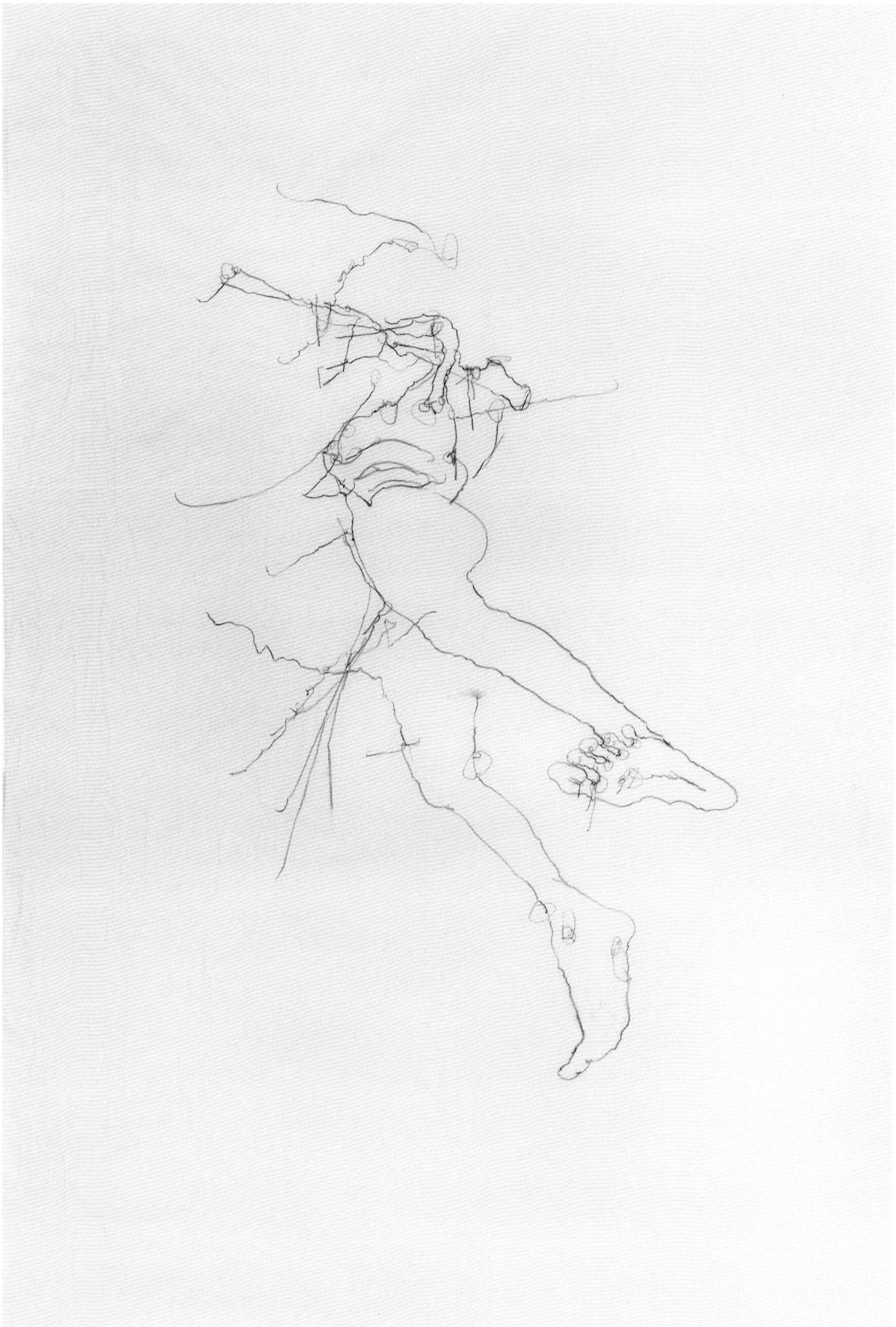

Valkyrie 02, 2014
Kohle auf Velin | Charcoal on vellum

Sandra Vásquez de la Horra

Sandra Vásquez de la Horra arbeitet mit Ikonografien und Ausdrücken der Populärkultur durch Sammeln, Assoziieren und Hybridisieren. Hieraus entstehen Zeichnungen, in denen Figuren, Szenen und Allegorien aus unterschiedlichen Zeiten zu einer zeitgenössischen Mythologie und einem privaten Alphabet verflochten werden. Die Künstlerin zeichnet mit Grafit auf Recyclingpapier unterschiedlichster Art und taucht diese anschließend in Wachs. So entstehen Palimpseste, die von zahlreichen Lagen aus Inschriften durchzogen sind.

Die Künstlerin hat im Laufe ihres Schaffens ein Repertoire von Motiven aufgebaut, einen profanen und eklektischen Pantheon, in dem Archetypen (Tod, Geburt, Zeit), klassische Mythen (Dionysos, ein Zyklop), bukolische Gestalten (der Geist der Blumen, die schlafenden Berge der Anden), urbane Figuren (*El Oficinista*) und zufällige politische Akteure (*Malas Juntas*) als dunkle Bildsprache auftreten und ihr Verlangen nach Tod und Leben erneuern.

La Santa Muerte, ein verkleideter Totenschädel und die Personifizierung des Todes, taucht immer wieder in ihren Zeichnungen auf. Es handelt sich um ein synkretistisches Bild aus Totenkult und dem katholischen Reiter der Apokalypse, eine Ikone, die als Schlüssel zum Betreten und Verlassen beider Welten und als Emblem der Hybridisierungsdynamik fungiert, die mit dem Beginn der Kolonialisierung Nord-, Mittel- und Südamerikas einsetzt.

Die typografischen Möglichkeiten lotet die Künstlerin aus, indem sie einigen Zeichnungen Texte beigibt. Damit finden umgangssprachliche und beliebte Ausdrücke wie etwa »Mejor cola de león que cabeza de ratón« (»Besser der Schwanz eines Löwen als der Kopf einer Maus«) den Weg in ihre Kunst. Ironisch, unerwartet und tiefsinnig transportieren sie das Gewirr der kollektiven »Stimme«.

Vásquez de la Horras Zeichnungen zeigen Verwandlungen und speichern materielle Schichten von gefundenen Papieren, wie Geschäftsbüchern aus der DDR, über den Grafit bis hin zur letzten

Sandra Vásquez de la Horra appropriates popular iconographies and expressions through processes of compilation, association, and hybridization, creating drawings where figures, scenes, and allegories from dissimilar times are twisted in a contemporary mythology and personal alphabet. With graphite, the artist draws over different recycled paper types and dips them in wax, as inscriptions traversed by multiple layers in the manner of a palimpsest.

Throughout her work, the artist has built a repertoire of motifs, a profane and eclectic pantheon where archaic archetypes (death, birth, time), Classical myths (Dionysus, a Cyclops), rural figures (the Spirit of Flowers, the sleeping Andes mountains), urban characters (*El Oficinista*) and contingent political agents (*Malas Juntas*) emerge as a dark imagery, renewing their urge of death and life.

La Santa Muerte, a dressed-up skull and the personification of death, is a recurring figure in her drawings. A syncretic image of the indigenous cult of the dead and the Catholic horseman of the Apocalypse, this icon operates as the key to enter and exit both worlds and as an emblem of the dynamics of hybridization that began with the colonialization of the Americas.

The artist has explored the typographical possibilities by adding texts in several drawings. Through this medium, popular and colloquial expressions, like *Mejor cola de león que cabeza de ratón* (better the tail of a lion than the head of a mouse) find their way. Ironic, unexpected, and thoughtful, while also paying tribute to visual poetry and antipoetry, they transfer the uncanny buzz of the collective "voice."

Vásquez de la Horra's drawings render transfigurations and store material strata, from found papers, including accounting books of the German Democratic Republic (DDR), through the graphite

Ausstellungsansicht | exhibition view

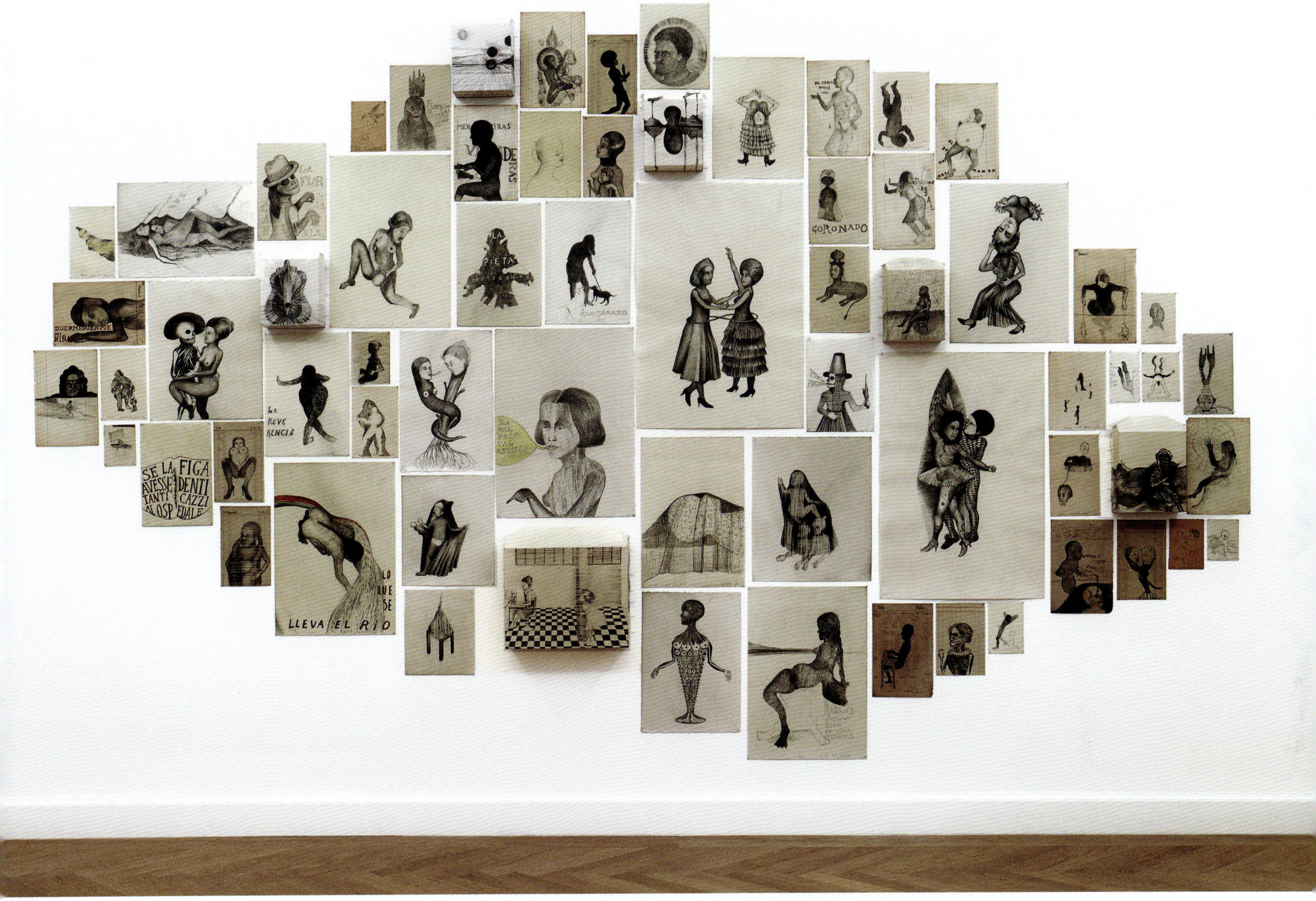

Lage aus warmem Bienenwachs. Als Fortsetzung der Gravur versiegelt das Wachsbad die Arbeit, schreibt die Linien tiefer ein und macht das Papier ocker, diaphan und zerbrechlich. Allmählich werden die Zeichnungen zu Papyrus und Haut, und die dunklen Inschriften faszinieren uns wie uralte unheilige Zeichen und coole zeitgenössische Tattoos.

to the final layer of warm beeswax. As an extended operation of engraving, the wax bath seals the work, setting deeply the lines, and the papers turn out ochre, translucent and precarious. Gradually, the drawings become papyrus and skin—and the dark inscriptions thrill both as ancient irreverent signs and as cool contemporary tattoos.

Paz Guevara

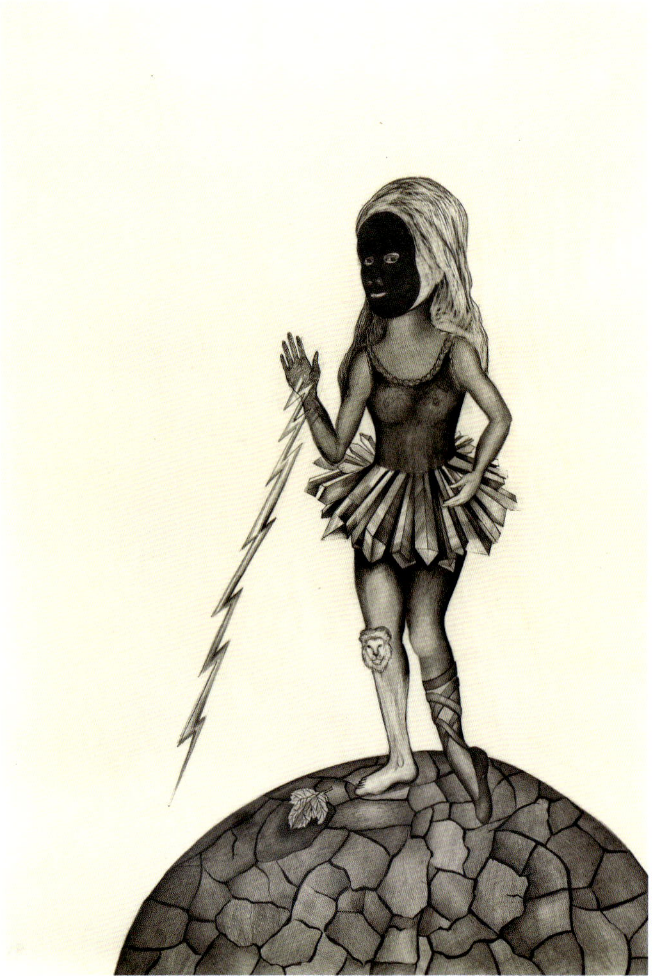

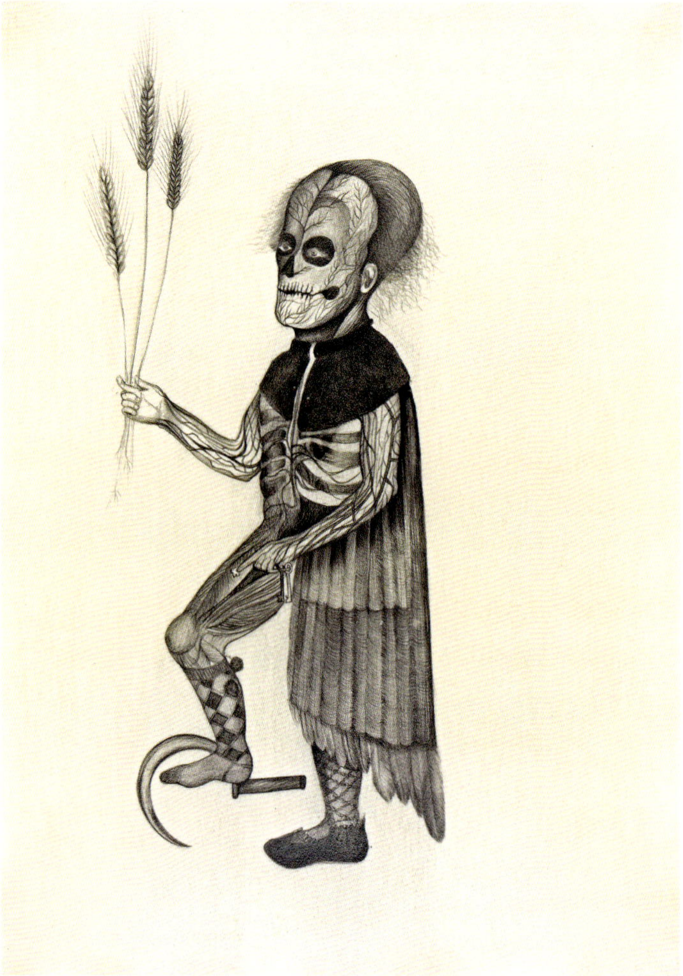

Diosa de los Tormentos, 2014
Grafit auf Papier in Wachs | Graphite on paper in wax

El Tiempo, 2014
Grafit auf Papier in Wachs | Graphite on paper in wax

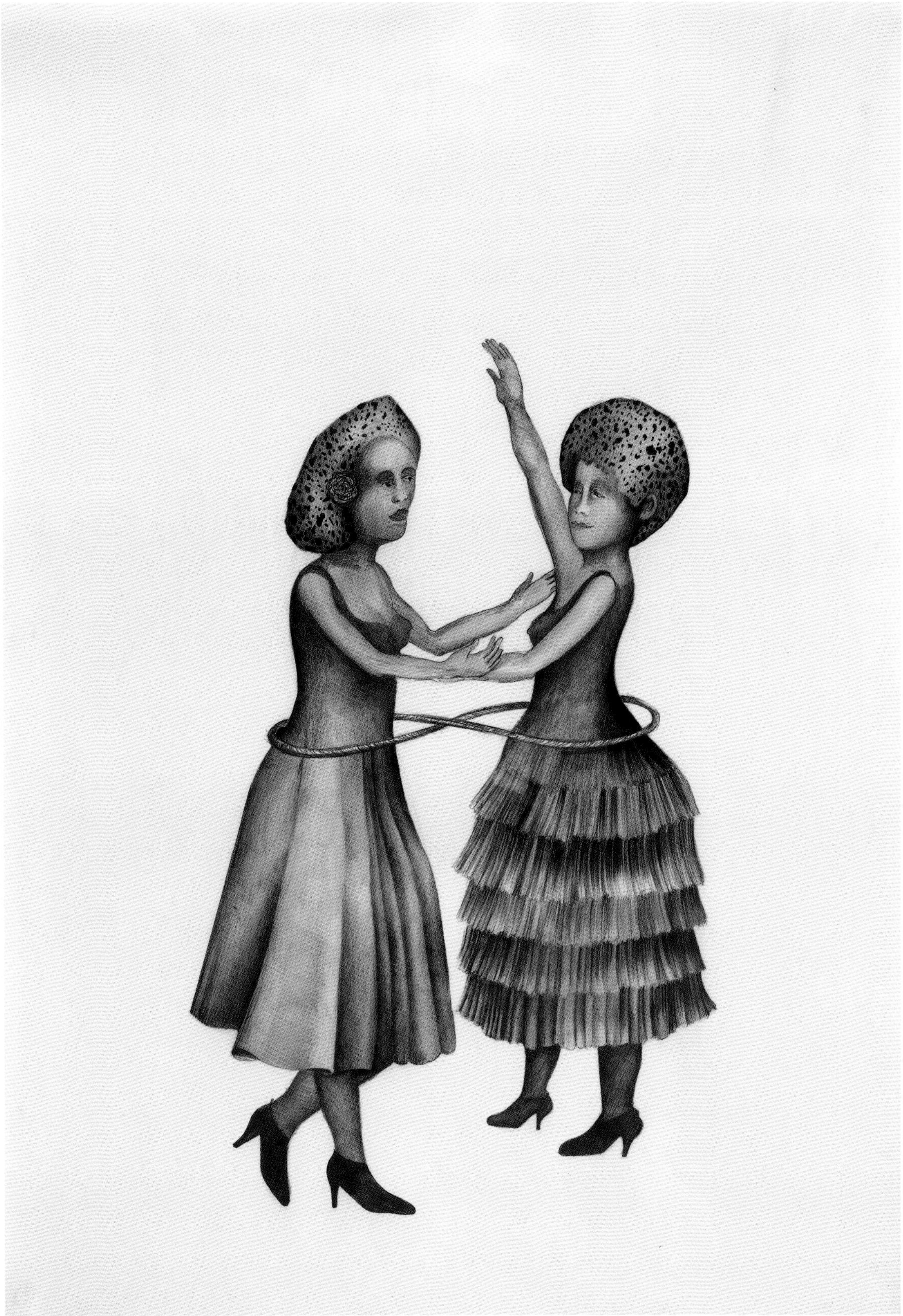

El baile eterno, 2014
Grafit auf Papier in Wachs | Graphite on paper in wax

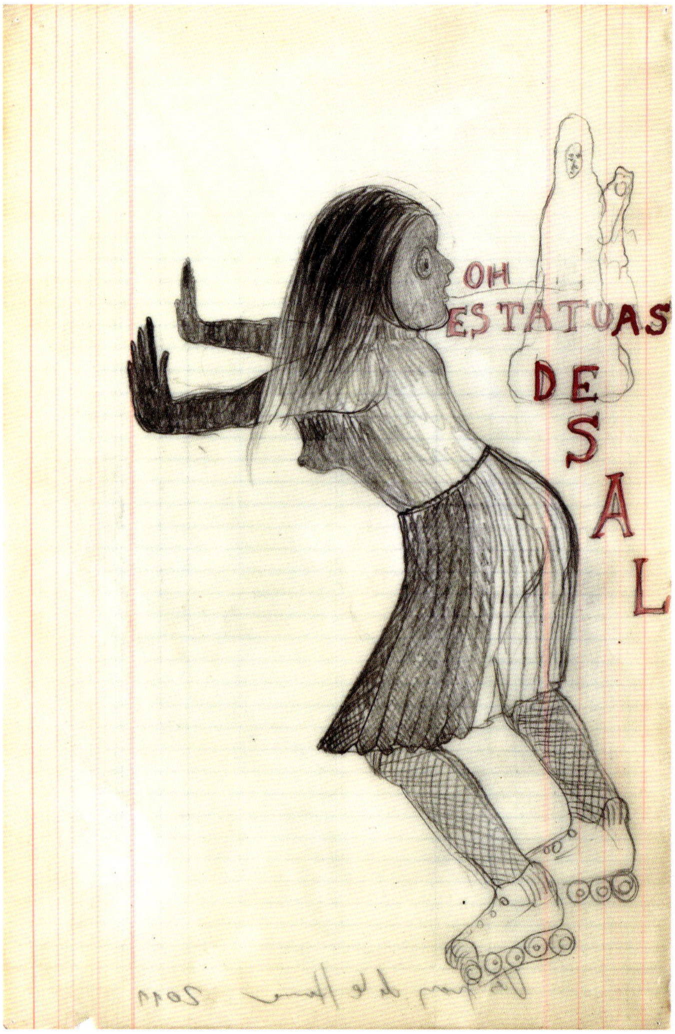

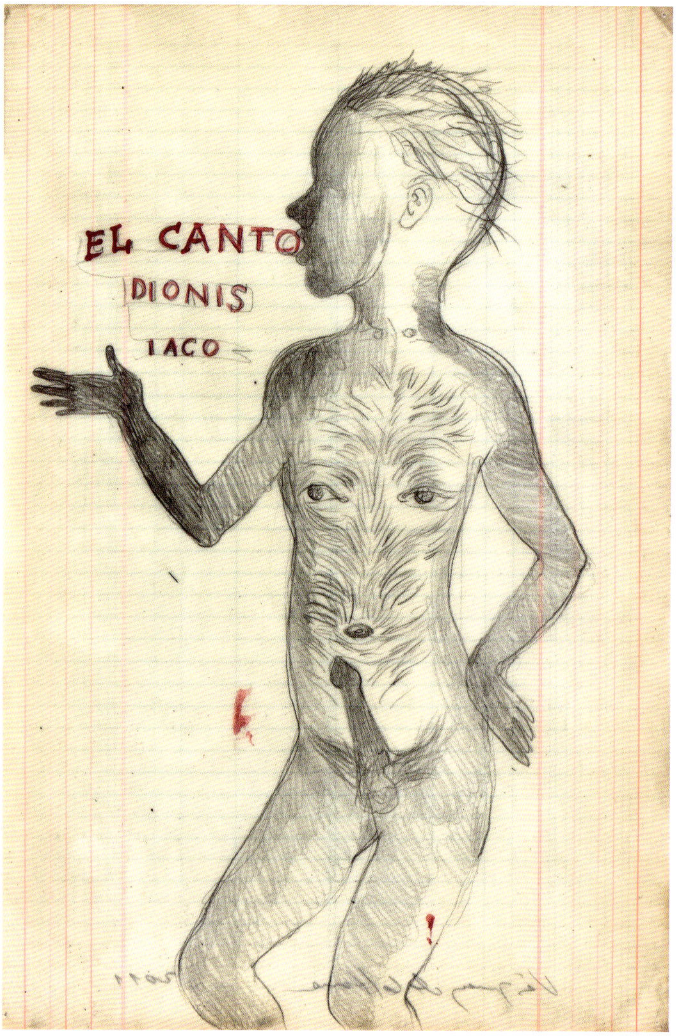

Oh, estatua de sal!!, 2011
Grafit und Aquarell auf Papier in Wachs |
Graphite and watercolor on paper in wax

El canto dionisiaco, 2011
Grafit und Aquarell auf Papier in Wachs |
Graphite and watercolor on paper in wax

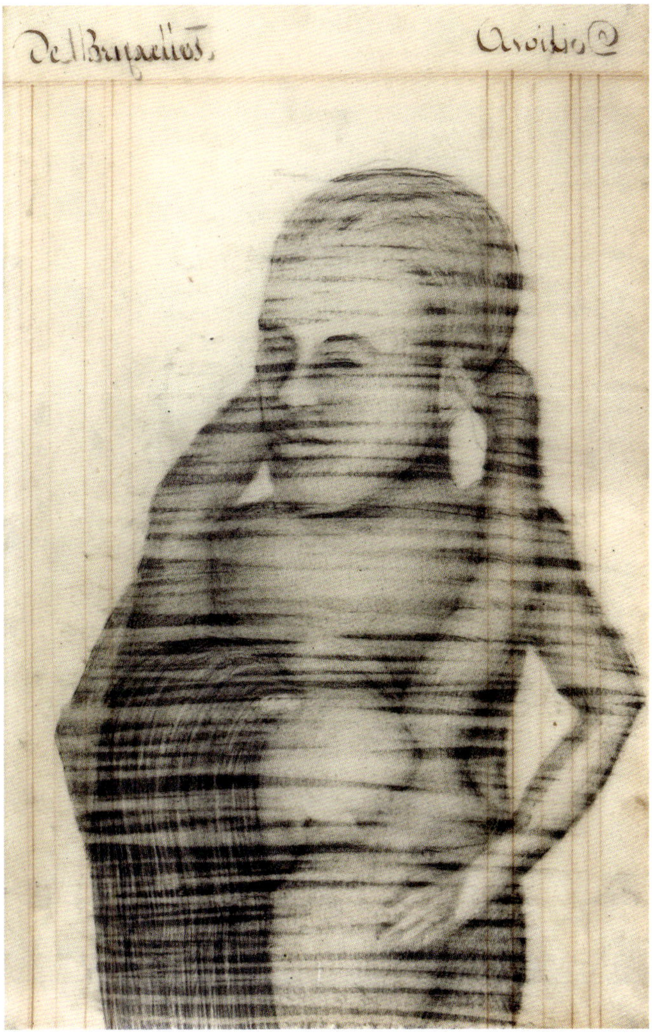

El Tango Feroz, 2013
Grafit auf Papier in Wachs | Graphite on paper in wax

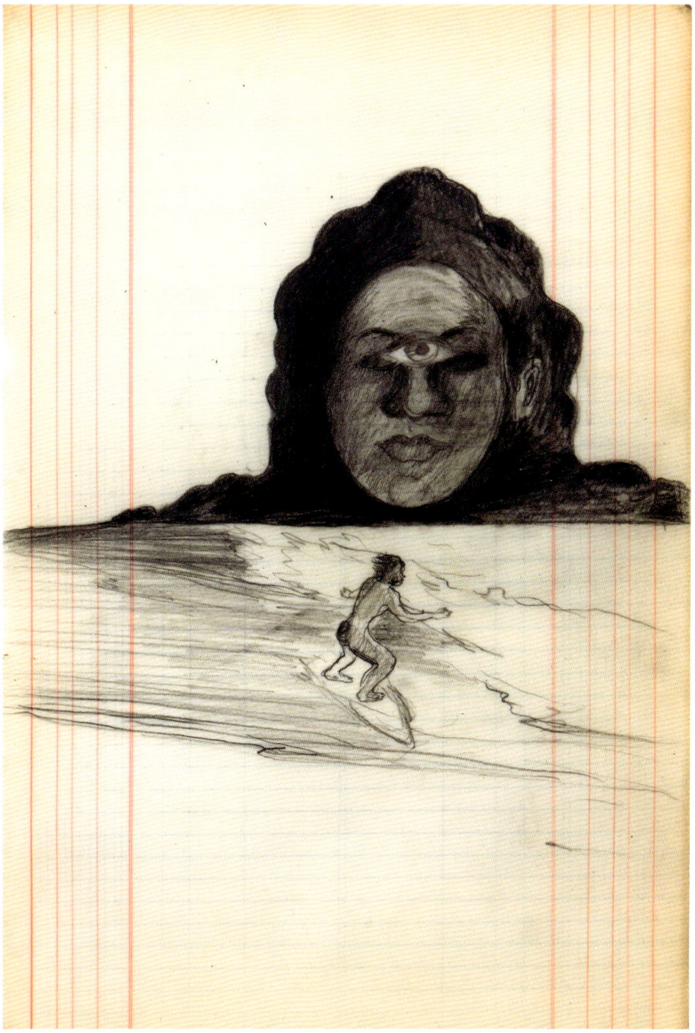

El Ciclope, 2013
Grafit auf Papier in Wachs | Graphite on paper in wax

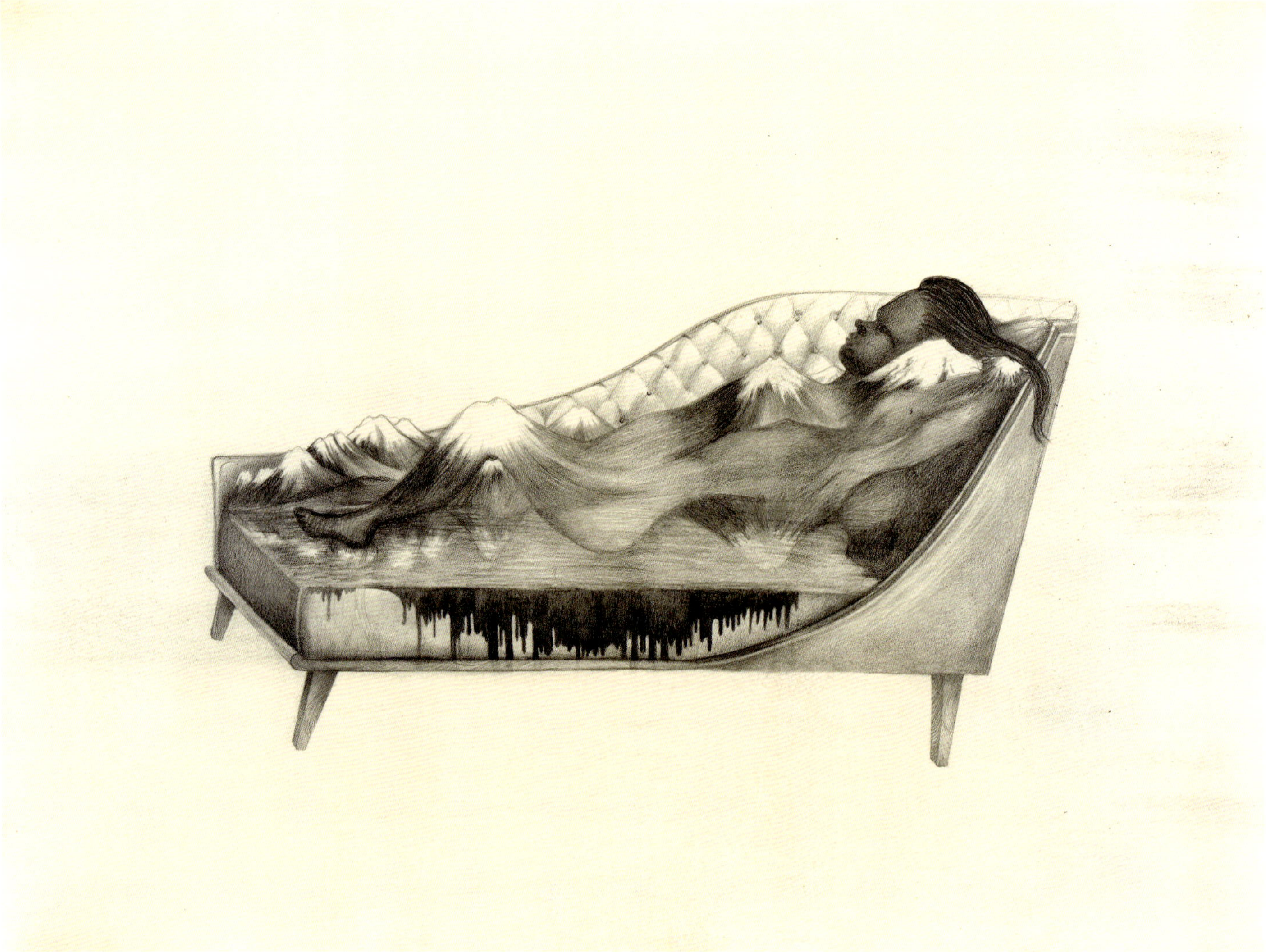

Altiplano durmiente, 2014
Grafit auf Papier in Wachs | Graphite on paper in wax

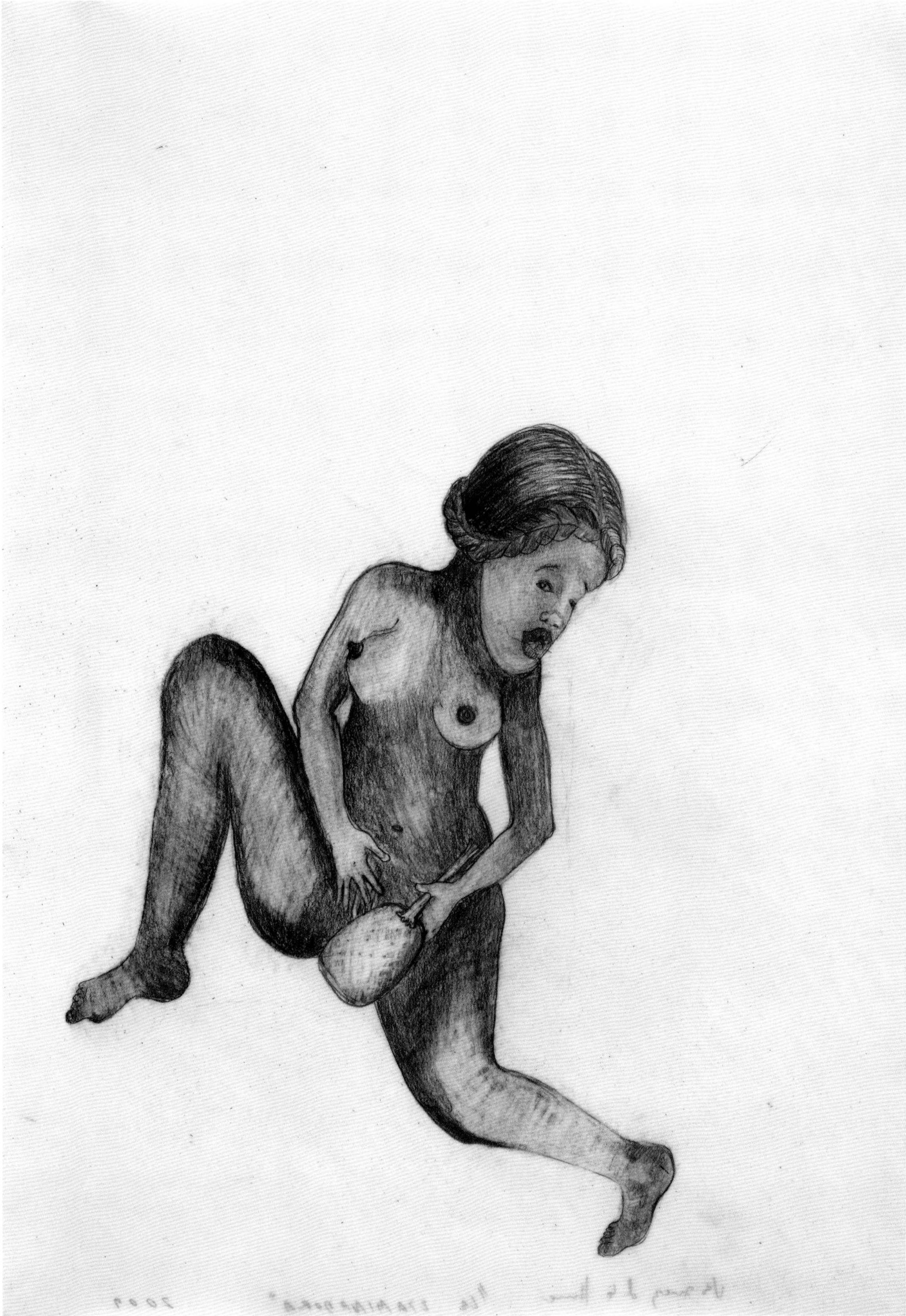

La Examinadora, 2009
Grafit auf Papier in Wachs | Graphite on paper in wax

Amy Cutler

Die Zeichnungen von Amy Cutler erinnern insbesondere in ihrem Anflug des Magischen und Unheimlichen an die illustrative Kunst früherer Zeiten, an die Bebilderung von Kinderbüchern, Kinderversen und Sammlungen von Mythen. Allerdings zeigen sich die Geschichten, die in den Zeichnungen beschworen, aber nie zu Ende erzählt werden, als verhüllende Absonderlichkeiten – vielleicht nicht seltsamer als die Märchen unserer Kindheit, doch erschreckend für alle, die jene besondere Art der Merkwürdigkeit vergessen haben, die den zutiefst grausamen Märchen der Gebrüder Grimm oder eines Hans Christian Andersen eigen ist. Wer sind etwa die beiden Frauen in *Remedy* (2014), deren Brüste nicht mehr mit ihren Körpern verwachsen sind, sondern von Pfeilen an ihre Oberkörper geheftet werden? Anscheinend sind sie Reisende – beide tragen jeweils eine Reisetasche –, die in einem Dorf aus hölzernen Pfahlbauten eintreffen. Dort treffen sie auf eine Delegation aus Frauen, die ihnen Essen und Geschenke entgegenbringen. Diese stehen ebenfalls auf Stelzen, die aus roh behauenen Zweigen gefertigt und unpassenderweise an ihren unteren Enden in der Form von hohen Stöckelschuhen geschnitzt sind. Was geht hier vor sich? Wie häufig in Cutlers Bildern liegt über dem Ganzen die Atmosphäre eines Rituals, vielleicht einer Sühneleistung für ein vorangegangenes Opfer. Die Frauen zeigen sich jedoch von weihevollem Gleichmut, als wäre die ihnen zugewiesene Aufgabe für sie weder Last noch Grund zur Freude.

Cutler gehört einer Künstlergeneration an, für die Figuration eine mögliche Option, nicht etwa einen Rückschritt darstellt. Das altmodische Äußere ihrer Arbeiten birgt eine subtile politische Haltung. Sie beschäftigt sich mit der Situation von Frauen, achtet sorgsam auf deren Umgangsformen, Gestimmtheiten und Kleidung und sucht nach Vorbildern, nicht in der konventionellen Schönheit, die uns aus Zeitschriften und Filmen bekannt ist, sondern unter Menschen, die man kennen könnte. Indem Cutler jedoch durch Symbole und übersinnliche Entsprechungen von ihnen spricht, hüllt sie sie in Rätsel, macht sie uns unbegreiflich. Als Erzählerin bruchstückhafter Geschichten, deren Anfänge und Enden im Dunkel bleiben, versetzt sie uns durch die Kraft ihrer Fantasie in Erstaunen.

The drawings of Amy Cutler suggest the illustrational art of an earlier time, and particularly, in their touch of the magical and uncanny, the pictures made for children's books, nursery rhymes, and anthologies of myths. Yet the narratives conjured in these drawings, but never told in full, are envelopingly strange—perhaps no stranger than the tales we read in childhood, but startling for those who have forgotten the particular kind of strangeness in the stories of the Brothers Grimm and Hans Christian Andersen, which are finally tough to the core. Who, for example, are the two women in *Remedy* (2014) who carry their breasts free of their bodies, but pinned to their chests by arrows? Apparently they are travelers—each holds a carpet bag—who have arrived in a village of wooden houses that stand on stilts. They are met there by a delegation of women who bear food and gifts and also stand on stilts, made of rough branches incongruously carved at their bases into the shapes of high-heeled shoes. What is happening here? As often in Cutler's images, there is a sense of some ritual, perhaps reparation for some sacrifice, yet the women seem solemnly calm, neither bothered nor pleased by the task they are charged to fulfill.

Cutler comes from a generation of artists for whom a figurative style was an available choice, not a retrograde one, and the old-fashioned look of her work is invested with a subtle politics. She is concerned with the situation of women, paying careful attention to their manners, their moods, their clothes, and looking for models not to the conventionally beautiful women of magazines and movies but to people you might know—yet in speaking of them through symbols and psychic correlatives, she invests them with mystery, makes them unknowable. A teller of fragmented stories whose beginnings and ends are undisclosed, she amazes through the power of her imagination. David Frankel

Stampede, 2013
Gouache auf Papier | Gouache on paper

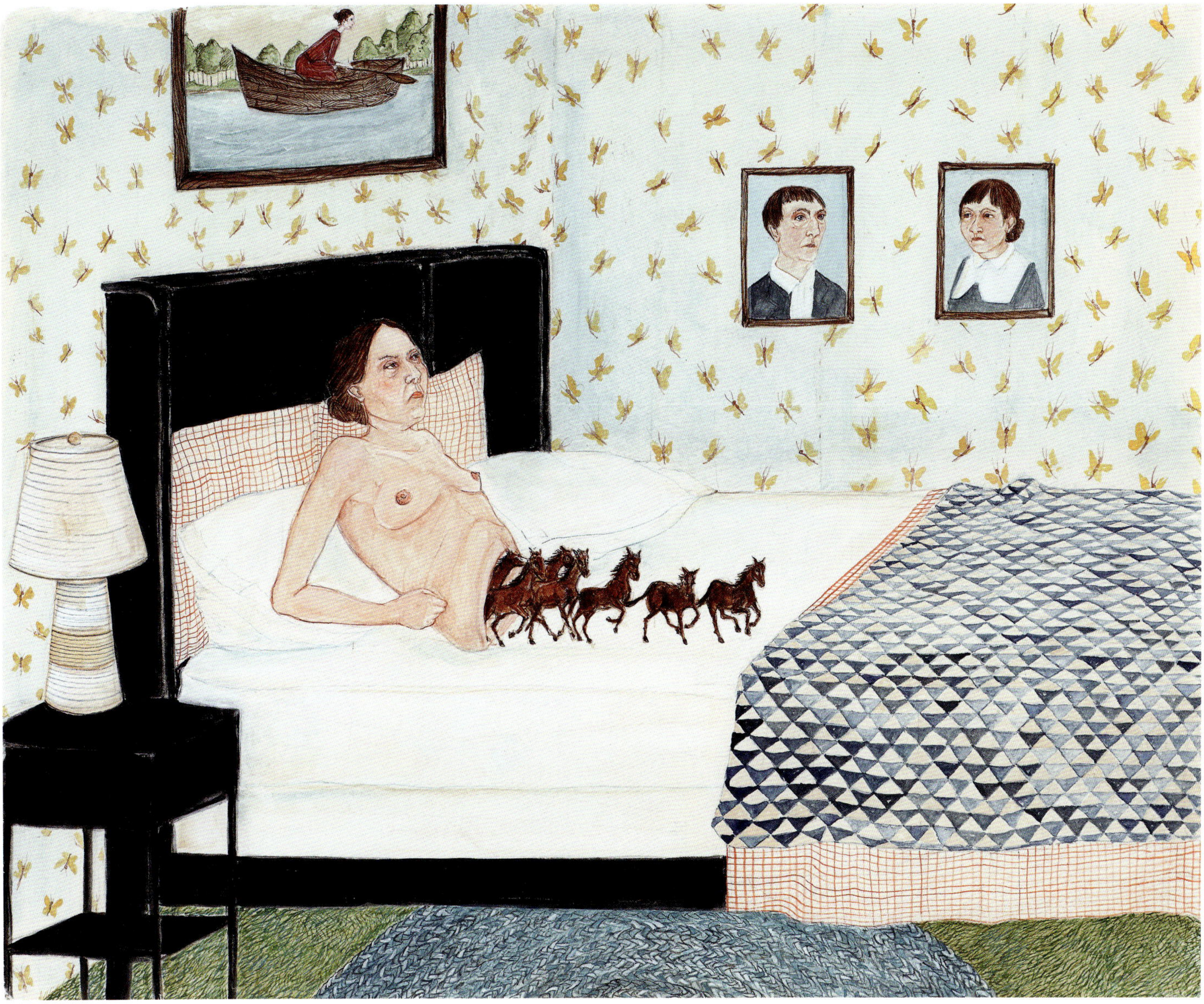

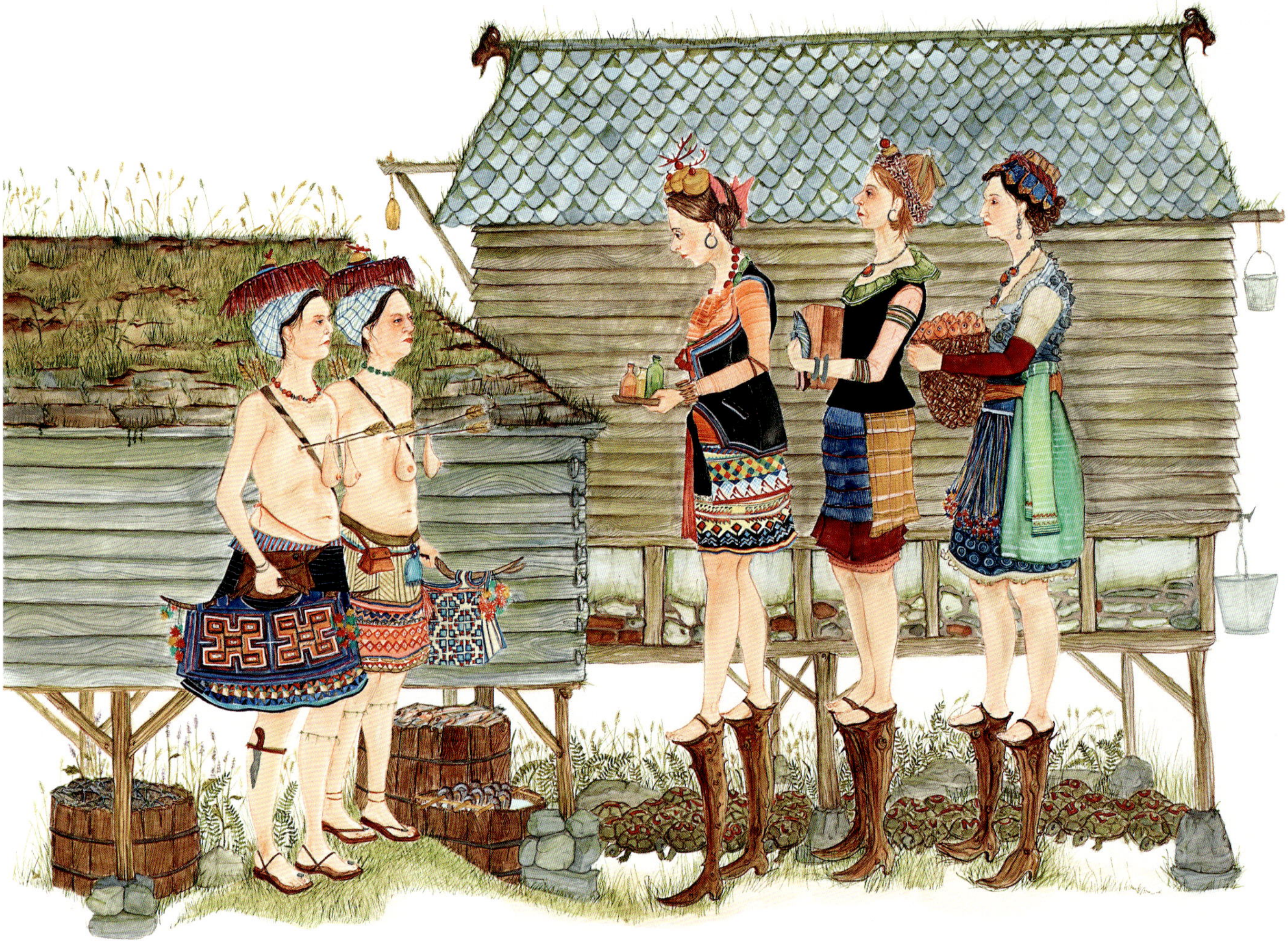

Remedy, 2014
Gouache auf Papier | Gouache on paper

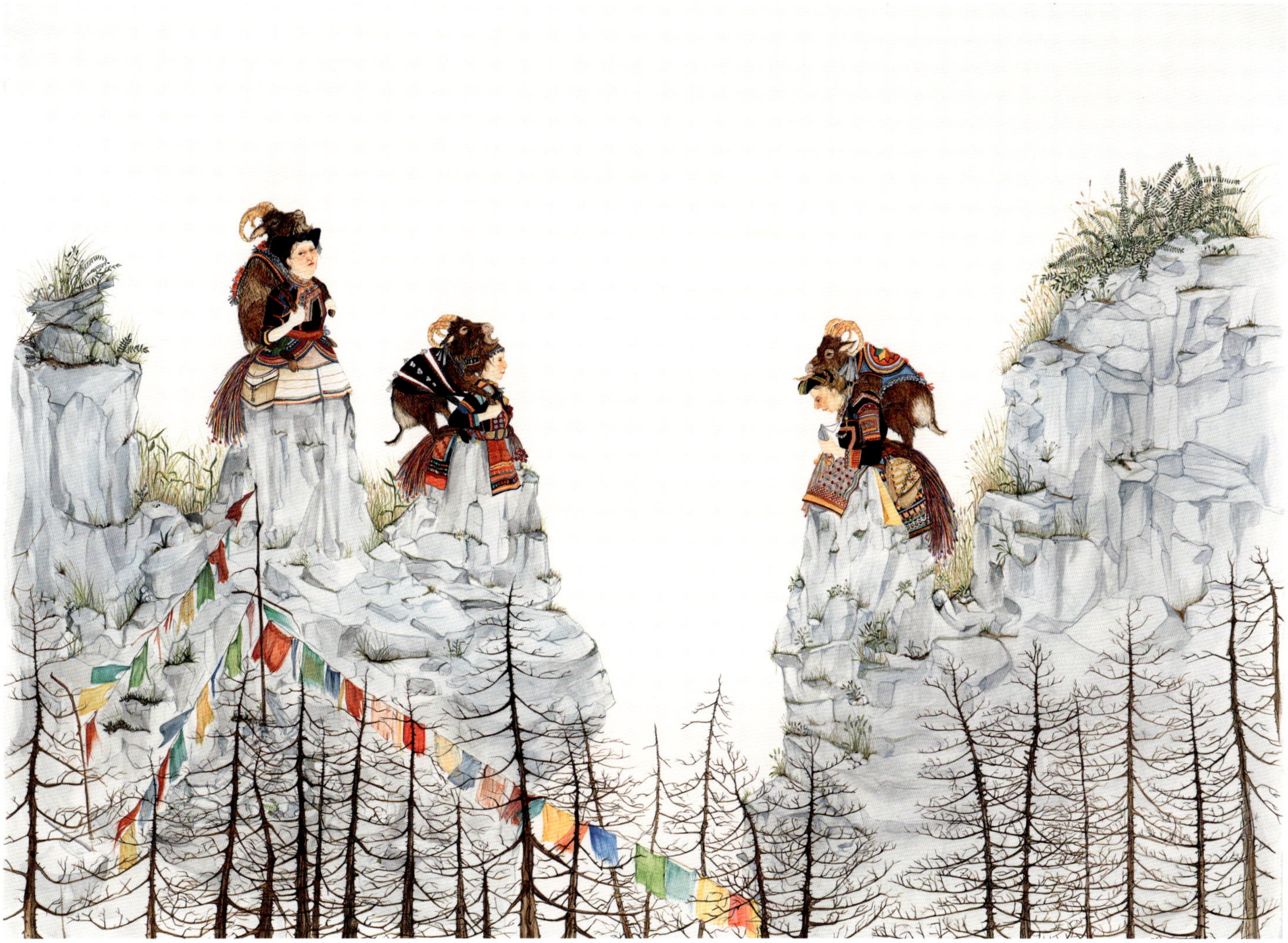

Above the Fjord, 2010
Gouache auf Papier | Gouache on paper

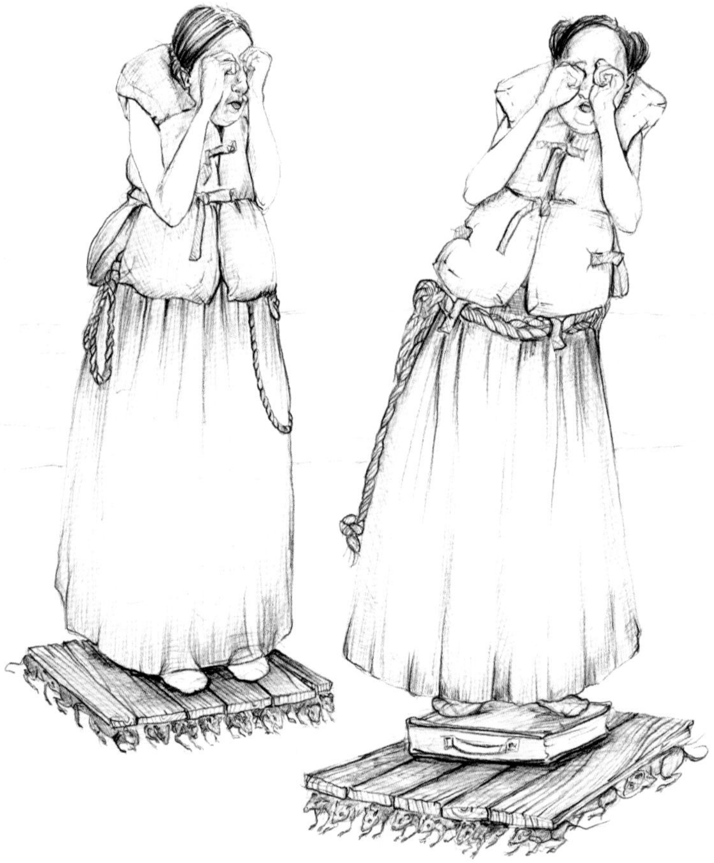

Hallowed Seekers, 2008
Grafit auf Papier | Graphite on paper

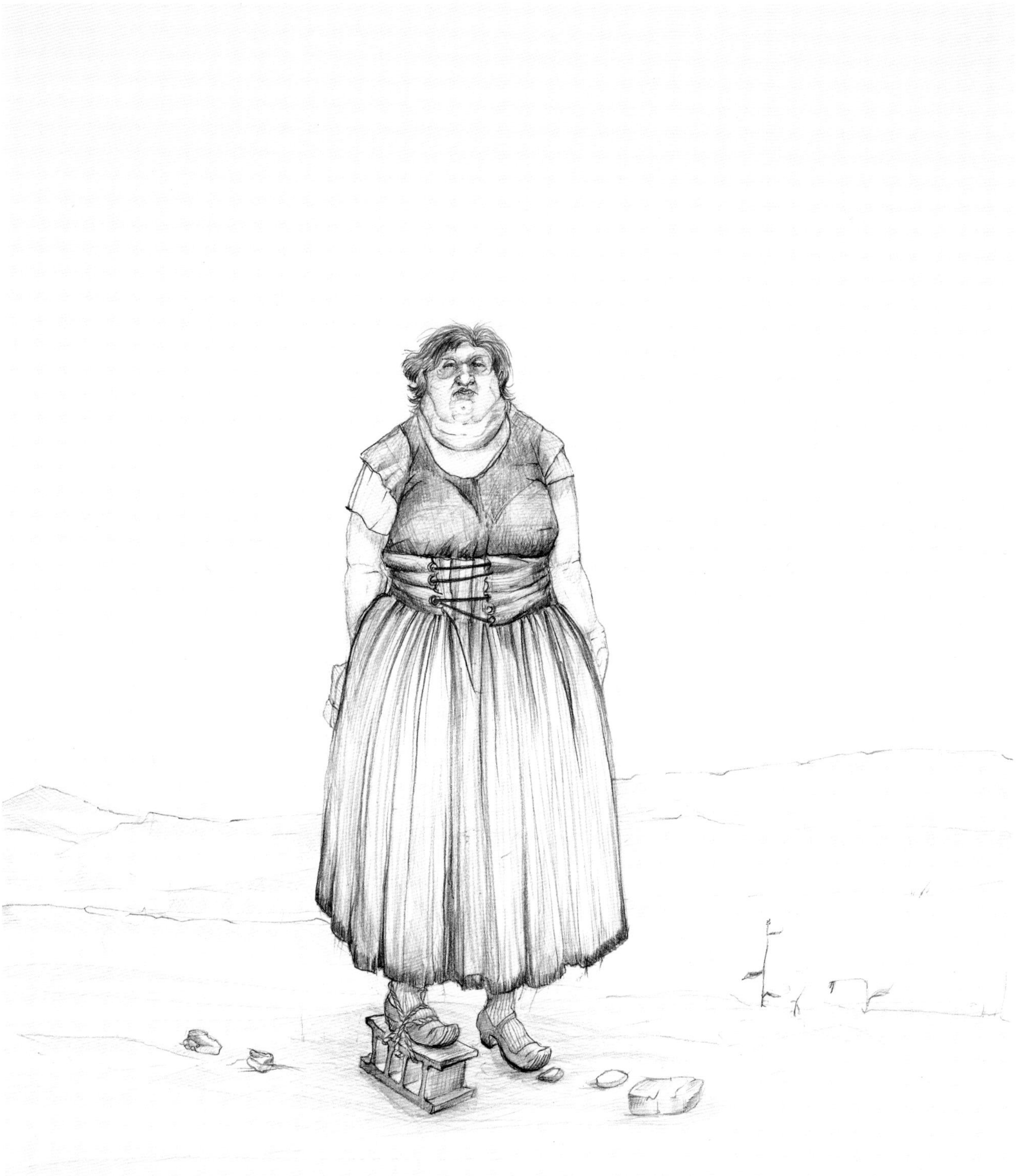

Edna, 2008
Grafit auf Papier | Graphite on paper

Micha Payer + Martin Gabriel

Die vom Künstlerpaar Micha Payer + Martin Gabriel gemeinsam gestalteten Arbeiten entstehen unter Verwendung von Material, das ihrem persönlichen Motivarchiv entnommen ist und sich aus antiquarischen, populärwissenschaftlichen Büchern, Bildern aus dem Internet, Fotografien und privaten Bildern speist. Dabei gilt den Naturwissenschaften sowie Philosophie und Psychologie ihr besonderes Interesse. Ihre akribischen Bunt-und Bleistiftzeichnungen bilden eine Zusammenschau verschiedener Welten in komplexen, kaleidoskopisch wahrnehmbaren Bildgeflechten.

Die dreiteilige Zeichnung *Fenster zum Garten* aus dem Jahr 2010 steht als Triptychon in der Tradition von Altarbildern. Im Mittelbild wird eine private Welt präsentiert, in der Räumlichkeit und ornamentartige Flächigkeit oszillieren. Pflanzen, Möbel und Gegenstände aller Art verdichten sich so, dass der Eindruck eines Horror Vacui entsteht. Kulissenartig dominiert ein dreigeteiltes Fenster die Mitte. Im oberen Bildteil schweben Pflanzenmotive und Objekte luftig vor dem leeren Bildgrund, der sich in die Unendlichkeit öffnet. Ein Strom unterschiedlichster Objekte fließt im linken Teil des Triptychons auf den Betrachter zu. Die Gegenstände importieren, wie auch im dritten, rechten Teil, eine persönliche Symbolik und schaffen Bezugssysteme, die auch andere eigene Arbeiten integrieren. Die laut Vilém Flusser in Natur, Kultur und jene des Abfalls dreigeteilte Welt spiegelt sich für das Künstlerpaar in den zentralen Überlegungen, wie anders als in Bruchstücken und als Collagen die komplexe, unaufhörlich zerfallende und sich multiplizierende Welt definierbar sei.

Ein anderes Triptychon, *wiederholte individualfälle,* zeigt dreimal dieselben, zu einem Musterteppich verwobenen Blumen und Früchte. Mit dieser jüngsten Arbeit gehen Payer + Gabriel dem Thema Naturnachahmung, Kopie oder Reproduktion sowie der Frage nach der Auflösung der individuellen Handschrift nach, in einer Zeit, in der die Kultur der Kopie und der multiplen Identität für viele Menschen gelebter Alltag ist.

The joint works of the artist couple Micha Payer + Martin Gabriel are created using material taken from their personal archive of motifs, which draws on secondhand popular science books, pictures from the Internet, photographs, and private pictures. They are particularly interested in science, philosophy, and psychology. Their meticulous drawings in colored and graphite pencils constitute an assemblage of different worlds, each a complex, kaleidoscopically perceptible mesh of images.

The three-part drawing *Fenster zum Garten* (Window onto the Garden), dating from 2010, stands as a triptych in the altarpiece tradition. In the central panel, a private world is presented, in which three-dimensionality oscillates with ornament-like flatness. Plants, items of furniture, and objects of all kinds are concentrated in such a way as to create the impression of a horror vacui. A three-part window dominates the center like a backdrop. At the top of the picture, plant motifs and objects hover airily against the empty background, which opens up into infinity. On the left-hand wing of the triptych a stream of diverse objects flows toward the beholder. The objects import, as they also do in the third, right-hand panel, a personal symbolism, creating systems of relationships that also integrate other works of theirs. The world, as divided into three according to Vilém Flusser—namely nature, culture, and garbage—is reflected for the artists in the central consideration of how the complex, constantly decaying and multiplying world might be defined other than in fragments and collages.

Another triptych, *wiederholte individualfälle* (Repeated Individual Cases), shows three times the same flowers and fruits woven into a patterned carpet. With this, their latest work, Payer + Gabriel pursue the theme of imitation of nature, copy or reproduction, as well as the question of the dissolution of the individual signature in an age when the culture of the copy and multiple identities is everyday reality for many people.

Antonia Hoerschelmann

Detail aus | of *Fenster zum Garten (Triptychon)*, 2010
Bleistift und Buntstift auf Papier | Pencil and colored pencil on paper

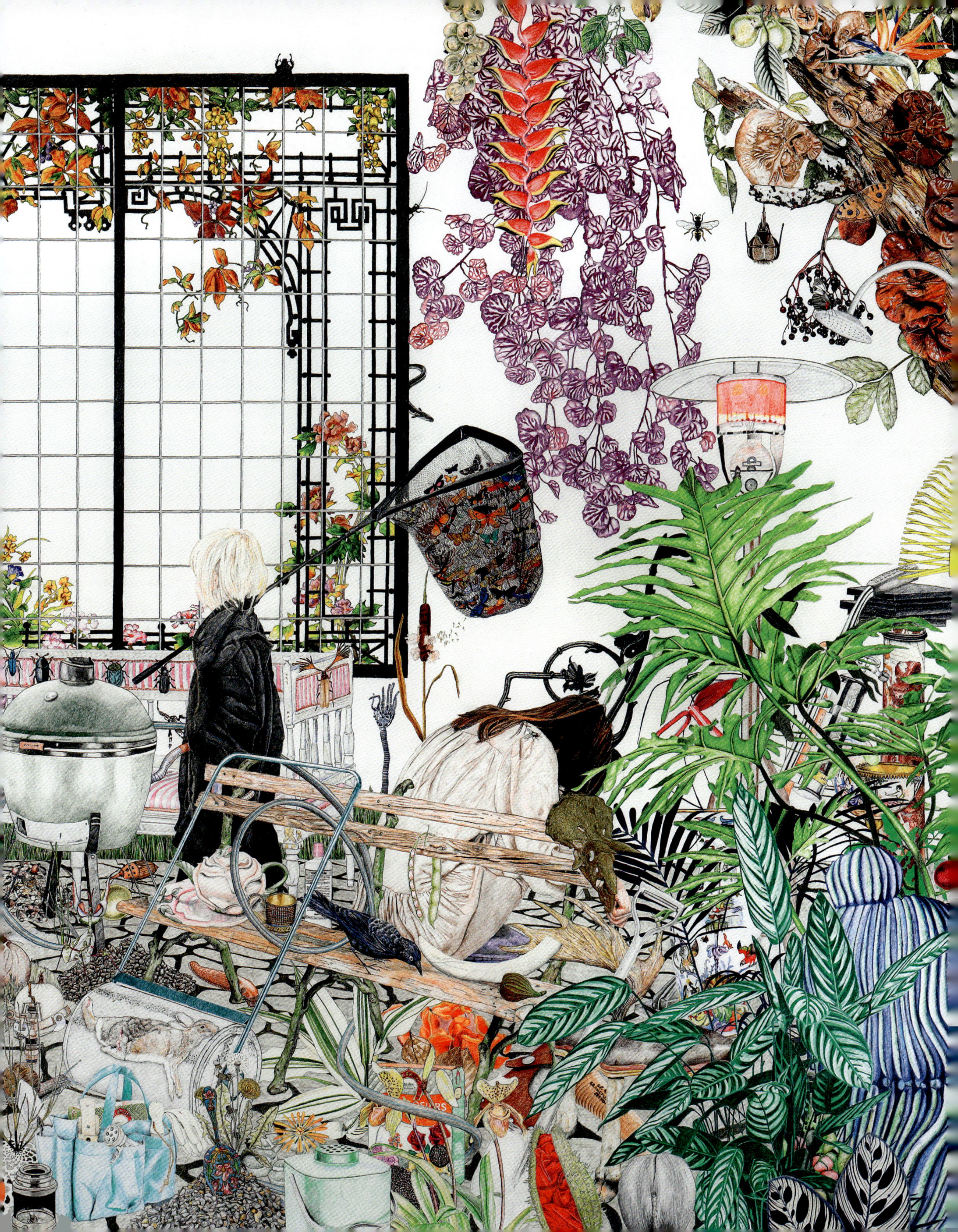

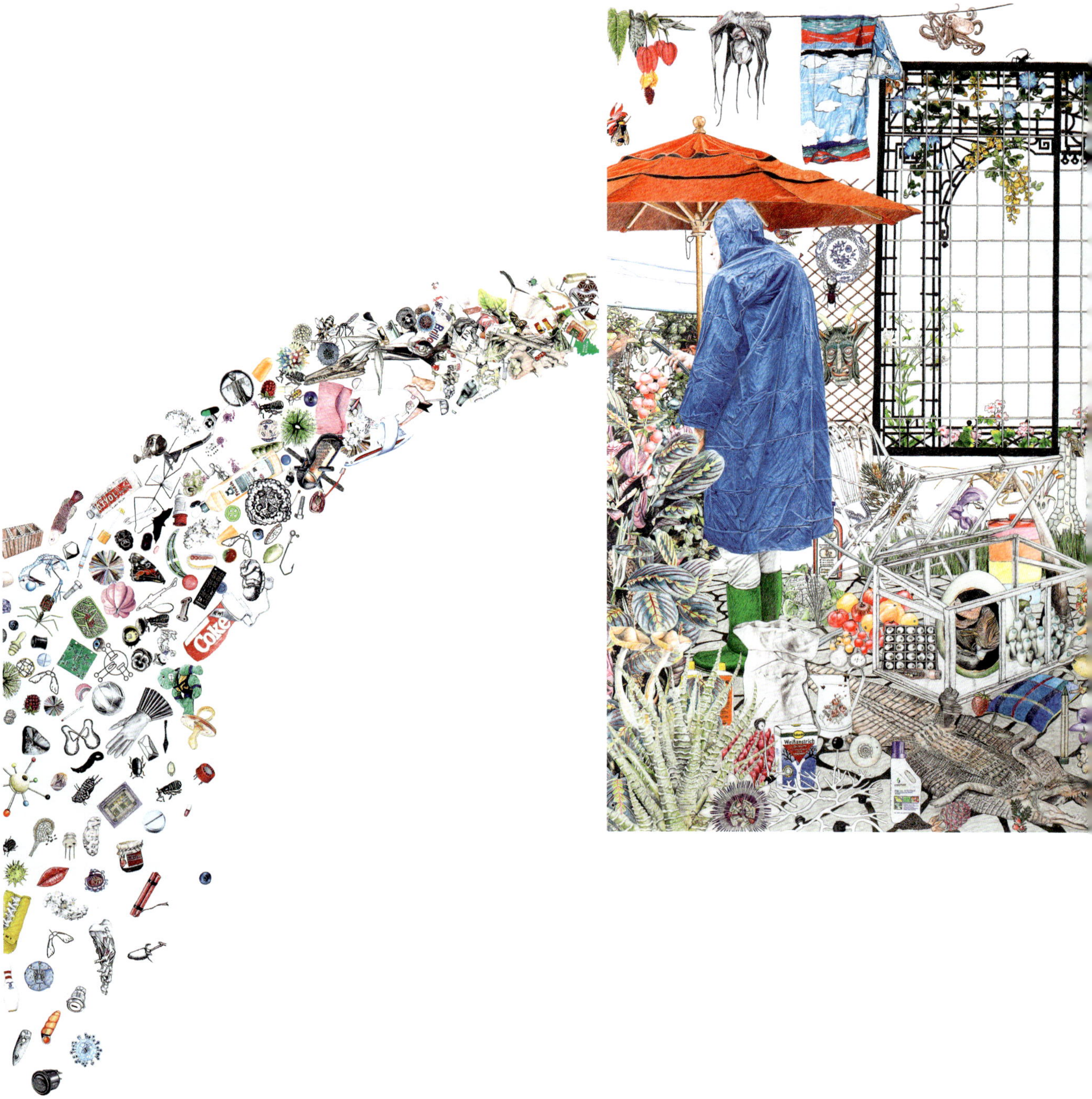

Fenster zum Garten (Triptychon), 2010
Bleistift und Buntstift auf Papier | Pencil and colored pencil on paper

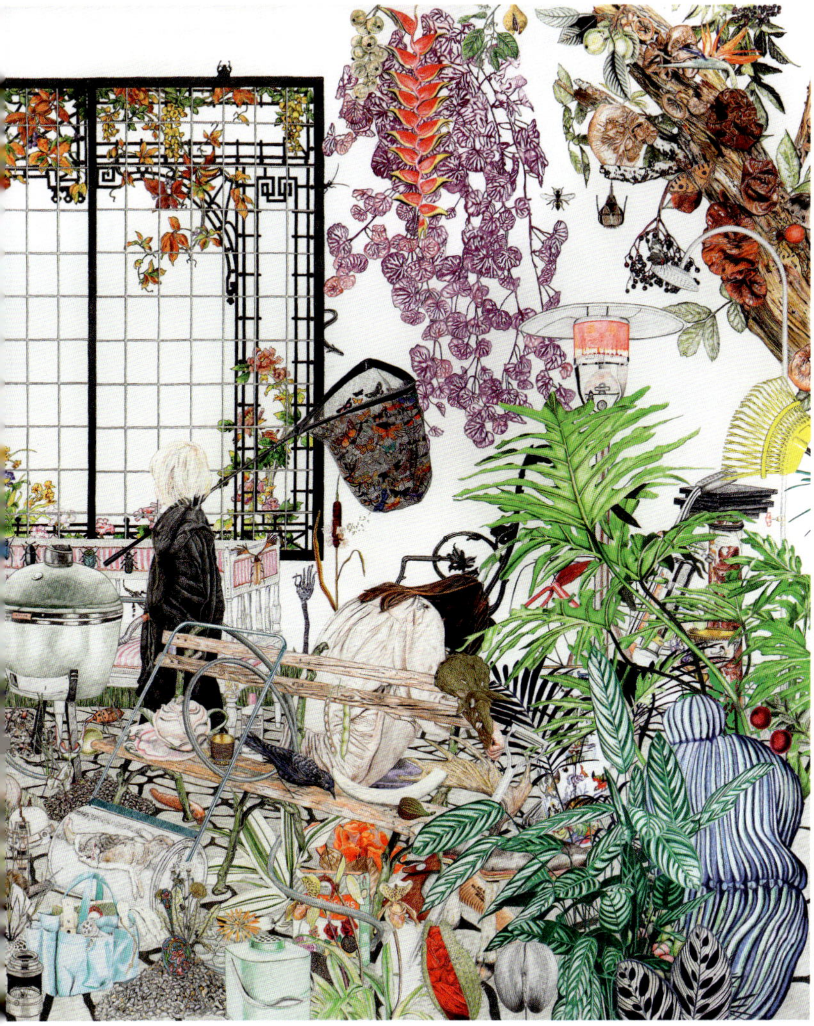

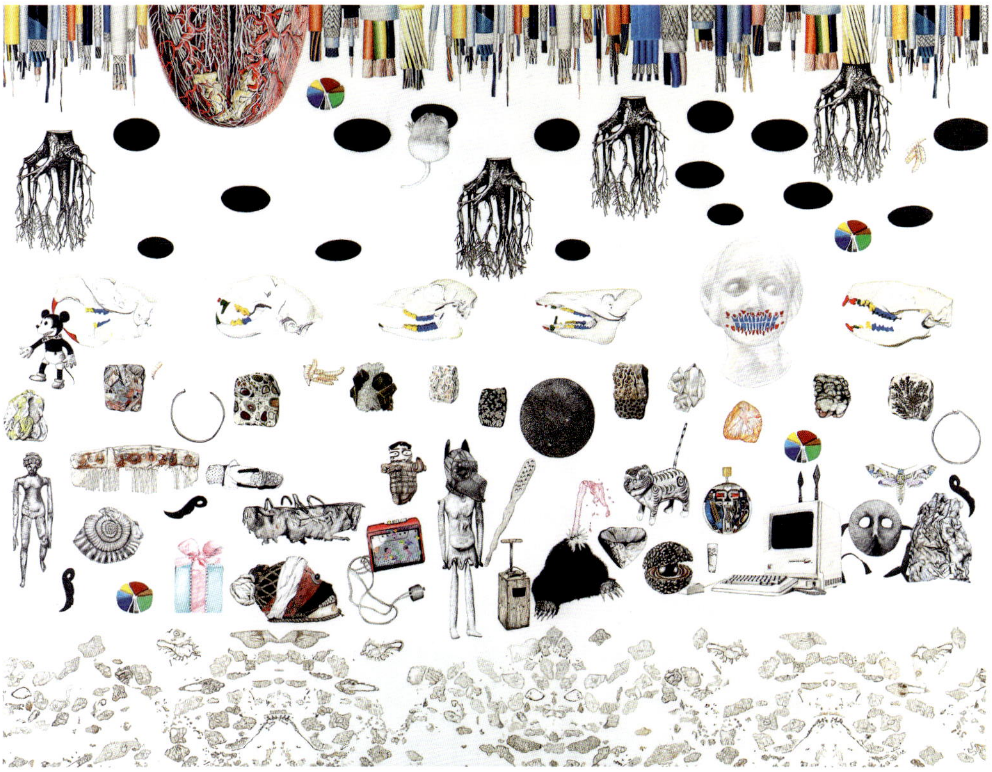

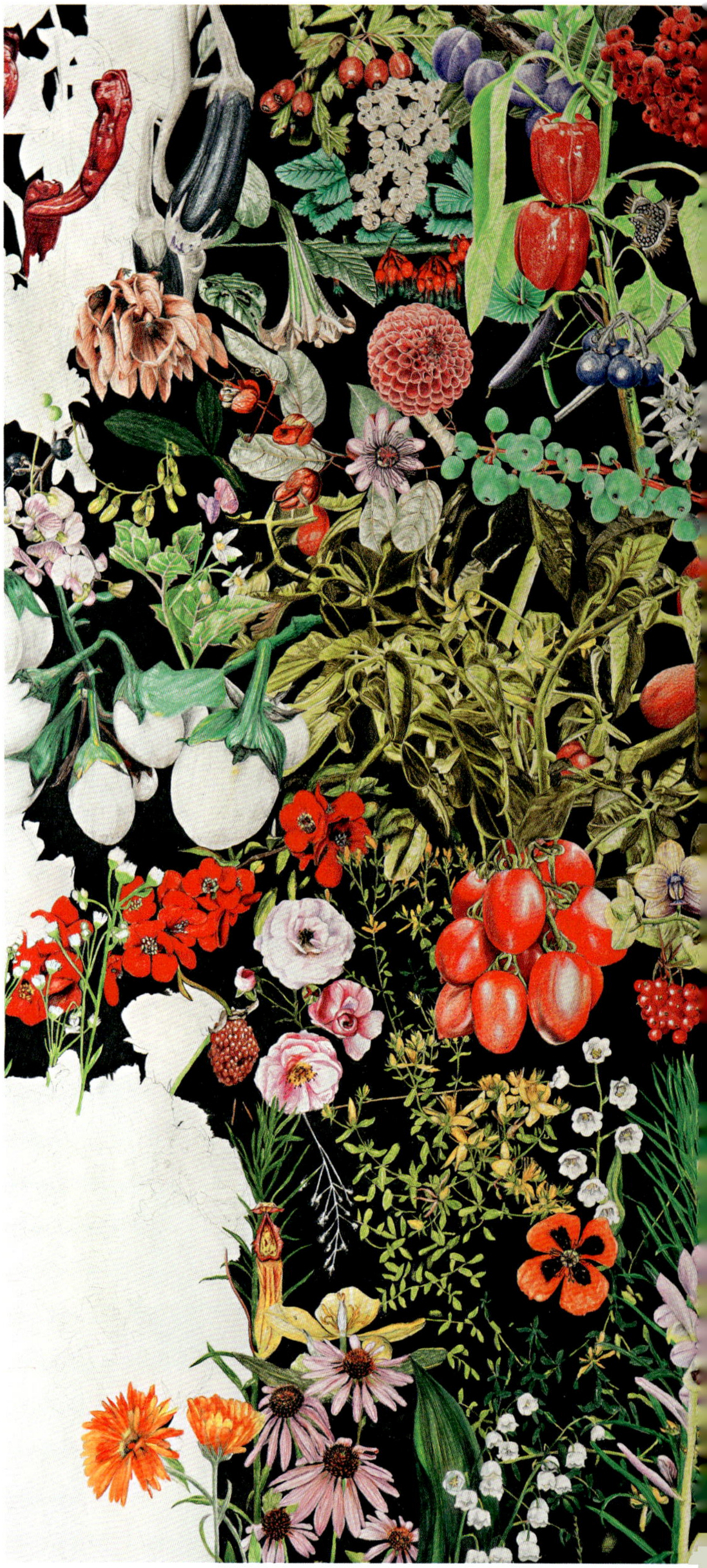

Detail aus | of *wiederholte individualfälle*, 2014/15
Bleistift und Buntstift auf Papier | Pencil and colored pencil on paper, 3 Teile | panels

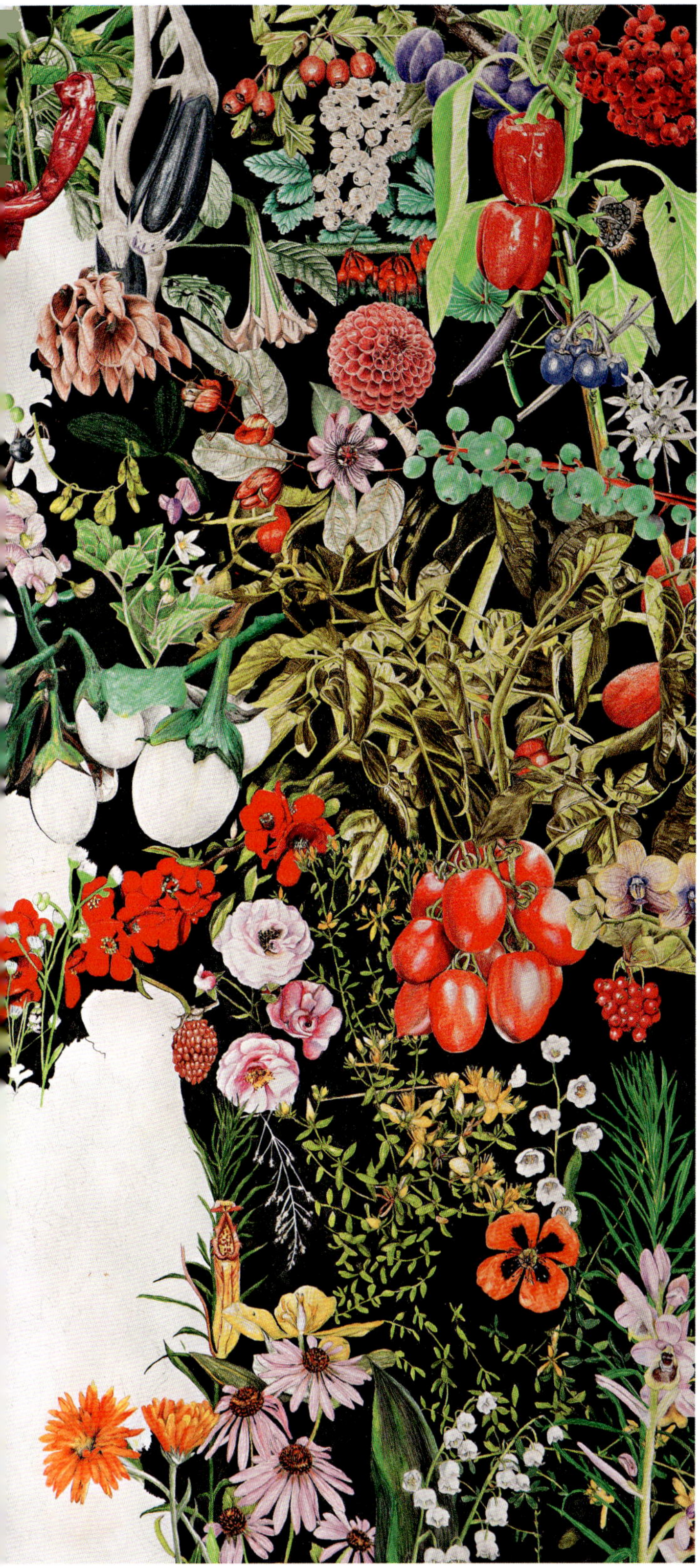

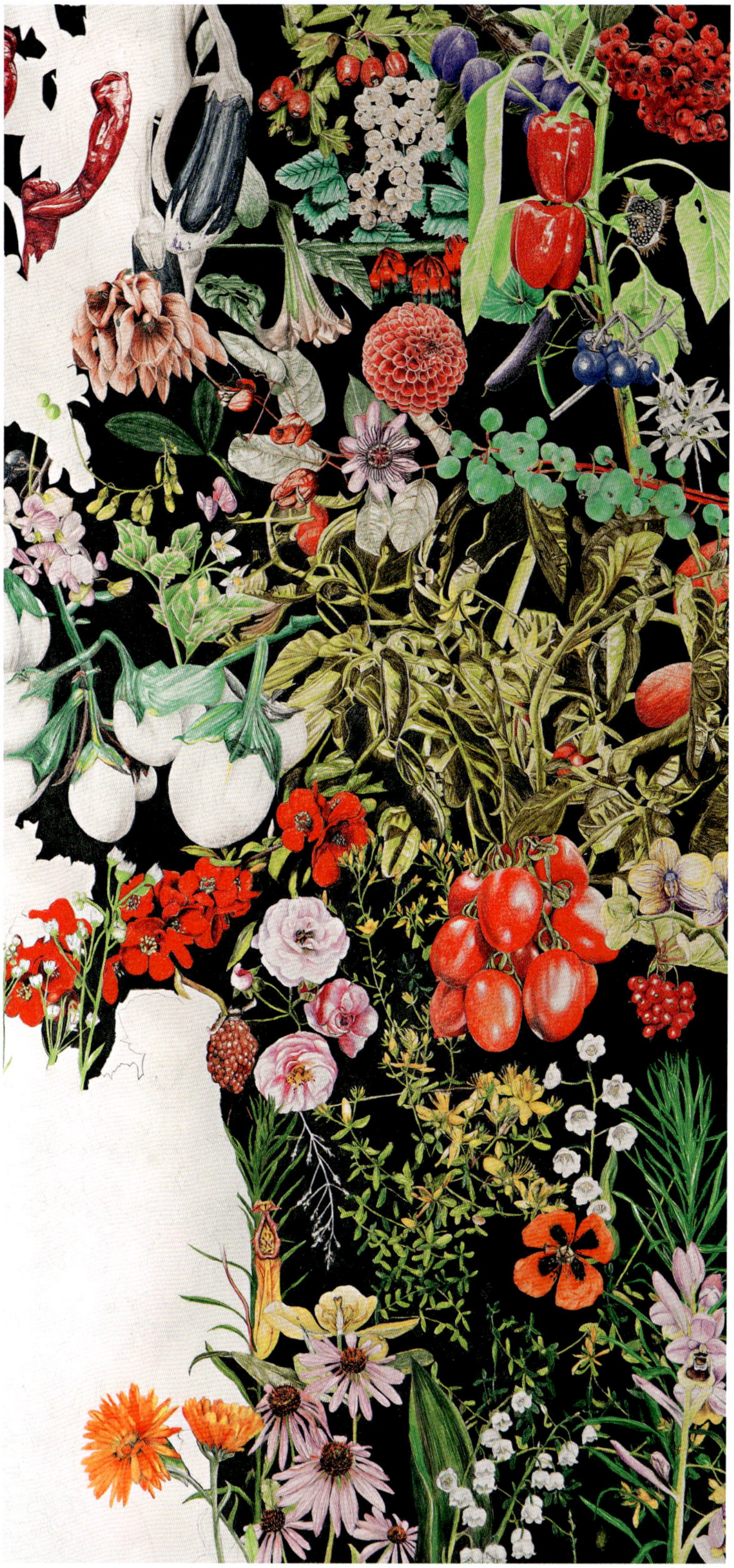

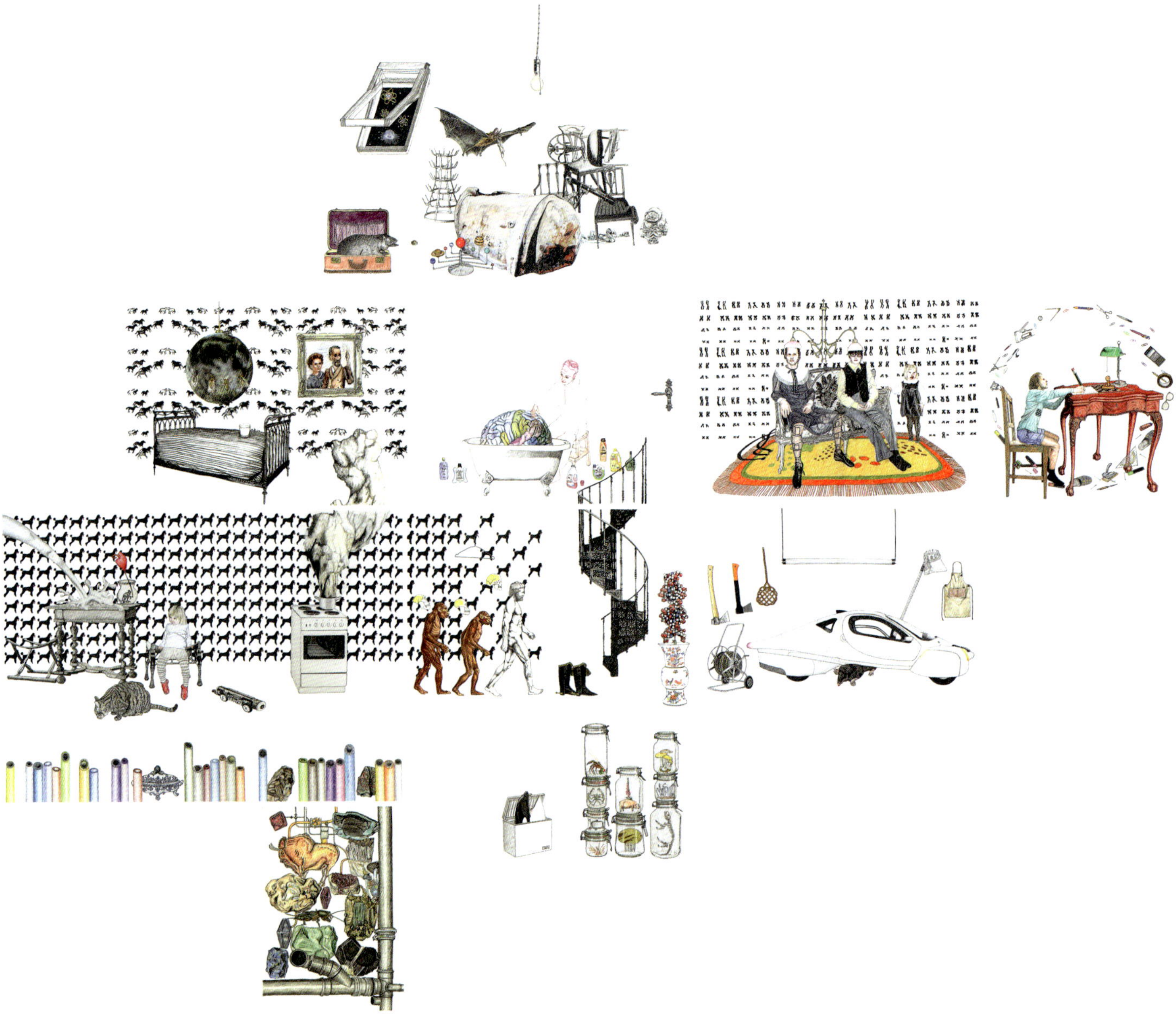

innenraum denken, 2009
Bleistift und Buntstift auf Papier | Pencil and colored pencil on paper, 11 Teile | parts

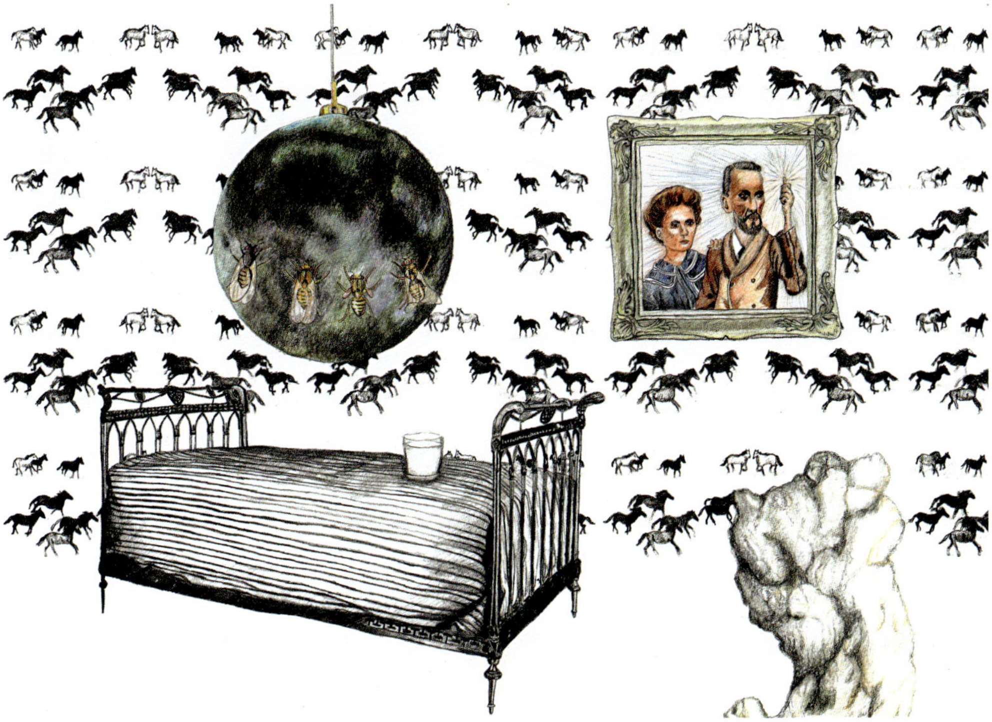

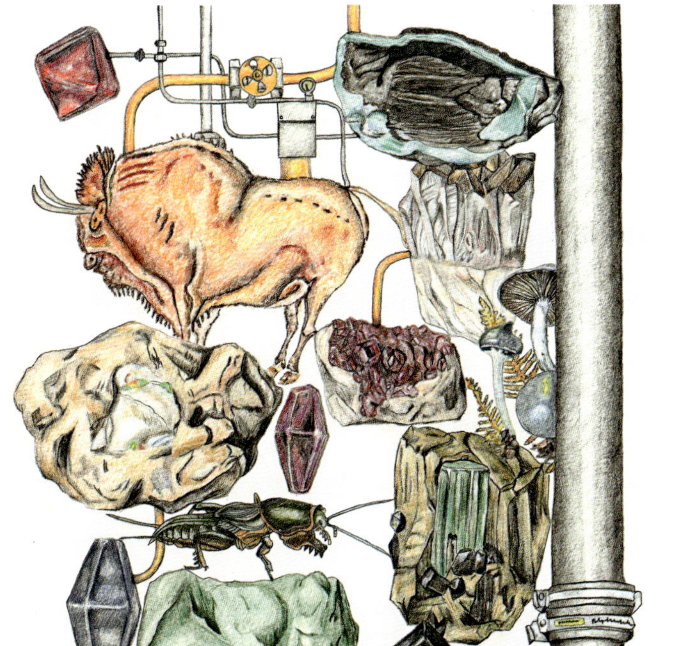

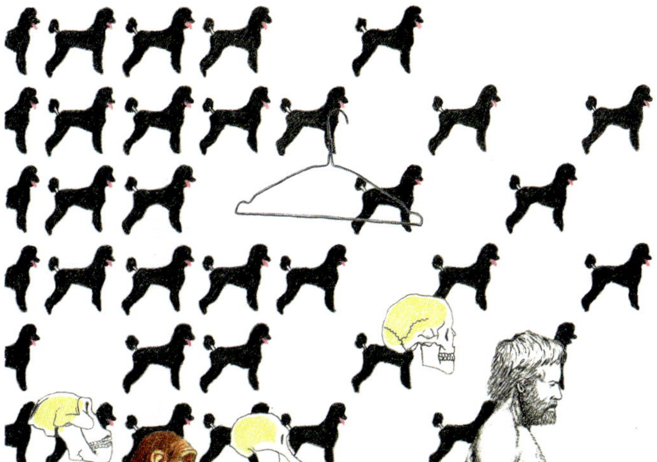

Constantin Luser

In den verschlungenen, verdichteten Bild- und Ideengeflechten seiner vielschichtigen Zeichnungen, die er unter Ausschöpfung seines visuellen und gedanklichen Repertoires realisiert, vereint Constantin Luser Worte, Symbole, abstrakte und figurative Elemente zu komplexen Liniengefügen.

Mit einem, oft auch mehreren Finelinern zugleich schreibt, zeichnet und kartografiert der Künstler leichthändig und präzise, was sein Denken gebiert. Die Direktheit der Umsetzung einer geistigen in eine körperliche Tätigkeit bedingt hierbei die Prozesshaftigkeit und den offenen Charakter seiner Werke. Beständig greift Constantin Luser dafür auch auf ein in Notizbüchern festgehaltenes Bildreservoir zurück, das Motive aus einer natürlichen wie artifiziellen Welt amalgamiert. Exakt gezeichnete Darstellungen von Menschen, Tieren oder Pflanzen oder Organen treffen auf fantastische Architekturen, bizarre Maschinen oder Musikinstrumente. Rhythmisch-wellige Mehrfachlinienführungen, Schrift und verschriftlichte Sprache, Zahlen und Maßangaben, vermeintliche Handlungs- und Konstruktionsanleitungen sowie fragile, dreidimensionale Drahtobjekte, deren Linien sich mit denen der Zeichnung überlagern, ergänzen den komplexen Bilderkosmos.

Ungeachtet dessen, ob es sich um die Grenzen eines Bildträgers, einer Wand oder eines Raumes handelt, sprengen seine Werke jeglichen Rahmen. Sie ergehen sich in einer ausufernden, piktoralen Informationsflut, durch die sich mannigfaltige Assoziationsräume zwischen Realität und Imagination erschließen.

In the labyrinthine, dense web of images and ideas that constitute his many-layered drawings, which he realizes by exhausting his visual and mental repertoire, Constantin Luser unites words, symbols, and abstract and figurative elements into complex linear structures.

Precisely and with a light touch, the artist uses a fineliner, or often more than one at the same time, to write, draw, and map what his thoughts bring forth. In this process, the directness of the translation of a mental into a physical activity conditions the process-related nature and the open character of the works. Luser also has constant recourse to a reservoir of pictures in notebooks, amalgamating motifs from a natural and an artificial world. Precisely drawn depictions of people, animals, plants, or organs meet fantastical architecture, bizarre machines, or musical instruments. This complex pictorial cosmos is supplemented by rhythmically wavy multiple lines, script and written word, numbers and units of measurement, and purported instructions for action or construction along with fragile, three-dimensional wire objects whose lines are superimposed on those of the drawings.

Whether it be the limits of the picture support, a wall, or a room, his works frustrate every attempt to frame them. They indulge in an overflowing pictorial flood of information, opening up the multifarious expanses of association between reality and imagination. Hans-Peter Wipplinger

Drahtobjekte und Wandzeichnung mit Fineliner | Wire objects and wall drawing with fineliner
Ausstellungsansicht | exhibition view

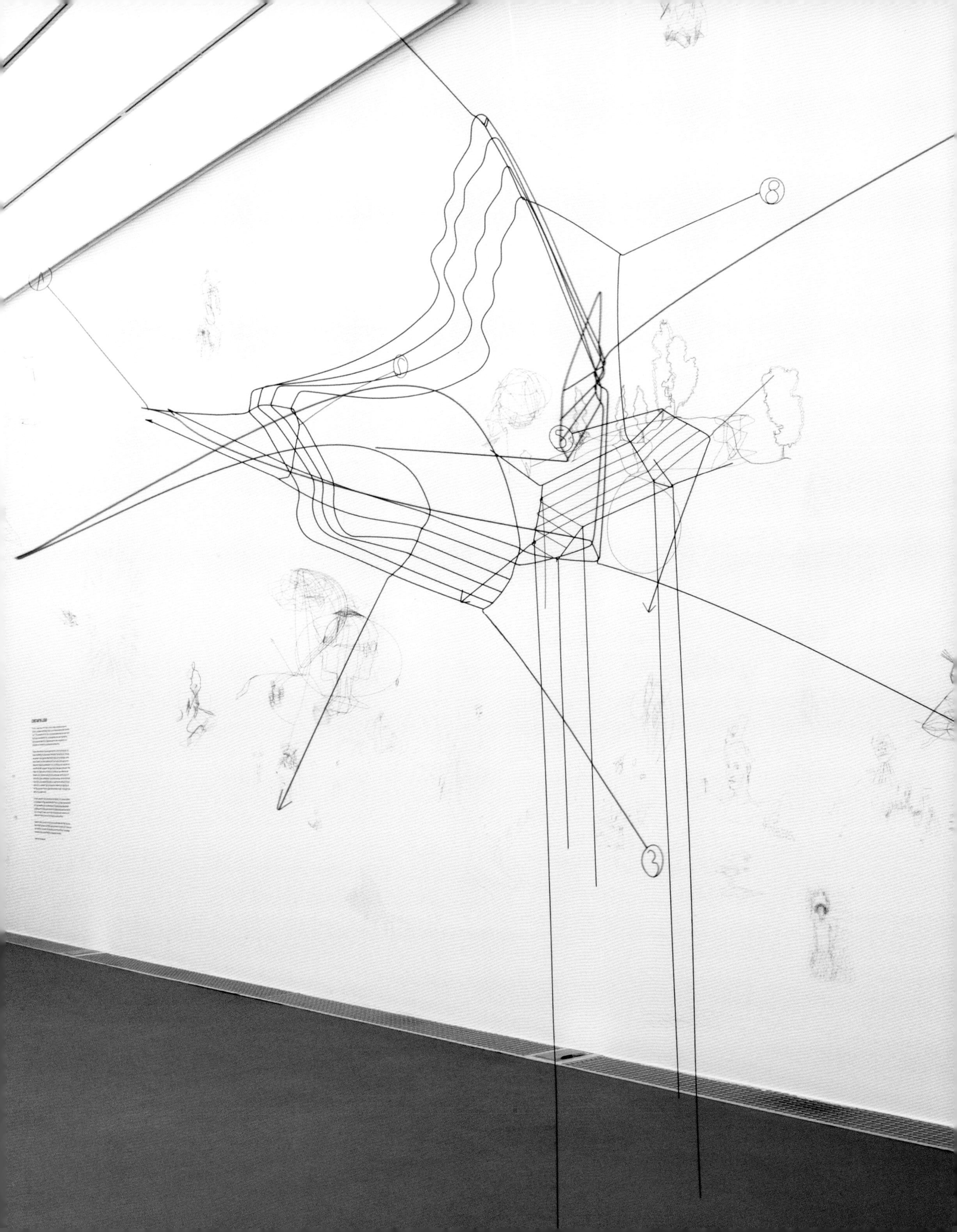

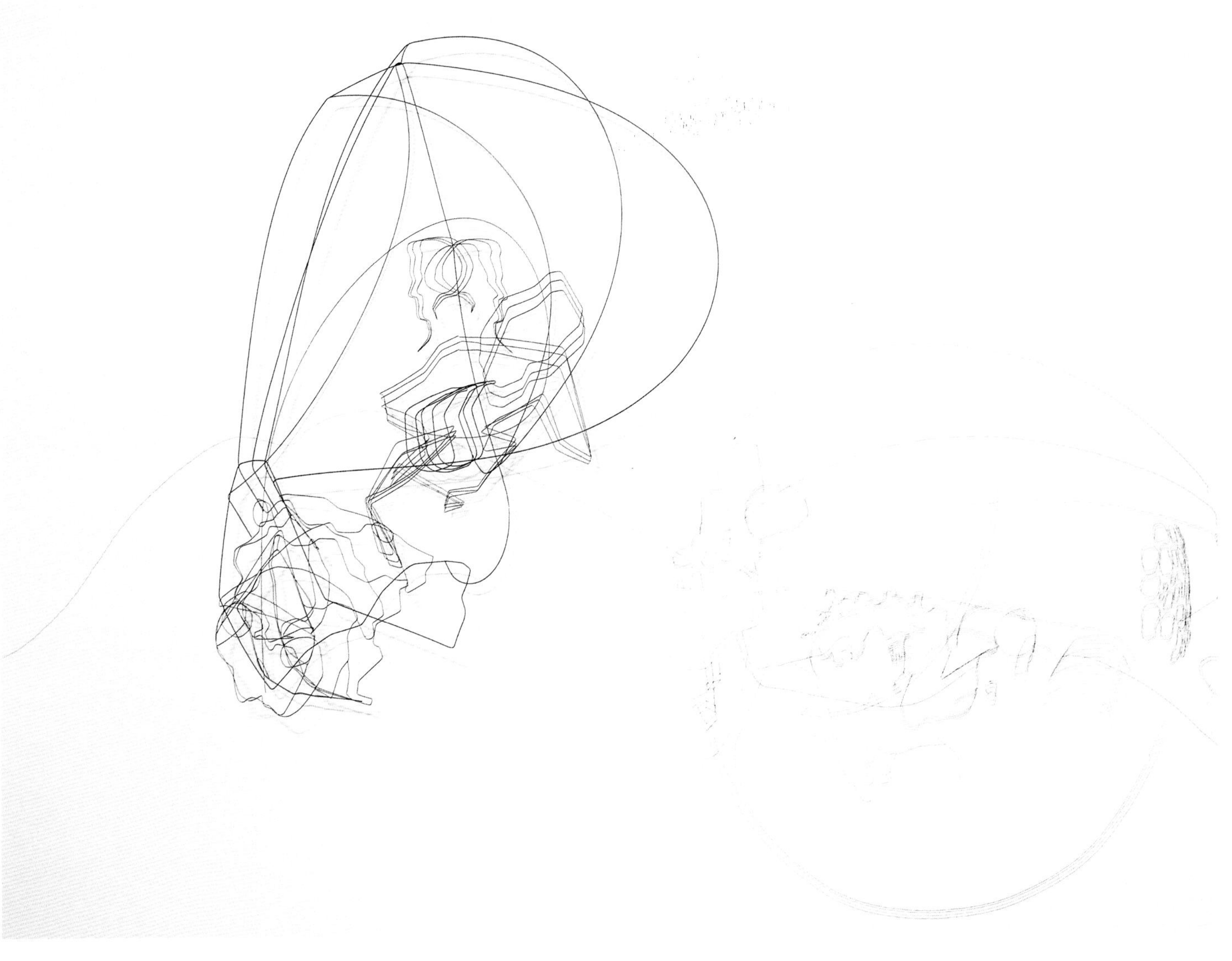

Drahtobjekte und Wandzeichnung mit Fineliner |
Wire objects and wall drawing with fineliner

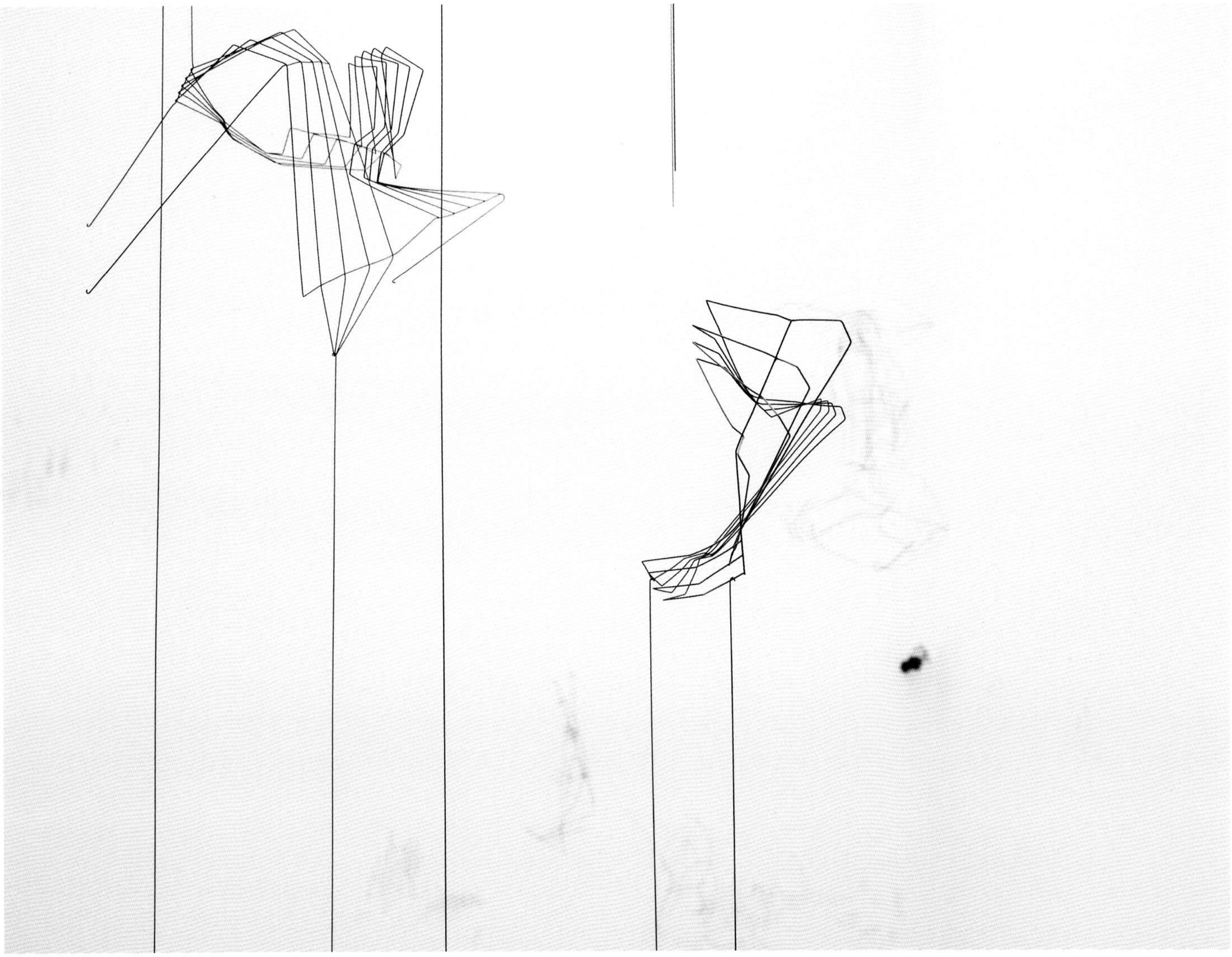

Drahtobjekte und Wandzeichnung mit Fineliner |
Wire objects and wall drawing with fineliner

FOLGENDE SEITEN | FOLLOWING PAGES
Drahtobjekte und Wandzeichnung mit Fineliner |
Wire objects and wall drawing with fineliner
Work in progress

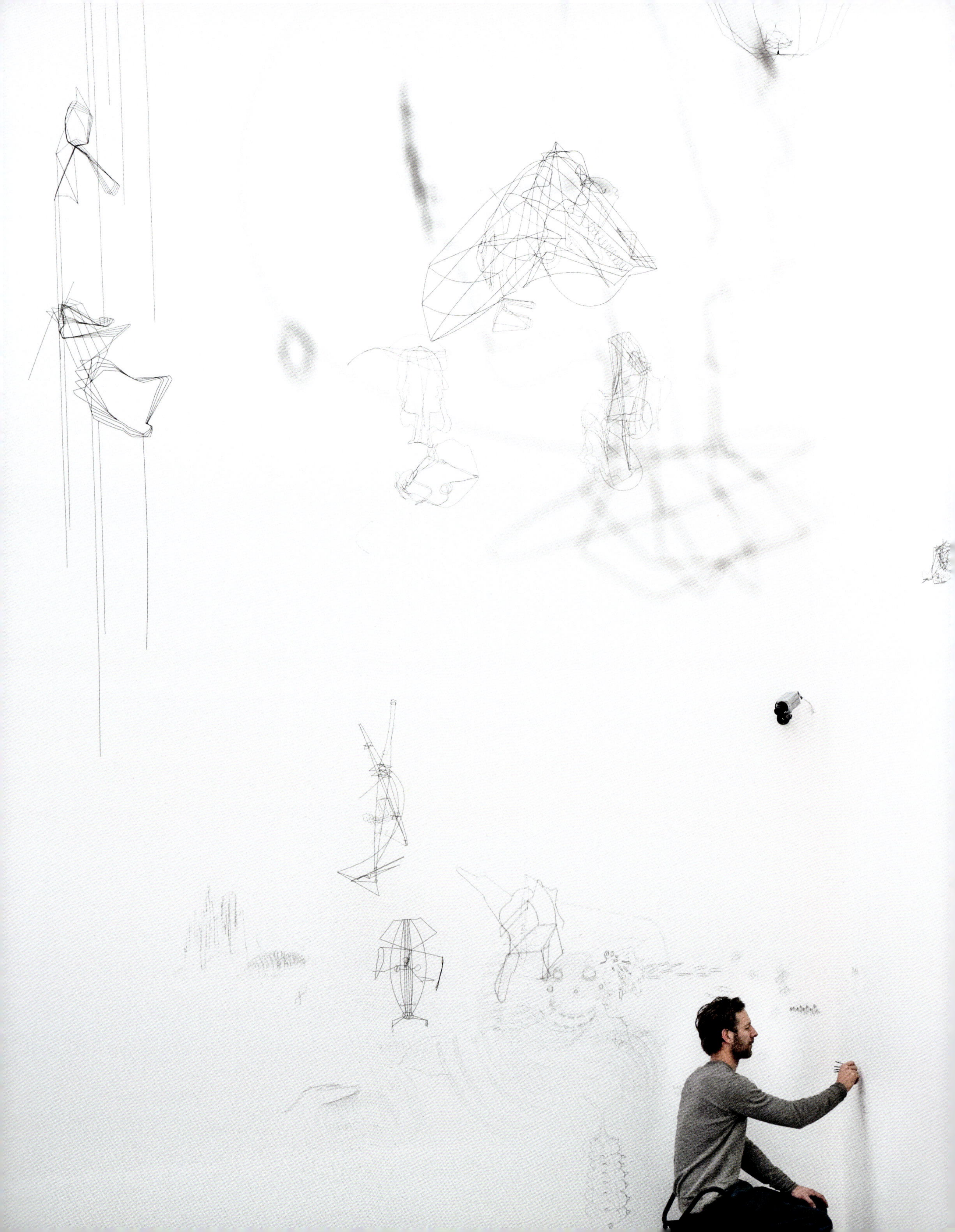

Paul Noble

Prisonob – ein Bild der Langeweile

Der zweite der beiden Wahlsprüche von Nobson Newtown (wie sie in *Introduction to Nobson Newtown* überliefert werden) lautet »Keine Zufälle, nur Fehler«. Wir sind für das verantwortlich, was wir tun. Der erste Wahlspruch besagt »Kein Stil, nur Technik«. Stil zeichnet einen Einzelfall aus. Technik bietet Gleichförmigkeit. Diese Leitsätze bilden den gesamten Inhalt eines Films, der fortwährend in der Kristallhöhle gezeigt wird, die an dem Bergpfad liegt, der zu *Ye Olde Ruin* führt.

Das Gefängnis *(Prisonob)* ist auf der Karte von Nobson Newtown zu sehen. Es befindet sich hinter den Klippen gegenüber von *Paul's Palace*.

Warum verlangten die Bewohner von Nobson ein Gefängnis? Erwarteten sie von Anfang an, dass ihre Gesellschaft scheitern würde? Das ist es nämlich, was ein Gefängnis ist, ein Monument des gesellschaftlichen Scheiterns, ein Ort der Fehlleistung. Was ist der Strafenkatalog im *Prisonob?* Das Urteil lautet ZEIT. »Ich bin das Jetzt und das Jetzt und das Jetzt …« PRISONOB. Das ist ein Urteil. Zeit ist das Gefängnis. LANGEWEILE ist das Lied der Zeit. Im Gefängnis brummt man seine Zeit ab, und die Zeit brummt einen ab. Wir sitzen unsere Zeit ab.

Prisonob (die Zeichnung) ist ein Porträt des Feindes der Kunst. Kunst gehört nicht der Zeit.

Ich folge, schlafwandelnd, dem z-förmigen Pfad, meinem Tod entgegen. Ich gelange zur Freifläche von Prisonob. Ich kann dort so viel Zeit verbringen, wie ich möchte. Ermattet von meinen Wanderungen, liege ich auf meinem Rücken. Die starre Sonne bezichtigt mich wie eine Verhörlampe. Zu meiner Verteidigung schließe ich meine Augen und falle in Schlaf. Ich schwimme in einem Freibad. Überall sind Menschen um mich. Ich bleibe unter Wasser, nur so lässt sich der Lärm aussperren. Ich komme zu einem Parkplatz. Anstelle der Sonne sehe ich niedrige Lichtkegel, und wo Autos stehen sollten, befinden sich Steine.

Prisonob—A Picture of Boredom

The second of Nobson Newtown's twin mottos (as described in "Introduction to Nobson Newtown") is "No accidents, only mistakes." We are responsible for what we do. The first motto is "No style, only technique." Style individuates. Technique provides sameness. These mottos are the complete content of a film permanently screened in the crystal cave found along the mountain path that leads to *Ye Olde Ruin*.

The jail (*Prisonob*) can be seen on the Nobson Newtown map. It is behind the cliffs that face *Paul's Palace*.

Why did the citizens of Nobson demand a jail? Did they expect from the very first for their society to fail? This is what a jail is, a monument to societal failure, a place of error. What are the punishments of *Prisonob*? The sentence is TIME. "I am the now and the now and the now. . . ." PRISONOB. This is a sentence. Time is the prison. BOREDOM is time's song. In prison you do time and time does you. We do time.

Prisonob (the drawing) is a portrait of art's enemy. Art does not belong to time.

I follow the zed-shaped path sleepwalking to my death. I arrive at Prisonob's open space. I can spend as much time as I like here. Weary from my travels I lie on my back. The fixed sun accuses me like an interrogator's lamp. My eyes close in defense and I fall asleep. I swim in an outdoor pool. People are all around me. I stay underwater, as it is the only way to shut out the noise. I come to in a car park. In place of the sun are low conical beams of light and where the cars should be are stones.

Detail aus | of *Prisonob*, 2013
Bleistift auf Papier | Pencil on paper

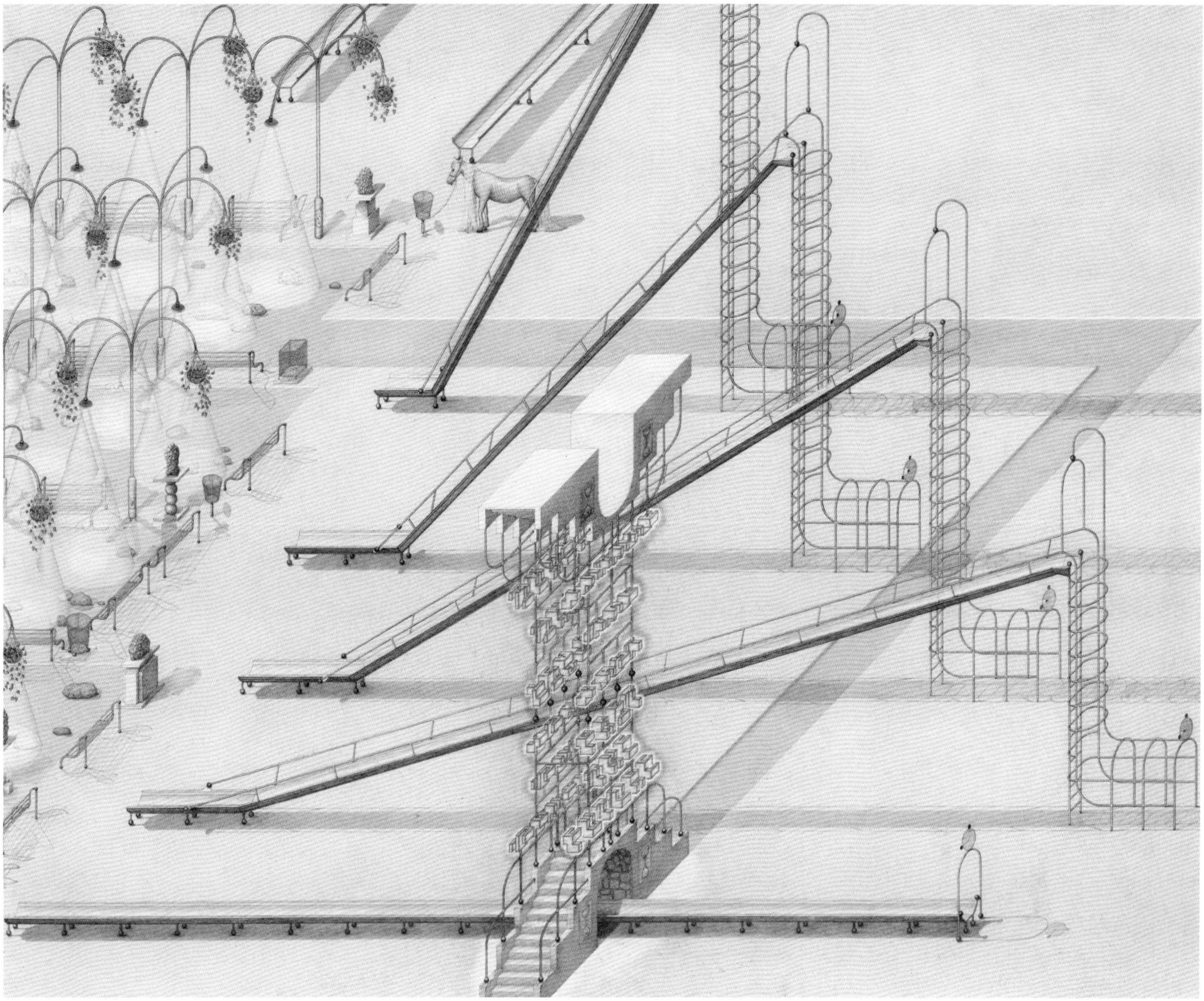

Welcome to Nobson
In *Introduction to Nobson Newtown* heißt es ebenfalls: »Nobson liegt abgeschieden und versteckt. Demzufolge entschied man sich, ein öffentliches Denkmal auf einem Kreisverkehr am Stadtrand zu errichten. Das Denkmal besteht aus einem vertikalen Bauwerk, das die freundliche Botschaft WELCOME TO NOBSON buchstabiert.«

Paul Noble bietet hier einen der seltenen Einblicke in seine Arbeiten und deren Verhältnis zum Medium der Zeichnung.

Welcome to Nobson
Also from the "Introduction to Nobson Newtown": "Nobson is secluded and tucked away. It was therefore decided to erect a civic monument on the roundabout at the outskirts of town. The monument is a large vertical structure that spells out the friendly message WELCOME TO NOBSON."

Paul Noble here offers a rare insight into his works and their relationship to the medium of drawing.

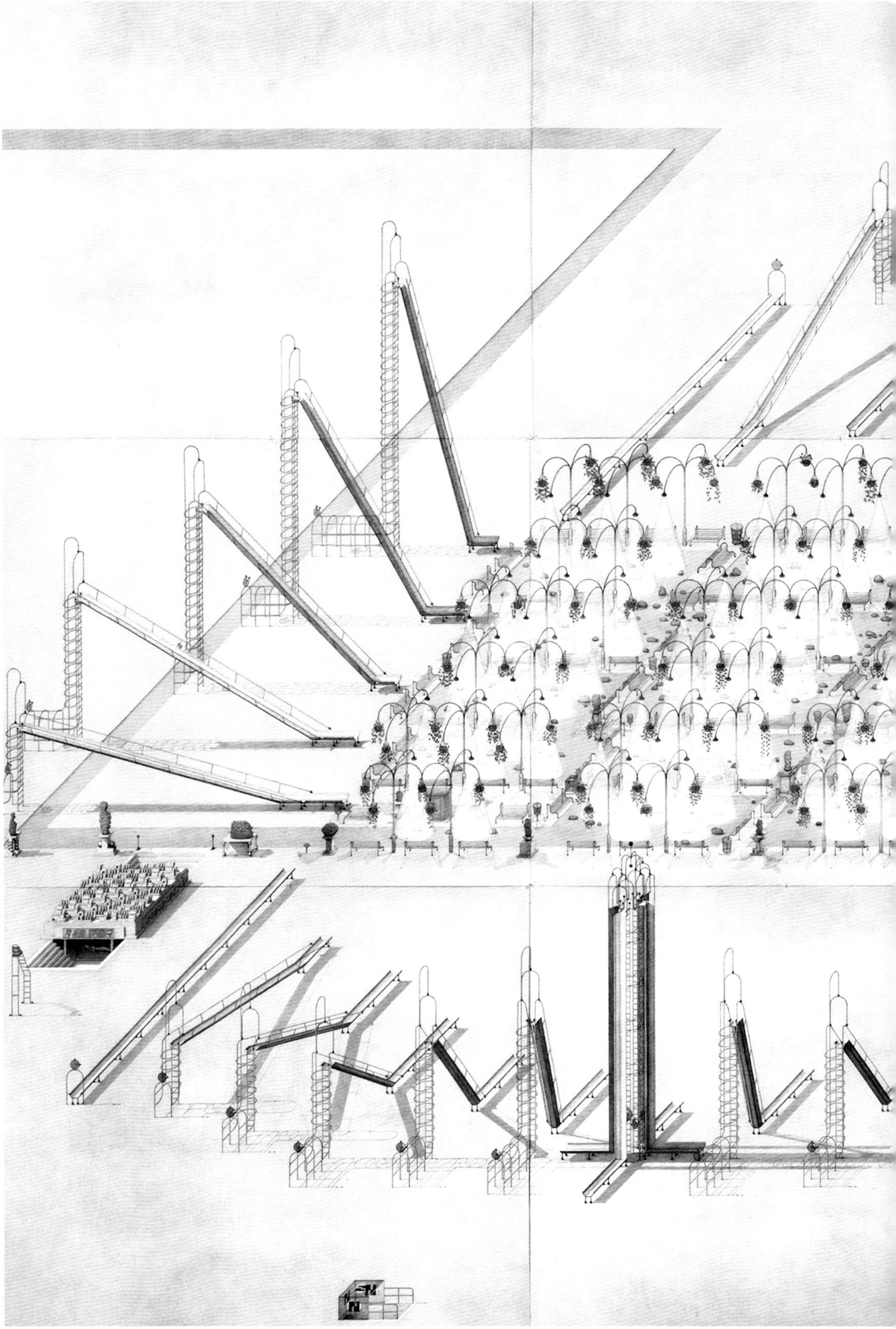

Prisonob, 2013
Bleistift auf Papier | Pencil on paper
12 Blätter | panels

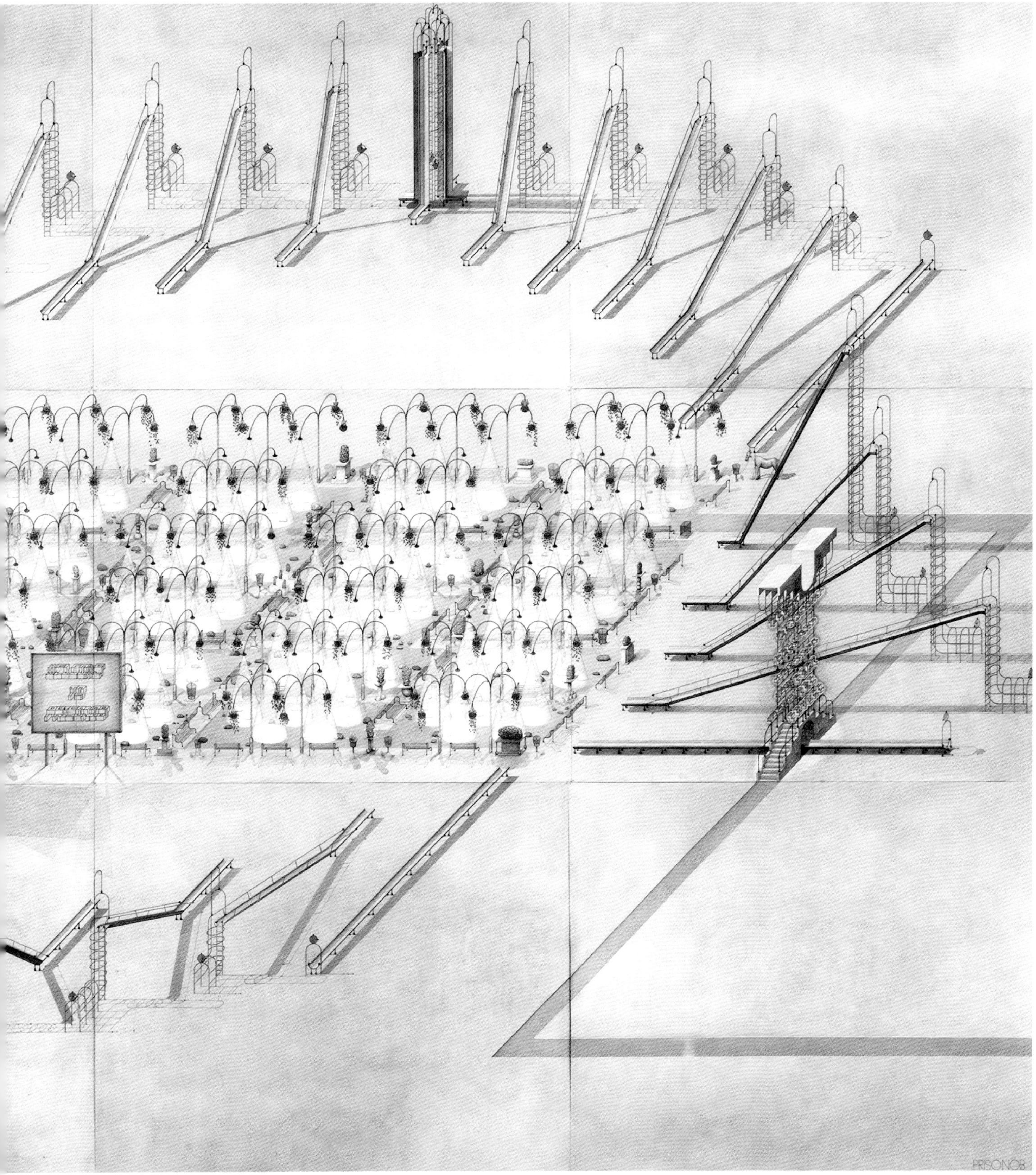
PRISONOB

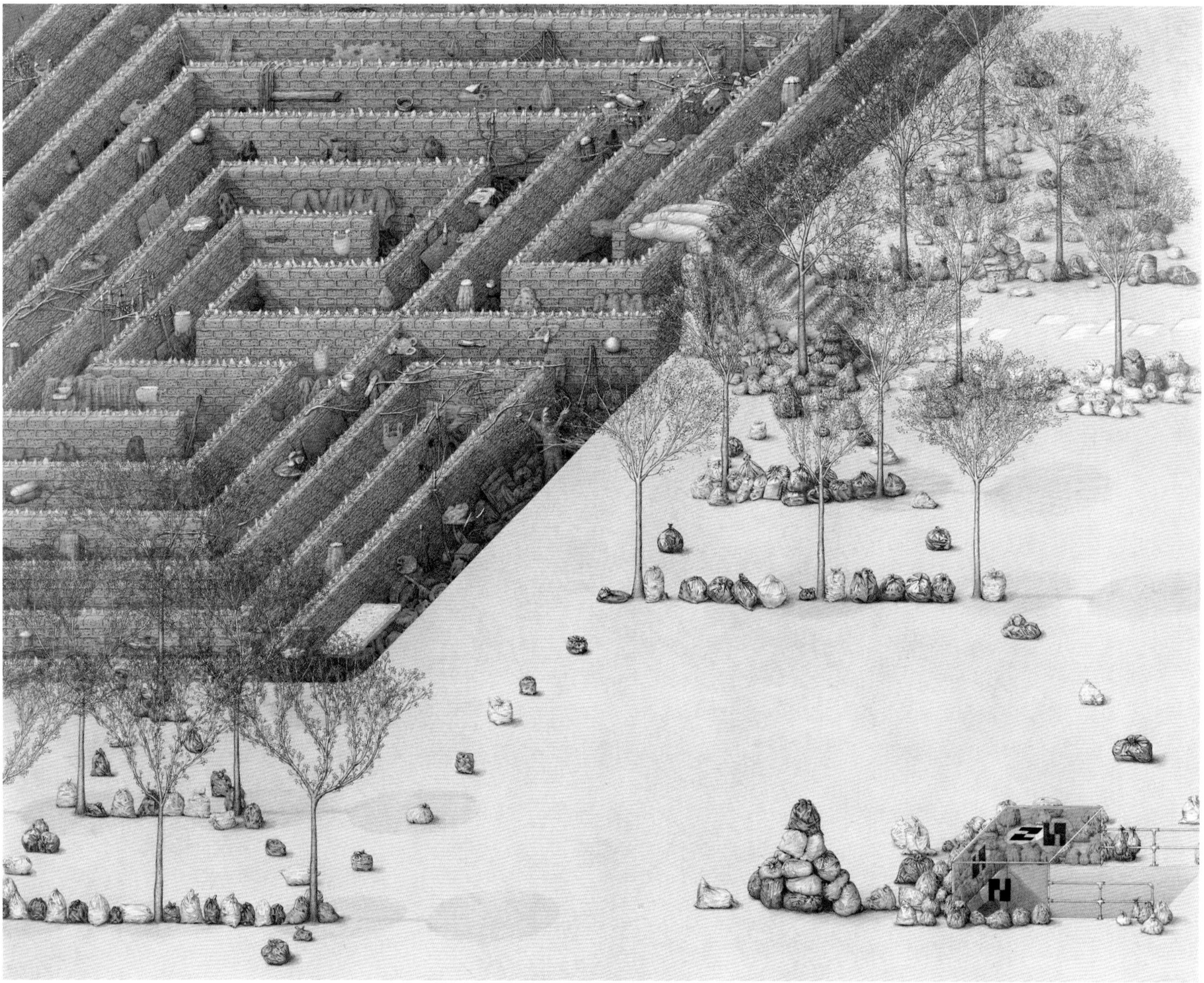

Detail aus | of *Welcome to Nobson*, 2008–2010
Bleistift auf Papier | Pencil on paper

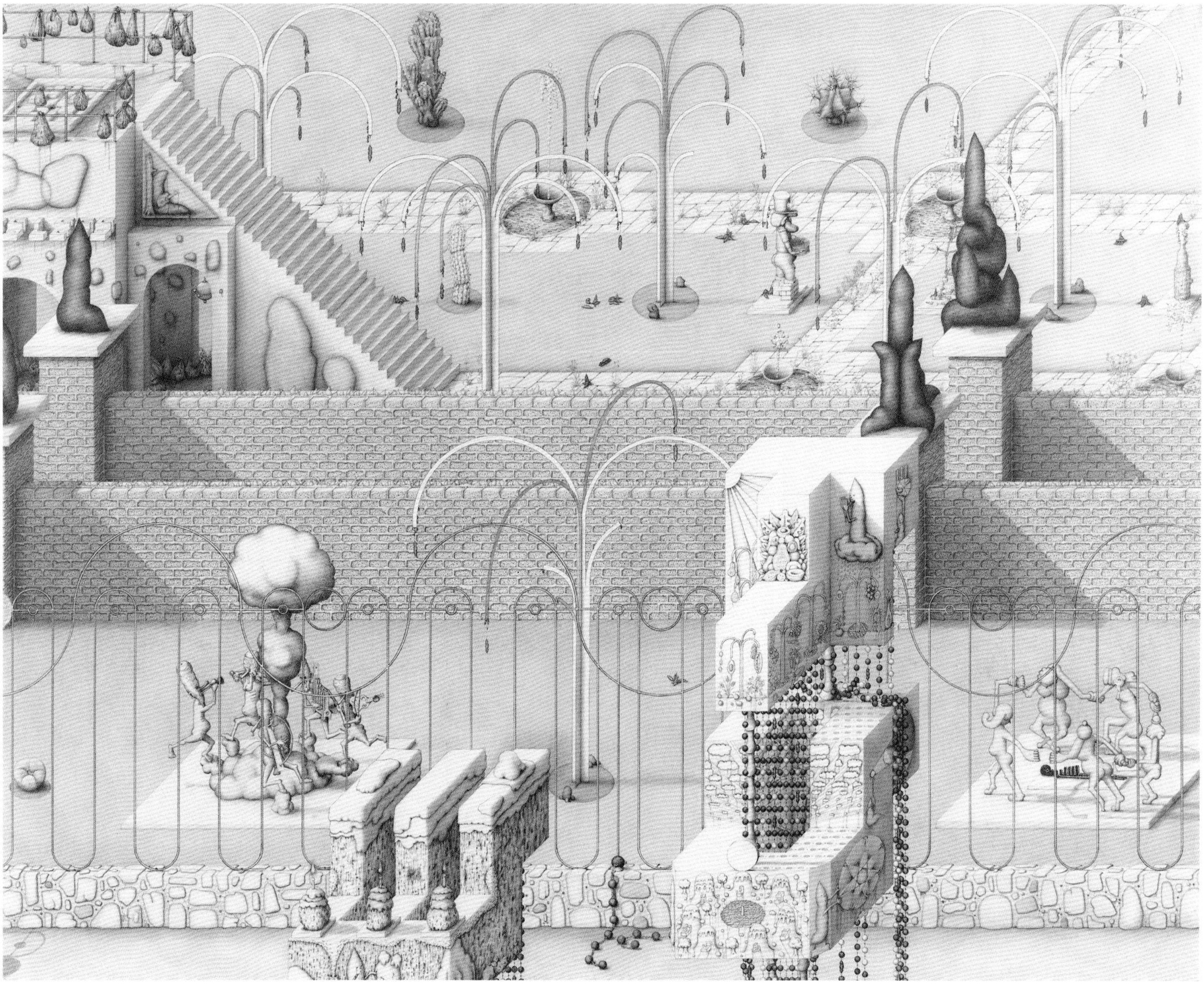

Detail aus | of *Welcome to Nobson*, 2008–2010
Bleistift auf Papier | Pencil on paper

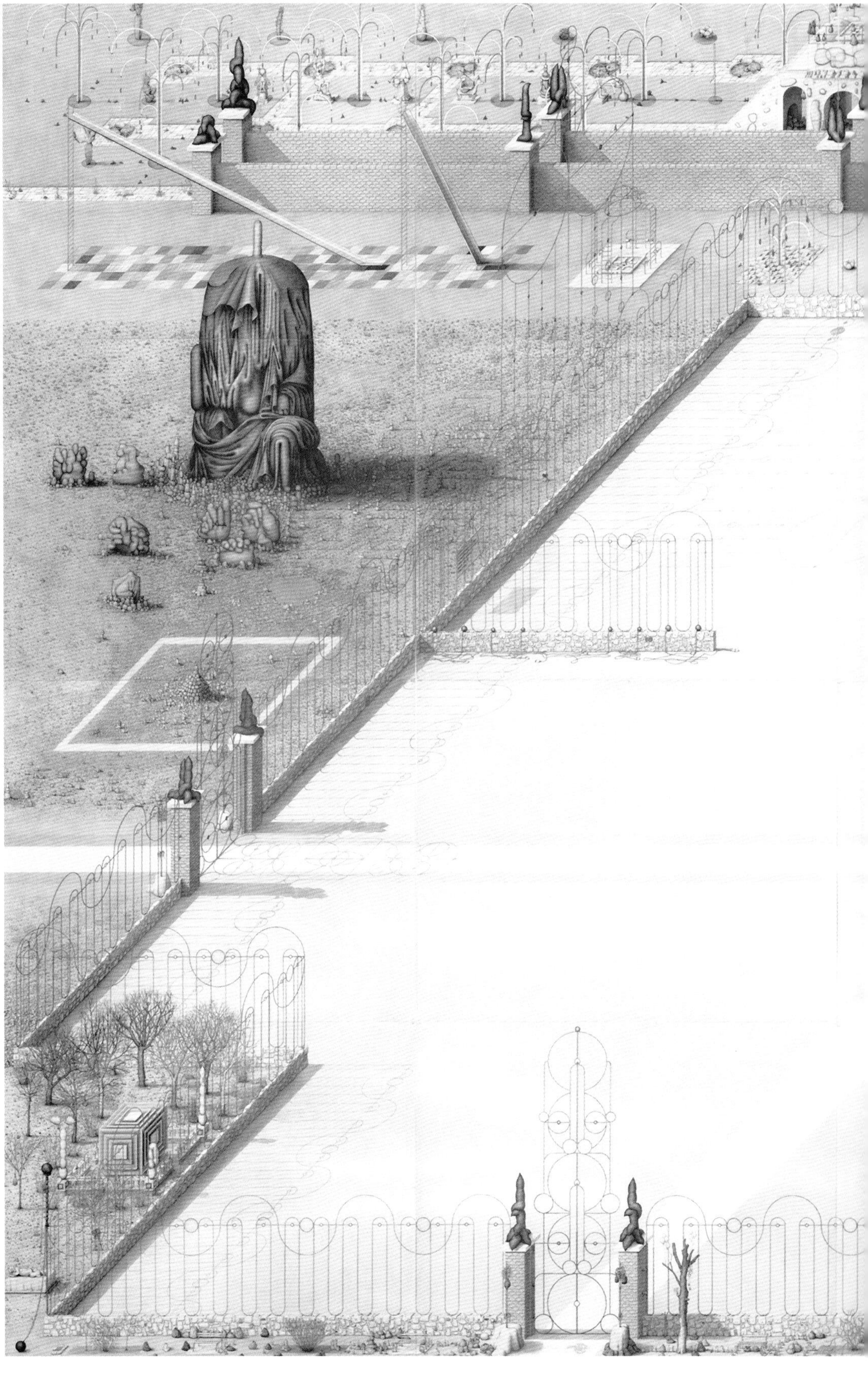

Welcome to Nobson, 2008–2010
Bleistift auf Papier | Pencil on paper
20 Blätter | panels

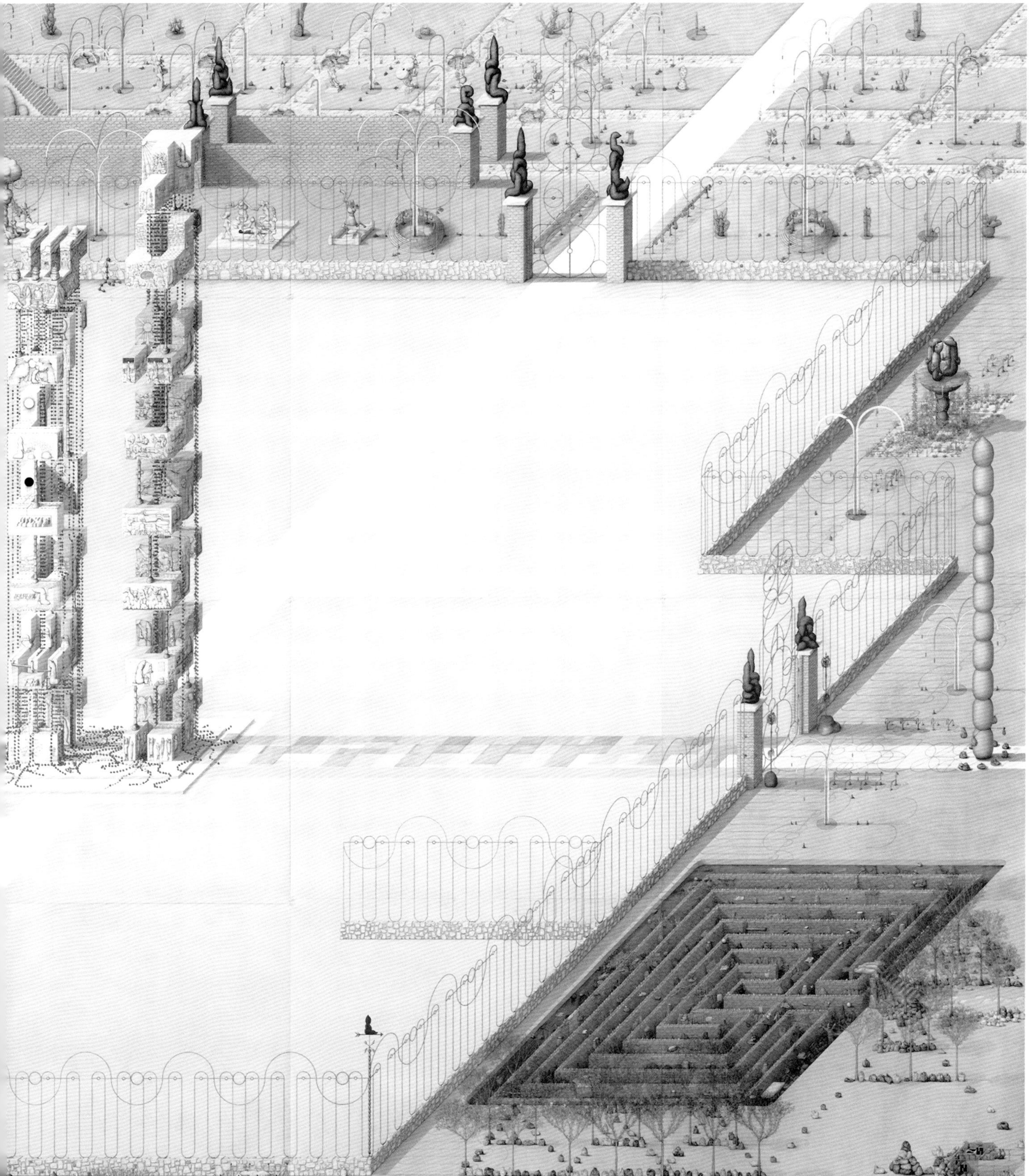

Tatiana Trouvé

Die Zeichnungen der Serie *Intranquility* von Tatiana Trouvé sind Konglomerate aus realen und imaginären Gegenständen und Räumen, die auf mehrdeutigen Ebenen koexistieren. Die Ausgangsmaterialien ihrer Zeichnungen sind Bilder aus ihrem umfangreichen Archiv, von ihr selbst angefertigte Fotografien (so auch Fotografien ihrer eigenen Arbeiten und Ausstellungsansichten) sowie Erinnerungen an persönliche Erlebnisse.

Wände, Türen, Fenster, Wasser, Maschinen, Pflanzen, der in Schlaufen gelegte Kupferdraht, Schmutz, Holzbalken und seltsame skulpturale Formgebilde in den Zeichnungen lassen sich auf eine Weise erfahren, die auf das Auge und die Psyche zugleich verstörend wirken. Der Betrachter ist gezwungen, Fragen zu stellen: Befinden wir uns innen und schauen hinaus oder verhält es sich umgekehrt? Sollen diese ungleichen und disparaten Gegenstände zusammen eine Art narrativer Bedeutung entstehen lassen oder sind sie willkürlich zusammengewürfelt? Sehen wir architektonisch gebaute oder imaginäre Räume, die zwischen Wachzustand und Traumwelt existieren? Mehr noch, die auffällige Abwesenheit menschlicher Formen verleiht diesen Arbeiten eine postapokalyptische, unheilvolle Atmosphäre, die an Fotografien aus der verlassenen ukrainischen Stadt Pripyat nahe den Überresten des Atomkraftwerks Tschernobyl erinnert. Was genau ist an den Orten, die Trouvé gezeichnet hat, vorgefallen? Sollen wir eine moralische Botschaft oder eine Warnung hinsichtlich der Zukunft der Menschheit von ihnen ablesen?

Obschon Trouvés gebaute Environments und Installationen auf einer Akzentuierung dessen beruhen, was in der natürlichen Welt absurd, unvereinbar und unmöglich ist, arbeitet sie in dieser Serie gerade mit den unausgereiften, unfertigen und mitunter chaotischen Aspekten der Zeichnung, um die imaginären und projizierenden Aspekte des Mediums in den Vordergrund zu rücken, wo der zentrale Bereich ihrer Untersuchungen zutage tritt.

The *Intranquility* drawings of Tatiana Trouvé are amalgams of real and imagined objects and spaces coexisting in multivalent planar surfaces. The source materials for these drawings are images from her extensive archive, from her own photography (including photos of her work and exhibition views), and memories of experiences.

The walls, doors, windows, water, machinery, potted plants and vegetation, looping copper wires, dirt, wood beams, and strange sculptural forms in these drawings are experienced in ways that are both unsettling to the eye and to the psyche. The viewer is forced to ask questions like: Are we indoors looking outdoors or vice versa? Are these unlike and disparate objects supposed to be together to create some kind of narrative meaning or are they random groupings of things? Are we looking at built architectural space or some kind of imagined hypnogogic space that exists between the waking and the dream world? In addition, the conspicuous absence of human forms gives these works a postapocalyptic, ominous atmosphere reminiscent of photographs of the abandoned city of Pripyat near the remains of the Chernobyl nuclear power plant in the Ukraine. What has happened at these sites that Trouvé has drawn? Are we supposed to evince some kind of moral message or warning from them about the future of mankind?

Although Trouvé's built environments and installations are also predicated on accentuating the absurd, the incongruous, and the impossible in the physical world, it is in this series of works, where she exploits the inchoate, incomplete, and sometime chaotic aspects of the drawing to foreground the purely imaginative and "projective" aspects of the medium, where the central locus of her investigations are revealed.

Brett Littman

Untitled, 2011
Aus der Serie | from the series *Intranquility*
Bleistift auf Papier auf Leinwand | Pencil on paper on canvas

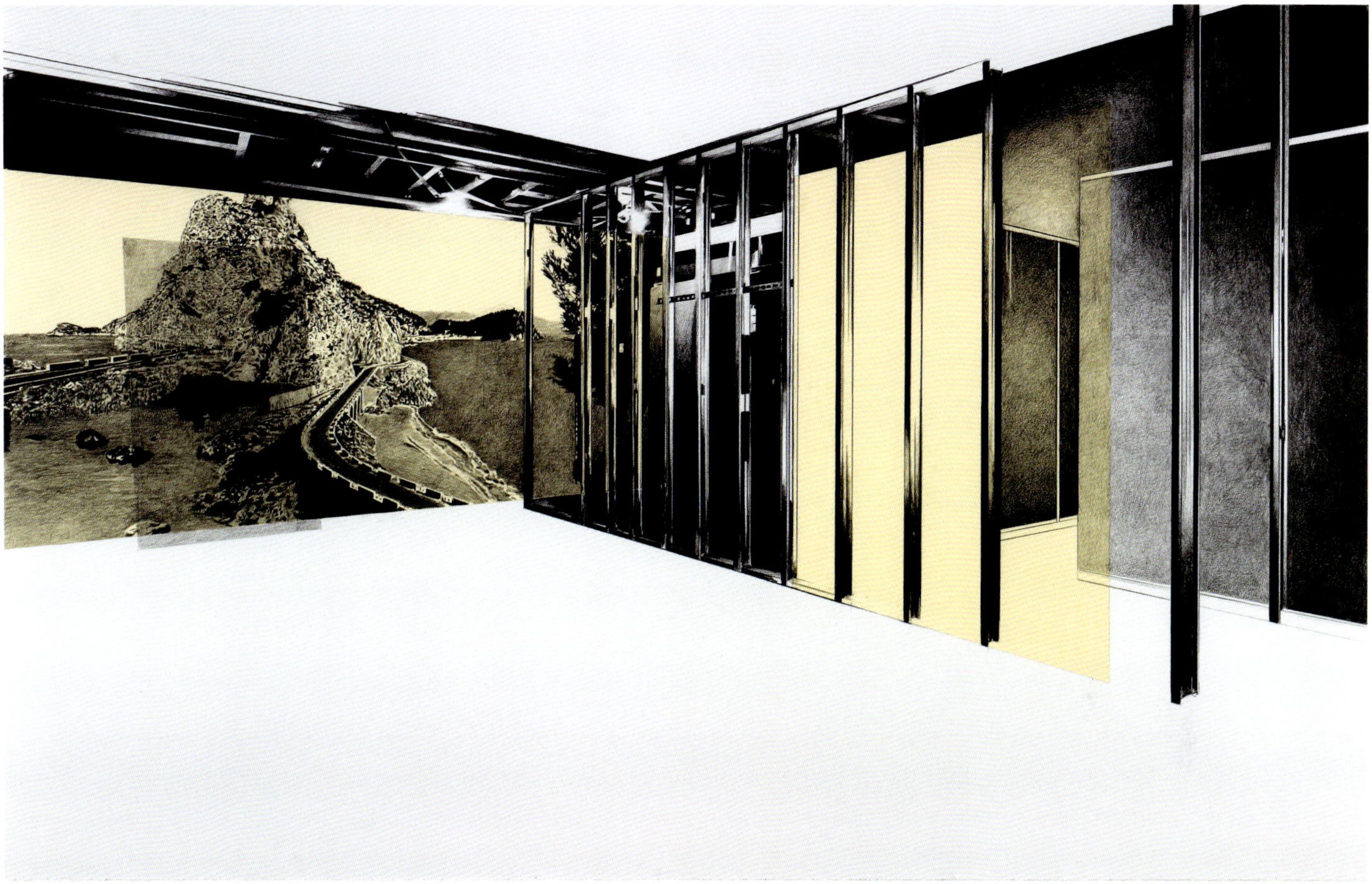

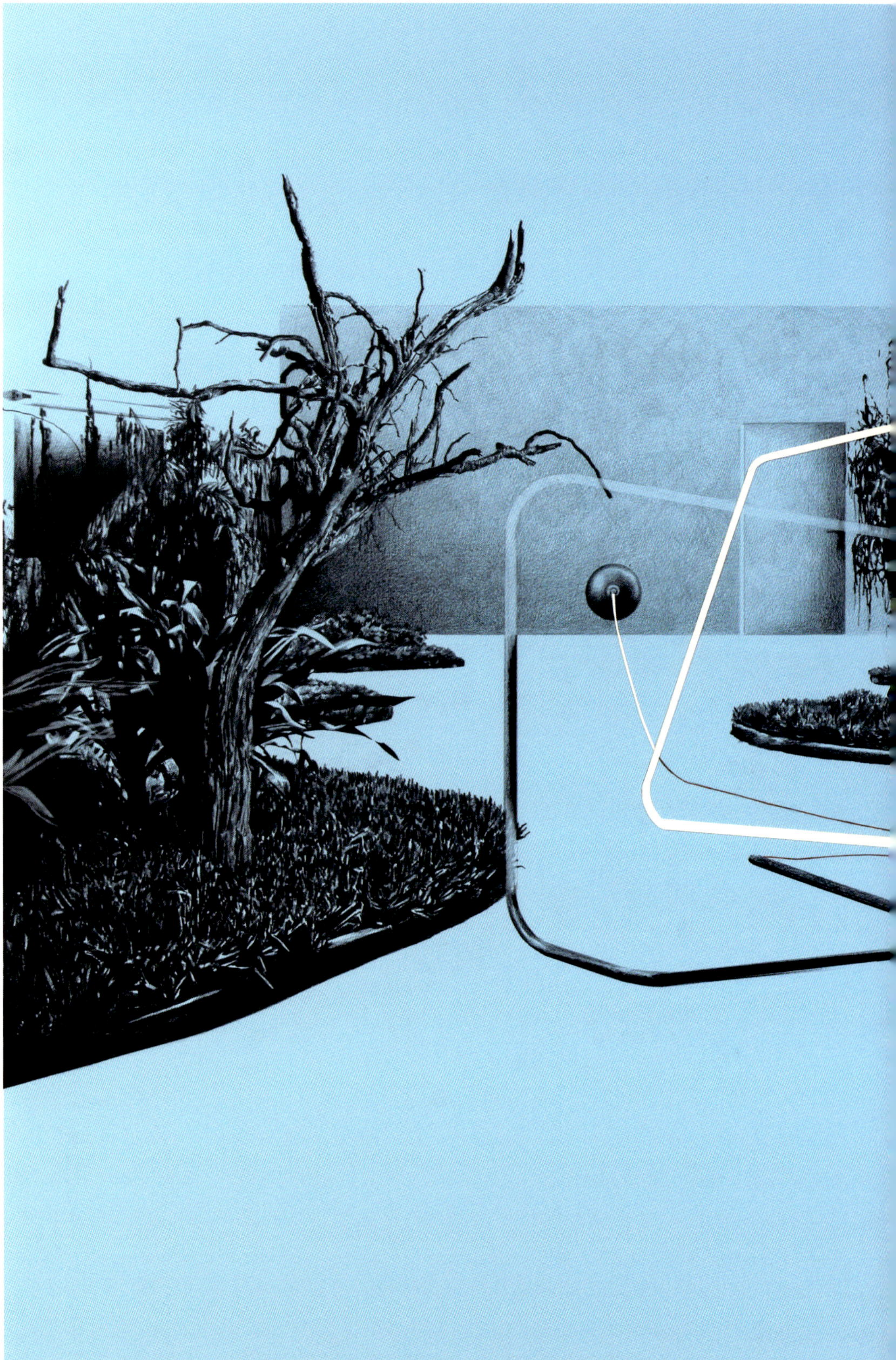

Untitled, 2011
Aus der Serie | from the series *Intranquility*
Bleistift und Kupfer auf Papier auf Leinwand |
Pencil and copper on paper on canvas

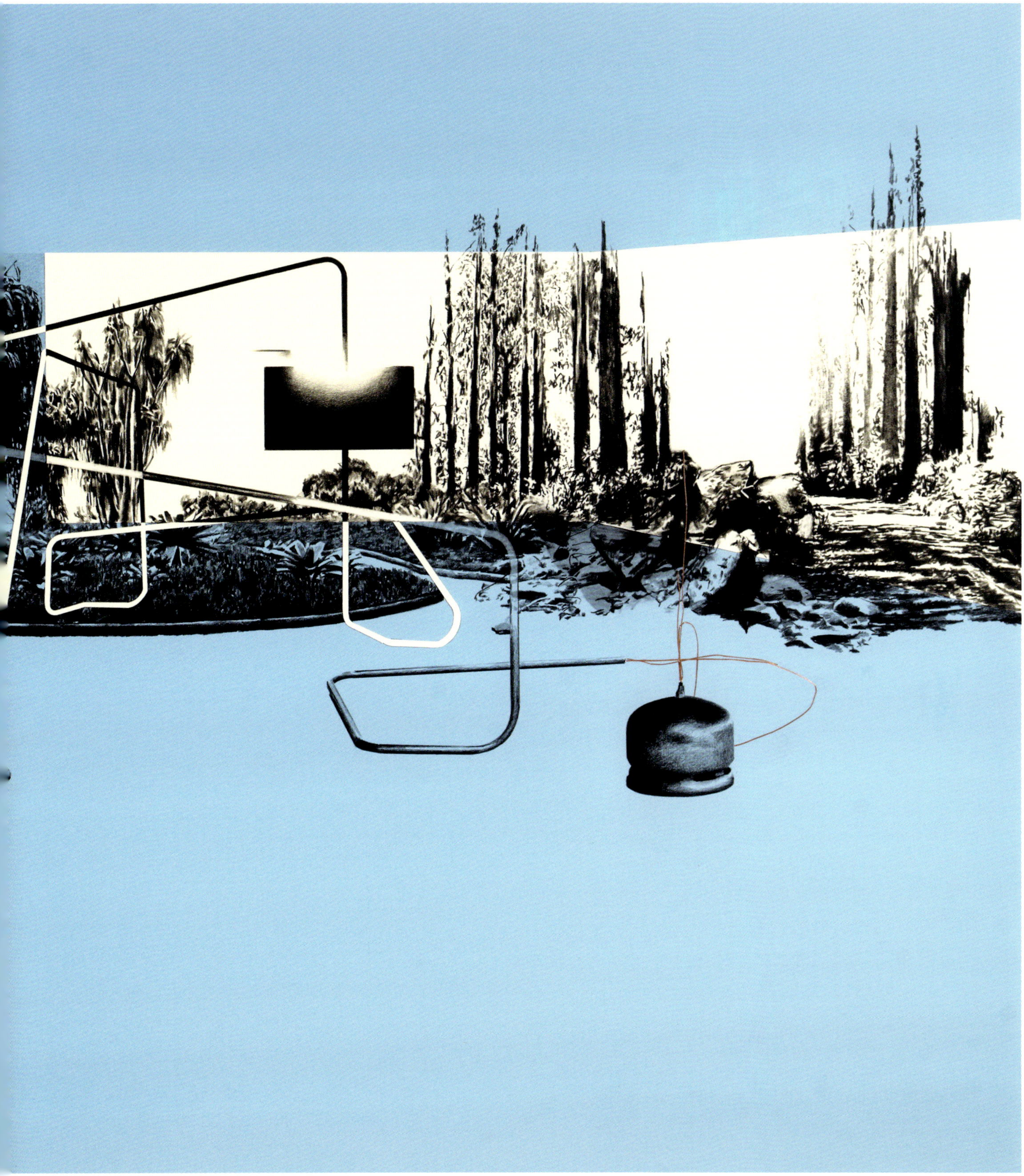

Los Carpinteros

Quer durch alle Medien ist die Zeichnung die Antriebsfeder in der künstlerischen Arbeit von Los Carpinteros, eine Schwelle zur Vorstellungswelt und den realen Konstruktionen, die Merkmal ihrer Kunst sind. Ob als Skizze, vollendete oder autonome Arbeit oder auch als Postsendung, wirkt die Zeichnung nicht als Wiedergabe einer vorgefassten Sichtweise, sondern im weitesten Sinn als generatives Medium, im Sinne einer Logik des Werdens, die uns erkennen lässt, was entsteht.

Backsteine, Legosteine und Holzbalken sind die wiederkehrenden Architekturelemente im Werk von Los Carpinteros. In verschiedenen Kombinationen entsteht daraus ein breites Spektrum an Bauten, von Inseln, Alleen und Häusern bis hin zu Tornados und Alltagsgegenständen. Manche Zeichnungen projizieren diese Gebilde in die Zukunft und werden so zu Architekturzeichnungen und Bauplänen für die »Zimmermänner« zur Herstellung von Installationen und Objekten, wohingegen andere Zeichnungen sich über die Zeit hinweg ihre Autonomität bewahren, so zu vorstellbaren Objekten werden, die jedoch ausschließlich als Zeichnung bestehen bleiben.

Mittels weicher Techniken wie Aquarell und Gouache, klarer Linien, Konturen und Perspektive führen Los Carpinteros Zeichnungen aus, in denen von Menschenhand geschaffene Räume und Objekte ihre Herstellung und Funktionsweisen zur Schau stellen. Beispielhaft für diese Arbeiten sind menschenleere Szenarien, in denen das Objekthafte Hauptakteur wird. Der Betrachter wird veranlasst, die minutiöse Gestaltung der Materie, ihre unbestimmte Funktionalität und die vielfältigen Schichten der von ihr entfalteten Referenzen zu beachten. Wecken die Zeichnungen auf den ersten Blick unseren Humor, so stellt sich doch kritische Ironie ein, sobald sich ihre Widersprüchlichkeiten und politische Konnotationen offenbaren: gesellschaftliche Entwicklung und Luxus, Utopie und Melancholie, das Praktische und das Surreale.

Drawing is a propelling force in the artistic practice of Los Carpinteros across media, a threshold to the imaginary and real constructions that characterize their art. Whether as sketches, finished and autonomous works, or as mail, drawing operates in a large sense as a generative medium, more in the logic of becoming, leading us to see what begins to be, rather than as the representation of a prior view.

Bricks, LEGOs, or wooden beams are the recurring architectonic elements in Los Carpinteros's oeuvre, which combined serve to build up a range of structures, from islands, avenues, and buildings to tornadoes and everyday objects. Whereas some drawings project some of these constructions into the future, becoming architectural or carpentry plans of installations and objects, other drawings endure through time autonomously, becoming imaginable pieces, inscribed only in the drawings' technique.

Through the soft textures of watercolor and gouache, defined lines, contours, and perspective, Los Carpinteros create drawings where man-made spaces and objects exhibit their manufacture and operations. Against the backdrop of uninhabited scenarios emblematic of these works objecthood becomes the protagonist, and the viewer is drawn to observe the meticulous shape of matter, its uncertain functionality, and the multiple layers of references they unfold. If at first glance the drawings arouse humor, a critical irony develops once their contradictions and political connotations are detected: social development and luxury; utopia and melancholy; ruin and progress; the monumental and the precarious; the practical and the surreal.

For the artists, drawing has been a seminal medium for their collaborative working mode. In addition to the drawings that they carry out together, they produce drawings as visual correspondence

Detail aus | of *Tornado Amarillo Doble (Díptico)*, 2011
Aquarell und Bleistift auf Papier | Watercolor and pencil on paper
Diptychon | diptych

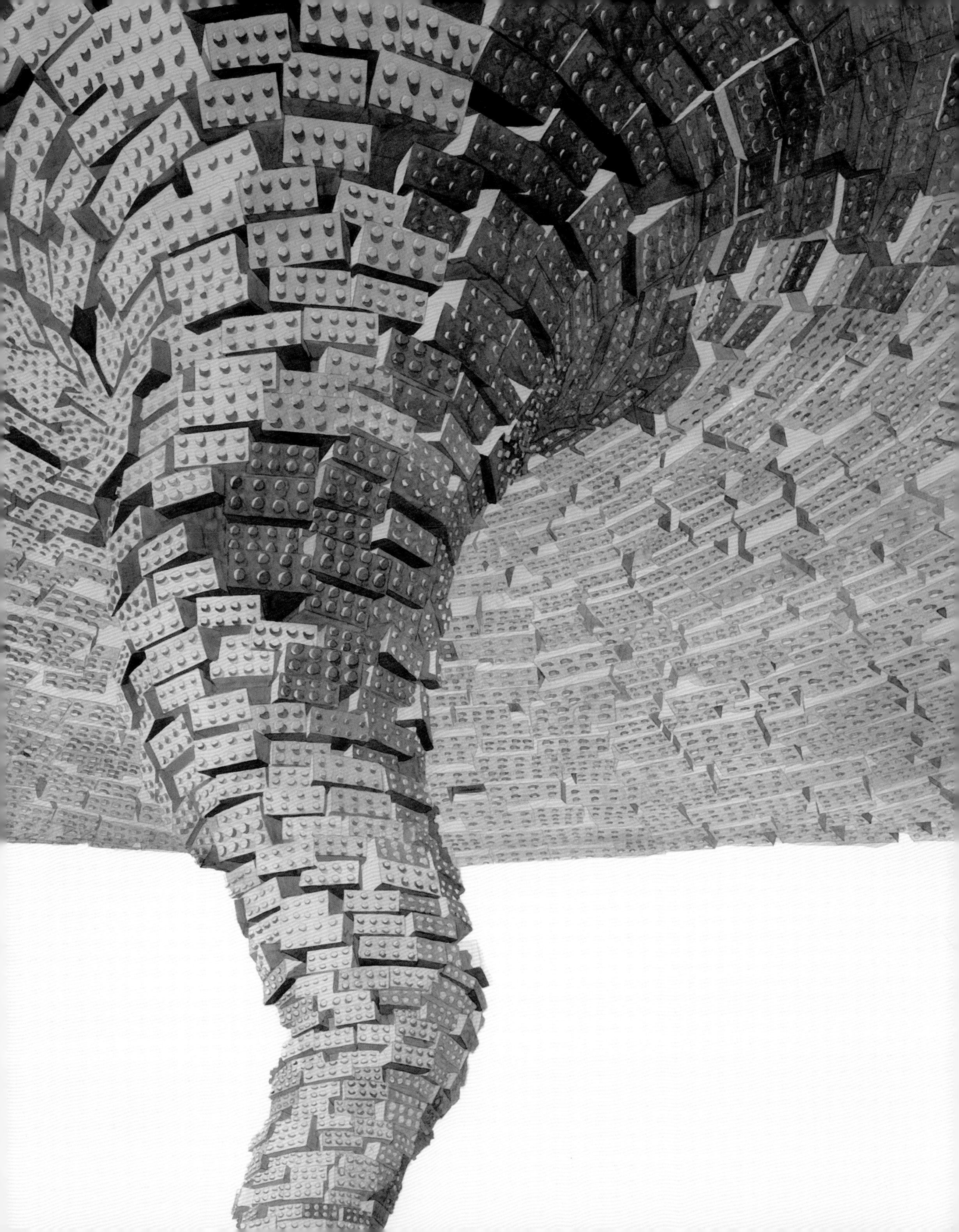

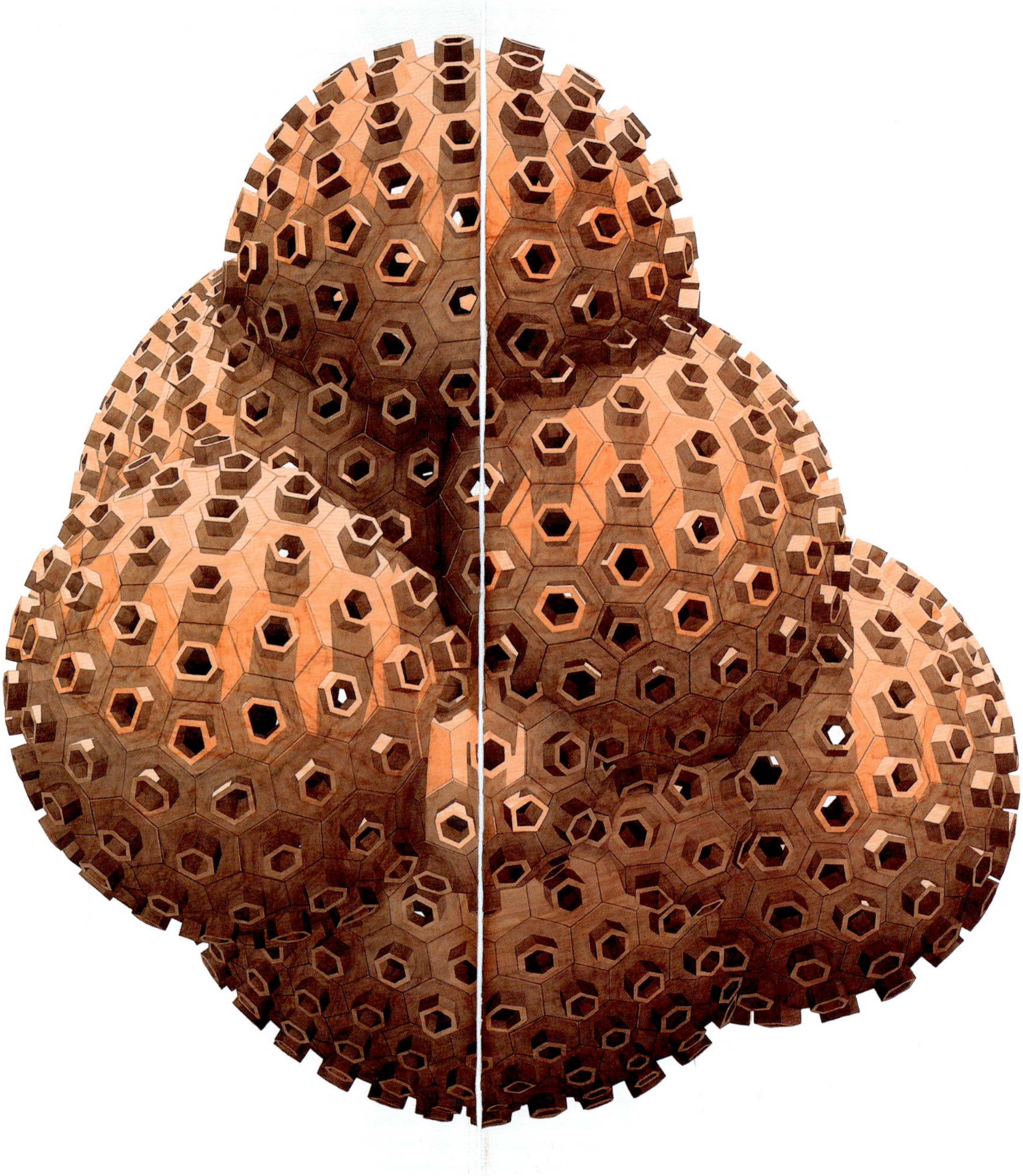

Celosía Poliédrica Flotante (Díptico), 2015
Aquarell auf Papier | Watercolor on paper
Diptychon | diptych

Das Künstlerkollektiv Los Carpinteros sieht die Zeichnung als das klassische Medium für ihre kooperative Arbeitsweise. Neben den Zeichnungen, die sie gemeinsam herstellen, entstehen auch solche, die ihnen als visuelle Korrespondenz oder als Ausgangspunkt für zukünftige Arbeiten, Gespräche, Bildsprachen und Erfindungen dienen.

to communicate with one another, as a point of departure for labor, dialogue, imagery, and inventions yet to come.

Paz Guevara

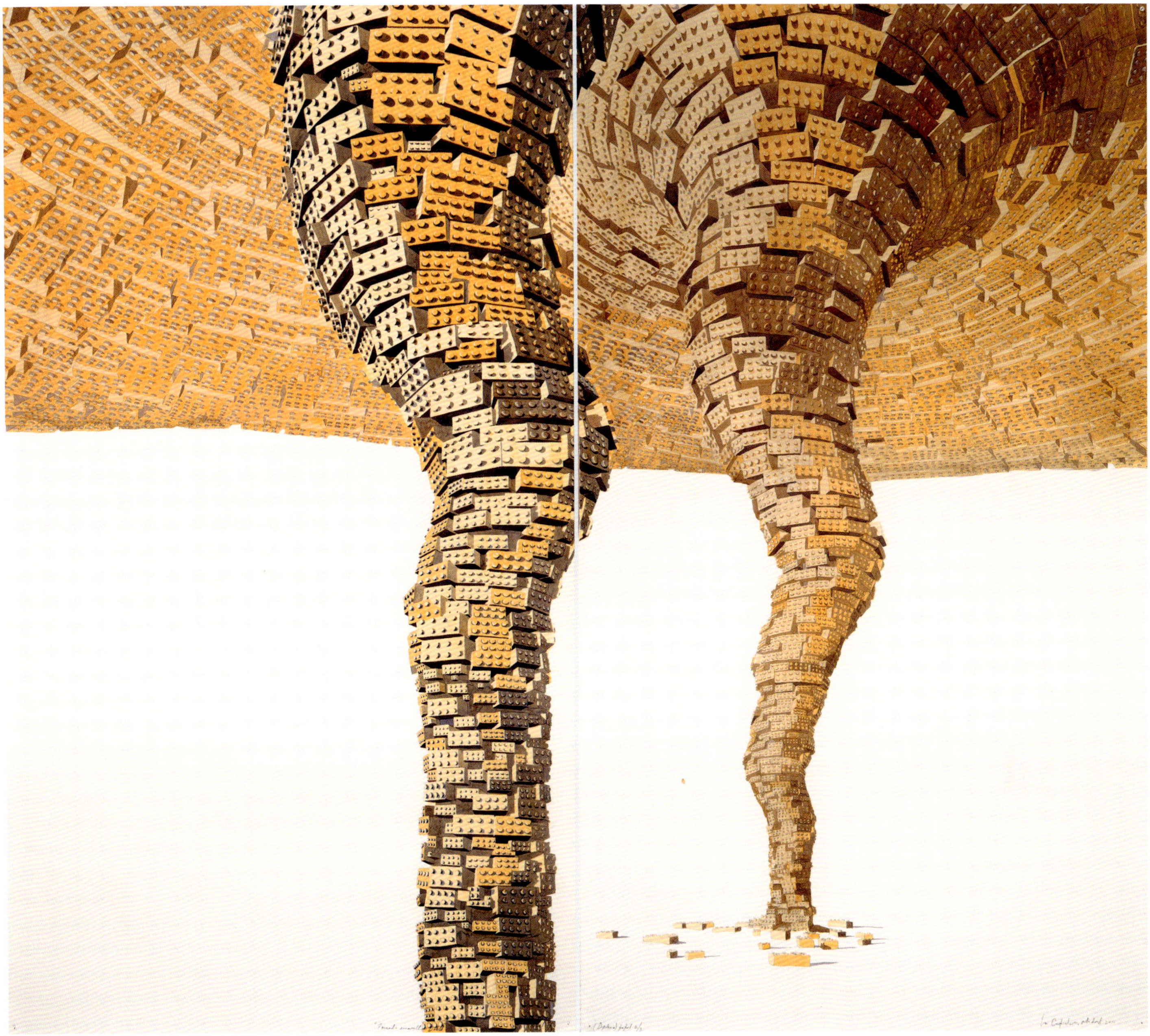

Tornado Amarillo Doble (Díptico), 2011
Aquarell und Bleistift auf Papier | Watercolor and pencil on paper, Diptychon | diptych

Toba Khedoori

Was stellen Toba Khedooris Zeichnungen dar? Ein Stuhl steht neben einem Tisch. Eine Wand trennt. Ein Stock lehnt an einer Wand. Ein Zaun grenzt ein. Kurz gesagt, ihre solitären Untersuchungsgegenstände treten als sie selbst auf, jedoch mit einigem Abstand zu ihrer Funktionalität, wie etwa ein Auto müßig auf dem Hochglanzboden eines Schauraums steht. So setzen sich Khedooris Arbeiten mit einer spezifischen Form der Abstraktion auseinander: Abstraktion nicht als Abwesenheit gegenständlicher Eigenschaften, sondern vielmehr als ein Prozess der Ablösung. Was bleibt, ist die beunruhigende Anwesenheit eines Objekts, das von seiner Verwendung abgetrennt und in seiner stummen Verstocktheit isoliert ist. Allerdings konfrontieren uns ihre Zeichnungen und Gemälde noch mit etwas anderem, nämlich dem speziellen Faszinosum der visuellen Darstellung. Man muss nicht lange suchen, um zu begreifen, dass unsere anhaltende Leidenschaft für Bilder heute so deutlich ist, wie sie es für Aristoteles war, für den der Instinkt zur Nachbildung als »die Freude an den Nachahmungen« tief im Menschen verwurzelt ist. Die Ursachen für diese Faszination verlangen jedoch heute ebenso nach Interpretation, wie sie es für die diejenigen taten, die ihre Kunst auf deren Kultivierung gegründet haben. Diesen Fragen erneut nachzugehen und sich infolgedessen mit der komplexen Geschichte der Nachahmung in den Künsten zu beschäftigen, impliziert keineswegs, das Erbe der Moderne zu leugnen oder zu elidieren. Vielmehr bedeutet es, dieses Erbe abermals in einem Dialog zu verankern, der zutiefst mit philosophischen Fragestellungen befrachtet ist, die unzählige Wucherungen auslösen. Gerade weil sie eine zurückhaltende Konfrontation mit solcherlei fundamentalen Fragen wählt, immer wieder auf deren Neubewertung und vor allem auf deren Kultivierung beharrt, spricht uns das eigenständige Œuvre von Toba Khedoori umso kraftvoller und dauerhafter an.

What do Toba Khedoori's drawings represent? A chair sits next to a table. A wall divides. A stick leans against a wall. A fence contains. In short, her solitary subjects perform themselves as themselves, but at a remove from their functionality, like a car idling on the polished floor of a showroom. Khedoori's works thus engage with a specific form of abstraction: abstraction not as freedom from representational qualities, but as a process of detachment. What remains is the disquieting presence of an object scinded from its use and isolated in its mute obduracy. Yet her drawings and paintings also confront us with something else, namely the peculiar fascination of visual representation. One does not need to look far to sense how much our enduring passion for images remains just as much in evidence today as it was for Aristotle, for whom the instinct for imitation was firmly ingrained in man as "the pleasure felt in things imitated." Yet the causes of this fascination remain just as open to interpretation today as they were for those who based their art on its cultivation. To probe these questions anew, and, by extension, to address the complex history of imitation in the arts, is neither to deny nor to elide the legacy of the modern period. Rather, it is to ground this legacy once more in a dialogue as intensive as it is philosophical with the perennial interrogations that spurred its myriad growths. It is in her discrete confrontation with such fundamental questions, in her repeated insistence on the continuing need for their reexamination and, more importantly, their cultivation, that the discrete oeuvre of Toba Khedoori speaks to us most forcefully and most enduringly.

Julien Bismuth

Untitled (Stick), 2005
Wachs und Öl auf Papier | Wax and oil on paper

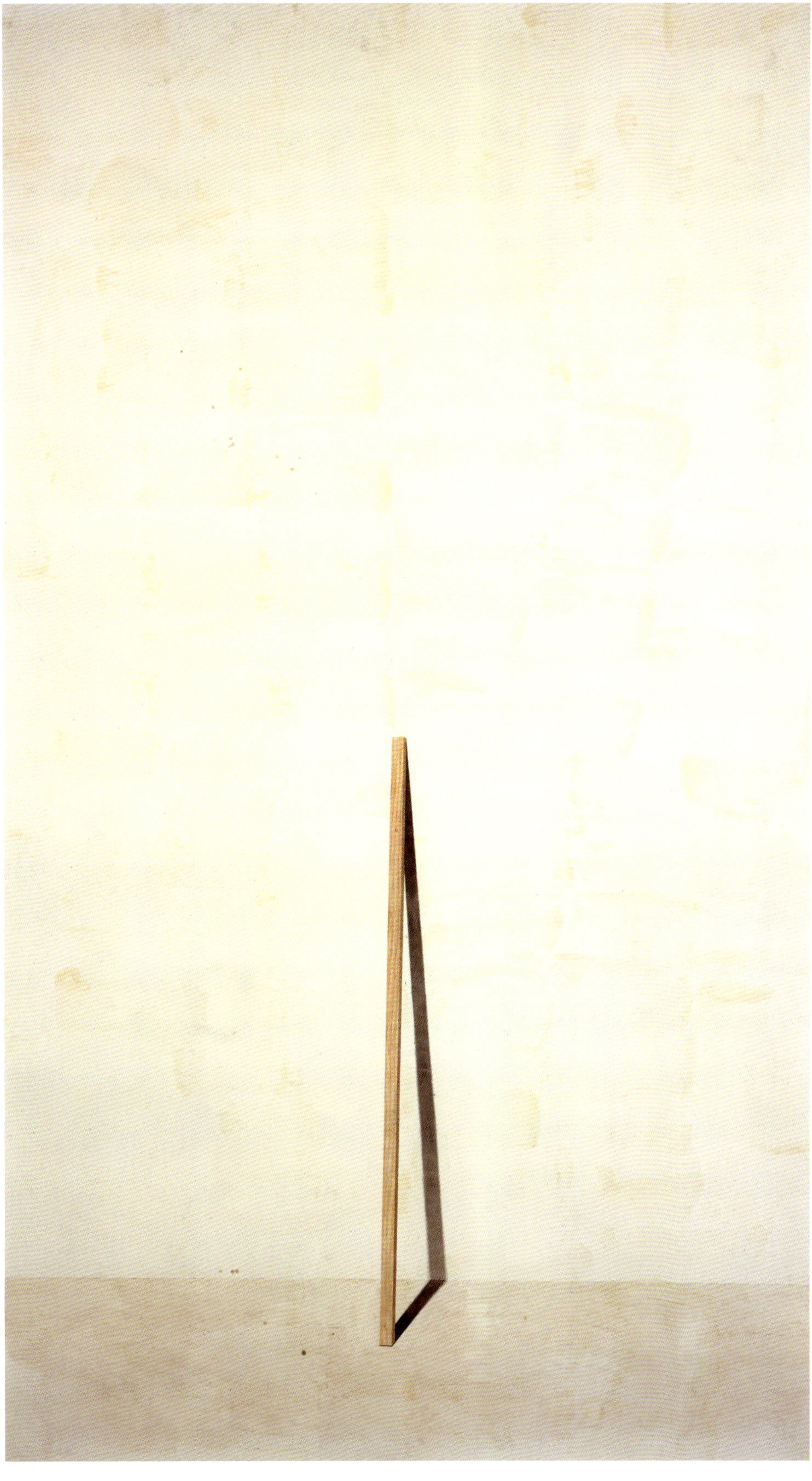

Untitled (White Windows), 2005–2006
Wachs und Öl auf Papier | Wax and oil on paper

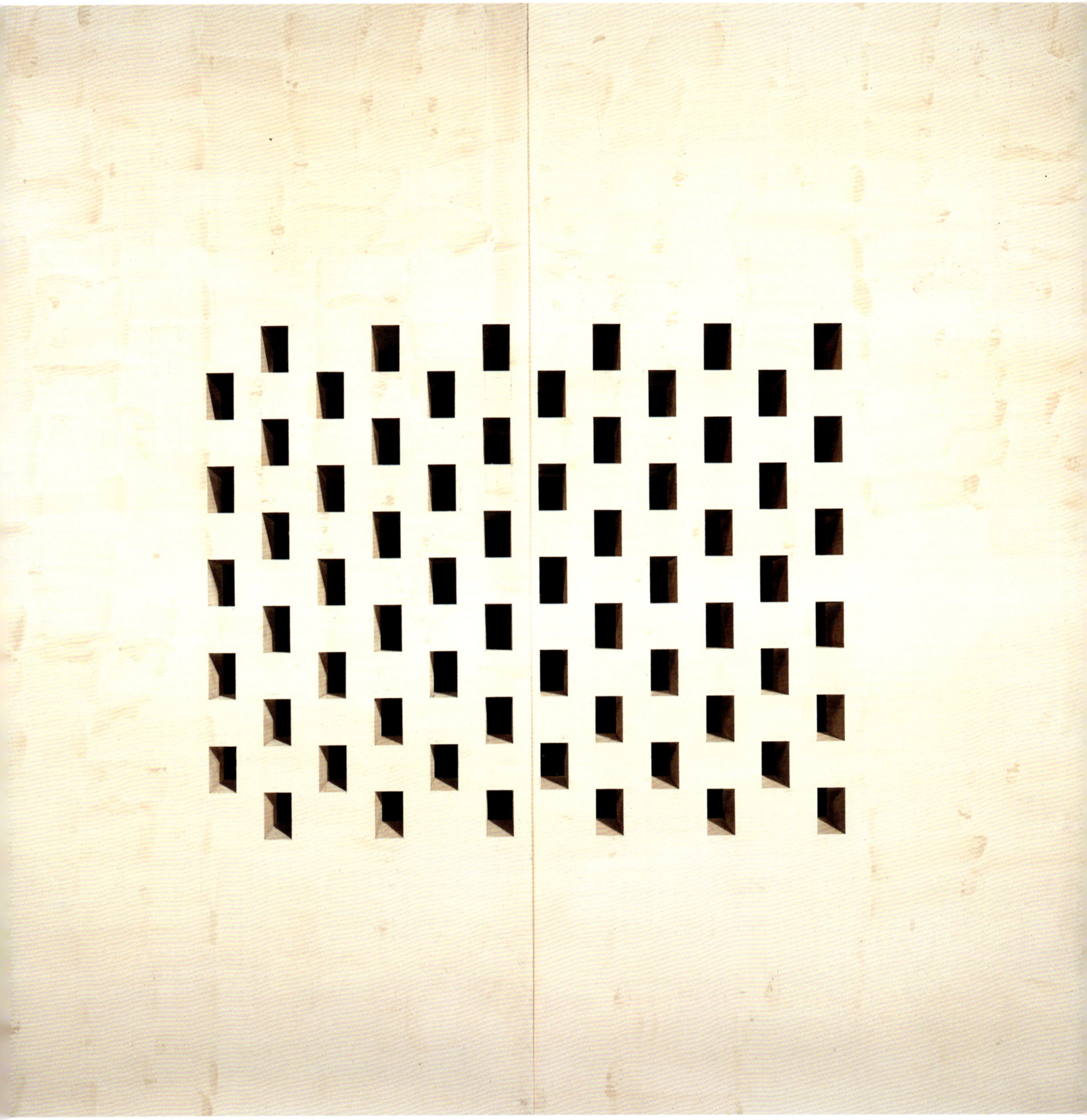

Silvia Bächli

Bezeichnete Blätter an den Wänden oder auf Tischen – wo immer wir den Raum betreten, beginnen die Blicke und mit ihnen die Gedanken zu wandern. Über den Zeichnungen und ihren Zwischenräumen liegt Stille wie über einer entlegenen Landschaft, wo vieles vertraut scheint, durch tiefe Stummheit jedoch auf Distanz rückt.

Silvia Bächli hat ihr zeichnerisches Werk in wechselnden Formaten und Techniken über drei Jahrzehnte hin kontinuierlich entwickelt. Zeichnen ist eine Bewegung des Sehens, der leisen Abweichungen und Verschiebungen im Gravitationsfeld kaum gerichteter Achtsamkeit auf Dinge und Traumnahes, die auch im Gezeichneten nicht wirklich zum Stillstand kommt. Einige Blätter sind einfach lesbar, benennbar, bei anderen liegen Namen und Worte auf der Zunge, um sich im nächsten Augenblick unwiederbringlich zu verlieren. »Zeichnen ist Neuland betreten und darin herumgehen. Raum schaffen und erkunden, mit den und gegen die Ränder des Papiers arbeiten« (Silvia Bächli). Dabei ereignen sich nicht nur malerische Momente, oft scheint auch ein filmischer Blick auf Körper und Dinge oder deren Details, auf Gesten, Strukturen oder Verläufe wie in Film-Stills eingefangen.

Jedes Blatt hat seinen ausgewählten Ort in der Konstellation eines Raumes, sodass das Sehen immer auch zwischen den Bildern unterwegs bleibt und vielfach Beziehungen sucht, Beständigkeit im Komplexen. Auf einmal kommt ein verwandtes Motiv wie ein Echo aus einer entfernten Ecke des Raumes zurück. Fast unmerklich treten in den neusten Zeichnungen Farbtöne auf, als zeigten sich im Schwarz-Weißen bislang unbekannte Nuancen. Zeichnen eröffnet Binnenräume und breitet sich im Raum aus, ohne ihn endgültig einzunehmen.

Drawings on the walls or on tables—wherever we go in the space, our gaze begins to wander, taking our thoughts along. Silence hangs over the drawings and the spaces between them, as over a remote landscape where much seems familiar, but which retracts in profound muteness.

Silvia Bächli has continuously developed her drawing practice, with changing formats and techniques, across three decades. Drawing is a movement of sight, of slight deviations and shifts in the gravitational field of undirected attention to objects and dream elements that do not really come to rest, even in what is drawn. Some drawings are easily legible, nameable; with others, names and words hover on the tip of the tongue, only to be lost irretrievably after a moment. "Drawing is entering new territory and walking around in it, creating space and exploring, working with and against the edges of the paper" (Silvia Bächli). In this way, not only painterly moments occur; a filmic view is often also cast on bodies or things or their details, on gestures, structures, or sequences, which are caught as if in stills.

Every sheet has its chosen position in the constellation of a space, so that seeing is always in motion between images, in search of multiple connections, consistency in the complex. All at once, a related motif returns like an echo from a far corner of the space. In the most recent drawings, color tones appear, almost imperceptibly, as if previously unknown nuances were being revealed within the black and white. Drawing opens up interior spaces and expands in space without conclusively taking it over.

Hans Rudolf Reust

Ohne Titel, 2013
Gouache auf Papier | Gouache on paper

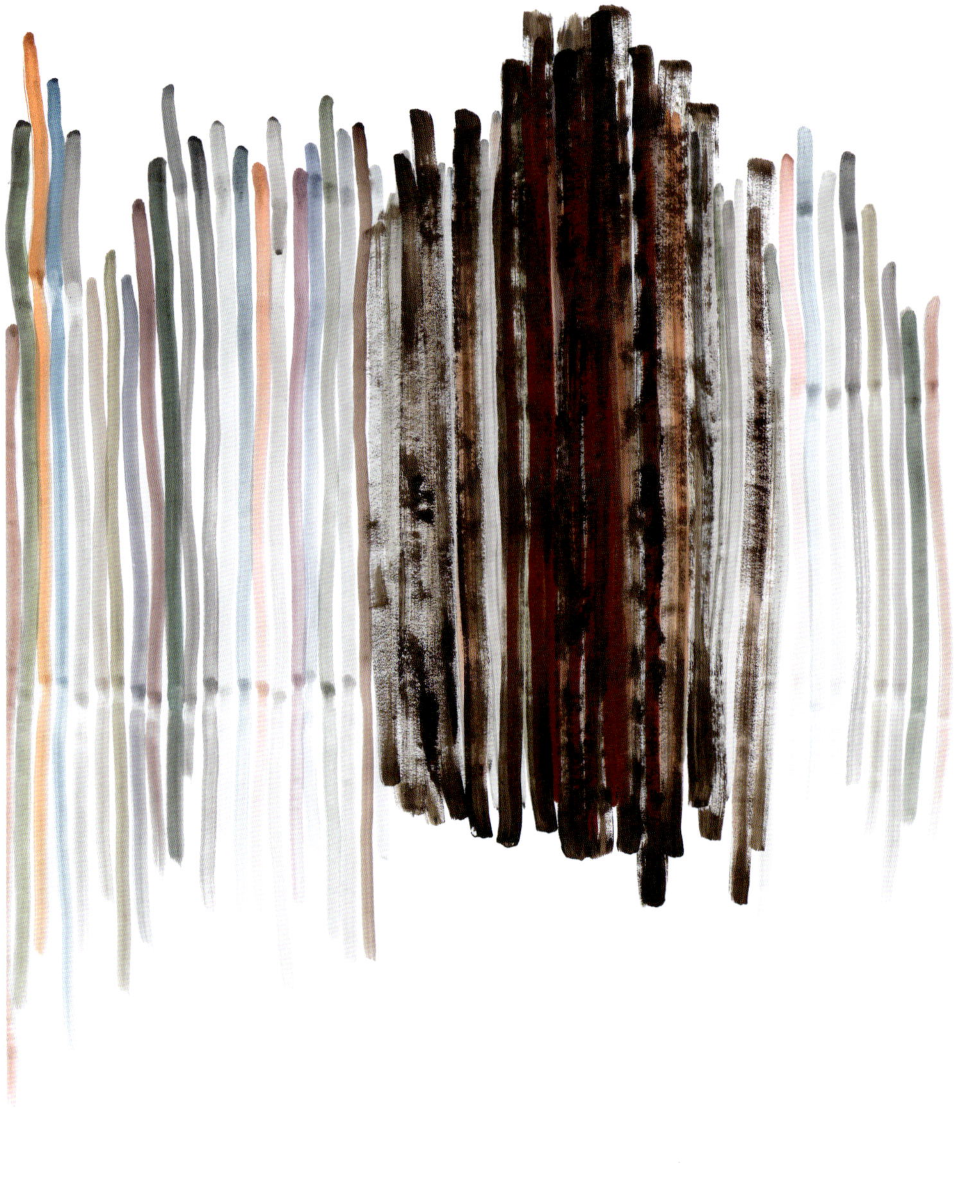

Ohne Titel, 2013
Gouache auf Papier | Gouache on paper

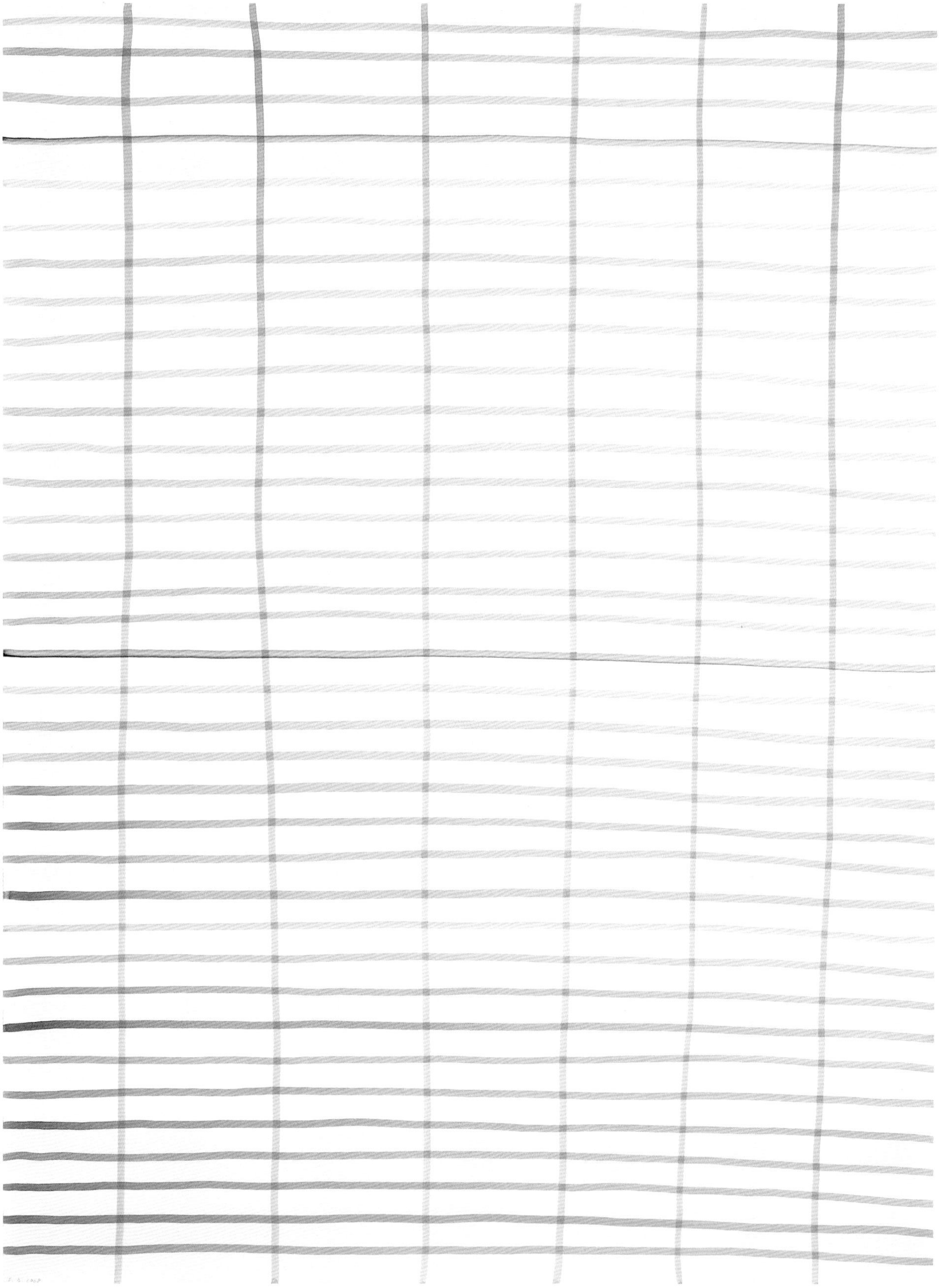

am, 2008
Gouache auf Papier | Gouache on paper

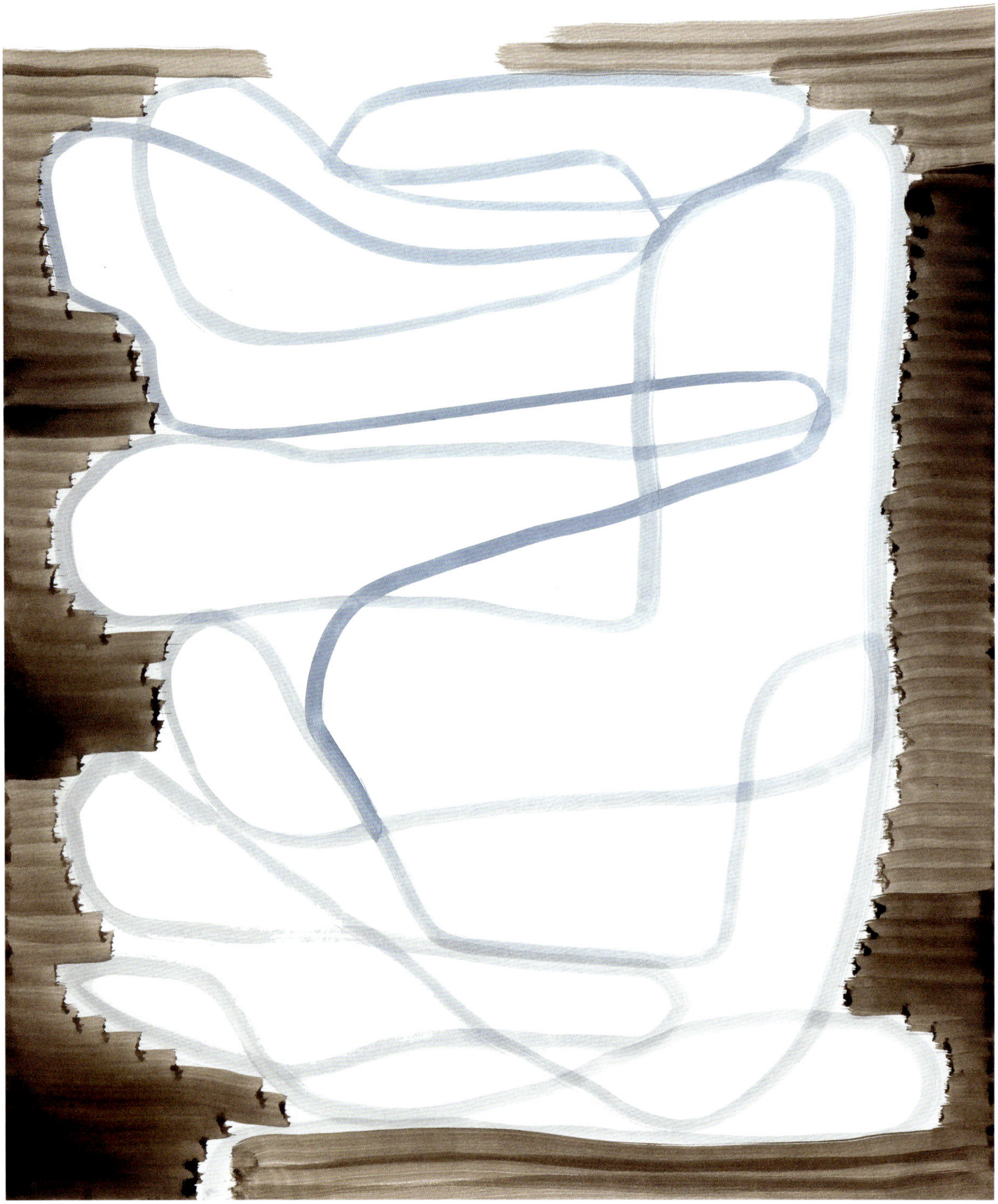

Ohne Titel, 2013
Gouache auf Papier | Gouache on paper

Ohne Titel, 2013
Gouache auf Papier | Gouache on paper

Tomma Abts

Tomma Abts ist für ihre abstrakten Gemälde bekannt, die sie in einem intimen Format ausführt, ein Format, das aus ihren Zeichnungen hervorgegangen ist. Sie sagt über die Zeichnungen: »Selbst jene, die wie geplant aussehen, sind dies in Wirklichkeit nicht. Es ist alles spontan«. So erscheint sie in diesem Medium als eine Künstlerin, die die Bedingungen für Spontaneität schafft. Was sie zeigt, oft umreißt, abgrenzt und der Betonung halber schattiert, ist, dass ein Gemälde oder auch eine Zeichnung für sich selbst steht, für nichts weiter, als dass es gemacht wurde. Auf die Frage, ob ihre Abstraktionen ein Bild anbieten und wovon genau dies ein Bild sein könnte, nennt sie es »ein Bild des Prozesses seiner Herstellung … des Denkens«. Ihr Kommentar erinnert uns daran, wie Improvisation als Form des laut Denkens verstanden werden kann. Diese innere Stimme ist bei vielen Künstlern deutlicher zu hören, wenn sie zeichnen, als wenn sie malen. Bei Abts erklingt sie in beidem, auch wenn sie in den Arbeiten auf Papier eher als rein akustisches Phänomen daherkommt, da es hier mehr offenen Raum gibt, in dem Zeichnung wie ein Klang im Saal nachhallt.

Hin und wieder nimmt sich Abts ein paar Stunden für die selbstgestellte Aufgabe, eine Reihe von Zeichnungen in einer einzigen Sitzung zu schaffen. Sie beschreibt diese Sitzungen als »konzentriert« und dennoch »sehr frei«, als eine Art zu spielen. Kleine Zeichnungen entstehen im Nu, ohne vorgefassten Plan, anhand von Material, das gerade zur Hand ist. Manchmal baut sie Elemente der Collage ein. Großformatige Zeichnungen führt sie hingegen anders aus. Abts zufolge werden diese »im Laufe von ein paar Wochen in einem Zug gemacht. Ich zeichne einige Tage lang, um so eine begrenzte Menge von Elementen zu finden und festzulegen, dann verwende ich diese definierte Menge von Elementen um … eine Serie auszuloten«. Sie wählt wenige Farben aus, arbeitet ausschließlich mit Blei- und Farbstiften und verfolgt eine Idee durch Abänderungen weiter: Zeichnungen mit Punkten oder Punkten und Linien, Linien, die einen Bogen Papier durchziehen, oder Linien, bei denen sich

Tomma Abts is best known for abstract paintings produced in an intimate scale, a format which emerged from her drawing practice. Of the drawings she says: "Even the ones that look planned really are not. It's all spontaneous." We may think of her in this medium as an artist who creates the conditions for spontaneity. What she shows us, and often outlines, delineates, and shadows for emphasis, is that a painting or a drawing is a representation of itself, of having been made. Asked if her abstractions offer an image, and what exactly that might be an image of, she says, "An image of the process of making it . . . of thinking." Her remark reminds us of how improvisation may be understood as a form of thinking out loud. With many artists, this internal voice is heard more clearly in drawing than in painting. With Abts, it is heard in both, though in works on paper as a more purely acoustic phenomenon, where there is more open space in which drawings, like sound in a room, reverberate.

From time to time, Abts sets aside a few hours with the specific intent to create a number of drawings in a single sitting. She describes these sessions as "concentrated" but also "very free," as a form of play. Small drawings are made quickly, without preconception, using any available material, sometimes incorporating collage elements. Large drawings are made differently. According to Abts, they are "made in one go over a few weeks. I draw for a few days to find and establish a limited set of elements, then use this defined set of elements to explore . . . a series." She selects a limited range of colors, working exclusively with pencil and color pencil, and follows a simple idea—drawings with dots, or dots and lines, lines passing through a sheet of paper, or lines alternating two colors—through its permutations. This reductive process allows her to get going, to minimize distraction, and invites any number of variations, each drawing leading to the next.

Untitled #02, 2011
Bleistift und Buntstift auf Papier | Pencil and colored pencil on paper

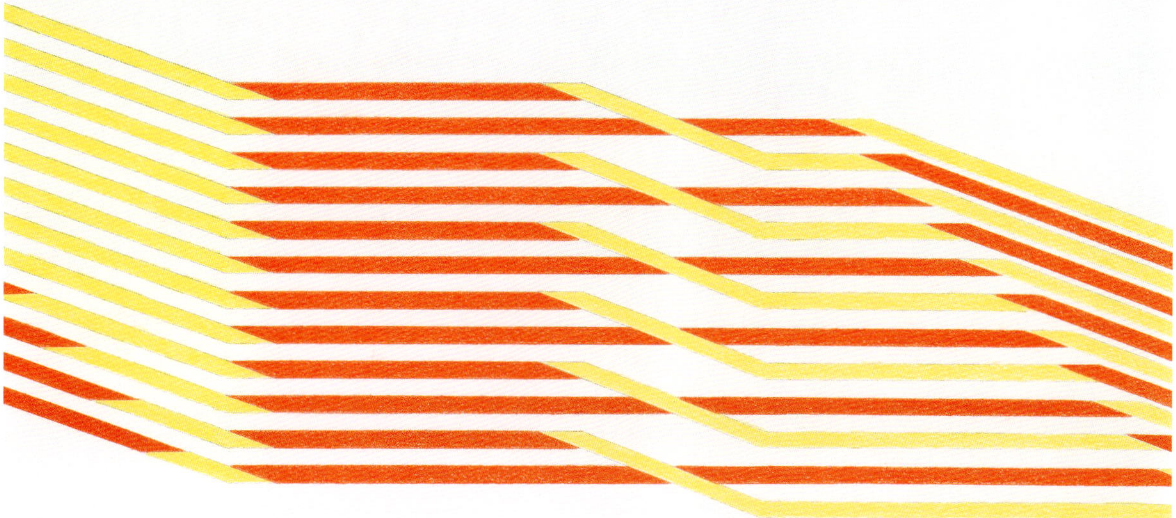

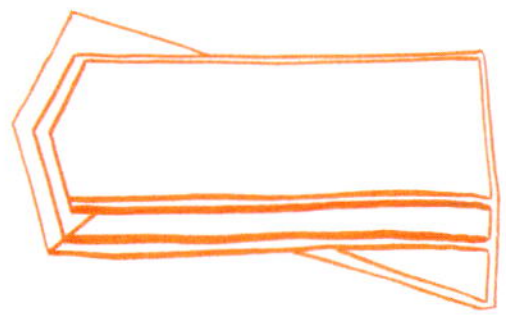

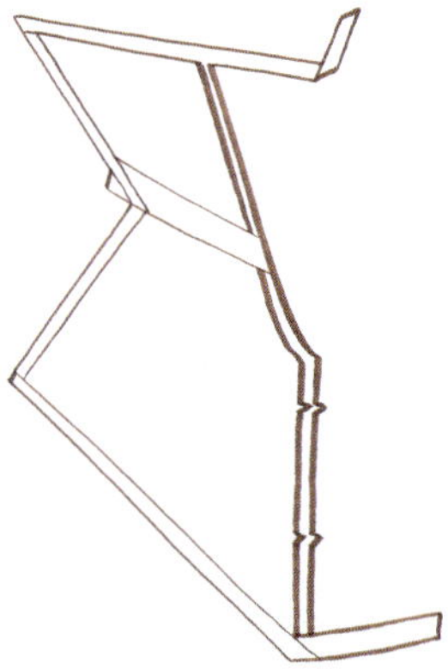

Untitled, 2010
Aquarell auf Papier | Watercolor on paper

Untitled, 2009
Filzstift auf Papier | Felt-tip pen on paper

zwei Farben abwechseln. Dieser reproduktive Prozess ermöglicht ihr, Fahrt aufzunehmen, Ablenkung zu minimieren. Er lädt zu unzähligen Variationen ein, wobei jede Zeichnung zur nächsten führt.

So baut Abts einen Schwung auf, der in der Malerei vielleicht unmöglich ist. Eine Serie, die rhythmische Bewegung und chromatische Dynamik veranschaulicht, erleichtert die Vorstellung, wie sie diesen Rhythmus und animierten Sinn für Geschwindigkeit in der Darstellung erzeugt. Anscheinend treten Bilder in den Bogen Papier ein, biegen sich um diesen oder durchlaufen ihn von einer zur anderen Seite. Während sie hin und wieder aus unserem Blick geraten, werden wir in den Raum gezogen, der außerhalb, oberhalb, links und rechts liegt. Werden die Arbeiten gruppenweise dicht beieinander gehängt, so scheint hier und da ein Bild von einem Bogen zum anderen überzuspringen. Wir werden uns des Raums zwischen den Zeichnungen bewusst, und die gesamte Werkgruppe kann als Einzelbilder in einem abstrakten Animationsfilm gedacht werden samt der dazugehörigen kinetischen Sprungschnitte.

Working in this way, Abts builds a momentum that may not be possible in painting. With a series that exemplifies rhythmic movement and a chromatic dynamism, it's easy to imagine her generating the very rhythm and animated sense of velocity that has been represented. Images seemingly enter into, bend around, or pass through the sheet of paper from one side to the other. As they come into and disappear from view, we are drawn to the space outside, above, below, to the left and right. With groupings of works hung closely together, an image may seem to jump from one sheet of paper to another. We are aware of the space in between the drawings, and the overall group may be thought of as a sequence of frames, complete with kinetic jump cuts, in an animated abstract film.

Bob Nickas

Untitled no. 2, 2008
Bleistift und Buntstift auf Papier | Pencil and colored pencil on paper

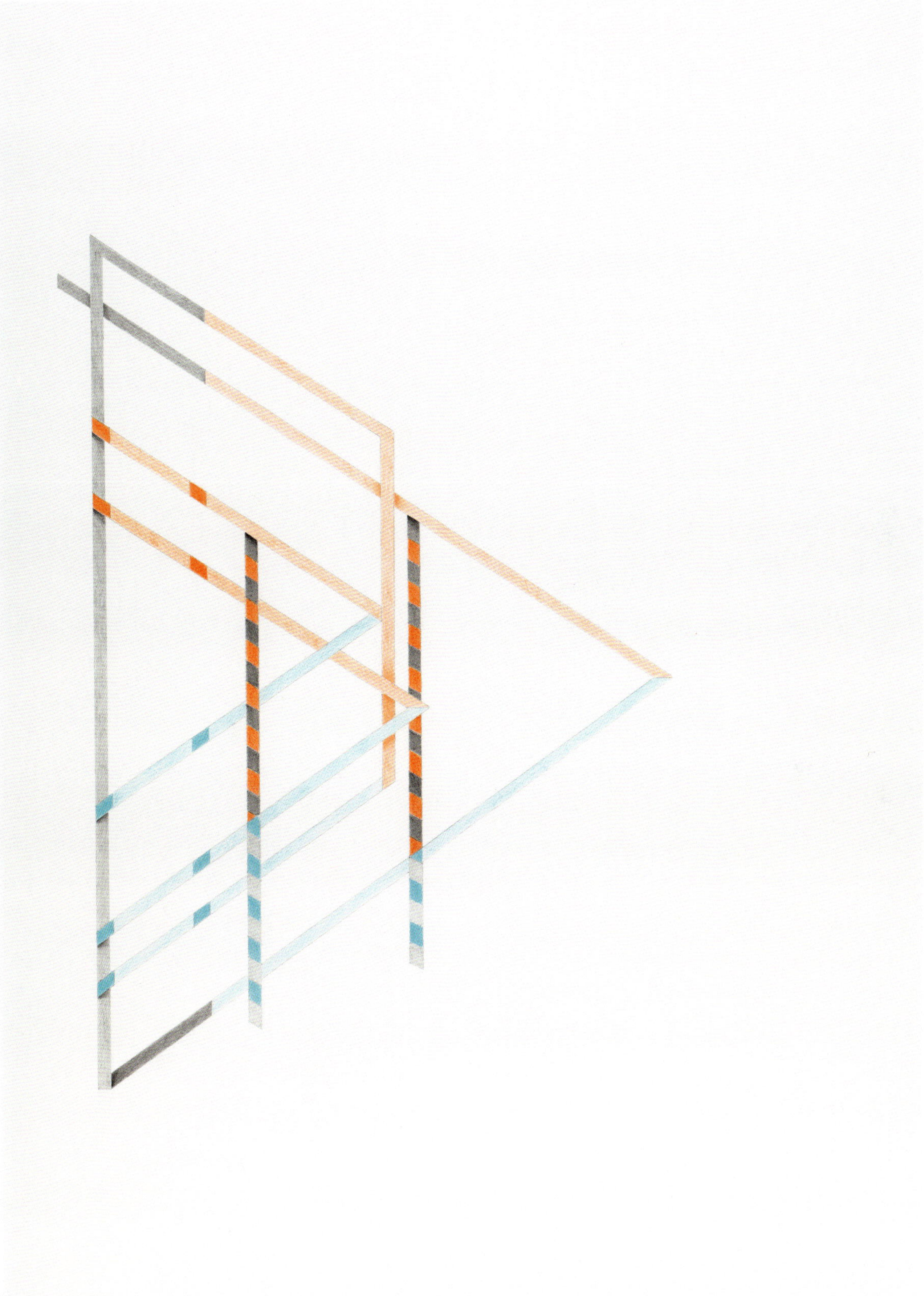

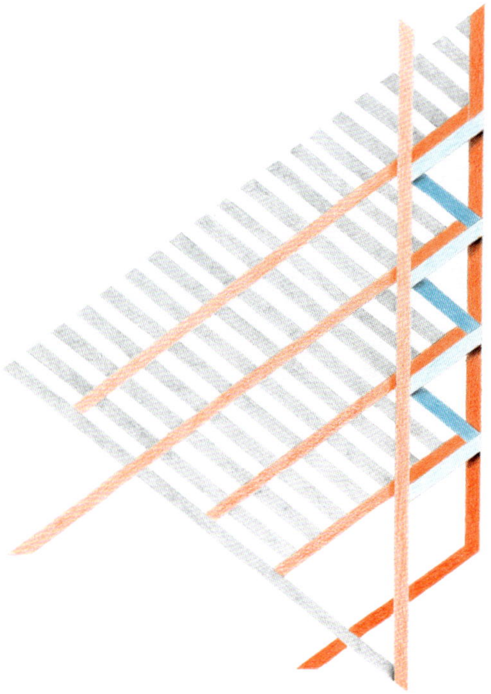

Untitled no. 1, 2008
Bleistift und Buntstift auf Papier | Pencil and colored pencil on paper

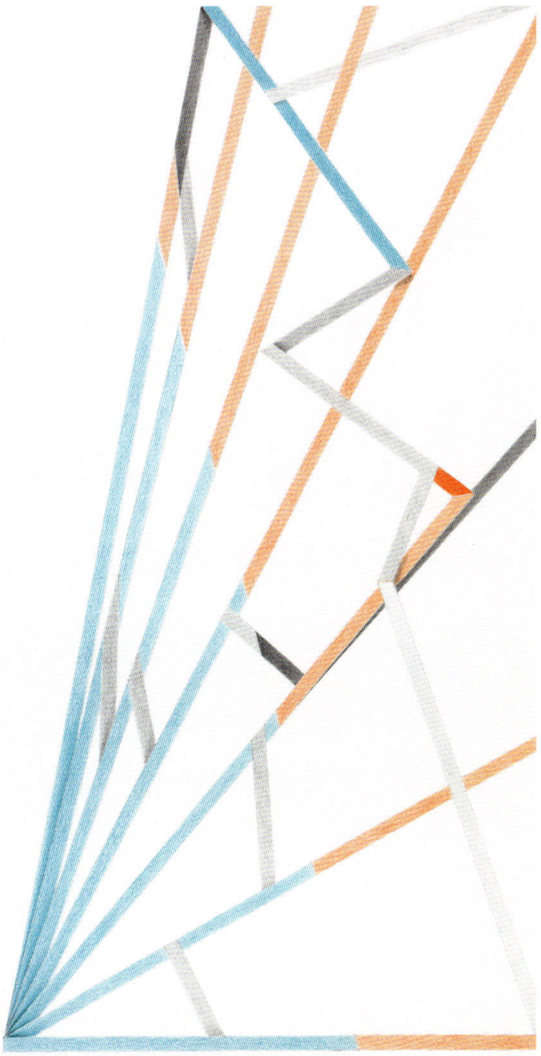

Untitled no. 5, 2008
Bleistift und Buntstift auf Papier | Pencil and colored pencil on paper

Lotte Lyon

Eine mächtige Rolltreppe führt in einem ausgehöhlten Raumschacht der Augustinerbastei hinab in die im Jahr 2000 neu eingerichteten Ausstellungsräume der Albertina. Die österreichische Künstlerin Lotte Lyon markiert mit ihrer Wandzeichnung, die sie eigens für die Ausstellung *Drawing Now: 2015* entwickelt hat, spezifische Raumelemente, die sich ganz buchstäblich begegnen und kreuzen. Den perspektivischen Blick auf die Rolltreppe nimmt Lotte Lyon in zweifacher Weise auf: Sie wiederholt in ihrer Zeichnung die Linien des elektrischen Förderbandes in ihrem Verlauf und überträgt die visuelle Bewegung der Lineaturen auf die Raumkubatur. Lotte Lyon arbeitet mit Phänomenen der Raumwahrnehmung, indem sie die perspektivischen Kürzungen der parallel laufenden Linien aufhebt. Sie vertraut nicht den Gesetzen der Perspektive, sondern begreift sie als »kühne Abstraktionen der Wirklichkeit«, wie es Erwin Panofsky ausdrückt, wenn er von der Perspektive als »symbolische Form« spricht. Mit der Zeichnung leitet, ja dirigiert Lotte Lyon den Blick, lässt ihn gleiten, stocken oder knickt ihn, um einen Richtungswechsel vorzunehmen. Die Zeichnung versteht die Künstlerin dabei als Verfahren, mit dem das Sehen selbst als performativer Vorgang begriffen wird. Anwendung findet dieses Verfahren auf Wänden oder Baukörpern, doch auch auf Kuben oder schrankartigen Objekten, auf die die meist farbigen Lineaturen appliziert werden. Den Objekten und spezifischen Raumsituationen sind häufig funktionale Elemente eingeschrieben, die Lotte Lyon mit Linien, Farben und Titeln betont und als Erzählung in Szene setzt. Lotte Lyons künstlerische Arbeiten bewegen sich an den Konfliktlinien räumlicher Darstellung zwischen Perspektive und digitaler Raumproduktion. Der unendliche, gleichmäßige und sich nach allen Seiten hin ausbreitende Raum der Perspektive wird eingeholt vom Koordinatensystem des Rasters, das seinerseits als »symbolische Form« agiert. Das Raster ist die Operation des Digitalen, es gilt als Versprechen für grenzenlose Ausdehnung genauso, wie für die Berechnung und Berechenbarkeit von Funktionen innerhalb derselben Grenzen, die zu überwinden es in der Lage ist.

A huge escalator leads through a hollowed-out shaft in the Augustinerbastei down to the exhibition rooms of the Albertina newly constructed in 2000. With her mural drawing, which she developed specially for the exhibition *Drawing Now: 2015*, the Austrian artist Lotte Lyon marks specific room elements which quite literally meet and cross. She takes up the perspective view of the escalator in two ways: in her drawing, she repeats the lines of the course of the escalator and transfers the visual movement of the lines into the three-dimensional space. She works with phenomena of spatial perception by abolishing the perspective foreshortening of the parallel lines. She does not trust the laws of perspective, but understands them as a "bold abstraction from reality," as Erwin Panofsky puts it when he speaks of perspective as "symbolic form." With her drawing, Lotte Lyon guides, indeed conducts, the gaze, allowing it to falter or bending it in order to make a change of direction. The artist sees drawing as a technique whereby the process of seeing is itself understood as a performative process. This technique is used on walls or buildings, but also on cubes or cupboard-like objects, onto which the mostly colored lines are applied. Often functional elements are inscribed into the objects and specific room situations, which the artist emphasizes with lines, colors, and titles, and stages as narrative. Lotte Lyon's artistic works operate along the conflict lines of spatial depiction between perspective and digital spatial production. The endless, even perspective space, spreading in all directions, is caught up by the coordinate system of the grid, which for its part acts as symbolic form. The grid is the operation of the digital: it is to be considered as the promise both of boundless expansion and of the calculation and predictability of functions within the same boundaries, boundaries which it is able to overcome.

Eva Maria Stadler

Ohne Titel, 2013
Skizze für die Deckenzeichnung | Sketch for the ceiling drawing *Rolltreppe*, 2014/15
Tintenroller und Buntstift auf Papier | Rollerball pen and colored pencil on paper

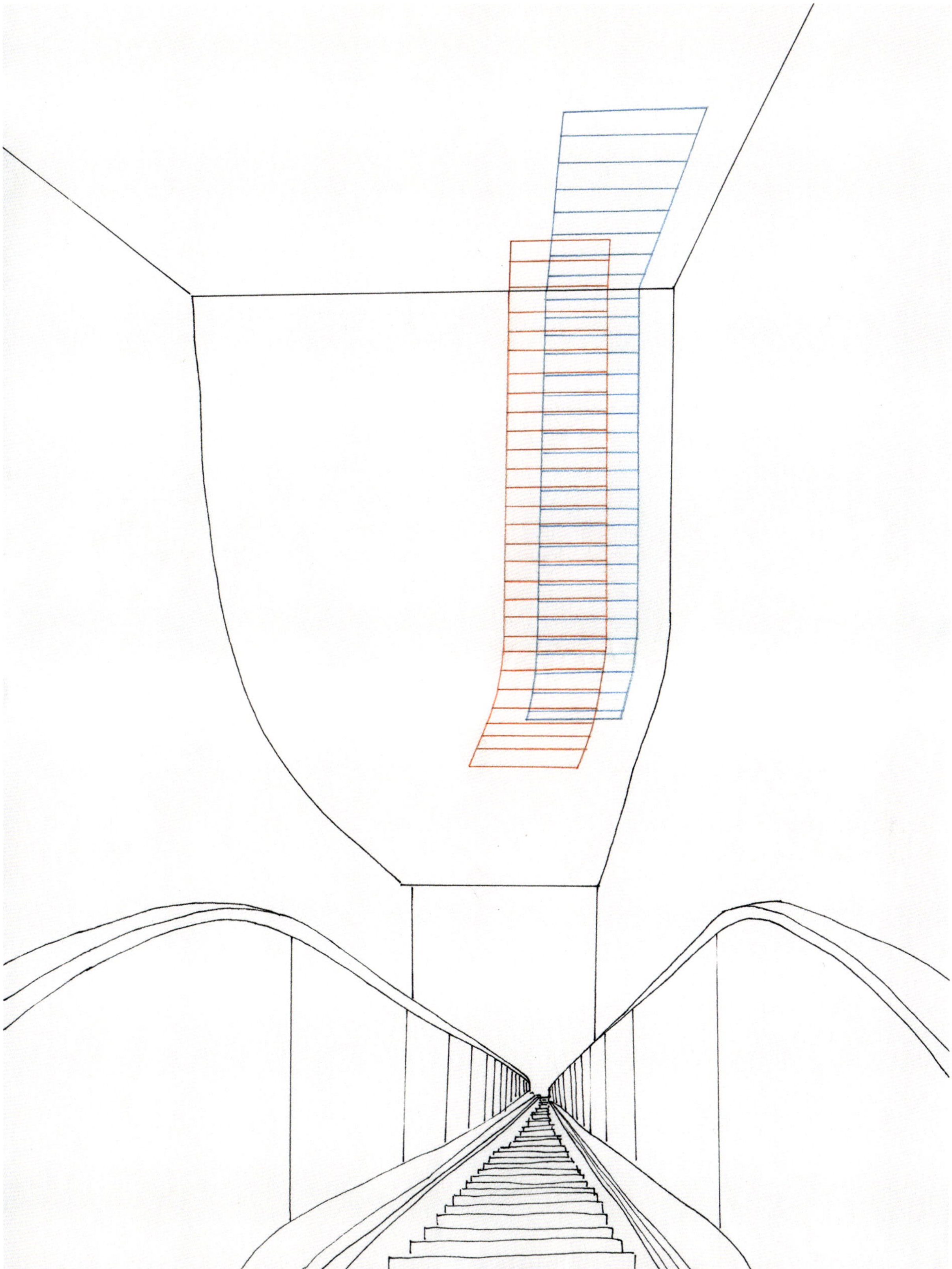

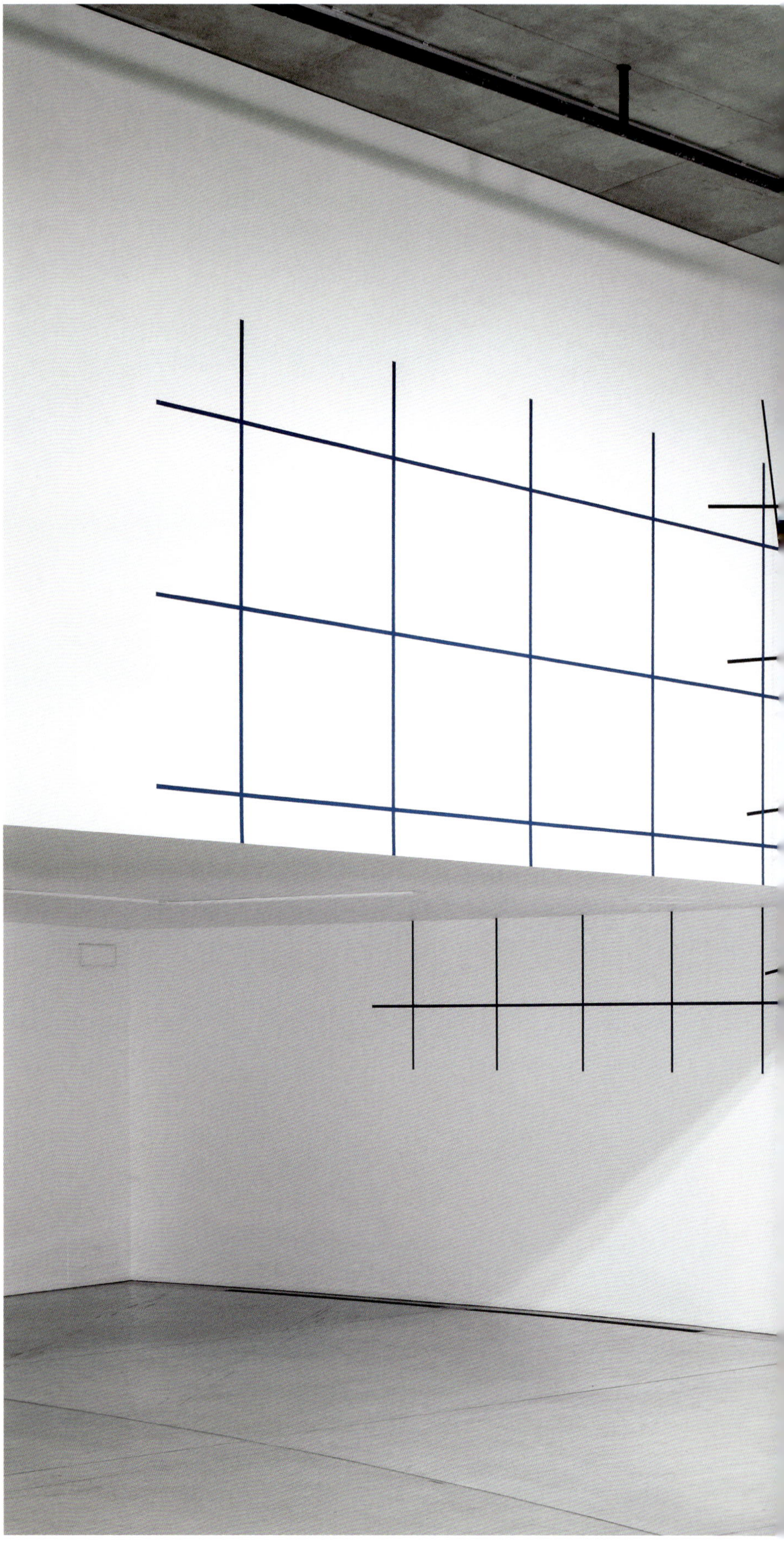

Ohne Titel, 2012
Acryl auf Wand | Acrylic on the wall
Ausstellungsansicht | exhibition view

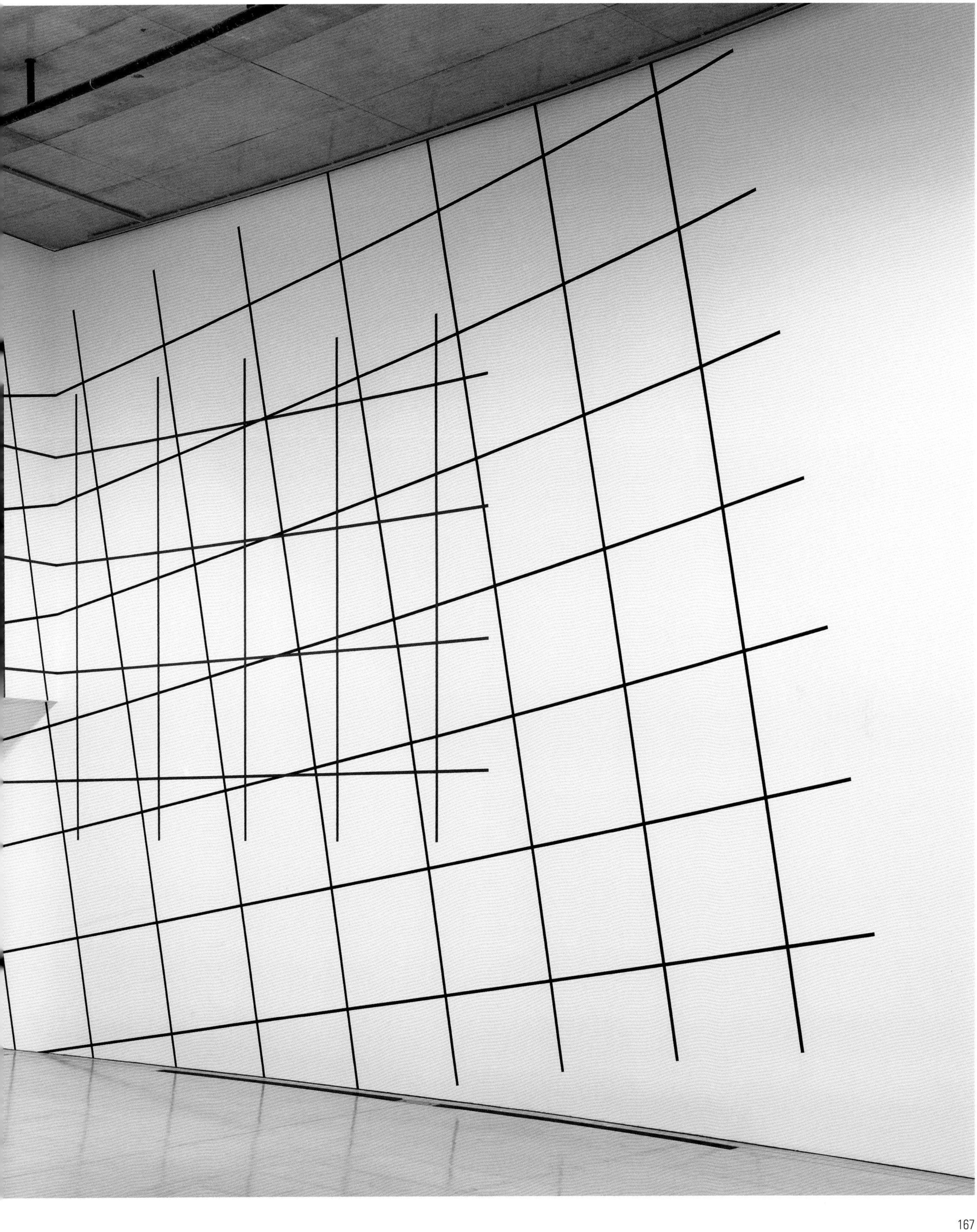

Fritz Panzer

Fritz Panzer war von Beginn seiner künstlerischen Arbeit an als Zeichner tätig. Der Gedanke, die Fläche zu verlassen, es mit seinem Medium in der dritten Dimension zu versuchen, und in den Raum aufzubrechen, kam ihm jedoch erst vor einigen Jahren. Als Material boten sich ein paar Rollen Flachdraht an.

Panzer biegt den Draht, um ihn in Form zu bringen und Volumen zu erzeugen, wickelt Verstärkungen entlang der Umrisslinien der Sujets, die er verdrahtet, Möbel und Gerät, aber auch Versatzstücke des Urbanen, ein abgeparktes Lastauto, ein Hydrant, eine Rolltreppe: das Inventar des öffentlichen Raums, Impressionen vom Randstein. Der Wickeldraht ist dünner als der formgebende Draht und bleibt oft lässig unversorgt in der Luft hängen, wobei sich eine informelle Parallelstruktur zur Matrix, zum eigentlichen Gefüge, bildet. Die Drähte erzeugen eine Transparenz, die nicht an feste Körper gebunden ist. Raum fließt durch die Skulpturen hindurch, und man meint, sie würden in ihm aufgehen. In Wahrheit aber sind sie es, die den Raum erst aktivieren und sichtbar machen.

Mit seinen Eisendrahtzeichnungen löst Panzer die Striche aus der Fläche und projiziert die Objektwelt in den Raum. Zeichnen am Papier, zeichnen im Raum. Draht, der beim Biegen Widerstand leistet, Lichtreflexe an seiner Oberfläche, grafische Schatten, die das Metallgerippe im Raum an die Wand wirft, sowie die Möglichkeit, Drähte verschiedener Stärke zu kombinieren: In all dem findet Panzer die Werte der zweidimensionalen Grafik wieder und spielt sie aus, mit aller Sensitivität für die Bedeutung, die das spröde, sparsam eingesetzte Material als Ausdrucksträger besitzt.

In den brüchigen Halden zwischen dem Sichtbaren und dem Unsichtbaren, wo alles anwesend und abwesend zugleich ist, sind Fritz Panzers fragile Drahtskulpturen womöglich sich widersetzende Subversion und ihr Schöpfer ein Meuterer.

From the outset of his artistic career, Fritz Panzer drew pictures. The thought of leaving the flat surface, of trying to take his medium into the third dimension, to break out into space, only came to him a few years ago. A few rolls of flat wire suggested themselves as appropriate material.

Panzer bends the wire to give it shape and volume and winds reinforcements along the contour lines of the subject he is "wiring," which include items of furniture and appliances, as well as set pieces of modern urban life, such as a parked truck, a hydrant, an escalator: the vocabulary of the public space, impressions gained from standing on the curb. The winding wire is thinner than the shape-giving wire, and often remains casually hanging in the air, creating an informal parallel to the matrix, the actual structure. The wires create a transparency which is not bound to solid bodies. Space flows through the sculptures, and we have the impression of being absorbed into them. In truth, however, it is the sculptures that activate, and make visible, the space in the first place.

With his wire drawings, Panzer releases the strokes from their flatland and projects the world of the object out into three-dimensional space. Drawing on paper, drawing in space. Wire that offers resistance when being bent, light reflections on its surface, graphic shadows cast on the wall by the metal cage in the room, and the possibility of combining wires of different thickness: in all this, Panzer rediscovers the values of two-dimensional graphic art and exploits them, with great sensitivity to the significance that the plain, economically deployed material possesses as a bearer of expression.

On the slippery slopes between the visible and the invisible, where everything is absent and present at the same time, Fritz Panzer's fragile wire sculptures represent, perhaps, defiant subversion—and their creator, a mutineer.

Brigitte Huck

Rolltreppe, 2006
Drahtskulptur | Wire sculpture

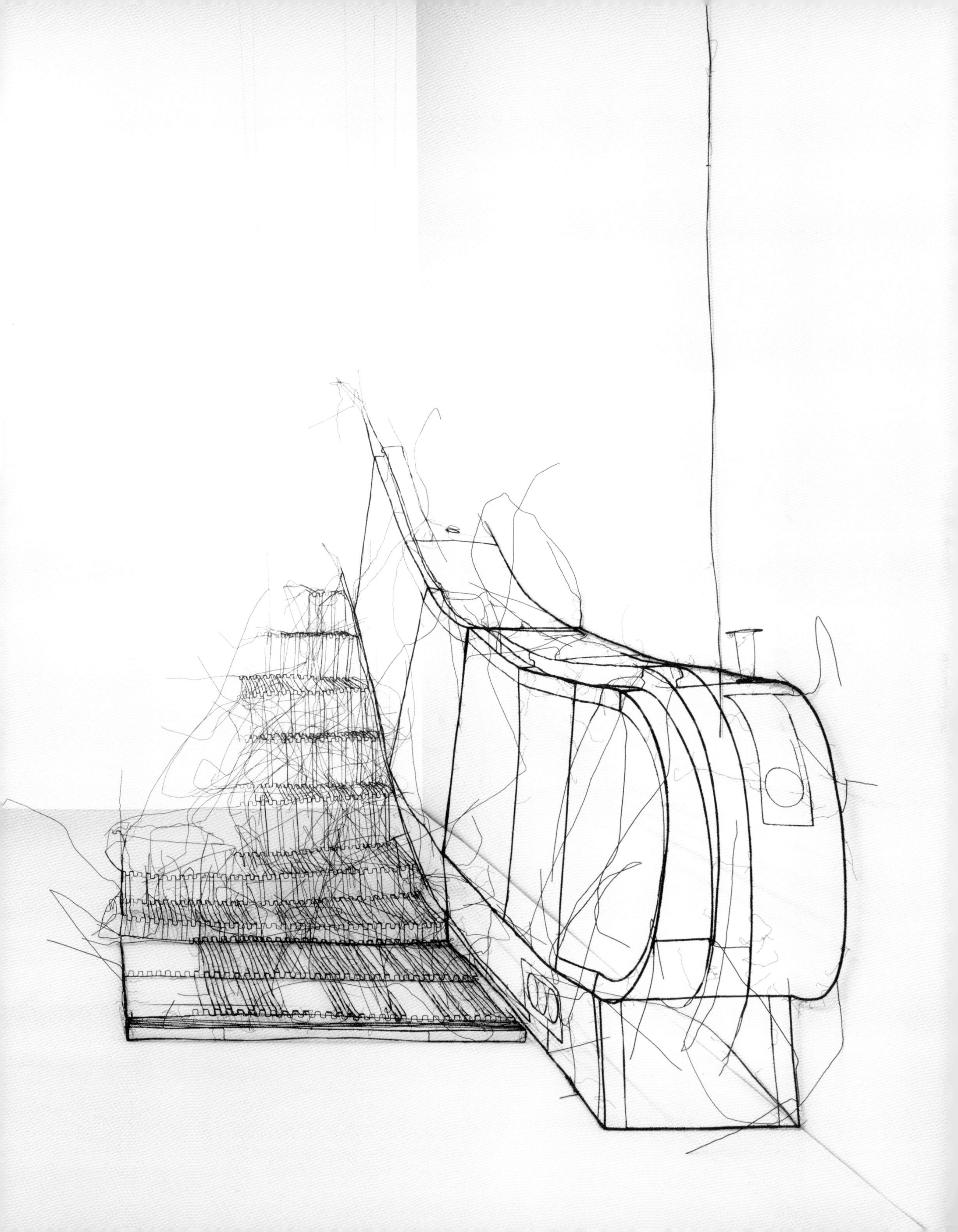

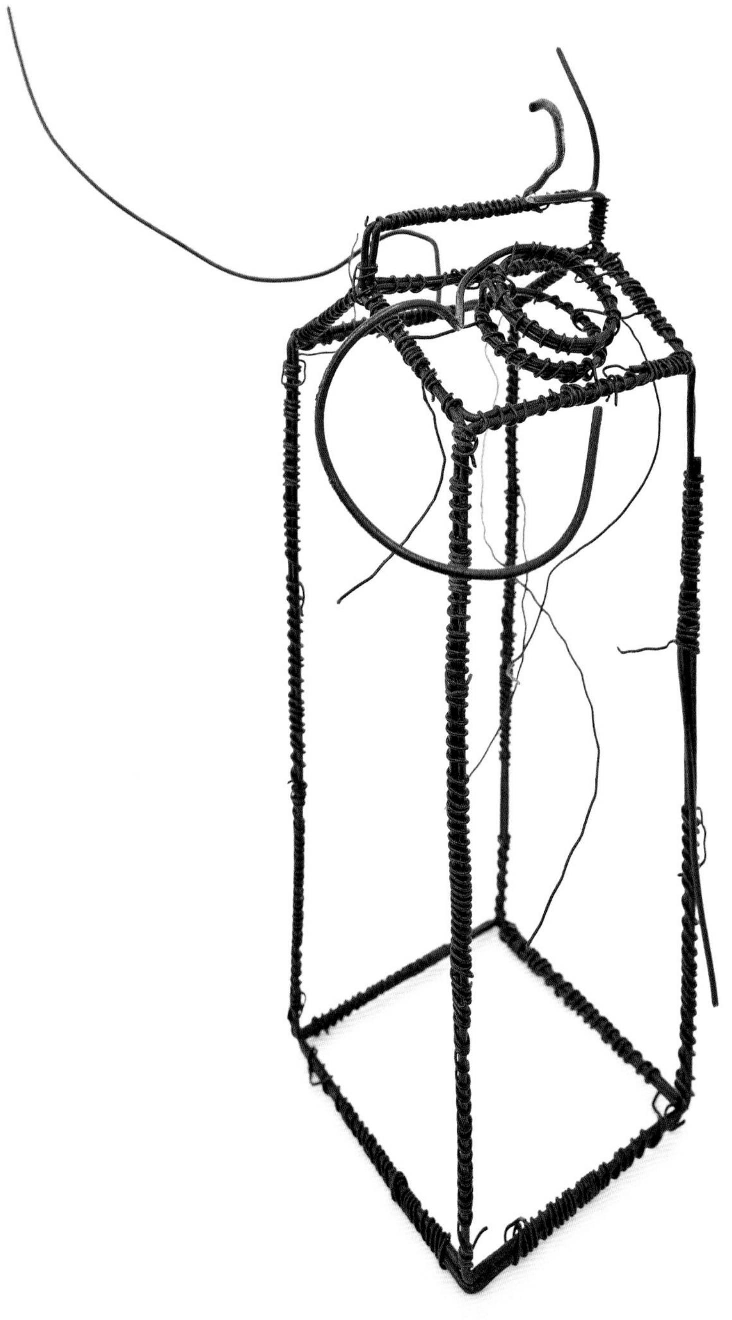

Milchpackerl, 2014
Drahtskulptur | Wire sculpture

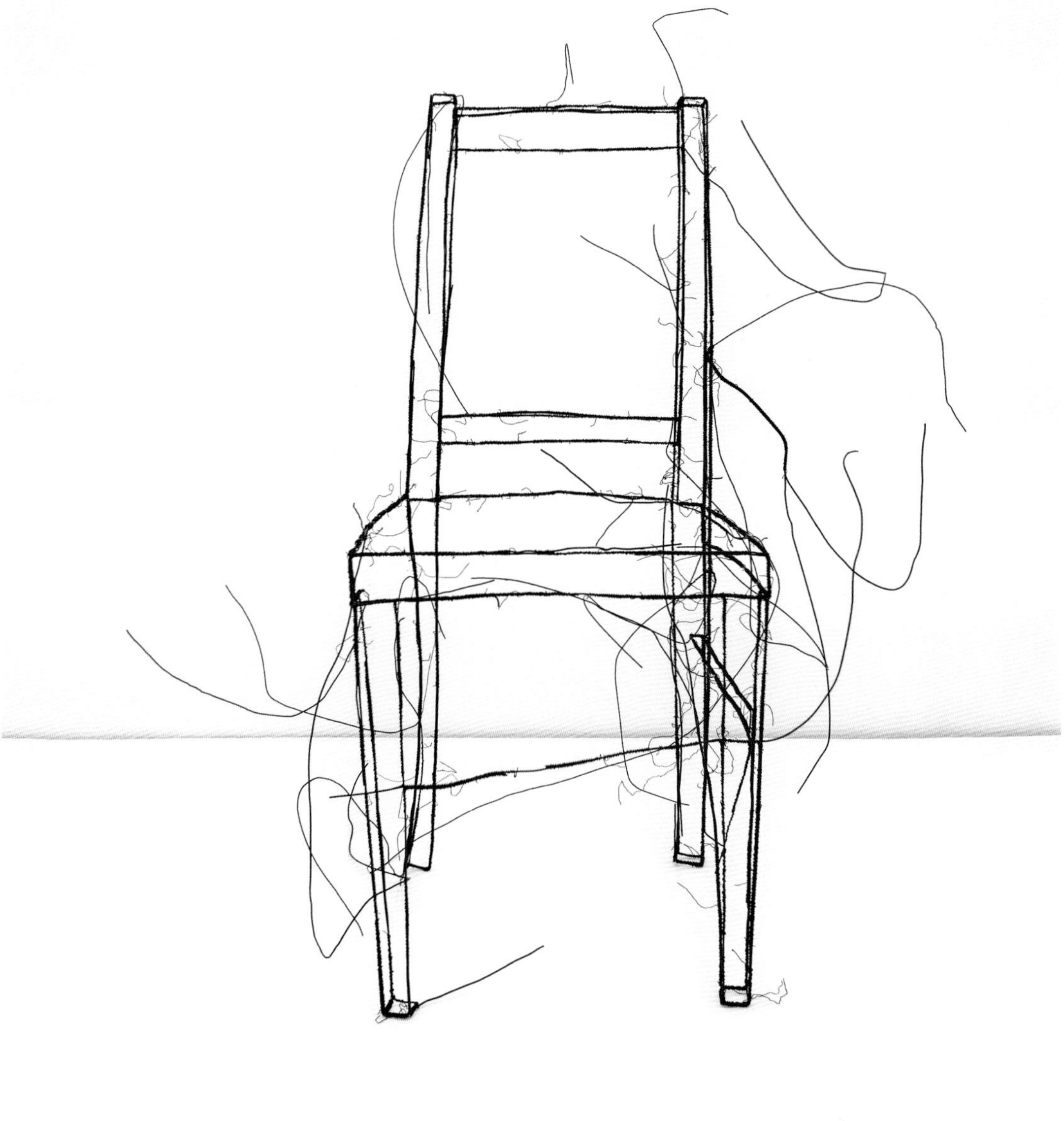

Detail aus | of *Judenburg, Prenning und Gutmann*, 2014
Drahtskulptur | Wire sculpture

Monika Grzymala

Sie überspannen hohe offene Räume und bedecken und durchziehen Säulen, Ecken und Wände zugleich. Monika Grzymalas Zeichnungen sind dramatisch und intim, voller Wellen und Serpentinen. Sie breiten sich vor unseren Augen aus und hinterlassen einen Eindruck von stets neuartigem Potenzial. Angesichts der in den Raum gezeichneten Linien spüren wir eine andere Dimension, als wären wir von der Zeichnung selbst mitgerissen durch das Zusammenfließen ihrer Grundbestandteile: Linie und Papier, Papier und Linie … Raum und Zeit – ein Raum des Bewusstseins, eine Zeit unendlicher Wandlung, auch der Flüchtigkeit – kurz gesagt, die Schönheit des Kreislaufs des Lebens …

In der Entwicklung von Grzymalas Œuvre wächst sich ihr Zeichnen in viele Richtungen und Dimensionen aus, bestehend aus Tausenden von Metern farbigen, industriell produzierten Papierklebebands von 2 bis 5 Zentimeter Breite, wie etwa in *Transition* (2006), *Rhizome* (2007) und *Swoosh* (2007). Ihre weißen Verflechtungen, die frei schwebend versponnen sind, schaffen sozusagen einen Kokon des Lebens. So eröffnet etwa *LineAge/Twisted* (2005) im Drawing Center in New York neue Zugänge zum Verständnis der Frage, wie Raum infiltriert wird. Grzymala sagt über die Rolle des Raums als Medium von Erkenntnis und Handlung, dass Zeichnen für sie »ein von der Hand geleitetes Denken« ist, die Linien Orientierung sind. Ebenso hat sie die Aufgabe ihrer Kunst auf eine tiefe Ökologie ausgerichtet, eine, die uns mitteilt, dass wir uns selbst ändern müssen, damit wir unseren Platz innerhalb der Gesellschaft und der uns umgebenden Welt einnehmen können. Denn was wären wir anderes als Teil einer Leere mit Verbindungslinien, die eins ins andere ziehen, einen Weg vom einen zum anderen zeichnen und umgekehrt. Die Zukunft kann allein aus schrittweiser, stets neuerlicher Anpassung der gegenwärtigen Erkenntnis entstehen, dass wir, Mensch, Natur und Technik, mit sich kreuzenden Linien an die uns umgebende Welt gefesselt sind, denn heute haben wir den Sinn des Teilens und der Zusammengehörigkeit verzeichnet und verloren. Was hier zur Diskussion gestellt wird, ist ein verstrichener, gemeinsamer existenzieller Unterton: ein sinnlicher

Overarching high open spaces, while covering and crossing columns, corners and walls, Monika Grzymala's drawings, dramatic and intimate, undulant and serpentine, unfurl before our eyes with a sensation of ever novel potential. Observing the drawn lines in space, we sense another dimension as though enraptured by the drawing itself, within the confluence of its basic elements: line and paper, paper and line . . . space and time—a space of awareness, a time of infinite transformation, of ephemerality too—in short, the beauty of the cycle of life. . . .

As Grzymala's work evolves, her drawing comes to be multidirectional and multidimensional, consisting of thousands of meters of colored industrial paper tape, about 2 to 5 centimeters wide, as in *Transition* (2006), *Rhizome* (2007), and *Swoosh* (2007). Spun in midair, some of her white entanglements create, as it were, a cocoon of life, as in *LineAge/Twisted* (2005) at the Drawing Center (New York), bearing new avenues for understanding the infiltration of space. With the role of space as knowledge and action, and of lines as guidance, Grzymala has said that for her "drawing is a handled thought" and has aligned her art's mission with a deep ecology, one telling us that we need to change ourselves in order to be within the community and encompassing world. Because what else are we than part of a connective void with lines drawing one into another, one from another, one to another. The future can only result from a gradual readaptation of the present recognition that we are bound in chiasmic lines to the surrounding world, human and nonhuman, for in our contemporary world we have distorted and lost the sense to share in togetherness. An elapsed shared existential

Polyeder/Polyhedron, 2011
Ephemere Raumzeichnung aus 4 km matt schwarzem Klebeband | Ephemeral spatial drawing, 4 km matte black tape
Ausstellungsansicht | exhibition view

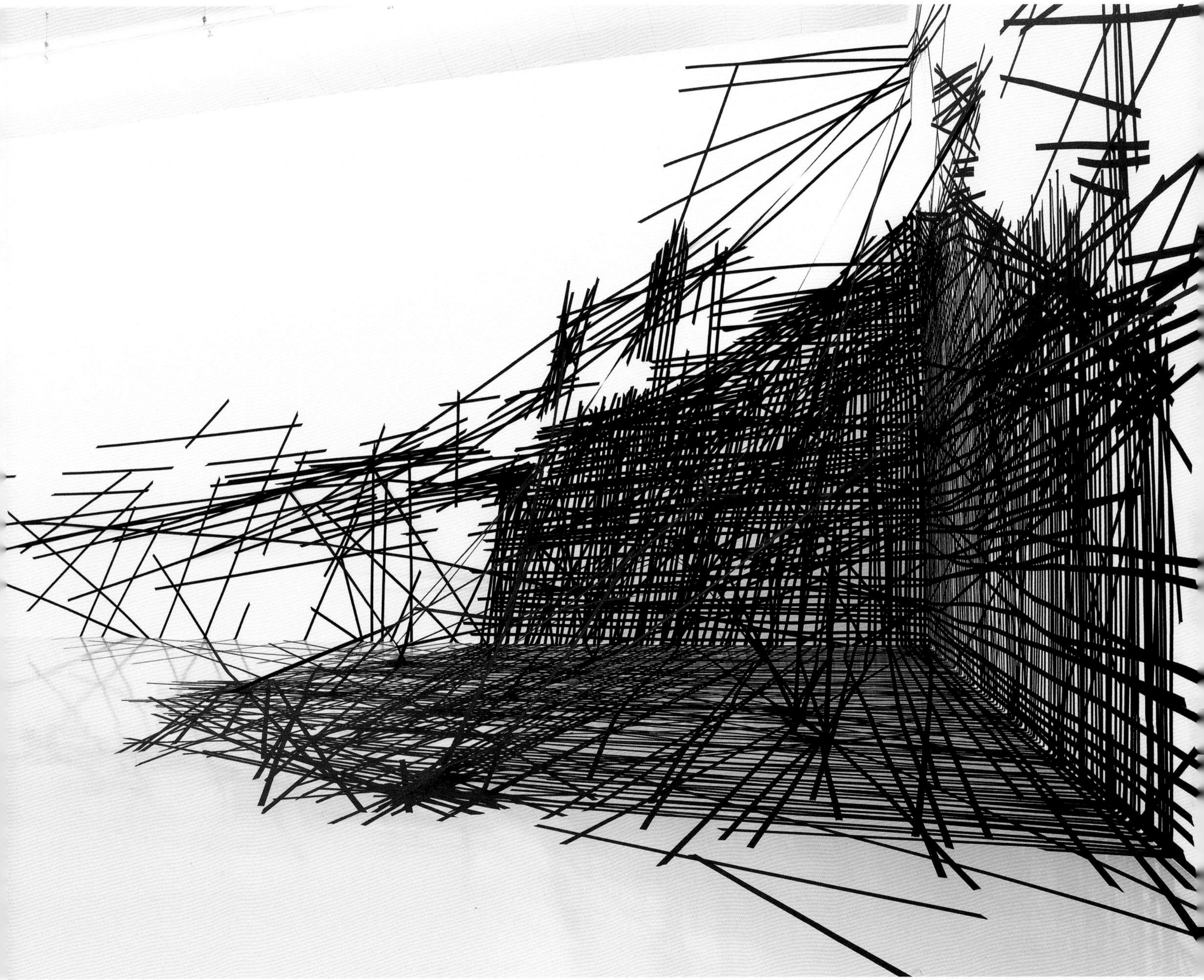

Raum, in dem die gesamte Natur, der Mensch eingeschlossen, miteinander verbunden ist, in dem ein Jedes mit allem fusioniert und nichts ausgeschlossen ist, in dem eine jede Natur ein Selbstbewusstsein besitzt, das sich nach außen erstreckt – eine neue Lebenslinie.

undercurrent in everything is at issue here: a sensuous space wherein all natures are joined, each at once fused and subjective without exclusion of others, each with a self-consciousness that is extending outward—a new line of existence.

Catherine de Zegher

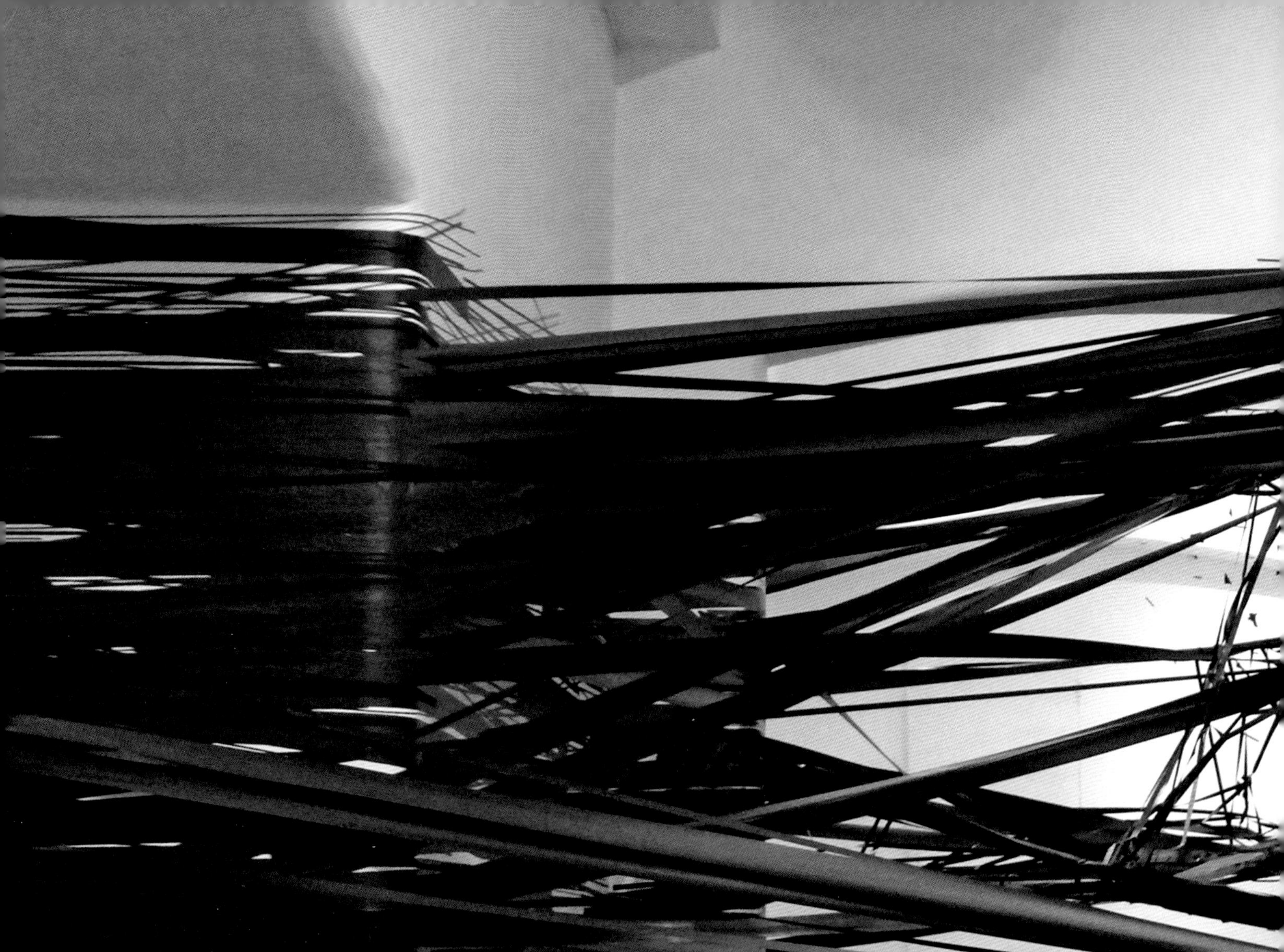

Raumzeichnung xyz, 2011, Ephemere Raumzeichnung aus 3,3 km schwarzem Klebeband |
Ephemeral spatial drawing, 3,3 km black tape, Ausstellungsansicht | exhibition view

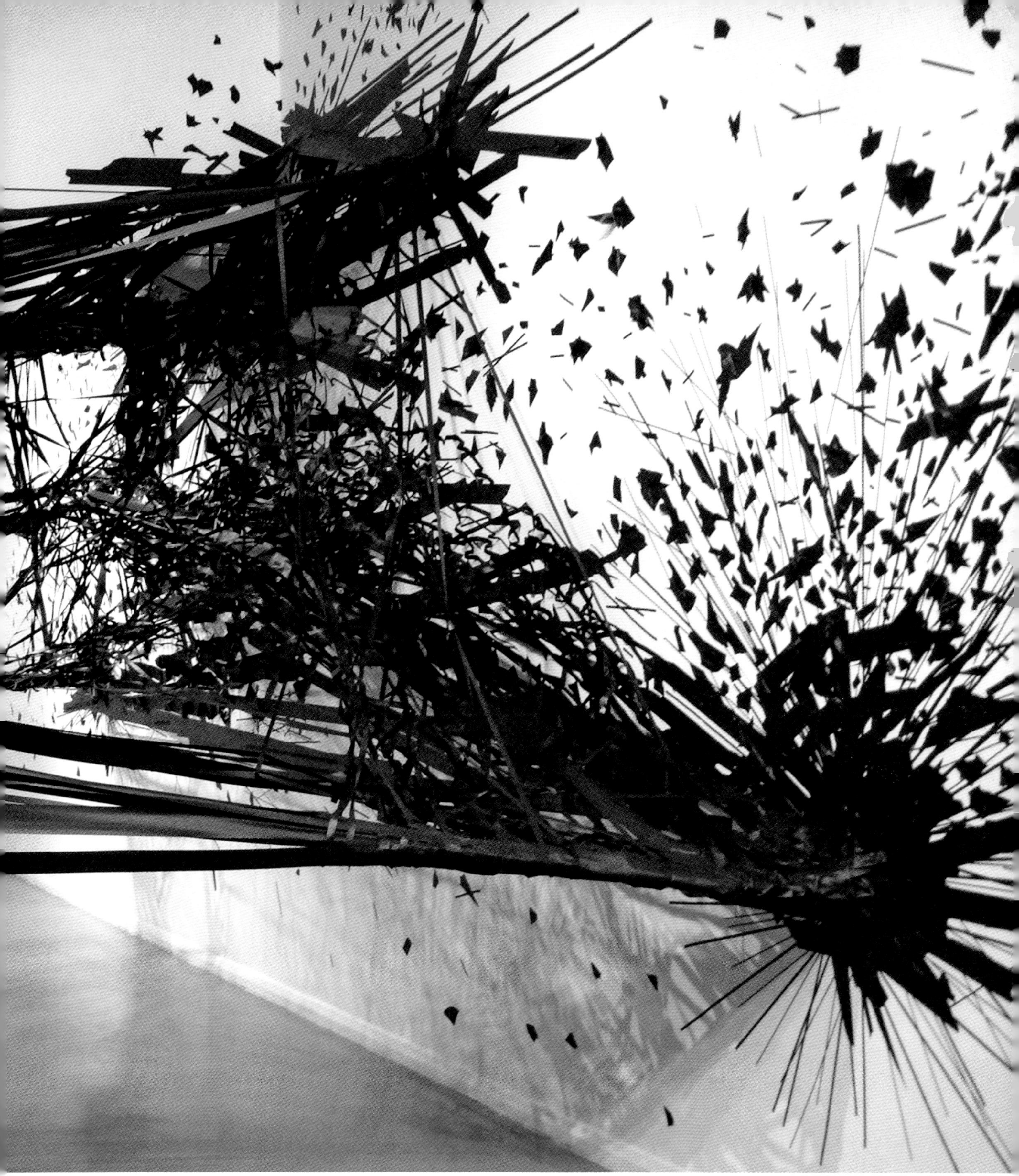

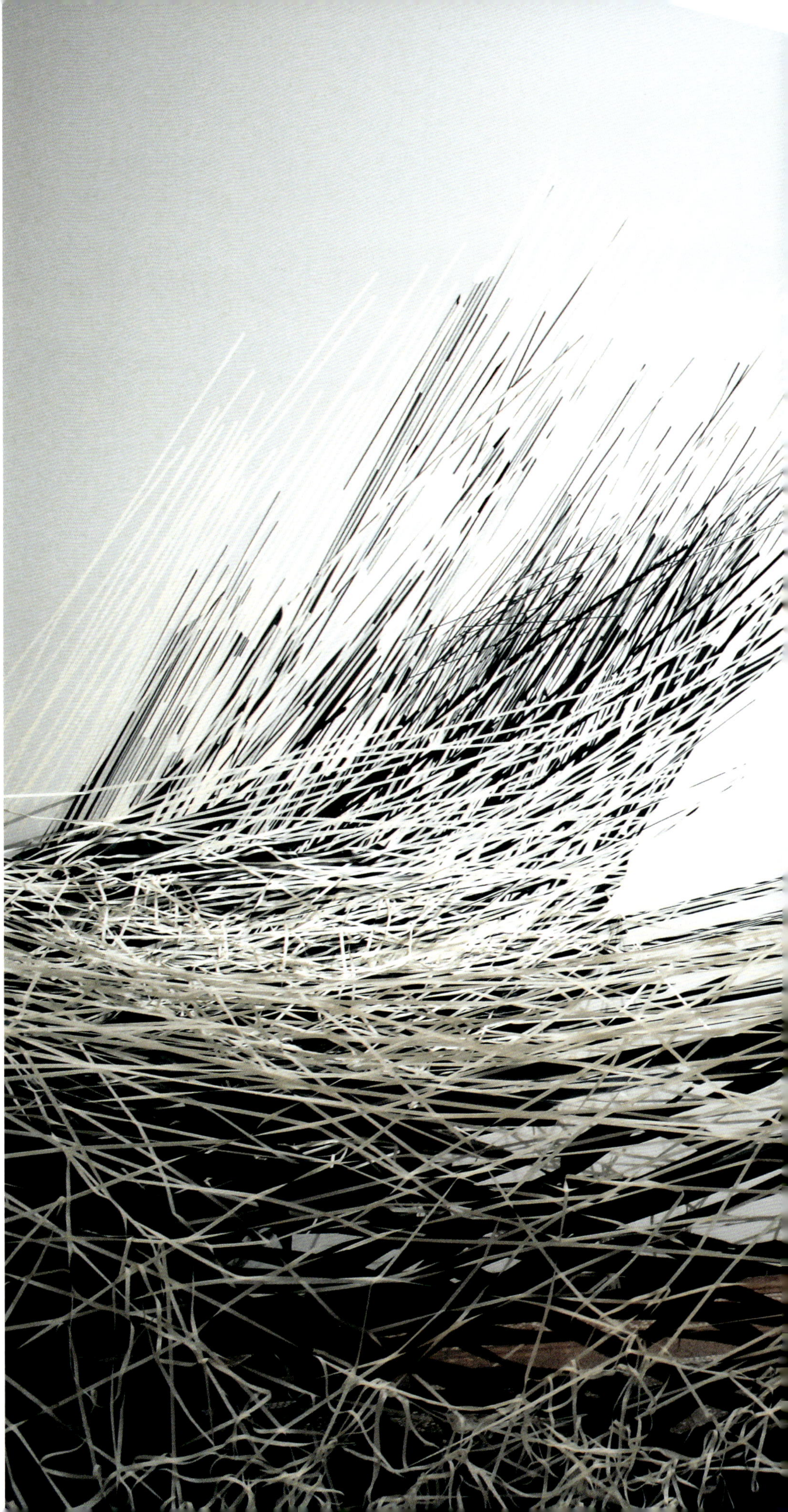

Raumzeichnung (Kubrick), 2013
Ephemere Raumzeichnung aus 3,3 km schwarzem und weißem Klebeband | Ephemeral spatial drawing, 3,3 km black and white tape
Ausstellungsansicht | exhibition view

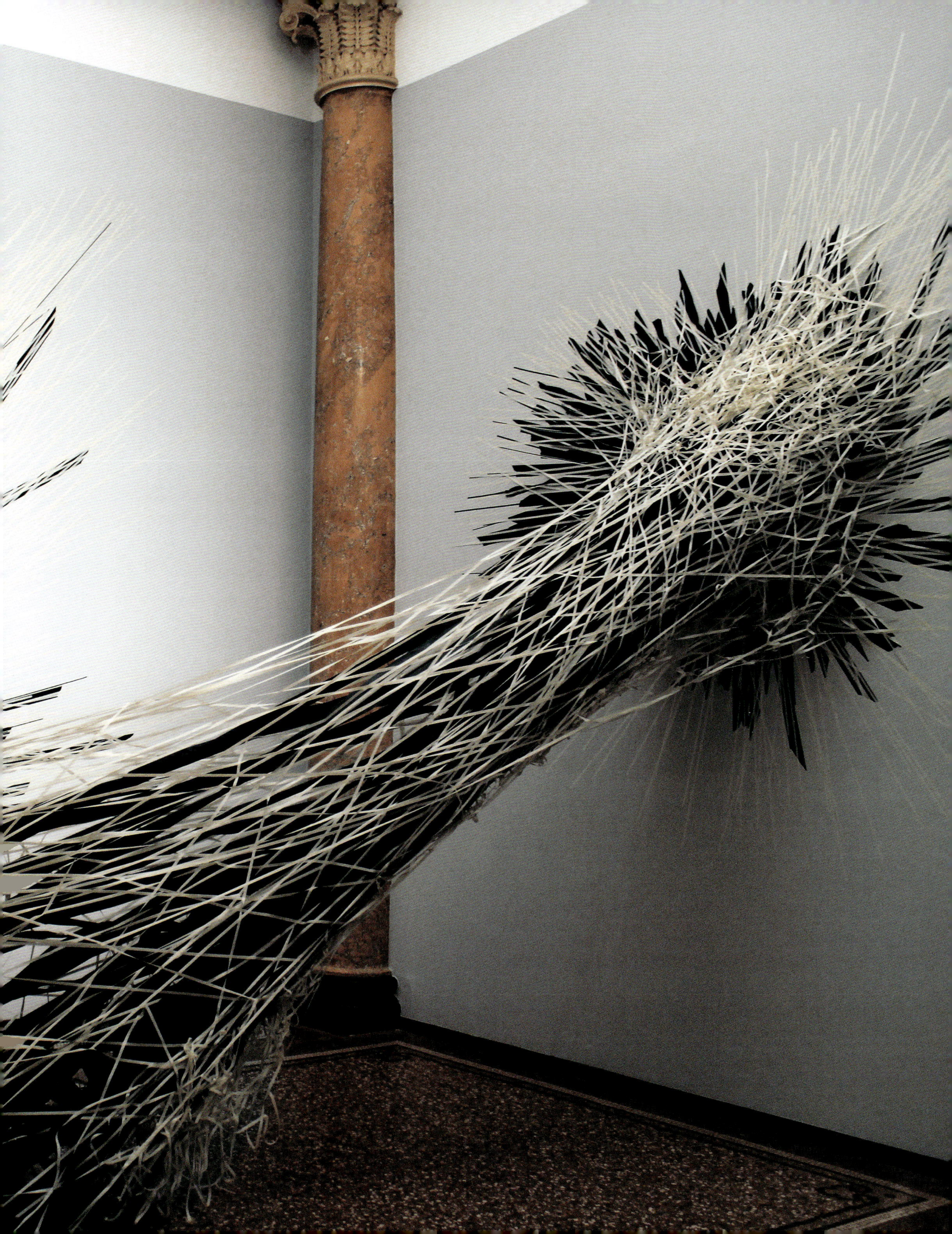

Julie Mehretu

Julie Mehretu ist vermutlich eher für ihre großen, oft monumentalen Gemälde bekannt, dennoch beruht ihre künstlerische Vorgehensweise wesentlich auf einer Erkundung des Zeichenprozesses. In den Arbeiten auf Papier experimentiert sie mit bildlichen und konzeptuellen Ideen, von denen einige anschließend Eingang in ihre Malerei finden. Die Zeichnungen erlauben eine gewisse Intimität und ein größeres Maß an Spontaneität, die sie in Bereiche führt, zu denen sie nicht unbedingt bewusst vorgedrungen wäre.

Mehretus ältere Arbeiten sind von größerem Format, von leuchtender Farbe und werden von grafischen Strukturen zusammengehalten, die nicht auf den ersten Blick erkennbar sind. Könnte es sich möglicherweise um Migrationsrouten handeln oder um eine andere unbekannte Abfolge von Assoziationen? Offensichtliche Anhaltspunkte, die uns auf die Spur helfen könnten, existieren nicht. Stattdessen entdecken wir eine intensive Aktivität und ein Wechselspiel zwischen unterschiedlichen Schichten und ihren sich voneinander absetzenden Zeichenvokabularien, die zugleich abstrakt und figurativ, kühn und zerbrechlich, organisch und geometrisch, farbig und unbestimmbar sind. Dies legt sich nicht, die Spannung bleibt bestehen.

Die jüngeren Arbeiten, von ganz anderer, homogenerer Qualität, sind bewusst reduziert, der Farben entledigt und enthalten multiple Informationsschichten, die bereits in den früheren Arbeiten nur schwer zu entziffern waren. Der Betrachter erkennt nervöse Bündelungen von Zeichen – Schriftzeichen, wie Mehretu sie nennt –, konzentriert in Passagen akuter Hyperaktivität, die von einem stummen weißen Raum eingegrenzt werden. Sie lassen Bezüge zur Geschichte der Zeichenkunst erkennen, von der mystischen chinesischen Kalligrafie bis hin zu Henri Michaux' automatischen Geisteslandschaften, und vermitteln ein eigenständiges, bedrohliches Potenzial.

While Julie Mehretu is perhaps best known for her large, often monumental paintings, her working practice has been constructed around an exhaustive exploration of the processes of drawing. Her works on paper serve as testing grounds for visual and conceptual ideas, some of which will subsequently find their way into her painting. They afford a certain intimacy and a greater degree of spontaneity, leading her to places that she had not necessarily intended to venture.

Mehretu's older works, larger in scale and more vibrant in color, are held together by underlying graphic structures that our eye instinctively attempts to decipher. Could they be migratory routes, perhaps, or some other unknown sequence of associations? There are no obvious clues to help us. What we find instead is an intense amount of activity and play between the different layers and their contrasting vocabulary of marks that are at once abstract and figurative, bold and brittle, organic and geometric, colored and nondescript. They refuse to settle, thrillingly so.

The more recent works have an altogether different, more homogenous quality to them. They are deliberately pared down, stripped of color and the multiple layers of information that we struggle to process in the earlier works. We are left with nervous clusters of marks—or characters, as Mehretu refers to them—crowded together in passages of acute hyperactivity confined within a perimeter of muted white space. They allude to the history of drawing, from mystical Chinese calligraphy to Henri Michaux's automatic landscapes of the mind, while delivering a threatening potential that is all their own.

Jasper Sharp

Untitled (7), 2014
Tusche auf Papier | Ink on paper

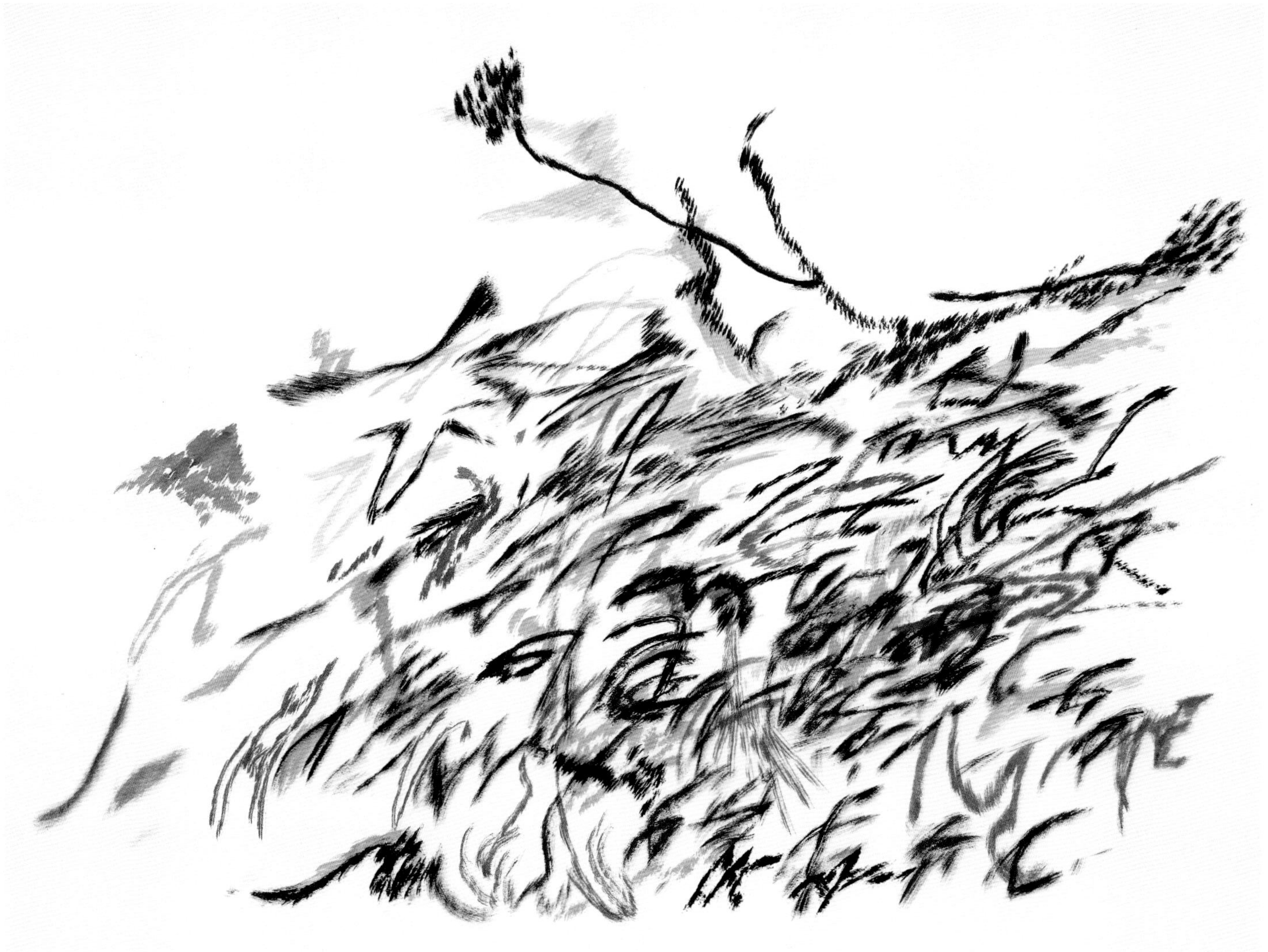

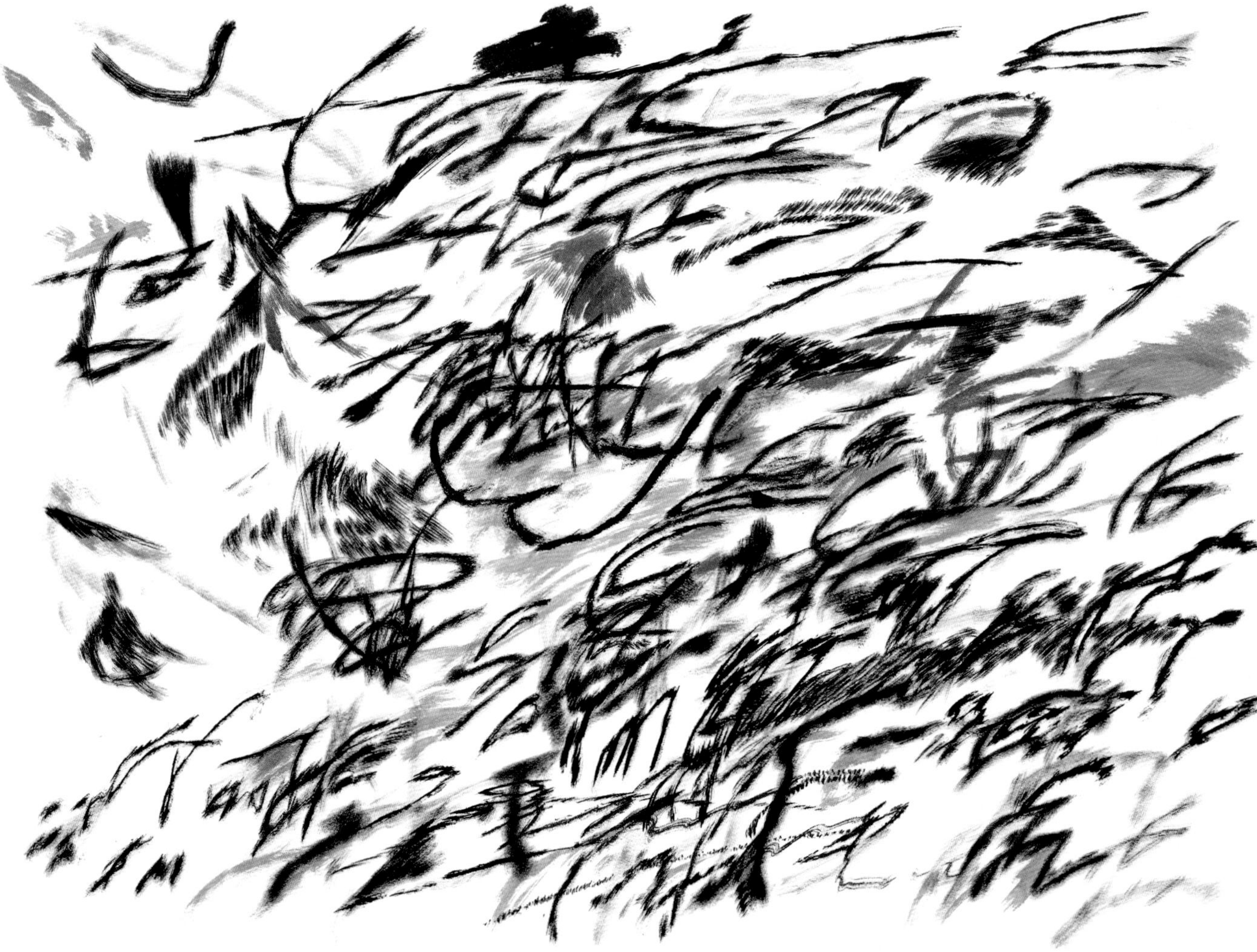

Untitled (8), 2014
Tusche auf Papier | Ink on paper

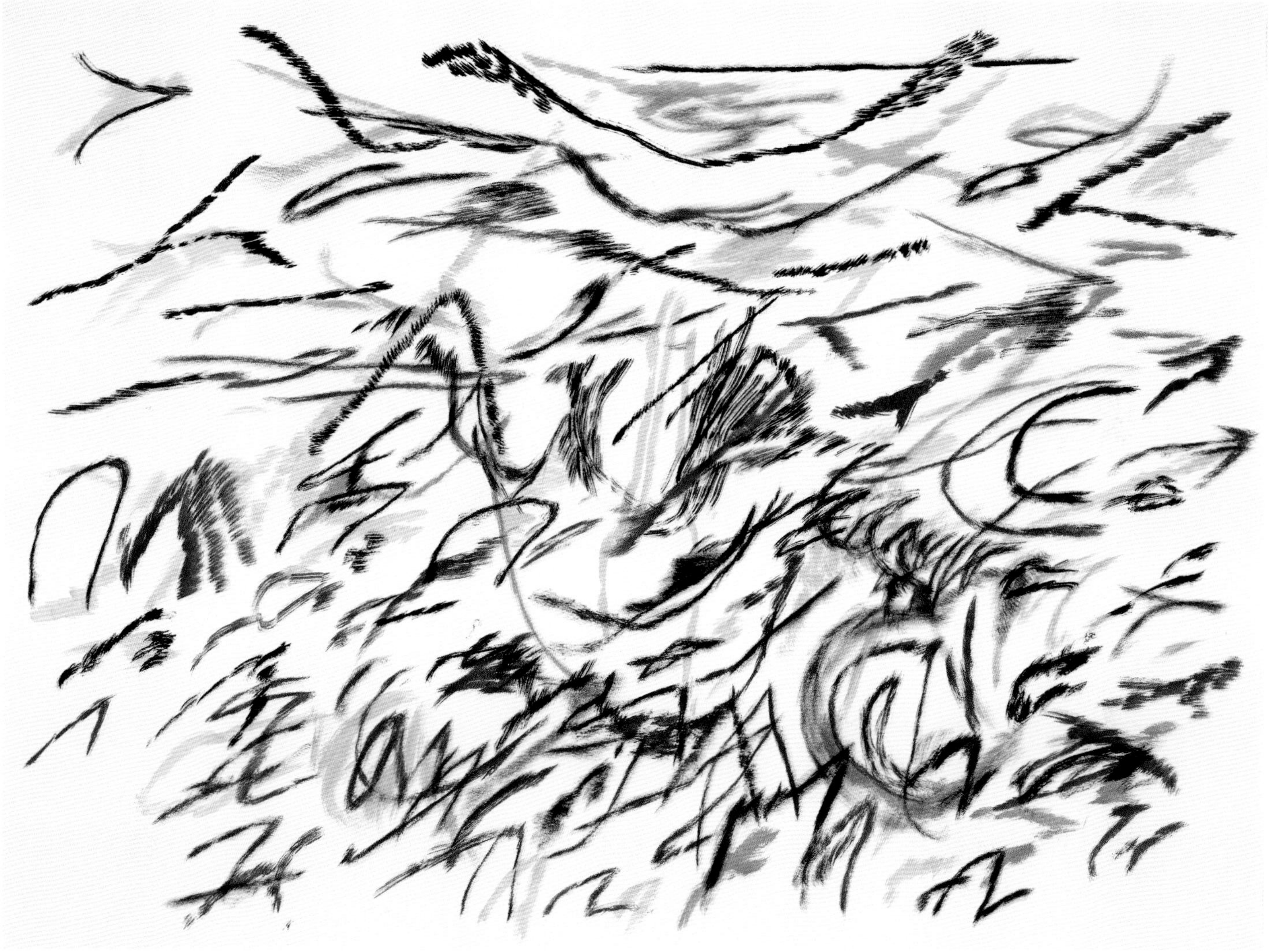

Untitled (9), 2014
Tusche auf Papier | Ink on paper

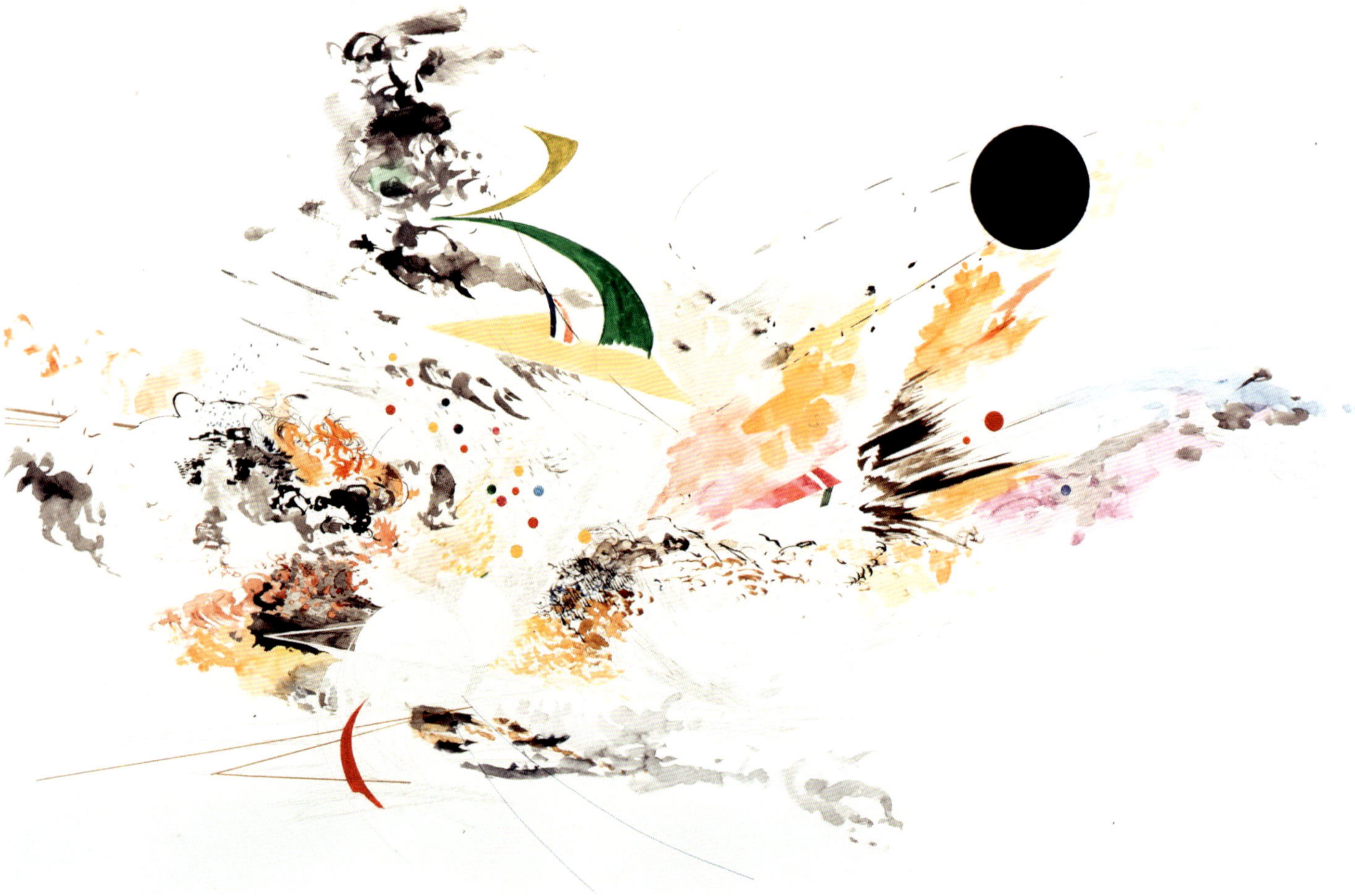

Untitled (2005 drawings), 2005
Grafit und Aquarell auf Papier | Graphite and watercolor on paper

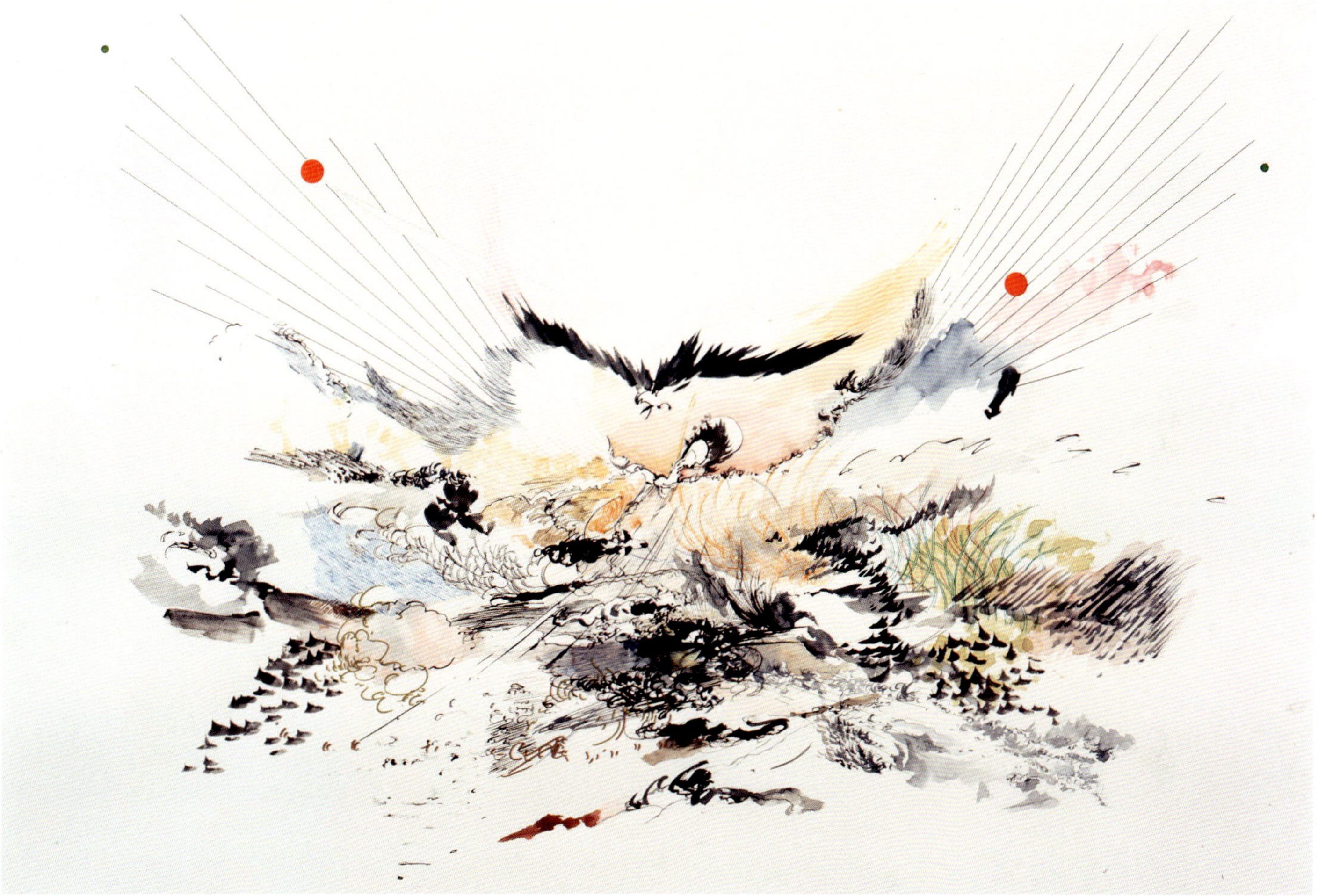

Untitled (2005 drawings), 2005
Tusche, Buntstift, Grafit und Aquarell auf Papier | Ink, colored pencil, graphite, and watercolor on paper

Jorinde Voigt

Jorinde Voigts Arbeit im Feld der Zeichnung besteht in der Veranschaulichung, ja Verräumlichung komplexer, oft performativ anmutender Handlungsgefüge. Wichtiges Instrument ist dabei die Linie, die in der Regel nicht autonom eingesetzt wird, sondern als quasi diagrammatische Extension bestimmter Paradigmen zu begreifen ist, welche die Impulse und Faktoren der von Voigt entfalteten Geschehnisse messen und regeln. Die meist ausgesprochen dynamischen Systeme, die in der Fläche oft großformatiger Zeichenblätter polyfokale Choreografien erzeugen, sind seit vielen Jahren Thema der Künstlerin.

Waren anfangs der auch zur Beschriftung eingesetzte schwarze Fineliner ihr bevorzugtes Ausdrucksmittel, so kamen mit der Zeit farbige Linien, schließlich auch malerisch entwickelte Farbflächen zum Einsatz, vielfach in einer besonderen Intarsientechnik erstellt.

Wie etwa in ihrer Werkfolge zu Niklas Luhmanns Abhandlung *Liebe als Passion. Zur Codierung von Intimität* (1982) von 2013/14 entstehen auf dem Papier Körper und Fragmente, auch apparathafte Teile, die mit Voigts linear vermittelten Aktionen – sie spricht von »Matrix« – interagieren beziehungsweise deren Resultat darstellen. Dass Jorinde Voigt mit ihren 42 *Works on Luhmann* einen Text des renommierten Soziologen und Systemtheoretikers Niklas Luhmann zum Ausgangspunkt ihrer Untersuchungen macht, erscheint folgerichtig. Doch geht es keineswegs um Textillustration, sondern um die subjektive künstlerische Aktualisierung einzelner Sätze oder Begriffe. Dass ihren systemisch und algorithmisch geprägten Linienkonstellationen eine körperlich-erotische Note innewohnt, bezeugte einige Jahre zuvor die Auseinandersetzung mit erotischen Motiven in der ostasiatischen Kunst.

Voigts Arbeiten sind Weltschöpfungen gemäß besonderen Spielregeln, die gleichwohl nicht außerhalb aller gesellschaftlichen Realitäten angesiedelt sind. Die Künstlerin erzeugt bildhafte Parti-

Jorinde Voigt's work in the field of drawing consists in the illustration, indeed spatialization, of complex, often performative-like structures of action. An important instrument in this process is the line, which is as a rule not deployed autonomously, but rather is to be understood as a diagrammatic extension of particular paradigms that measure and regulate the impulses and factors of the events unfolded by Voigt. These usually decidedly dynamic systems that often generate polyfocal choreographies on the two-dimensional surface of large-format sheets have been the artist's theme for many years.

While, to start with, her preferred means of expression was the fineliner, which she also used for lettering, with time this was supplemented by colored lines, and finally colored areas developed in a painterly fashion, often created in a special inlay technique.

As, for example, in her series, dating from 2013/14, on Niklas Luhmann's 1982 treatise *Liebe als Passion. Zur Codierung von Intimität* (*Love as Passion: The Codification of Intimacy*), bodies and fragments appear on the paper, as well as gadget-like elements, which either interact with the actions that she conveys through linear means—she speaks of "matrix" in this context—or else depict their result. It seems only logical that Jorinde Voigt, with her 42 *Works on Luhmann*, has taken as a starting point for her investigations a work by the distinguished sociologist and systems theoretician Niklas Luhmann. But she is concerned not with illustrating text, but with the subjective artistic actualization of individual terms or sentences. The physically erotic note immanent in her systemically and algorithmically determined line configurations continues the preoccupation, some years earlier, with erotic motifs in Far Eastern art.

Der über Sexualität laufende Intimgehalt, Niklas Luhmann: Liebe als Passion, Einbeziehung der Sexualität XXXVIII, 2014
Tinte, Blattgold, Bleistift, Pastell, Fixativ auf Papier | Ink, gold leaf, pencil, pastel, and fixative on paper

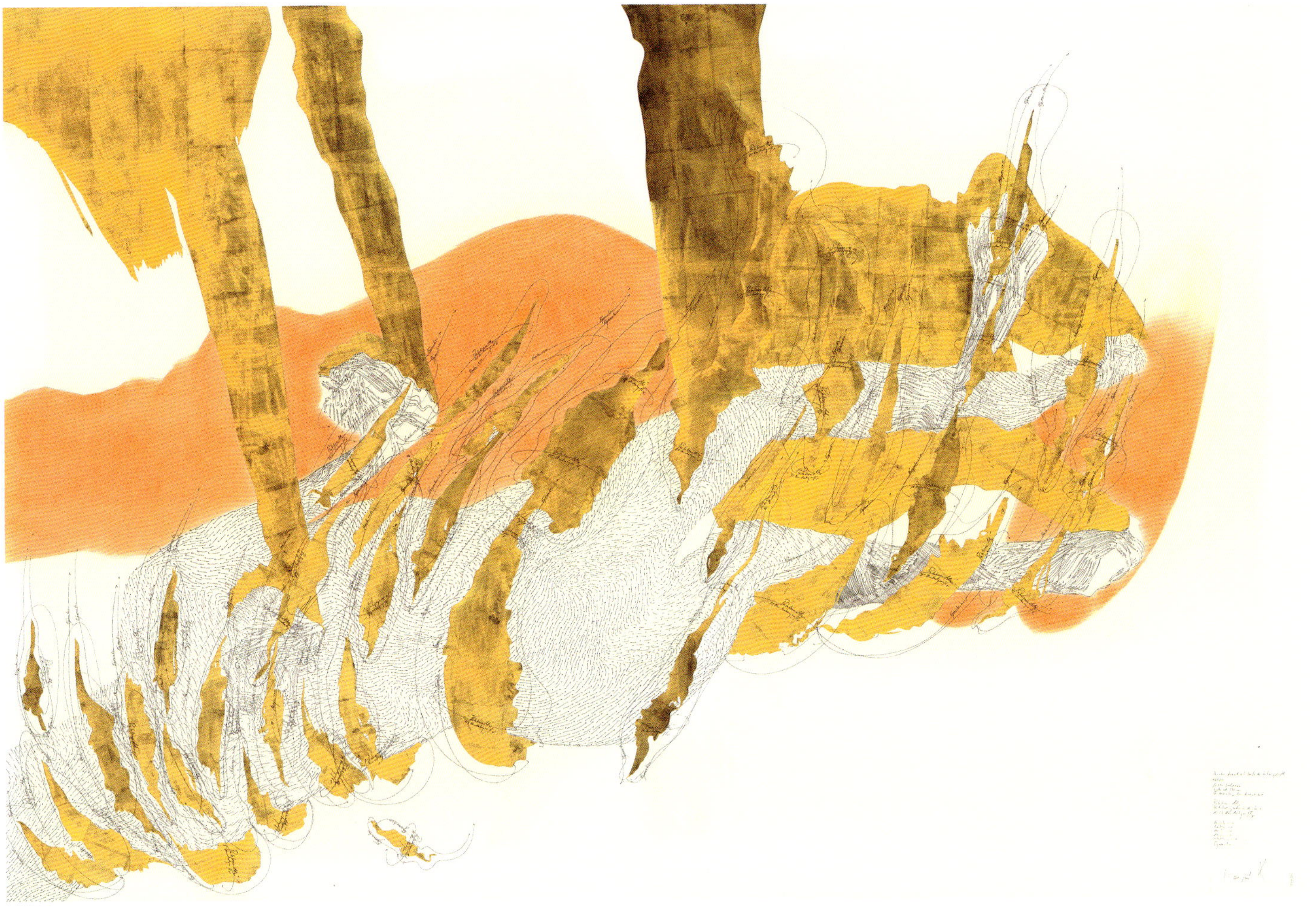

turen, in denen sich Momente des Spontan-Gestischen und des Konzeptuell-Wissenschaftlichen von Bewegung nicht diametral gegenüberstehen, sondern zu Hybridformen ganz eigener Poesie und Dynamik verbinden.

Voigt's works are worlds created according to special rules, which nonetheless do not go beyond the bounds of social realities. The artist creates pictorial scores, in which elements of the spontaneously gestural and the conceptually scientific aspects of movement are not diametrically opposed, but are combined into hybrid forms with a poetry and dynamic all their own.

Andreas Schalhorn

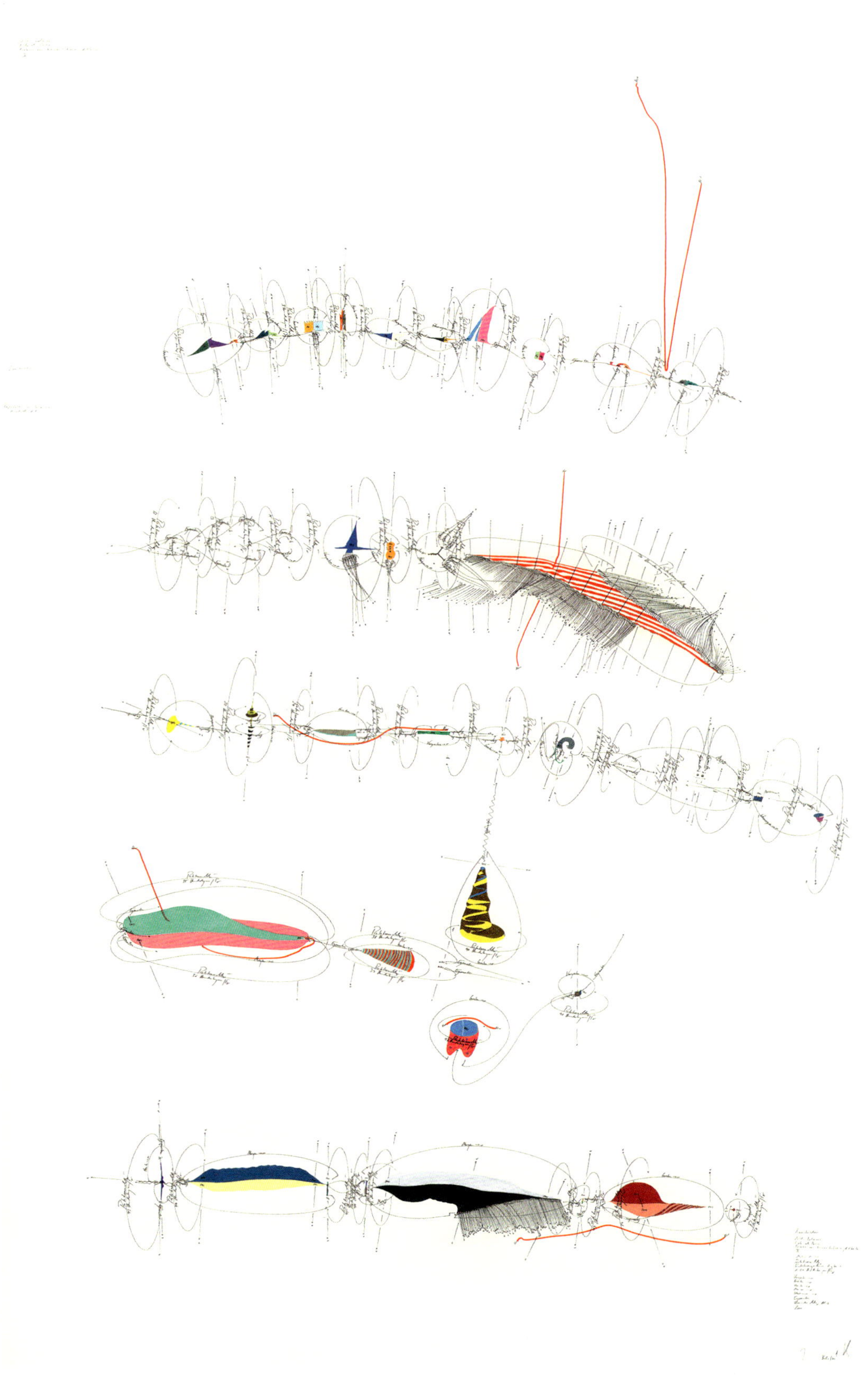

Sinnüberschuss, Niklas Luhmann: Liebe als Passion, Evolution von Kommunikationsmöglichkeiten X, 2013
Tinte, Ölkreide, Bleistift auf Papier | Ink, oil pastel, pencil on paper

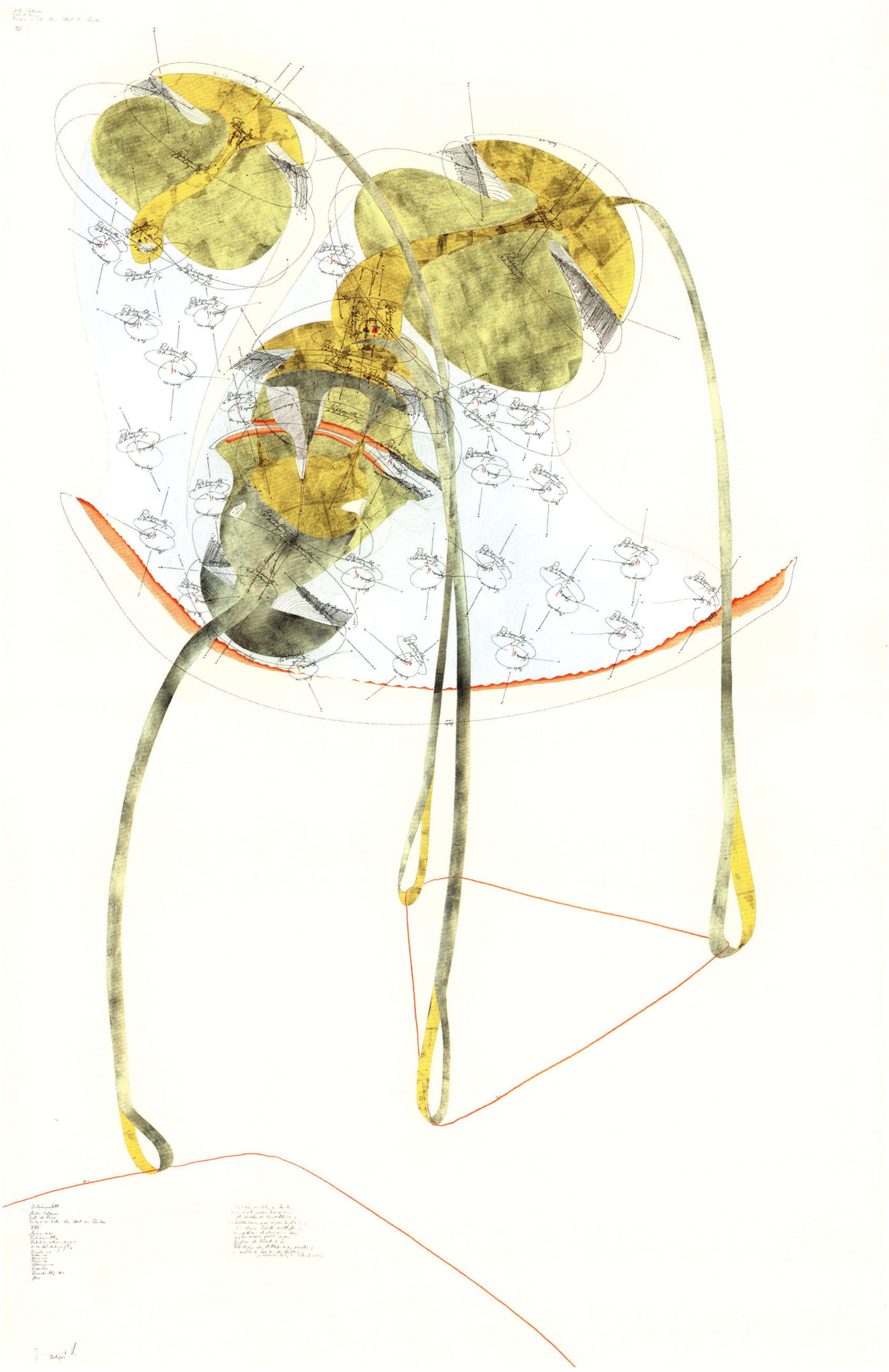

Ordnungseffekt, Niklas Luhmann: Liebe als Passion, Freiheit zur Liebe: Vom Ideal zum Paradox XVII, 2013
Tinte, Blattgold, Bleistift, Pastell, Ölkreide auf Papier | Ink, gold leaf, pencil, pastel, oil pastel on paper

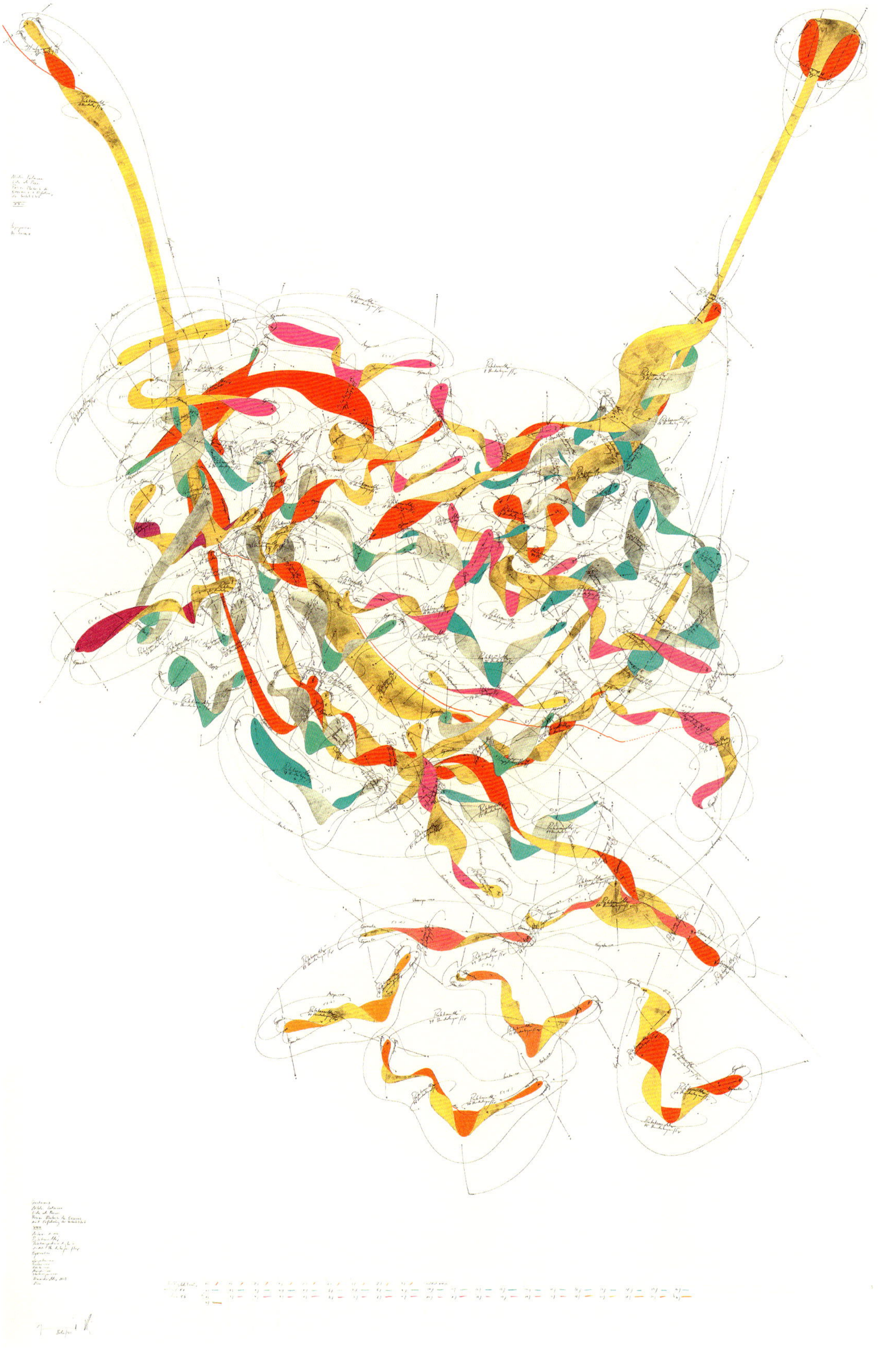

Quintessenz, Niklas Luhmann: Liebe als Passion, Passion: Rhetorik des Exzesses und Erfahrung der Instabilität XXIII, 2013
Tinte, Blattgold, Bleistift, Ölkreide auf Papier | Ink, gold leaf, pencil, oil pastel on paper

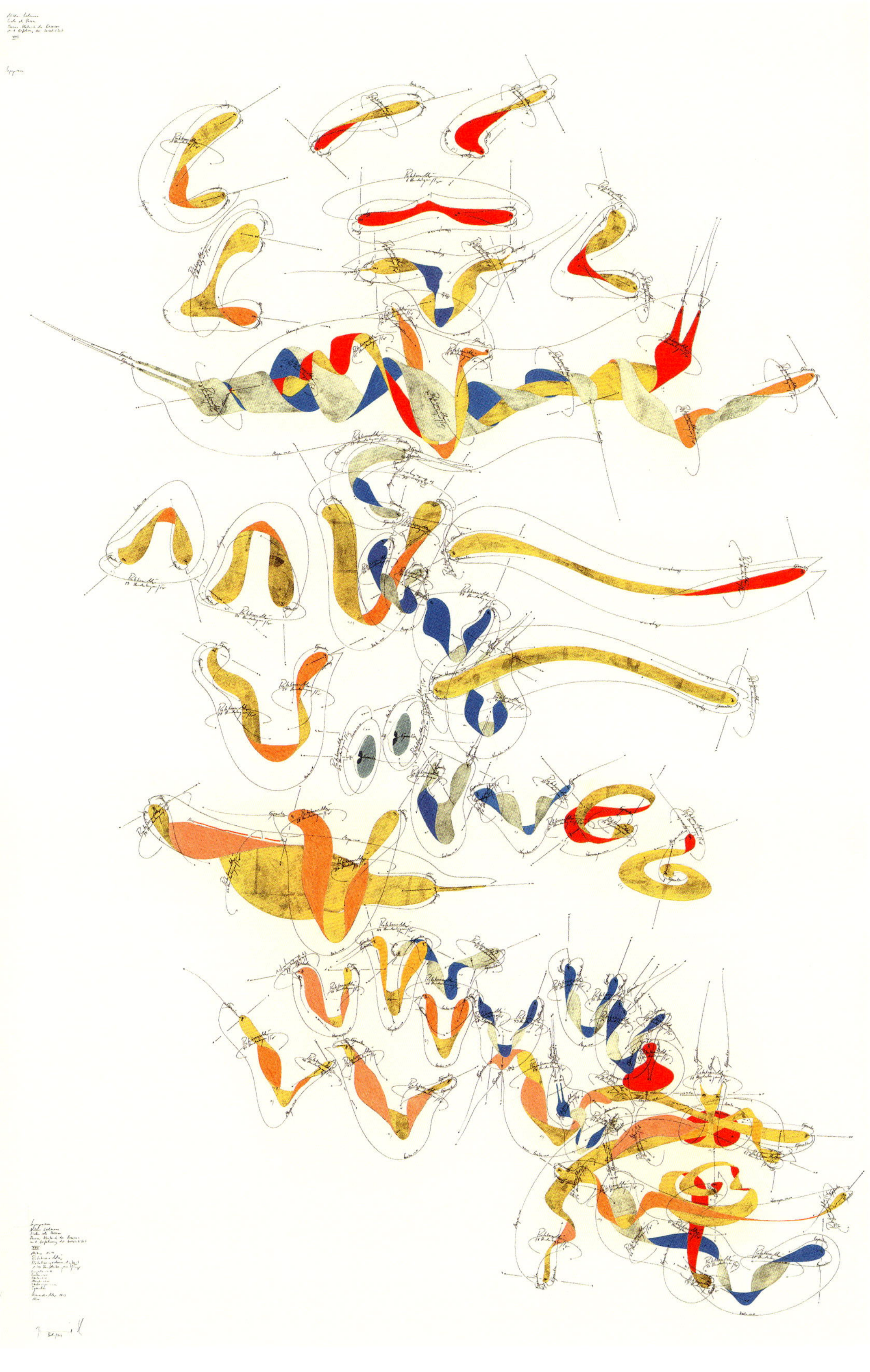

Superpassion, Niklas Luhmann: Liebe als Passion, Passion: Rhetorik des Exzesses und Erfahrung der Instabilität XXII, 2013
Tinte, Bleistift, Gold, Pastell, Ölkreide auf Papier | Ink, pencil, gold, pastel, oil pastel on paper

Ignacio Uriarte

Von seiner früheren Laufbahn in der Betriebswirtschaft inspiriert, hat Ignacio Uriarte in kontinuierlicher Arbeit einen Bestand von Zeichnungen erstellt, der die zeitgenössische Ästhetik des Büros und seiner Mühsal vor Augen führt. Uriarte schöpft aus dem, was ihm vertraut und verfügbar ist, und wendet die Informationen, Fertigkeiten und Materialien des betrieblichen Arbeitsplatzes in Untersuchungen zur reinen Abstraktion. Sein improvisierender Stil, für den die Synthese aus alltäglichen Überresten und subtilen Gesten kennzeichnend ist, erwirkt eine sublime Magie. In der Serie *Amorphous* (2014) werden beispielsweise aufstrebende ovale Figuren mit farbigen Tintenrollern, die aus der Büroschublade entwendet wurden, als scheinbar prähistorische Fossilien dargestellt. Jede einzelne biomorphe Form besteht aus einander überschneidenden Kreiseln und Schwankungen im Aufdrücken des Stifts, die im Grunde einen vereinfachten Akt des Kritzelns dokumentieren. Die kaum wahrnehmbaren Verschiebungen in Tonalität und Dichte machen die visuellen Effekte vielschichtig. Die Sprache bleibt jedoch schlicht: Linie, Farbe, Fläche. Das Werk veranschaulicht, wie Zufall eine unterschwellige Ordnung aufdecken kann, wenn man ihm einen besonderen Rahmen verleiht – die Schönheit liegt in einer Art geplanter Improvisation. Uriartes Zeichnungen sind sowohl die Nebenprodukte seiner künstlerischen Experimente als auch Belege seiner Beobachtungen. Die seriellen geometrischen Variationen in *Amorphous* transportieren eine formale Eleganz, die an Sol LeWitts diagrammatische Readymades erinnert. Allerdings verkürzt Uriarte den Weg von der Idee zum Kunstwerk, indem er einen intimeren Prozess anwendet, der die formelhafte Sprache des Künstlers gleichzeitig mit deren spielerischer Umsetzung einfängt. Dabei evoziert das Werk die Monotonie der Bürozellenkultur in all ihrer Strenge und Langeweile, offenbart jedoch auch ihre potenziellen, geheimen Freuden.

Inspired by his previous career in business administration, Ignacio Uriarte has steadily produced a body of drawings that showcase the contemporary aesthetics of the office and its travails. Creating what he can with what is immediately known and available to him, Uriarte converts the information, skills, and materials of the corporate workplace into explorations of pure abstraction. His improvisatory style, characterized by the synthesis of everyday detritus and subtle gestures, can generate a sublime magic. In the *Amorphous* series (2014), for instance, ascending oblong figures are rendered using colored rollerball pens plucked from the office supply cabinet, to appear like prehistoric fossils. Each biomorphic form is comprised of intersecting orbs and fluctuations in pen pressure that essentially document the simplified act of scribbling. With infinitesimal shifts in tonality and density, the visual effects are complex, but the language is plain: line, color, and surface. The work illustrates the ways in which randomness when given a particular frame can reveal emergent order—the beauty lies in a kind of planned improvisation. Uriarte's drawings are both the by-products of his artistic experiments and evidence of his observations. The serialized geometric variations in *Amorphous* convey a formal elegance that is reminiscent of Sol LeWitt's diagrammatic readymades; however, Uriarte reduces the path from idea to artwork by employing a more intimate process that captures the artist's formulaic styling alongside its playful execution. In this, the work evokes the monotony of cubicle culture—its rigidity, its boredom—but also reveals its potential, stolen pleasures.

Joanna Kleinberg Romanow

Amorphous (4 colors), 2014
Dokumentenechter Tintenroller auf Papier |
Document-proof rollerball pen on paper

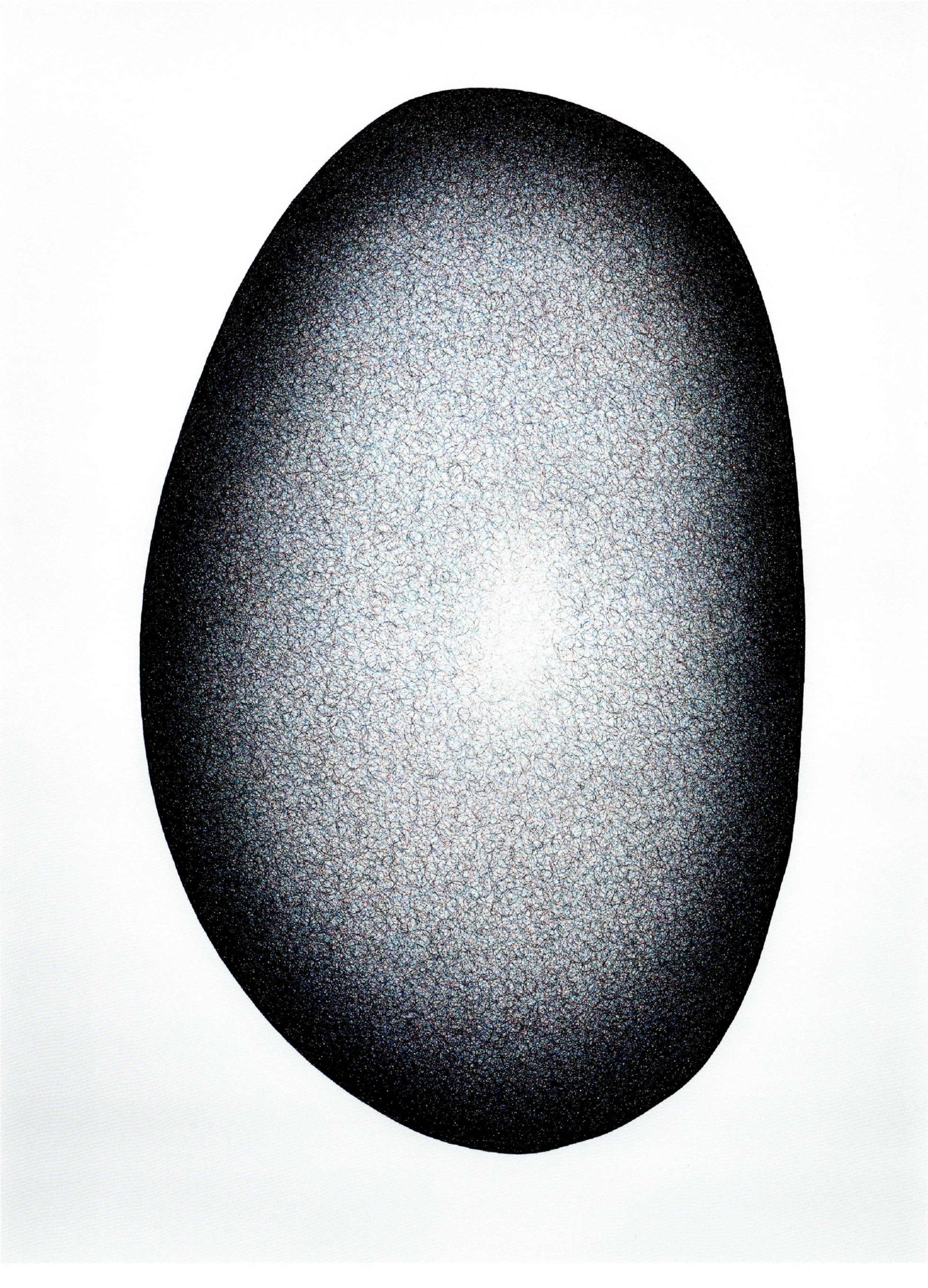

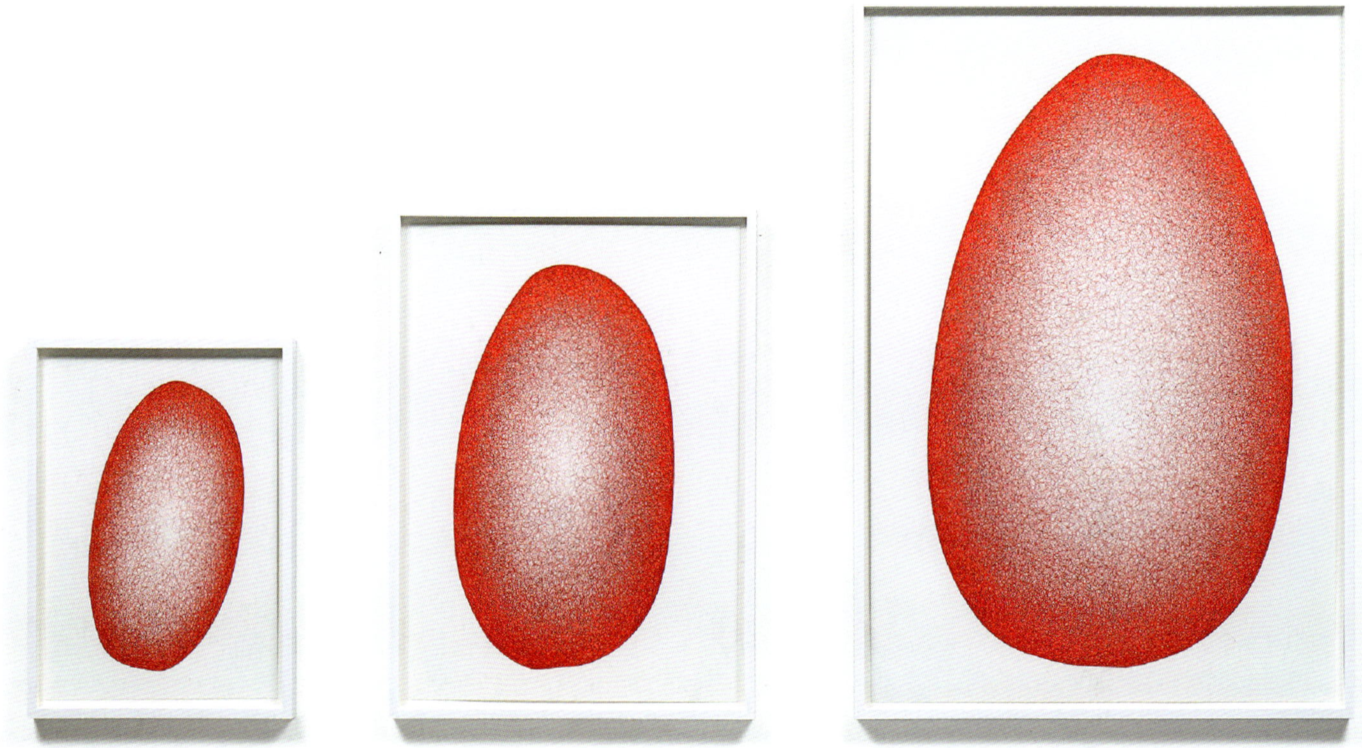

Amorphous Growth in Red, 2014
Dokumentenechter Tintenroller auf Papier | Document-proof rollerball pen on paper, 3 Teile | parts

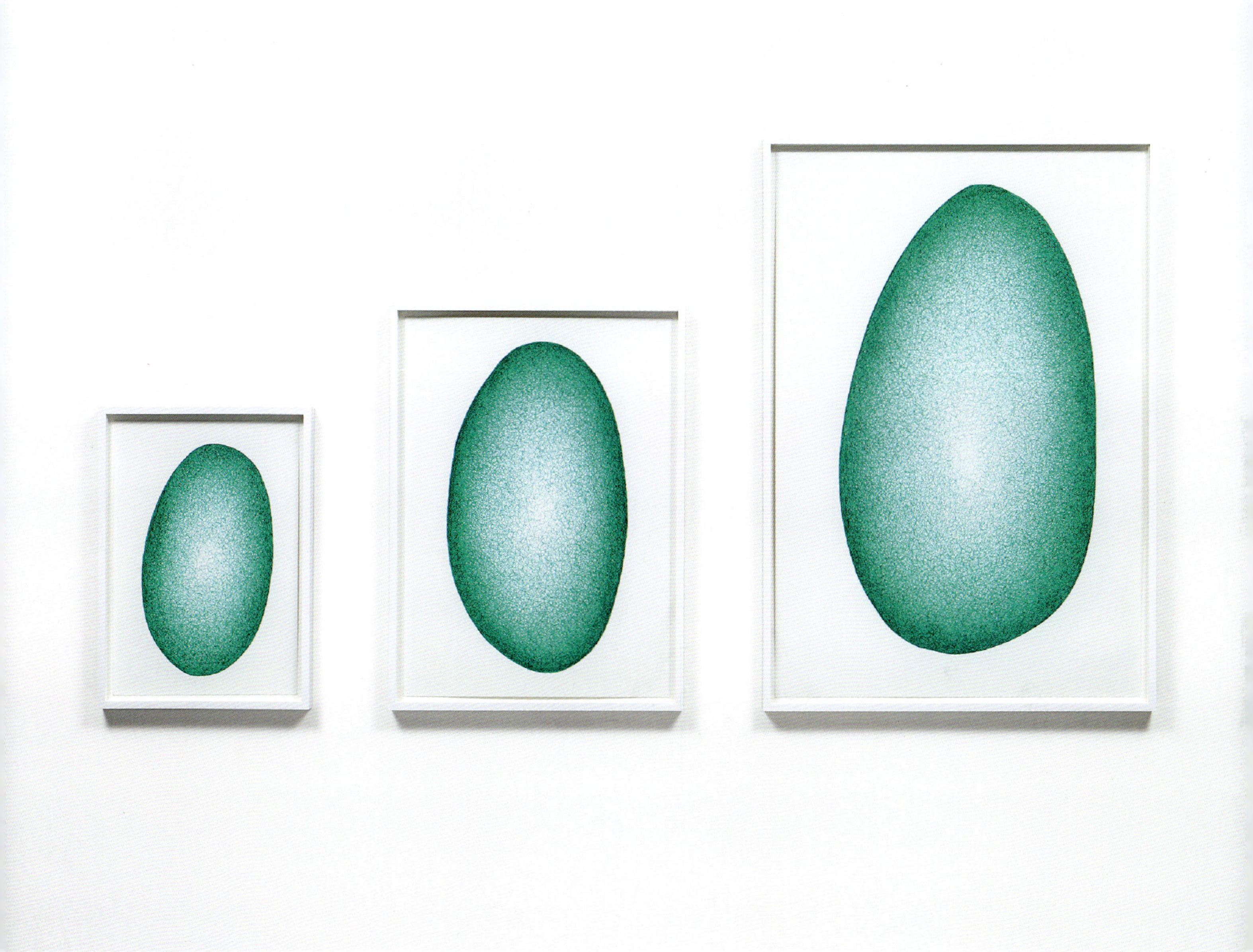

Amorphous Growth in Green, 2014
Dokumentenechter Tintenroller auf Papier | Document-proof rollerball pen on paper, 3 Teile | parts

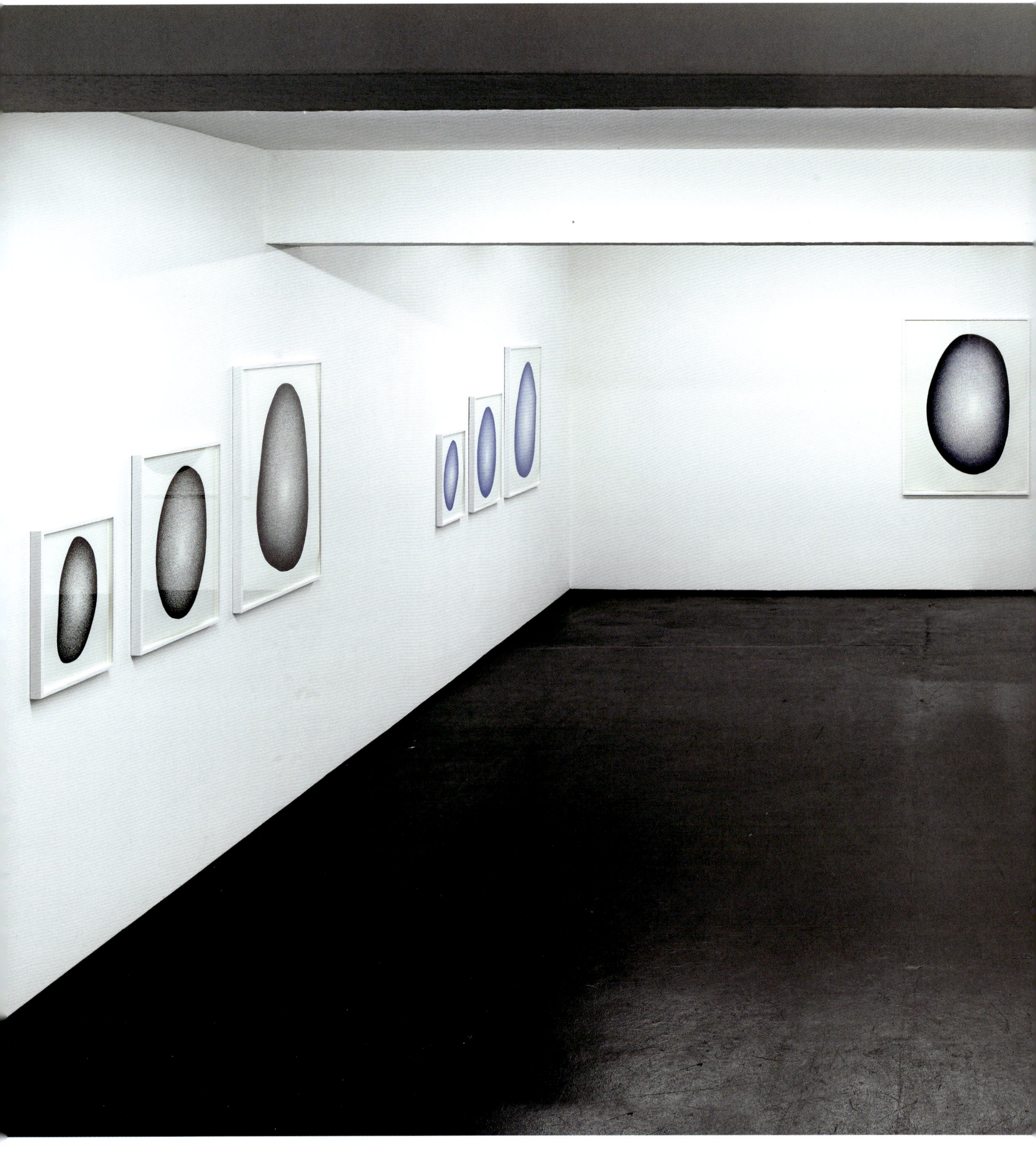

Amorphous, 2014
Ausstellungsansicht | exhibition view

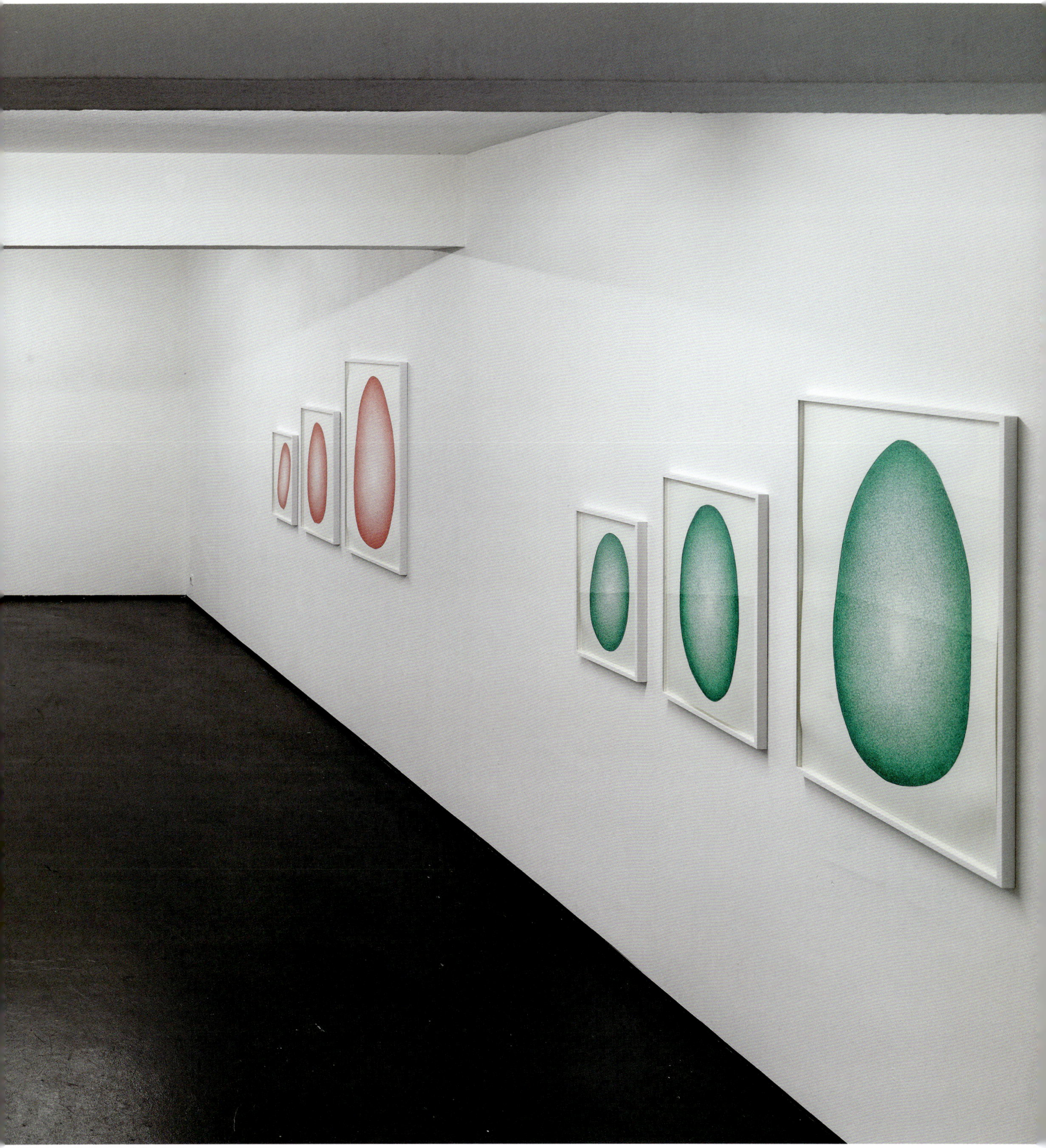

Paul Sietsema

Paul Sietsema thematisiert in seinen Filmen, Trompe-l'œil-Zeichnungen und seiner Malerei die Schichten alter Repräsentationsgeschichte und ihrer kulturspezifischen Verortung. Die Welt, die er abbildet, konzentriert sich auf eine selbstgeschaffene Atelierumgebung. Anhand von selbst angefertigten oder von ihm gesammelten Bildern und Objekten untersucht er seine Doppelrolle als Konsument und Produzent von Bildern. In einer mühevollen Wiederaufnahme von vordigitalen Reproduktionsmethoden verschränkt er unterschiedliche Zeitregister in einer Arbeit, die die veraltete Technik und ihre Repräsentation für das gegenwärtige Erlebnis der Arbeit relevant werden lässt. Er kommentiert: »Die Vergangenheit, in diesem Fall die neubelebten Vergangenheiten eines Mediums, die historische und kulturelle Informationen ansammeln, während sie sich durch die Zeit bewegen, kann dazu eingesetzt werden, eine Erfahrung zu schaffen, die umso mehr die erweiterten Möglichkeiten der gegenwärtigen Sprache untermauert«.

Sietsema hat den Stellenwert der Zeichnung in seiner künstlerischen Praxis als eine Weise beschrieben, einen Ideenaustausch mit anderen Medien zu betreiben – insbesondere mit dem 16-mm-Film: »Die Zeichnung stand immer am Anfang und vielleicht auch am Ende aller Projekte, die ich unternehme. Es sind nicht Skizzen als solche, sondern Untersuchungen der Beziehungen zwischen Bildsprache, Form und Material, die in unserer von Medien bestimmten Erfahrung der Welt vorherrschen«. In einem frühen Schlüsselwerk, *Event Drawing* (2009), machte er sich daran, das Symbolverhältnis zwischen Figur und Hintergrund, das einen integralen Bestandteil der Kunstgeschichte der Moderne bildet, zu demontieren. Er begann die Zeichnung, indem er eine Feuilletonseite der *New York Times*, die in seinem Atelier herumgelegen hatte und auf der seine Ausstellung *Empire* im Whitney Museum rezensiert wurde, sorgfältig mit Tinte auf Papier reproduzierte. Diese frisch verlegte Oberfläche wurde sodann zur Unterlage für die Darstellung von Münzen, die mit einem wei-

Paul Sietsema makes the layering of past histories of representation, and its place within specific cultures, the subject of his films, trompe l'oeil drawings, and paintings. The world he depicts often centers on a self-created studio environment. By focusing on images and objects that he has collected and made, he investigates his own role as both a consumer and producer of images. Through laborious reworking of predigital methods of reproduction, he collapses different registers of time into the work, making past technologies and what they represent relevant to the experience of a work in the present. He states: "So the past, in this case the activated past lives of a medium, which accrue historical and cultural information as they move through time, can be used to create an experience that reinforces even more the expanded possibilities of language in the present."

Sietsema has described the place of drawing within his practice as a way to bounce ideas off the other media he uses—in particular 16 mm film: "Drawing has always been the beginning and perhaps the end of every project I make. Not making sketches per se but investigating the relationships between imagery, form, and material that predominate in our mediated experience of the world." In a key early work, *Event drawing* (2009), he set about dismantling the symbiotic relationship between figure and ground that is an integral part of modernist art history. He started the drawing by meticulously reproducing a newspaper sheet in ink on paper, selecting the art pages of the *New York Times* that had lain around his studio, which included a review of his exhibition *Empire* at the Whitney Museum. This newly laid surface then became the ground for representations of coins covered in another seemingly accidental mark, splashes of paint, carefully rendered in enamel paint. A recurrent motif in his work is that of the traditional sea vessel, selected to represent

Plank drawing, 2014
Tusche auf Papier in Künstlerrahmung |
Ink on paper in artist's frame

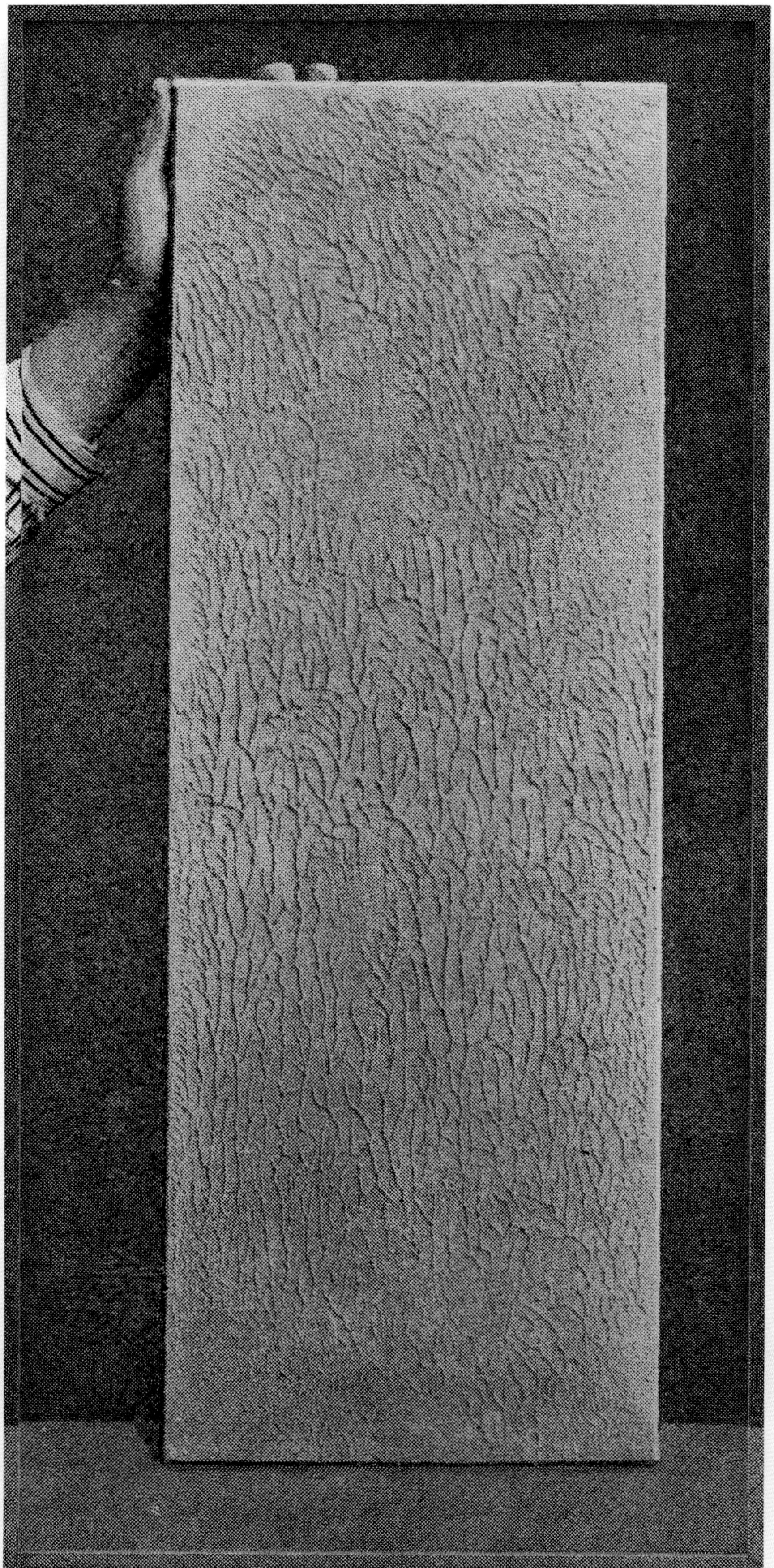

teren, scheinbar willkürlichen Zeichen und sorgfältig in Emailfarbe ausgeführten Farbspritzern versehen wurden. Ein wiederkehrendes Motiv in seinen Arbeiten ist das traditionelle Wasserfahrzeug, das wohl für »eine Art Nicht-Raum, zeitlos, weder Vergangenheit noch Gegenwart noch Zukunft« stehen soll und zuerst in *Ship Drawing* und *Boat Drawing* (beide 2010), sowie *Calendar Boat 1, 2, 3* und *4* (alle 2012) vorkommt. Im Diptychon *Boat Drawing* reproduziert er Vorder- und Rückseite einer gefundenen Fotografie in akribisch fotorealistischer Manier, indem er eine von ihm in einem Fotohandbuch aus den 1960er-Jahren entdeckte Retuschetechnik verwendet. Für Sietsema reflektieren die Stunden, die er damit verbringt, die Zeichnung Stück für Stück aufzubauen, die Schichten der Geschichte und erhöhen so den Klischeegehalt des Bildes.

"a kind of non space of achronic time, not past, not present, not future," which first featured in *Ship drawing* and *Boat drawing* (both 2010), and *Calendar boat 1, 2, 3* and *4* (all made in 2012). In the diptych *Boat drawing*, he reproduces both the back and the front of a found photograph in an exact photo-realist manner by employing a touch-up technique described in a 1960s photography manual. For Sietsema, the hours spent building up the drawing bit by bit reflects the layers of history and heightens the clichéd nature of the image.

Katharine Stout

Painted oval, 2014
Tusche auf Papier in Künstlerrahmung |
Ink on paper in artist's frame

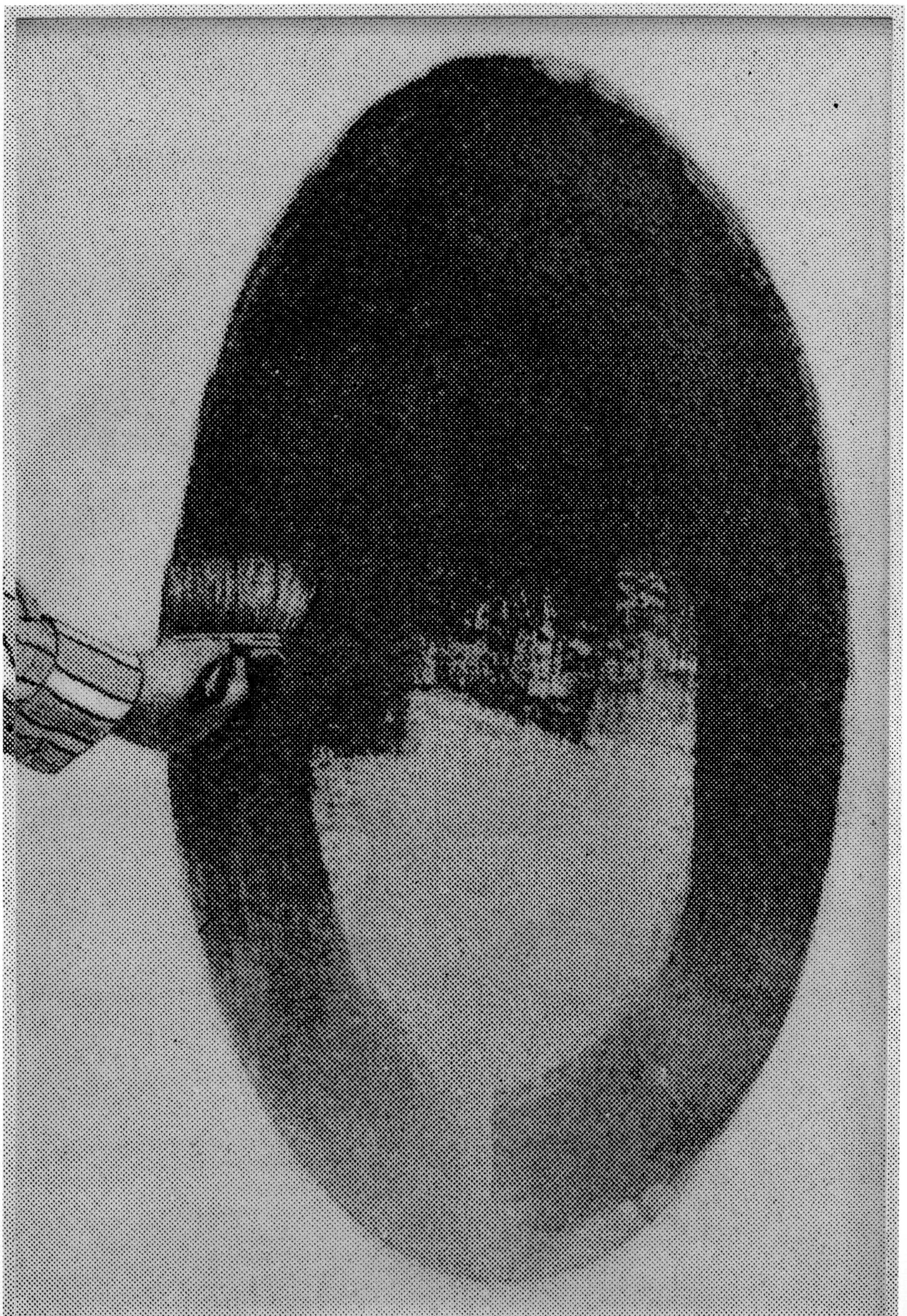

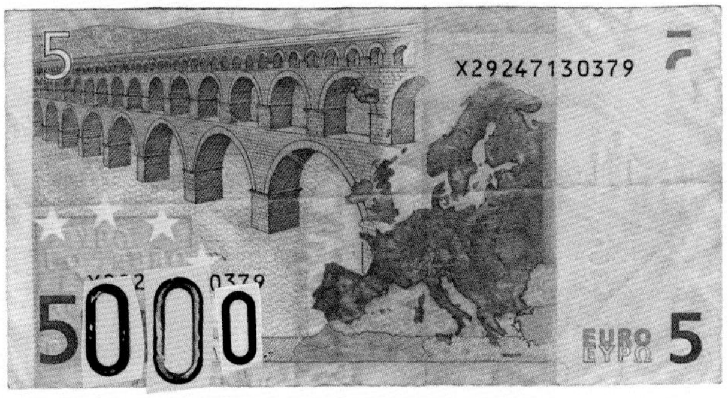

Untitled (Five Euro), 2015
Tusche und Emailfarbe auf Papier | Ink and enamel on paper

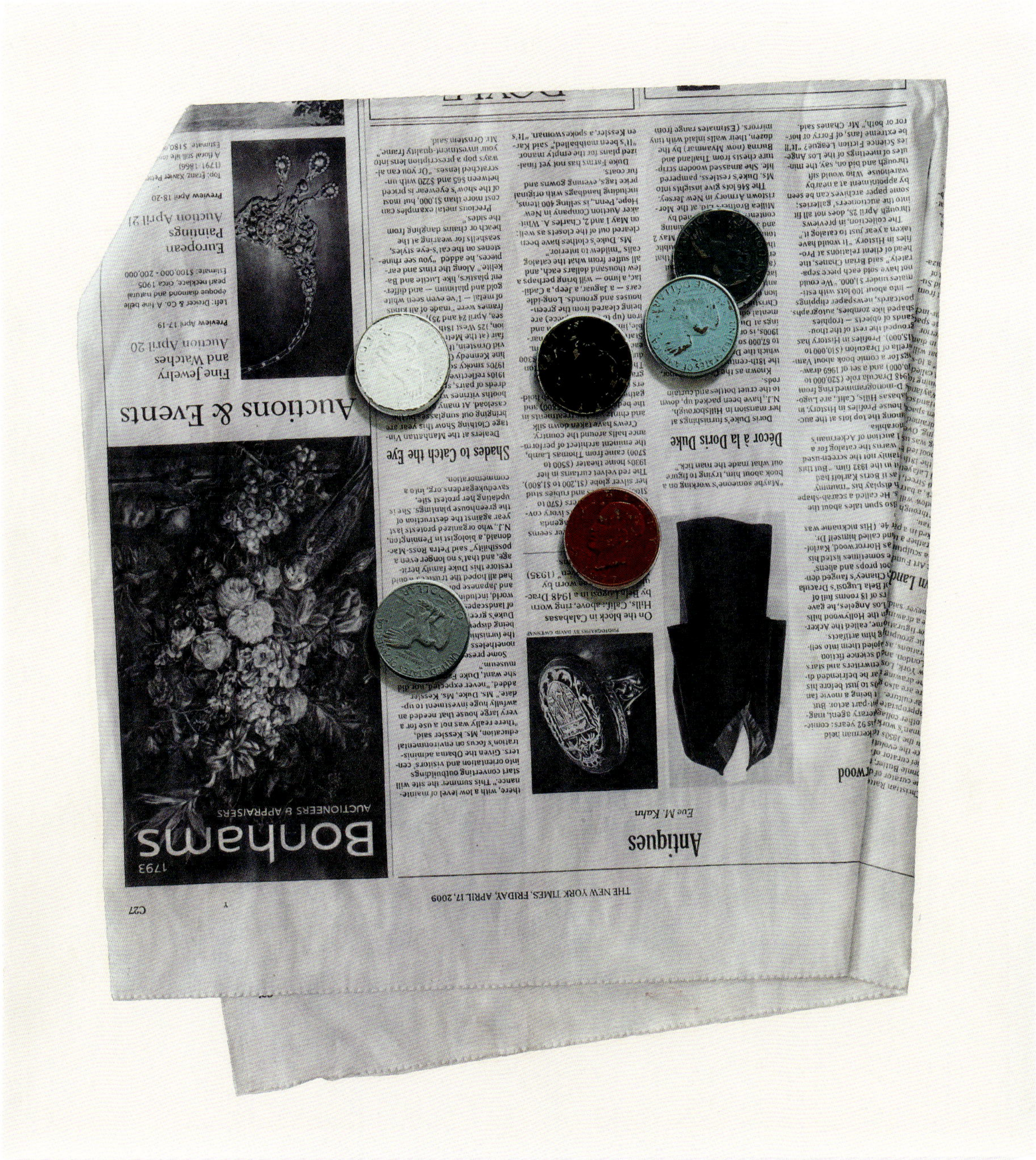

Painted coins, 2014
Tusche und Emailfarbe auf Papier | Ink and enamel on paper

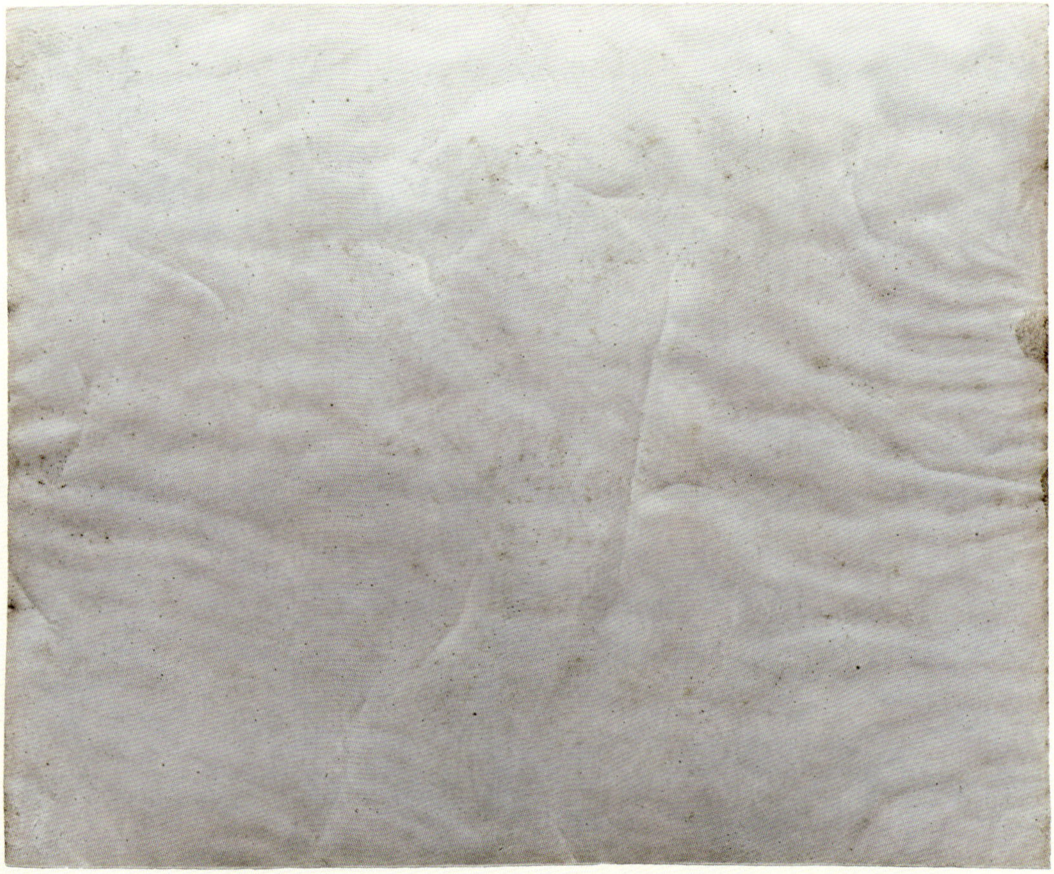

Boat drawing, 2010
Tusche auf Papier | Ink on paper
Diptychon | Diptych

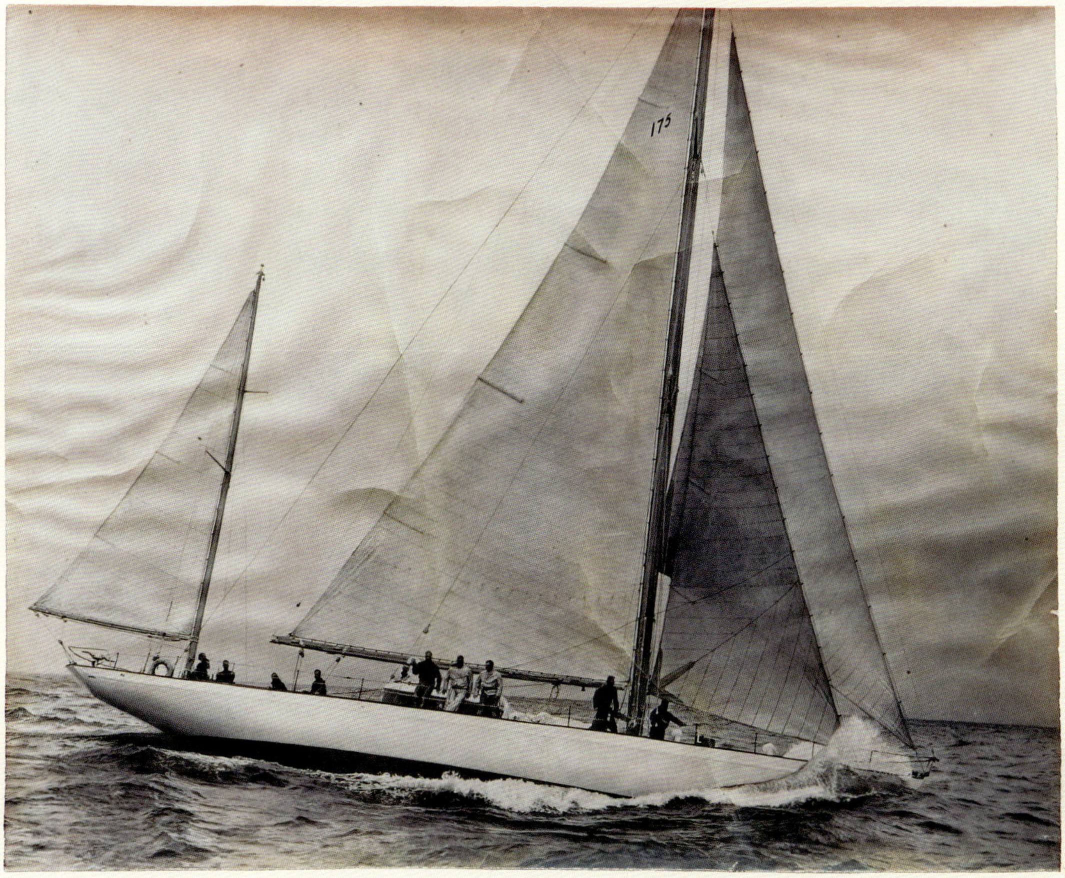
175

Aleksandra Mir

Das Zeichnen ist die früheste uns bekannte und zugleich die intimste aller Kunstformen. Sie wird allgemein als eine Koordination von Geist, Auge, Hand und Werkzeug verstanden. Vereint zu einer Geste, hinterlässt sie einen Abdruck ihrer Herstellung als Handschrift ihres Schöpfers, des Künstlers. Seit zehn Jahren arbeite ich daran, diese Auffassung und das Medium zu erweitern, indem ich andere Menschen an meiner Arbeit teilhaben lasse: Fachleute, Freunde aus verschiedenen anderen Disziplinen, Studenten und Amateure. Dieser Prozess stellt eine Herausforderung dar, weil er nicht nur verlangt, dass wir alle unseren Geist, unsere Hände, Augen und Werkzeuge koordinieren. Darüber hinaus erfordert er die gemeinsame Ausrichtung sämtlicher institutioneller Rahmenbedingungen, physischer Räume, Terminpläne, Budgets, Essenszeiten, Hintergrundmusik und Gruppendynamiken, die letztlich direkten Einfluss auf die entstehende Arbeit haben.

Mein Anliegen besteht darin, im Zeichnen die Grenzen des kleinformatigen, einfach zu handhabenden Papierbogens zu überschreiten, hin zu einer größeren, widerspenstigeren Wirklichkeit, die zugleich Bühnenbild, choreografierter Tanz und improvisierte Performance ist. Die Arbeit verschmilzt zahlreiche Kunstformen zu einem fortlaufenden Prozess, zu einer Handlung, die zu einem großen Teil vorbestimmt ist, bei der jedoch noch mehr den Energien und Persönlichkeiten der in den Prozess verstrickten Personen überlassen wird.

Als primäres Zeicheninstrument habe ich den handelsüblichen Sharpie Marker auserkoren. Er wurde 1963 erfunden, sowohl ich als auch meine Mitarbeiter sind mit ihm aufgewachsen. Er ist ein schnelles, demokratisches und unprätentiöses Werkzeug, das für die Art und Weise steht, wie wir uns heute durch die Welt bewegen. Als neues und populäres Medium verleiht er uns enorme Freiheiten, das noch immer etwas Unerwartete zu einer echten Kunstform auszuarbeiten. Genau wie einst vorgemischte Farbe aus im Handel erhältlichen Tuben eine Neuerung dargestellt hat, die es den Impressionisten erlaubte, ihre Staffeleien aus dem Atelier zu tragen und relativ schnelle Skizzen

Drawing is the earliest recorded and most immediate form of art, generally understood as the coordination between the mind, eye, hand, and tool, united in a gesture that leaves the imprint of its making as the signature style of one creator: the artist. For the past decade I have worked on expanding this notion and the medium of drawing by bringing in other people—art professionals, friends in various other disciplines, students, and amateurs—to work alongside me. This process is challenging because it requires not only the alignment of all of our minds, eyes, hands, and tools but also the coordination of all the institutional frameworks, physical spaces, schedules, budgets, mealtimes, background music, and audience dynamics that assert direct influence over the final work.

My objectives are to push drawing beyond the limits of the small-scale, manageable sheet of paper into a larger, unruly reality; simultaneously a stage set, a choreographed dance, and an improvisational performance act. The work blends many art forms into one continuous process and activity where a lot is determined beforehand, but even more is left to the energies and personalities of the people who are enmeshed in the process.

As my primary drawing tool, I have chosen the common Sharpie marker. Invented in 1963, it is most contemporary to my and my collaborators' lifetime. It is a fast, democratic, and unpretentious tool to use, representative of the ways in which we move through the world today. As a new, popular medium it gives us tremendous freedom to explore and to refine into a fine art that which for now may still be a little unexpected. Just as ready-mixed paint in commercially available tubes was a novelty that spurred the Impressionists to bring their easels out of the studio to paint

Drawing Room, 2014
Filzstift auf synthetisch grundierter Leinwand | Fiber-tipped pen on synthetic primed canvas
Ausstellungsansicht | exhibition view

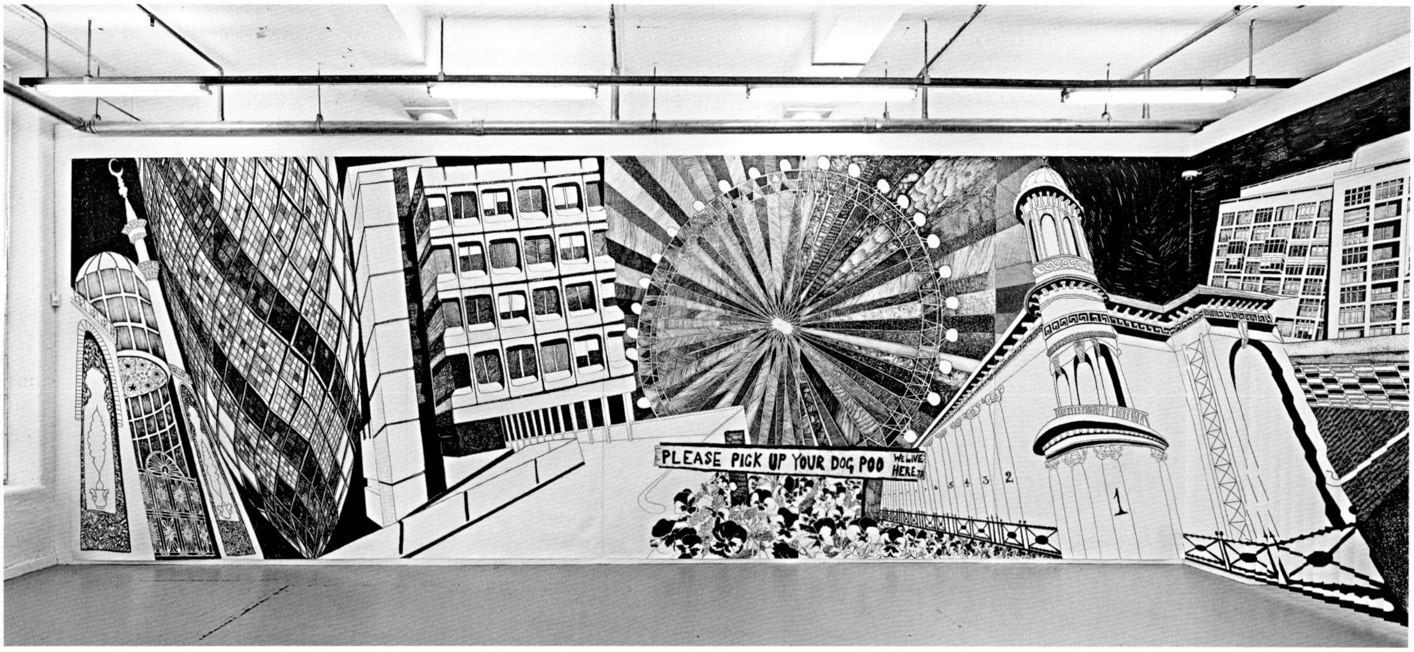

bei wechselnden Lichtverhältnissen zu malen und damit ihre Weltsicht im 19. Jahrhundert kundzutun, so hoffe ich eine angemessene Wiedergabe meiner Zeit zu erschaffen.

Obwohl meine Zeichnungen stets schwarz-weiß sind, so erreichen sie doch eine außerordentliche Reichhaltigkeit und Leuchtkraft aufgrund der Energie und des Nebeneinanders der unterschiedlichen Hände, die sie schaffen. Während jede Zeichnung langsam mit der Zeit wächst, loten das Team und seine Einzelpersonen ihr Potenzial aus, indem sie den Stift an seine Grenzen treiben, vom zartesten Strich hin zur gewaltsamen Zerstörung des Markers, während sie ein komplettes Repertoire aus Linien, Mustern und Tonalitäten aufbauen. Wenn ich all dies allein zeichnen würde, wiese es eine durchgängige Gleichförmigkeit auf. Die Arbeit aus einem kollektiven Geist heraus ist eine Art und Weise, die Kontrolle abzugeben, Abwechslung in die Palette zu bringen und dadurch umso mehr bereichert zu werden.

relatively quick sketches of changing light and so to manifest how they viewed their world in the nineteenth century, so do I hope to create an adequate rendition of my time.

While my drawings are always black on white, they acquire an enormous richness and vibrancy due to the energy and coexistence of the different hands that create them. As each drawing grows slowly over time, the team and individuals explore their potential by pushing the pen to the extreme, from the most delicate of strokes to the violent destruction of the marker, creating a whole repertoire of lines, patterns, and tonalities in the process. If I drew this alone, it would look completely uniform. Working with a collective spirit is one way of giving up control in order to diversify the palette and end up all the richer for it.

Aleksandra Mir

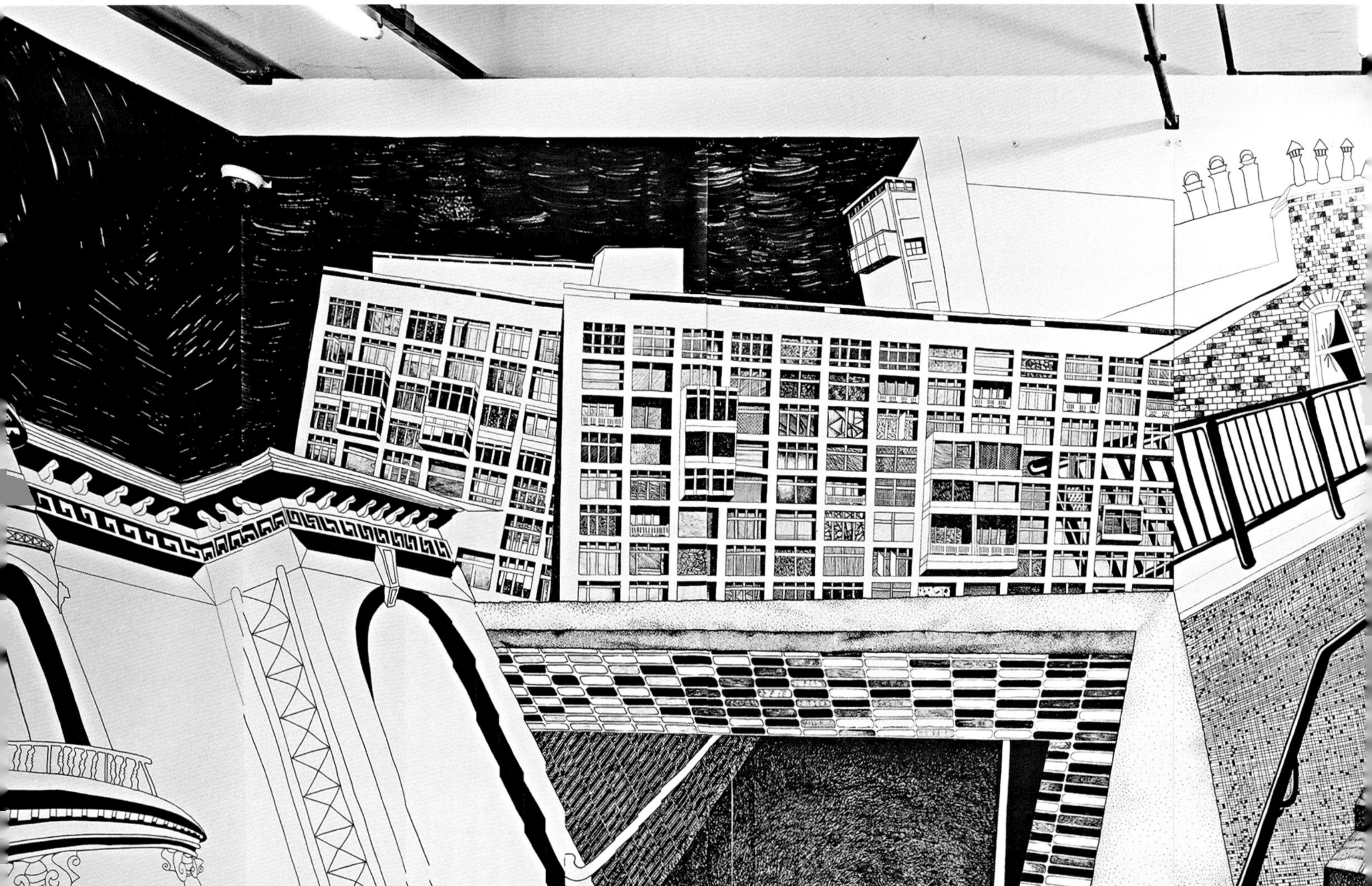

Drawing Room, 2014
Filzstift auf synthetisch grundierter Leinwand |
Fiber-tipped pen on synthetic primed canvas
Ausstellungsansicht | exhibition view

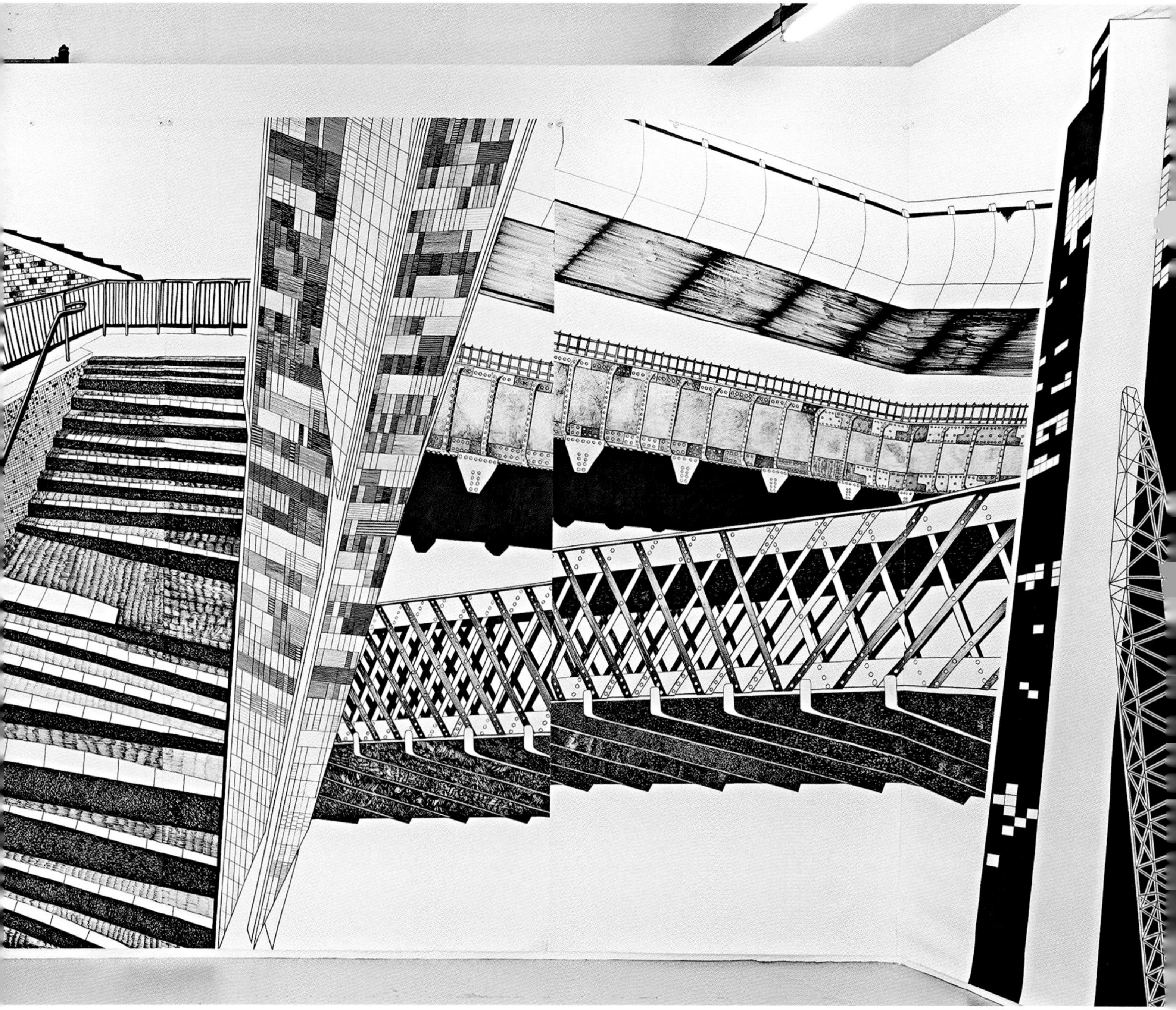

Anna Barriball

Das tradierte kunsthistorische Sujet des Fensterbilds ist Gegenstand des künstlerischen Ansatzes von Anna Barriball. »Wer von draußen durch ein offenes Fenster blickt, sieht niemals so viel wie einer, der ein geschlossenes Fenster betrachtet … In diesem düsteren oder strahlenden Loch lebt das Leben, träumt das Leben, leidet das Leben.« In seinem Prosagedicht *Les fenêtres (Die Fenster)* aus dem Jahr 1864 beschreibt Charles Baudelaire Möglichkeiten der Deutung, die der Blick durch das Fenster für den Betrachter bietet. Diesem oft flüchtigen Blick, der metaphorisch die Grenze zwischen dem Inneren und dem Äußeren definiert, nähert sich Barriball in ihren aufwendigen Zeichnungen. Sie imaginiert das »Dahinterliegende«, wie es das Gedicht Baudelaires nahelegt, und setzt sich so mit *ways through* auseinander, mit den künstlerischen Möglichkeiten, Wahrnehmung zu erweitern und Dinge hinter der Oberfläche zu entdecken.

Die Oberfläche selbst wird durch die regelmäßige Schraffur der Zeichnung mit Tusche oder Bleistift in ihrer Materialität sichtbar. Barriballs großformatige vierteilige Zeichnung *Mirror Window Wall III* (2008) visualisiert eine Mauer aus Ziegelsteinen. Die Beschaffenheit der Mauer ist detailgetreu wiedergegeben. *Door II* (2012) weist in die Abstraktion: Der Betrachter ist mit einem schwarzen Farbfeld konfrontiert, dessen Umriss an eine Tür erinnert. Vorgefundene Wachsüberreste auf der Tür machen die Spuren der Geschichte sichtbar. Das Abbild bleibt zwar eng am originalen Objekt und repräsentiert die Idee des Dargestellten, doch ist die eigentliche Funktion, der Übergang zwischen Innerem und Äußerem, also der liminale Bereich, obsolet. Der Herstellungsprozess der zeit- und arbeitsaufwendigen Werke ist ebenso wichtig: Sie zeugen von ihrer sensiblen Wahrnehmung von Zeitempfinden und -verlauf. *To draw,* zeichnen oder ziehen, ist im Englischen mit verschiedenen Konnotationen besetzt, so lenkt man mit *draw attention* die Aufmerksamkeit, im Sinne Barriballs auch auf die Gedanken des Betrachters selbst.

The window, a traditional motif in art history, is also the subject of Anna Barriball's artistic approach. "He who looks in through an open window from outside, never sees as much as he who looks at a closed window. […] This dark or luminous hole is where life lives, life dreams, life suffers." In his prose poem *Les fenêtres* (*The Windows*) dating from 1864, Charles Baudelaire describes possibilities of interpretation which are offered by the gaze through the window. In her elaborate drawings, Barriball approaches this often fleeting gaze, which metaphorically defines the boundary between within and without. She imagines "what lies beyond," as Baudelaire's poem suggests, and thus addresses *ways through*, with the artistic possibilities of expanding perception and discovering things below the surface.

The surface itself is made visible in its materiality as a result of hatching at regular intervals using ink or pencil. Barriball's large-format four-part drawing *Mirror Window Wall III* (2008) presents a brick wall. The texture of the wall is reproduced down to the last detail. *Door II* (2012) points toward abstraction: the beholder is confronted with a black color field whose contour is reminiscent of a door. Found remains of wax on the door make the traces of history visible. The image remains close to the original object, and represents the idea of what is depicted, but the actual function, the transition between inner and outer, in other words the liminal zone, is obsolete. The process of producing these time-consuming and labor-intensive works is no less important: they testify to her sensitive perception of the sense and course of time. *To draw* means "to make lines on a paper" and also "to pull"; hence the word has different connotations, and so in the spirit of Barriball we can draw attention to the thoughts of the beholder.

Verena Hein

Door II, 2012
Bleistift auf Papier | Pencil on paper

Mirror Window Wall III, 2008
Tusche auf Papier | Ink on paper

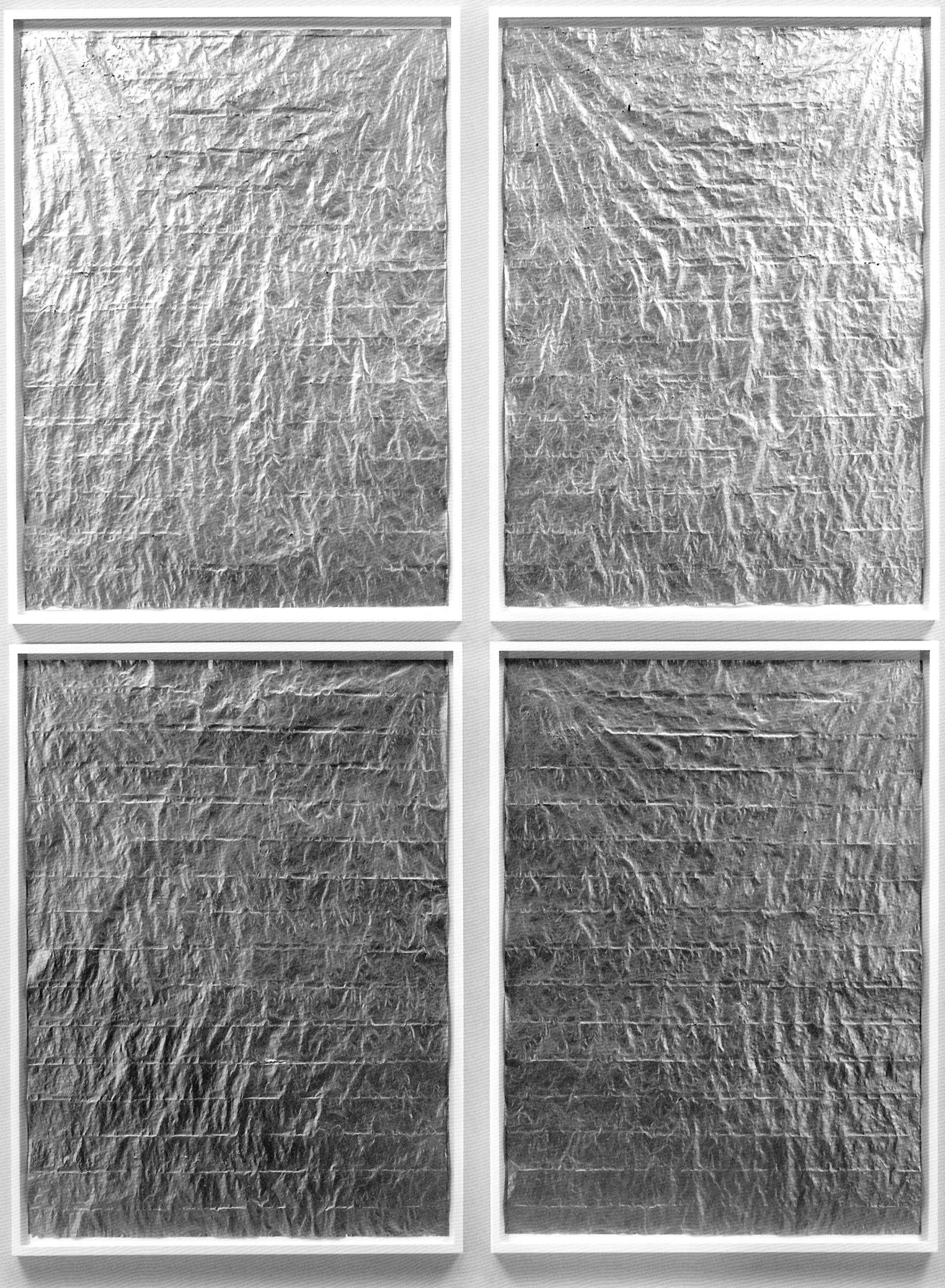

Nikolaus Gansterer

Wie dem Gedanken das Denken vorauseilt, so das Zeichnen der Zeichnung, der Prozess dem Resultat. In der künstlerischen Praxis von Nikolaus Gansterer werden beide Prozesse, das Denken wie das Zeichnen analog gefasst, synonym entwickelt und auf ihre Identität hin analysiert. Als Prozesse haben sie nur ein ambivalentes Verhältnis zu ihren Produkten, die sie hervorbringen, um sie doch nur hinter sich zu lassen. Was sich in den manifesten Gedanken und Zeichnungen zu erhalten scheint, sind nur Spuren – Hinterlassenschaften eines Prozesses, der schon weiter gezogen ist, sich zeichnend wie denkend anderen Fragen und Räumen zuwendet. Als Spuren halten sie nur fest, was nicht mehr da ist, Figuren von An- und Abwesenheit zugleich. In diesem Sinne sind sie Zeugen, legen Zeugnis ab von der Beziehung, die Denken und Zeichnen zum Unhaltbaren und Unaufhaltbaren unterhalten. Eingezeichnet ins Unhaltbare erscheint der Widerspruch, das Argument, das sich gegen das Argumentative wendet und sich selbst verwirft, sich korrigiert und verändert, um an die Stelle des Finalen und Richtigen das Mögliche zu setzen. Wenn Gansterer neben Zeichnen und Denken auch Gegenstände in seine Prozesse integriert, Fundstücke und Dinge verschiedenster Provenienz, dann nur, um sie zu testen, sie in ihren Formen und Funktionen auszuloten: Damit gerät nicht nur die Begrifflichkeit ins Wanken, mit denen man sie bezeichnen wollte, sondern auch die Sprache selbst, die zwischen dem Nominellen, Metaphorischen und der Allegorie zu pendeln beginnt. Was damit skizziert wird, halb beschrieben, halb bezeichnet, ist ein Horizont des Entwerfens, das sich unaufhaltsam vom Wurf entfernt, um allein an der Veränderbarkeit festzuhalten, am Widerstand gegen das Widerständige der Verdinglichung, an der die Zeichnung nagt, entblättert das Ding und dessen Möglichkeit.

The process precedes the result: just as the process of thinking precedes the thought, the process of drawing precedes the drawing. In the artistic practice of Nikolaus Gansterer, the two processes, thinking and drawing, are seen as analogs, developed as synonyms and their identities analyzed. As processes they only have an ambivalent relationship to the products to which they give rise, only to then leave them behind. What seems to be preserved in the manifest thoughts and drawings are only leftovers of a process that has since moved on, turning—while thinking and drawing—to other questions and spaces. As traces they only capture what is no longer there, figures of presence and absence at the same time. In this sense, they are witnesses, testifying to the relationship that thinking and drawing have with the untenable and unstoppable. Inscribed onto the untenable is the contradiction, the argument that turns against the argumentative, reproaching itself, correcting itself, and changing itself, in order to replace the ultimate and the correct with that which is possible. When Gansterer, alongside drawing and thinking, also integrates objects into his processes, objets trouvés and things from a whole range of provenances, then it is only to test them, to plumb them in their forms and functions: in the process not only does the terminology with which one would like to describe them begin to totter but also language itself, which starts to oscillate between the nominal, the metaphorical, and the allegorical. What is sketched out—half-described and half-designated—is a horizon of design options that relentlessly distances itself from the throw in order to cling only to variability, to resistance toward the resistant aspect of the reification at which drawing gnaws, denuding the thing and its possibility.

Andreas Spiegl

Thinking Drawing Diagram, 2011
Kreide auf Tafel | Chalk on blackboard

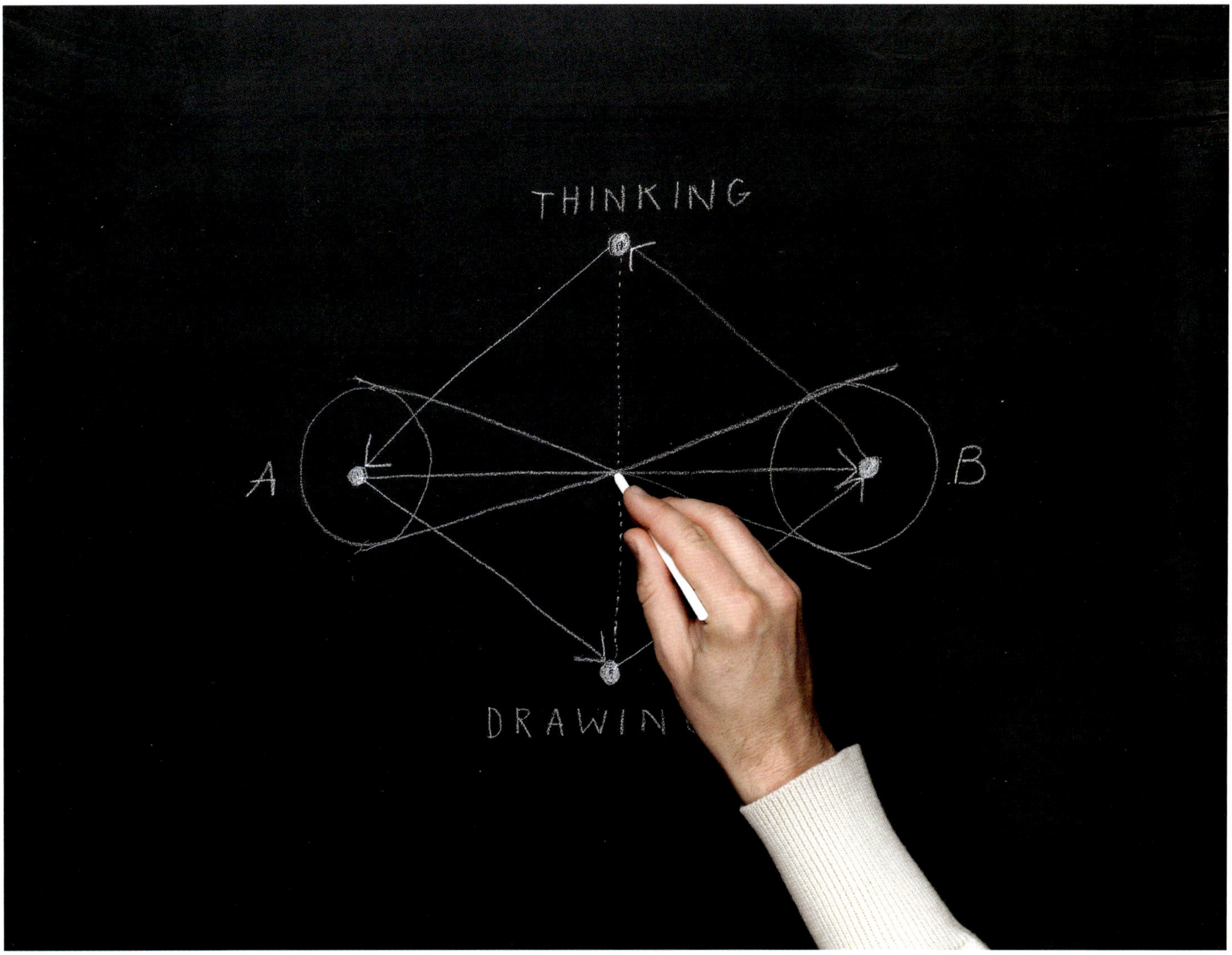
THINKING
A
B
DRAWIN

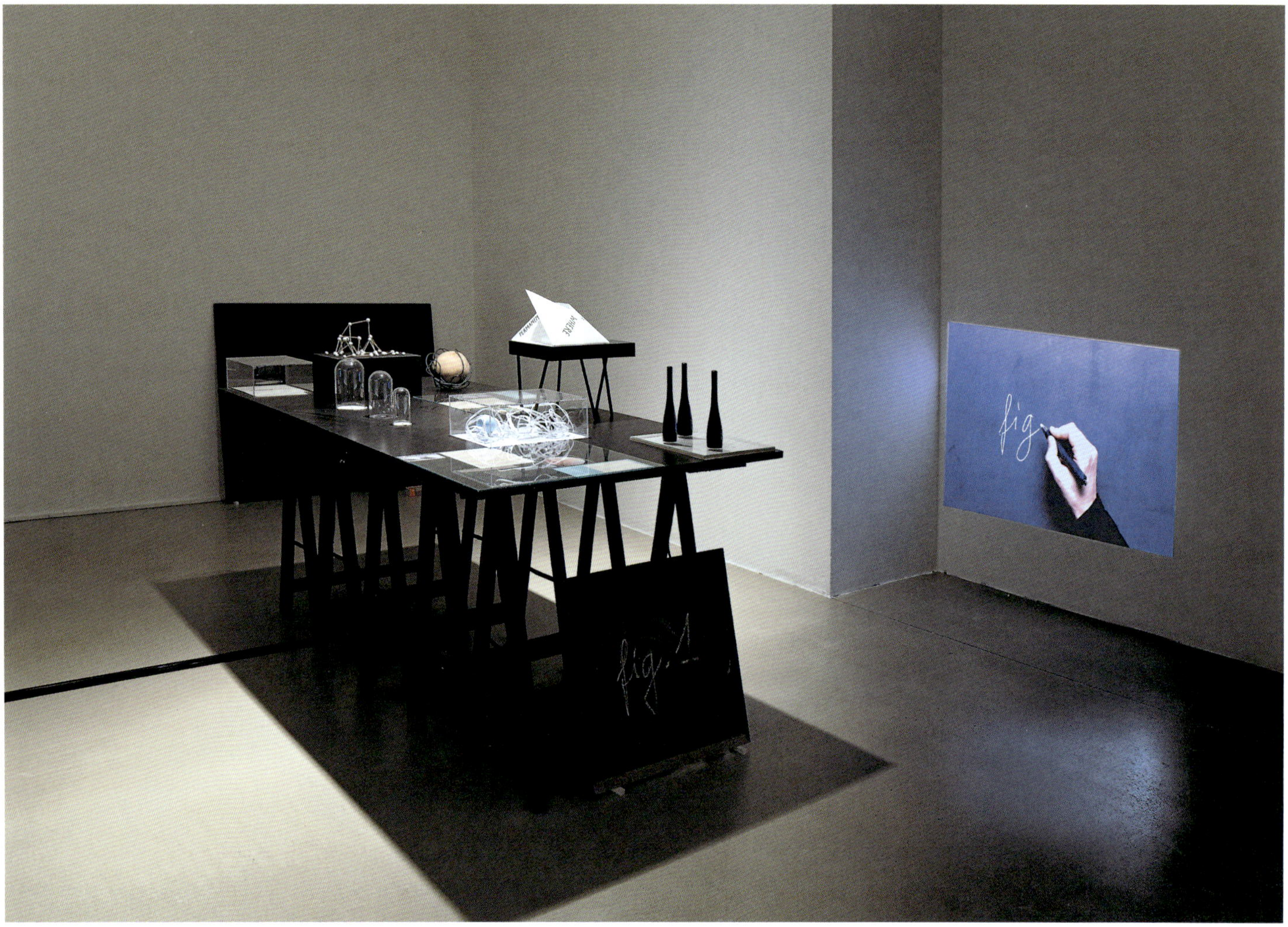

Table of Contents, 2012
Ausstellungsansicht | exhibition view

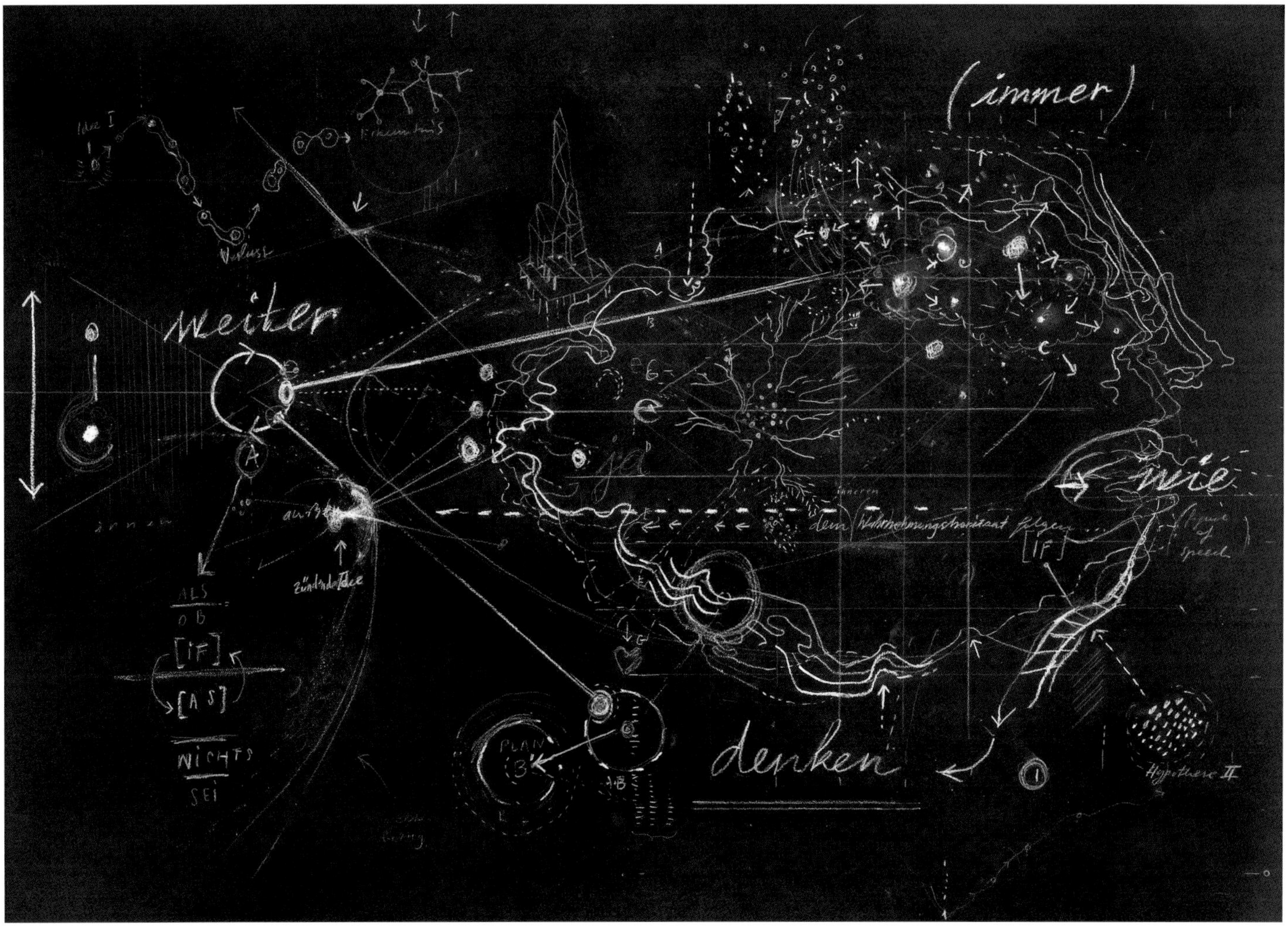

Wieimmerweiterdenken, 2012
Kreide auf Tafel | Chalk on blackboard

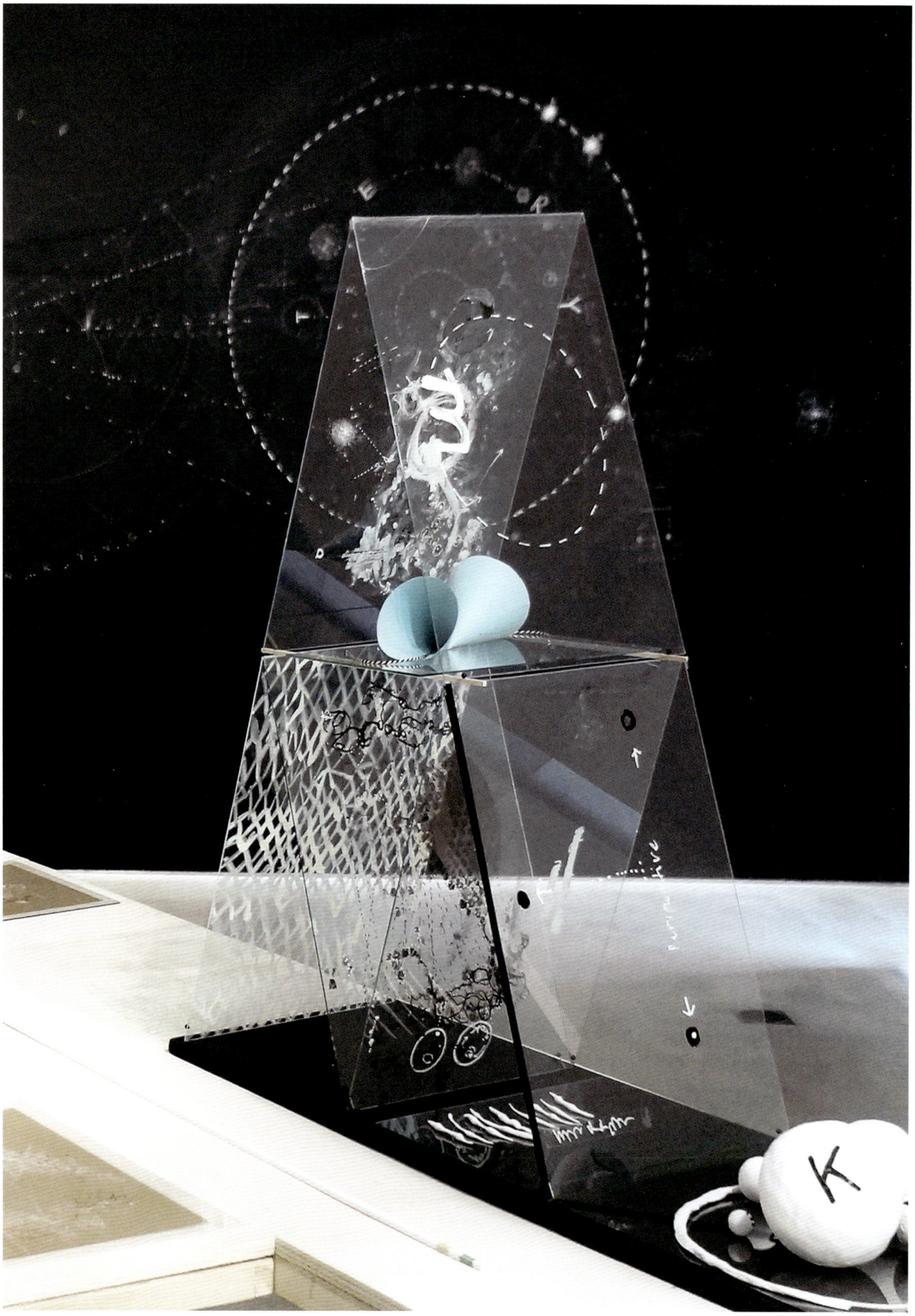

Positioner I (Science-Fiction-Theory-Memory), 2014
Ausstellungsansicht | exhibition view

When Thought Becomes Matter and Matter Turns into Thought, 2013
Holz, Papier, Zeichnungen, Objekte | Wood, paper, drawings, objects

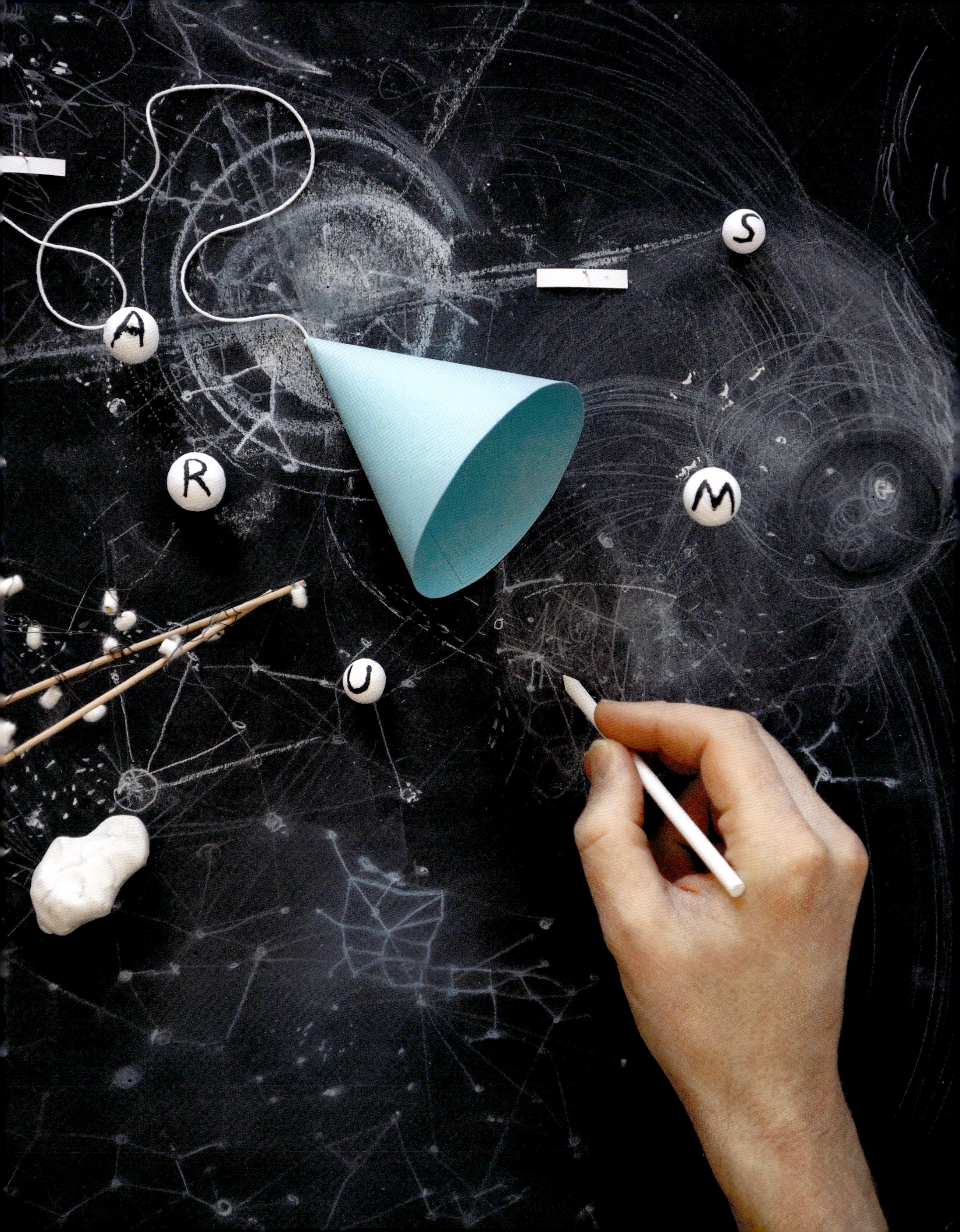
A
R
S
M
U

Tacita Dean

Diese elfteilige Arbeit wurde 2012 für eine Gruppenausstellung in Chicago in Auftrag gegeben, die die künstlerische Rezeption des Werks des Schweizer Schriftstellers Robert Walser zum Thema hatte. Dean schuf eine Serie von Tableaux-Collagen, die dem Storyboard einer Filmemacherin ähneln. Dazu verwendete sie Postkarten und Fotografien, die sie auf einem Berliner Flohmarkt entdeckt hatte, sowie einen Fund an originalen Bleistift- und Tuschezeichnungen von Martin Stekker, einem kaum bekannten Zeitgenossen Robert Walsers. Den Materialien haftet etwas Intimes, Diskretes an, als würden wir einen Blick in das private Sammelalbum oder die Souvenirs von jemandem wagen. Ohne zu wissen, für wen oder zu welchem Zweck die Zeichnungen ursprünglich beabsichtigt waren oder was sie genau darstellen, wird der Betrachter vor eine Reihe unbeantwortbarer Fragen gestellt.

Diese bewusste Unbestimmtheit und der Mangel an erkennbaren, zusammenhängenden Erzählsträngen sind für den Großteil von Deans Werk von entscheidender Bedeutung, so auch für ihre eigenen großformatigen Zeichnungen und die 16-mm-Filme, für die sie vermutlich am meisten bekannt ist. Vergebens versuchen wir, die zahllosen Leerstellen und Lücken auszufüllen und daraus unsere eigene Geschichte zu basteln, die unstet zwischen Fiktion und Wirklichkeit schwankt. *Berlin and the Artist* zeugt ebenso von ihrer Faszination für Dinge, Orte oder Menschen, die bereits verschwunden sind oder dabei sind, dies zu tun. In diesem Fall handelt es sich um einen einst berühmten Schriftsteller, für den erst seit Kurzem wieder Interesse erwächst, und einen Künstler, der im selben Jahr wie dieser geboren wurde (1878) und dessen eigenes Werk – das Dean sich hier aneignet und poetisch in einen neuen Kontext stellt – beinahe vollkommen unbeachtet geblieben ist.

This eleven-part work was commissioned for a group exhibition in Chicago in 2012 exploring artists' responses to the work of Swiss writer Robert Walser. Dean has created a series of collaged tableaux, resembling a filmmaker's storyboard, using materials found in a Berlin flea market, including postcards, photographs, and a cache of original pencil-and-ink drawings by a little-known contemporary of Walser, the artist Martin Stekker. The materials have an intimate, strangely personal feel to them, as if we are looking at the contents of someone's private scrapbook or *souvenirs de voyage*. Without knowing for whom or what the images were originally intended, or what exactly it is that they represent, we are left with a series of unanswerable questions.

This deliberate open-endedness and lack of any discernable, coherent narrative is central to much of Dean's work, including her own large-scale drawings and the 16 mm films for which she is perhaps best known. We seek, in vain, to fill in the many blanks and piece together our own story, veering fitfully between fiction and reality. *Berlin and the Artist* also testifies to her fascination for things, places, or people that have disappeared, or are about to do so; in this case, a once-popular writer in whom interest has only recently been rekindled, and an artist born in the same year, 1878, whose own work—appropriated and poetically recontextualized here by Dean—has remained almost entirely unrecognized.

Jasper Sharp

Berlin and the Artist (after Robert Walser, 1878–1956), 2012
11 Teile | parts
Ausstellungsansicht | exhibition view

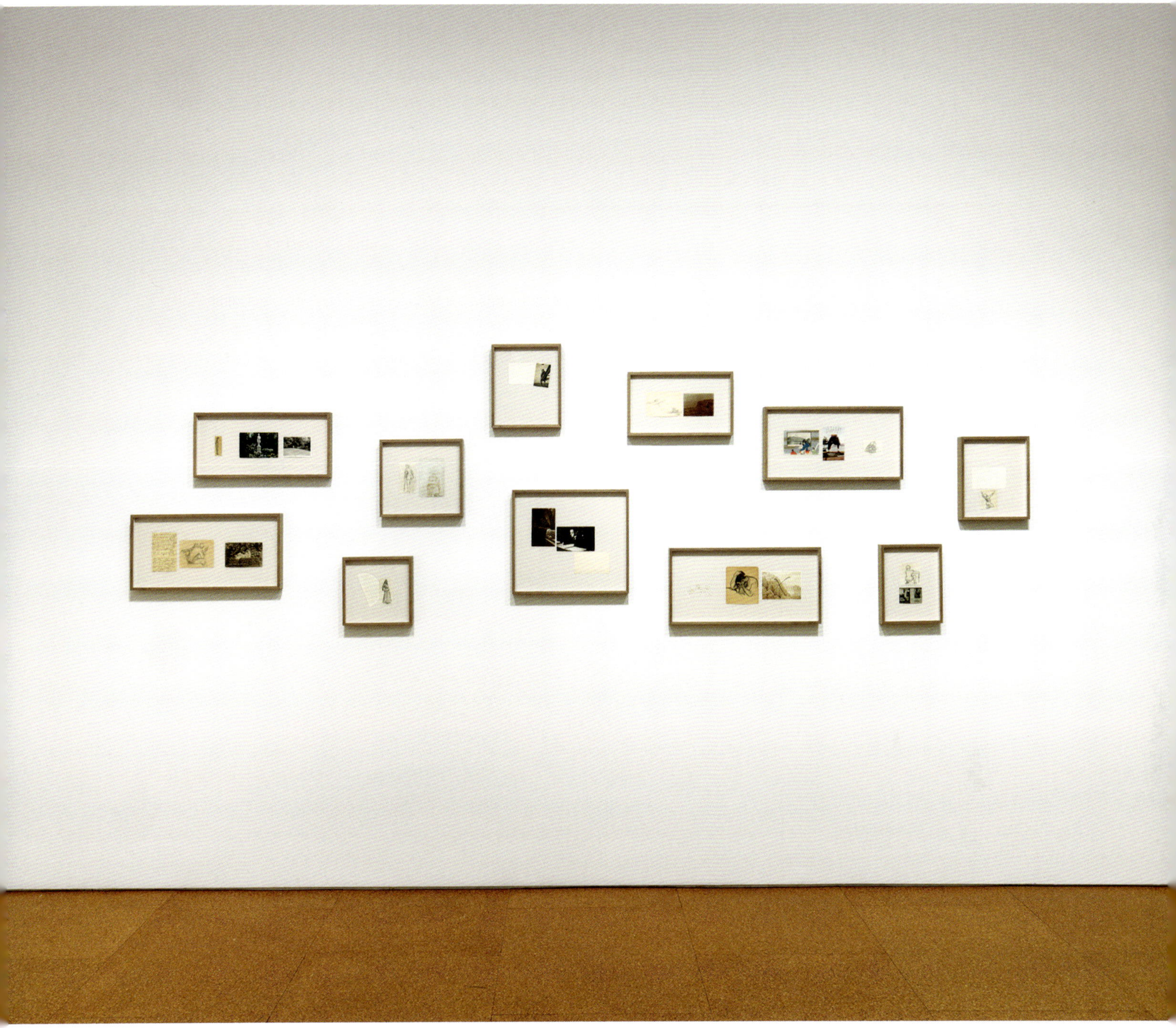

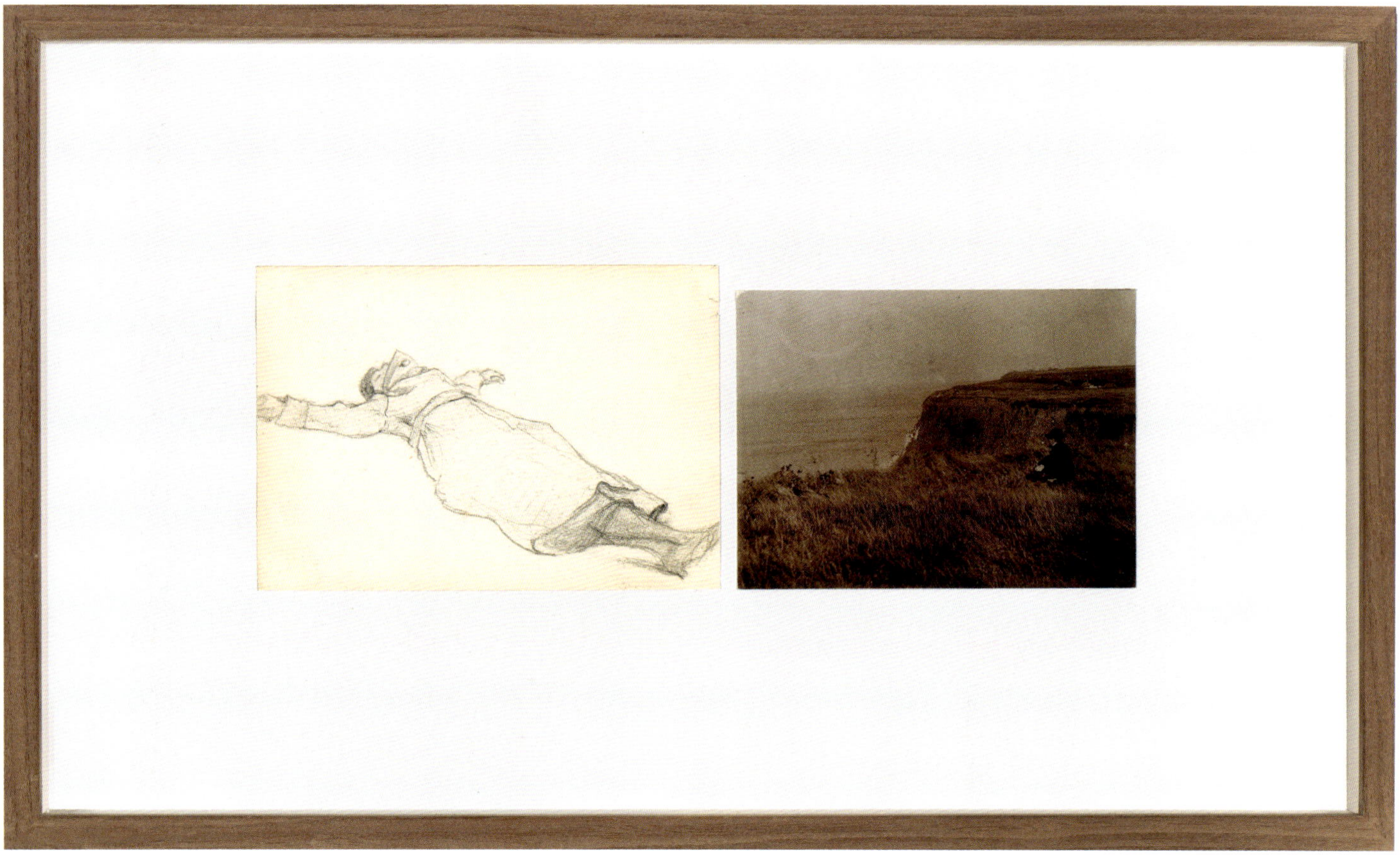

Berlin and the Artist (after Robert Walser, 1878–1956), 2012

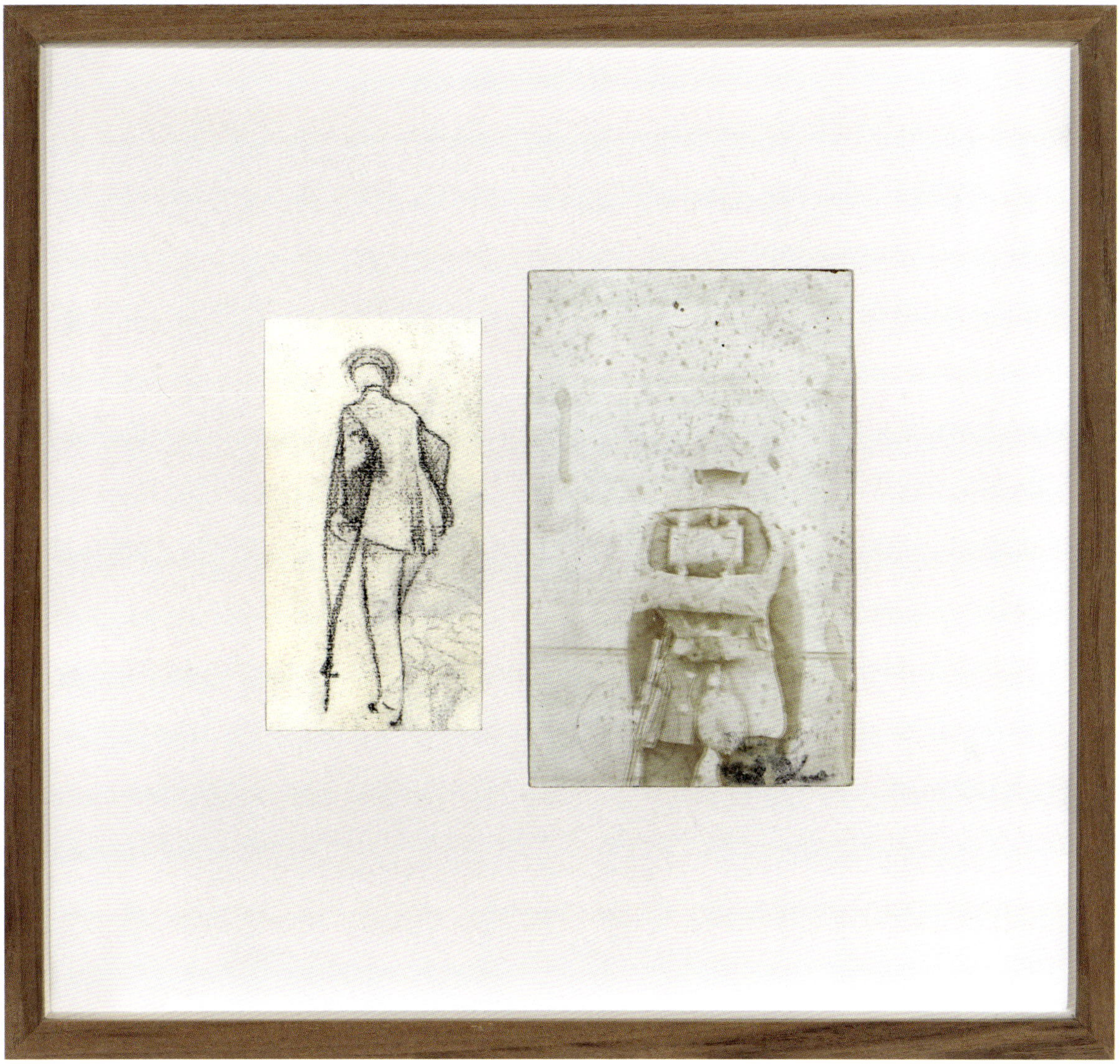

Berlin and the Artist (after Robert Walser, 1878–1956), 2012

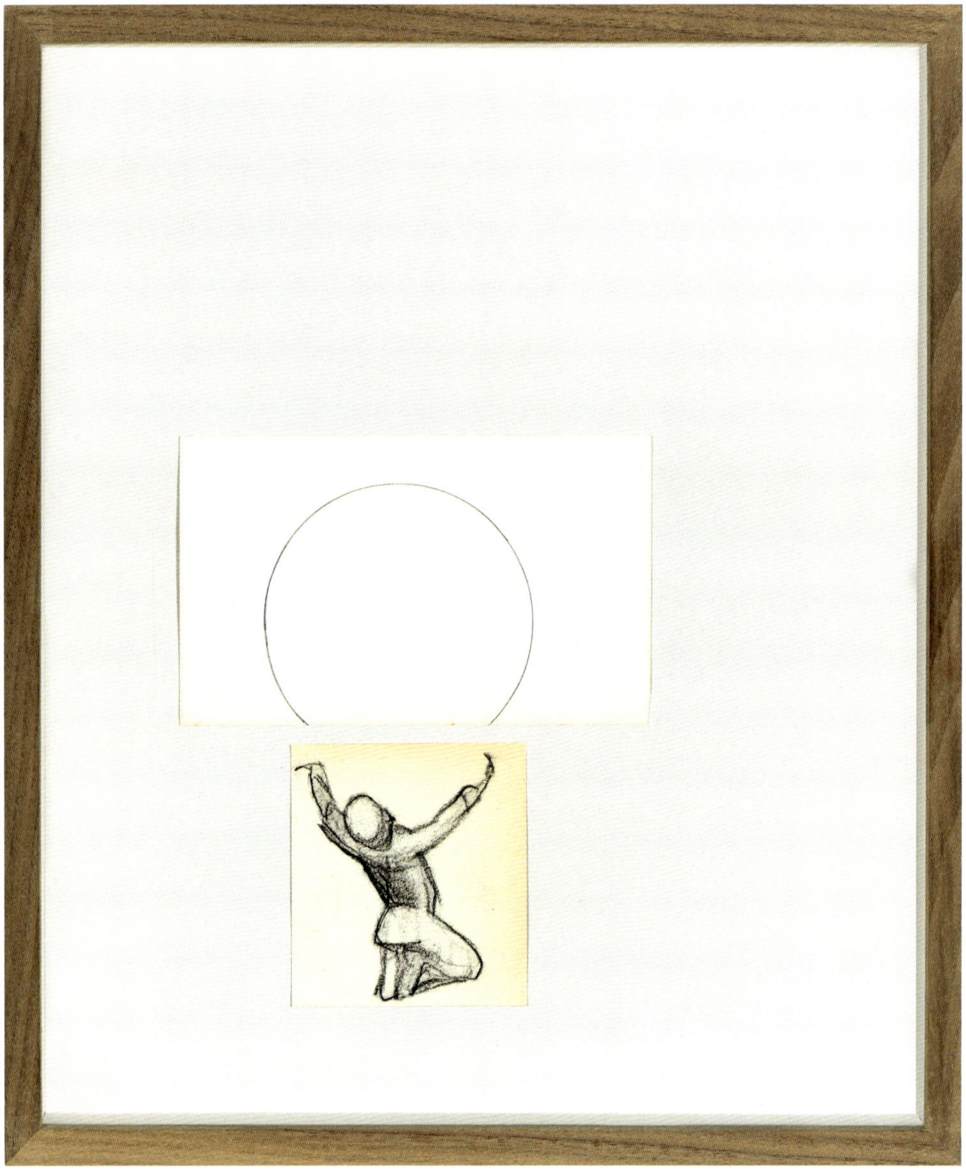

Berlin and the Artist (after Robert Walser, 1878–1956), 2012

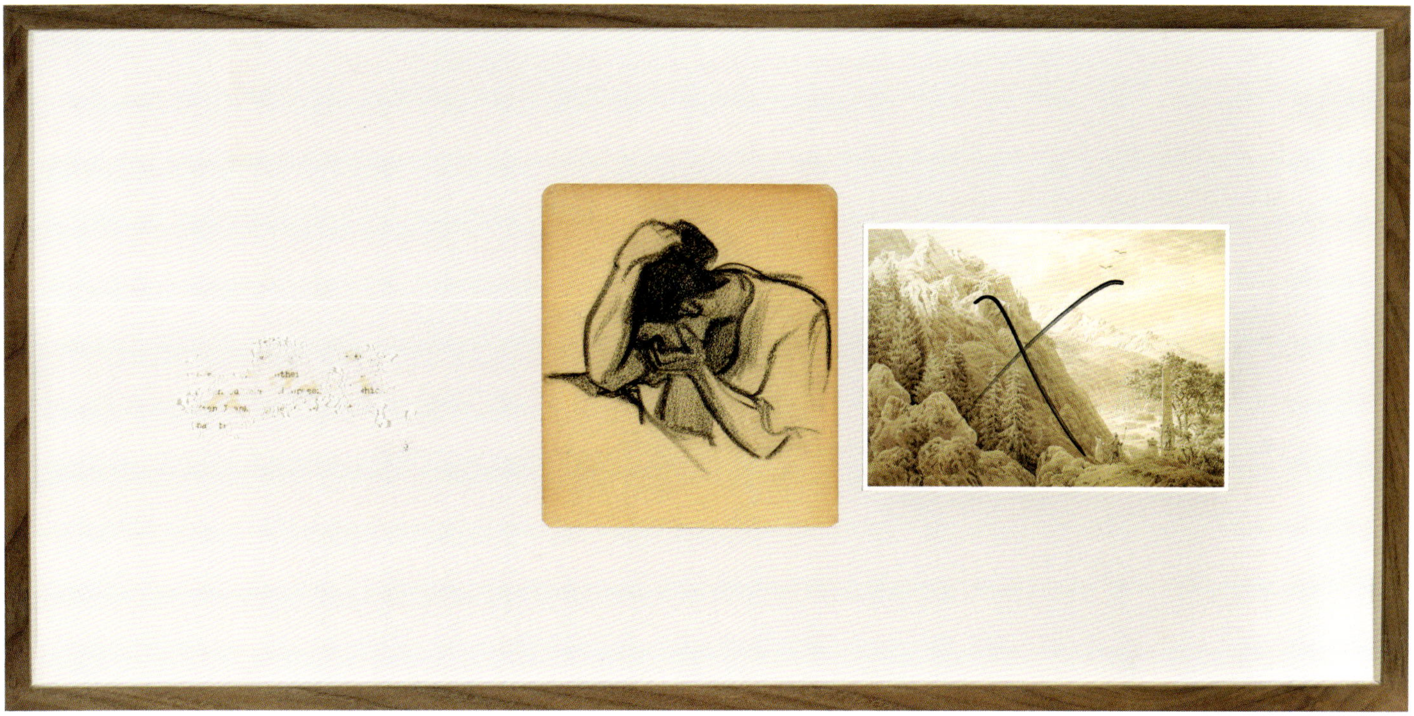

Berlin and the Artist (after Robert Walser, 1878–1956), 2012

Tomma Abts
Geboren 1967 in Kiel, Deutschland. Lebt und arbeitet in London | Born 1967 in Kiel, Germany. Lives and works in London, England.

Untitled no. 1, 2008
Bleistift und Buntstift auf Papier | Pencil and colored pencil on paper
84,1 × 59,4 cm
Courtesy greengrassi, London
SEITE | PAGE 162

Untitled no. 2, 2008
Bleistift und Buntstift auf Papier | Pencil and colored pencil on paper
84,1 × 59,4 cm
Courtesy greengrassi, London
SEITE | PAGE 161

Untitled no. 5, 2008
Bleistift und Buntstift auf Papier | Pencil and colored pencil on paper
84,1 × 59,4 cm
Privatsammlung / Private collection
SEITE | PAGE 163

Untitled, 2009
Filzstift auf Papier | Felt-tip pen on paper
29,7 × 21 cm
Courtesy greengrassi, London
SEITE | PAGE 160

Untitled, 2010
Aquarell auf Papier | Watercolor on paper
29,7 × 21 cm
Courtesy greengrassi, London
SEITE | PAGE 160

Untitled #02, 2011
Bleistift und Buntstift auf Papier | Pencil and colored pencil on paper
84,1 × 59,4 cm
Courtesy greengrassi, London
SEITE | PAGE 159

Silvia Bächli
Geboren 1956 in Baden, Schweiz. Lebt und arbeitet in Basel und Paris | Born 1956 in Baden, Switzerland. Lives and works in Basel, Switzerland, and Paris, France.

am, 2008
Gouache auf Papier | Gouache on paper
200 × 150 cm
Courtesy Barbara Gross Galerie, München
SEITE | PAGE 155

Ohne Titel, 2013
Gouache auf Papier | Gouache on paper
44 × 62 cm
Courtesy Barbara Gross Galerie, München
SEITE | PAGE 153

Ohne Titel, 2013
Gouache auf Papier | Gouache on paper
200 × 150 cm
Courtesy Barbara Gross Galerie, München
SEITE | PAGE 154

Ohne Titel, 2013
Gouache auf Papier | Gouache on paper
75 × 55 cm
Courtesy Barbara Gross Galerie, München
SEITE | PAGE 156

Ohne Titel, 2013
Gouache auf Papier | Gouache on paper
62 × 44 cm
Courtesy Barbara Gross Galerie, München
SEITE | PAGE 157

Anna Barriball
Geboren 1972 in Plymouth, England. Lebt und arbeitet in London | Born 1972 in Plymouth, England. Lives and works in London, England.

Mirror Window Wall III, 2008
Tusche auf Papier | Ink on paper
4 Teile | panels
Gesamt | total: 260,5 × 200,5 cm
Courtesy of the artist and Frith Street Gallery, London
SEITE | PAGE 211

Door II, 2012
Bleistift auf Papier | Pencil on paper
200 × 77 cm
Courtesy of the artist and Frith Street Gallery, London
SEITE | PAGE 209

Marc Bauer
Geboren 1975 in Genf. Lebt und arbeitet in Berlin und Zürich | Born 1975 in Geneva, Switzerland. Lives and works in Berlin, Germany, and Zurich, Switzerland.

The Astronaut, 2013
Animierter Schwarz-Weiß-Film | Animated black-and-white film
16 mm, 45 sek. | sec., loop
Courtesy of the artist and Freymond-Guth Fine Arts
SEITE | PAGE 45, 46–49

Michaël Borremans
Geboren 1963 in Geraardsbergen, Belgien. Lebt und arbeitet in Gent | Born 1963 in Geraardsbergen, Belgium. Lives and works in Ghent, Belgium.

Sucking Heads in the Country, 1999
Mischtechnik auf Papier | Mixed media on paper
12 × 18 cm
Privatsammlung, Belgien | Private collection, Belgium
SEITE | PAGE 26

First Design for a Square of Despair, 2005
Bleistift und Gouache auf Papier | Pencil and gouache on paper
29,7 × 21,0 cm
Privatsammlung, Belgien | Private collection, Belgium
SEITE | PAGE 25

New Corpses, 2006
Bleistift, Gouache und Aquarell auf Papier | Pencil, gouache, and watercolor on paper
16,8 × 24,4 cm
Privatsammlung, Belgien | Private collection, Belgium
SEITE | PAGE 26

Sculptural Installation for Abandoned Airport (proposal one), 2011
Bleistift und weiße Tusche auf Papier | Pencil and white ink on paper
21,0 × 29,6 cm
Courtesy Zeno X Gallery, Antwerp
SEITE | PAGE 28

Sculptural Installation for Abandoned Airport: Tears (proposal two), 2012
Bleistift und weiße Tusche auf Papier | Pencil and white ink on paper
16,2 × 25,5 cm
Courtesy Zeno X Gallery, Antwerp
SEITE | PAGE 27

Sculptural Installation for Abandoned Airport (proposal three), 2012
Bleistift und Aquarell auf Papier | Pencil and watercolor on paper
15,1 × 22,4 cm
Courtesy Zeno X Gallery, Antwerp
SEITE | PAGE 27

Sculptural Installation for Abandoned Airport (proposal four), 2014
Bleistift und Aquarell auf Papier | Pencil and watercolor on paper
32,3 × 23,8 cm
Courtesy Zeno X Gallery, Antwerp
SEITE | PAGE 29

Sculptural Installation for Abandoned Airport (proposal five), 2014
Bleistift und Aquarell auf Papier | Pencil and watercolor on paper
31,0 × 41,1 cm
Courtesy Zeno X Gallery, Antwerp
SEITE | PAGE 18 (DETAIL), 28

Andrea Bowers
Geboren 1965 in Wilmington, OH, USA. Lebt und arbeitet in Los Angeles | Born 1965 in Wilmington, OH, USA. Lives and works in Los Angeles, CA, USA.

Study from May Day March, Los Angeles 2010 (We are all Americans), 2010
Grafit auf Papier | Graphite on paper
22,86 × 30,48 cm
Courtesy of the artist and Susanne Vielmetter Los Angeles Projects
SEITE | PAGE 59

For My Transgender Sisters (May Day March, Los Angeles, 2012), 2012
Buntstift auf Papier | Colored pencil on paper
76,2 × 55,88 cm
Collection of Phil Mercado and Todd Quinn, Los Angeles
SEITE | PAGE 63

People Before Profits (May Day March, Los Angeles, 2012), 2012
Buntstift auf Papier | Colored pencil on paper
76,2 × 55,88 cm
Collection of Margaret Morgan and Wesley Phoa
SEITE | PAGE 60–61

Wendy Davis, Texas State Senator (11-Hour Filibuster to Block Anti-abortion Legislation, June 25, 2013), 2013
Buntstift auf Papier | Colored pencil on paper
25,4 × 55,56 cm
Courtesy of the artist and Susanne Vielmetter Los Angeles Projects
SEITE | PAGE 62

22% of Deportations Involve Parents of U.S. Citizens (Immigrant Justice Activist, May Day 2014, Los Angeles), 2014
Buntstift auf Papier | Colored pencil on paper
76,2 × 55,8 cm
Courtesy of the artist and kaufmann repetto, Milano / New York, mit Unterstützung von | with the support of the Espace Culturel Louis Vuitton
SEITE | PAGE 64 (DETAIL), 65

Olga Chernysheva
Geboren 1962 in Moskau. Lebt und arbeitet in Moskau | Born 1962 in Moscow, Russia. Lives and works in Moscow, Russia.

Untitled (Person protected by the book), 2012
Kohle auf Papier | Charcoal on paper
41,5 × 30 cm
Privatsammlung | Private collection Irina and Maris Vitols, Riga
SEITE | PAGE 67

Untitled (Person protected by a smoke), 2012
Kohle auf Papier | Charcoal on paper
41,5 × 30 cm
Privatsammlung | Private collection Irina and Maris Vitols, Riga
SEITE | PAGE 68

Untitled (Person protected by a puddle), 2012
Kohle auf Papier | Charcoal on paper
41,5 × 30 cm
Privatsammlung | Private collection Irina and Maris Vitols, Riga
SEITE | PAGE 68

Untitled (Person protected by drawing), 2012
Kohle auf Papier | Charcoal on paper
41,5 × 30 cm
Privatsammlung / Private collection Irina and Maris Vitols, Riga
SEITE | PAGE 69

Untitled (Person protected by a blanket), 2012
Kohle auf Papier | Charcoal on paper
41,5 × 30 cm
Privatsammlung | Private collection Irina and Maris Vitols, Riga
SEITE | PAGE 69

Untitled (Person protected by zero kilometer), 2012
Kohle auf Papier | Charcoal on paper
41,5 × 59 cm
Privatsammlung | Private collection Irina and Maris Vitols, Riga
SEITE | PAGE 70

Untitled (Person protected by a pipe), 2012
Kohle auf Papier | Charcoal on paper
41,5 × 30 cm
Privatsammlung / Private collection Irina and Maris Vitols, Riga
SEITE | PAGE 71

Amy Cutler
Geboren 1974 in Poughkeepsie, NY, USA. Lebt und arbeitet in Brooklyn | Born 1974 in Poughkeepsie, NY, USA. Lives and works in Brooklyn, NY, USA.

Hallowed Seekers, 2008
Grafit auf Papier | Graphite on paper
35,4 × 28 cm
Courtesy Leslie Tonkonow Artworks + Projects, New York
SEITE | PAGE 116

Edna, 2008
Grafit auf Papier | Graphite on paper
35,6 × 28 cm
Courtesy Leslie Tonkonow Artworks + Projects, New York
SEITE | PAGE 117

Above the Fjord, 2010
Gouache auf Papier | Gouache on paper
73,7 × 104,8 cm
Courtesy Leslie Tonkonow Artworks + Projects, New York
SEITE | PAGE 115

Stampede, 2013
Gouache auf Papier | Gouache on paper
26,4 × 33 cm
Courtesy Leslie Tonkonow Artworks + Projects, New York
SEITE | PAGE 17 (DETAIL), 113

Remedy, 2014
Gouache auf Papier | Gouache on paper
59,2 × 52,7 cm
Courtesy Leslie Tonkonow Artworks + Projects, New York
SEITE | PAGE 114

Tacita Dean
Geboren 1965 in Canterbury, England. Lebt und arbeitet in Berlin | Born 1965 in Canterbury, England. Lives and works in Berlin, Germany.

Berlin and the Artist (after Robert Walser, 1878–1956), 2012
Auf Flohmärkten gefundenes Bildmaterial, darunter Originalzeichnungen von Martin Stekker (1878–1962), Bleistift, verfärbte Blankokarten, ein mottenzerfressenes, getipptes Dokument und eine Postkarte, die letzte aus dem Ständer | Found flea market images including original drawings by Martin Stekker (1878–1962), pencil, discolored plain cards, moth-eaten typed document, and an end-of-rack postcard
11 Teile | parts, gerahmt | framed
Größe variabel | dimensions variable
Courtesy Brigitte von Trotha-Ribbentrop
SEITE | PAGE 219, 220–223

Sonja Gangl
Geboren 1965 in Graz. Lebt und arbeitet in Wien | Born 1965 in Graz, Austria. Lives and works in Vienna, Austria.

CAPTURED ON PAPER_THE END_1100101, 2014
Bleistift auf Waterford-Papier | Pencil on Waterford paper
123,5 × 142,5 cm
Courtesy the artist and Krobath, Wien / Berlin
SEITE | PAGE 51

CAPTURED ON PAPER_THE END_1100110, 2014
Bleistift auf Waterford-Papier | Pencil on Waterford paper
123,5 × 142,5 cm
Courtesy the artist and Krobath, Wien / Berlin
SEITE | PAGE 52

CAPTURED ON PAPER_THE END_1100111, 2014
Bleistift auf Waterford-Papier | Pencil on Waterford paper
123,5 × 142,5 cm
Neue Galerie Graz am Universalmuseum Joanneum
SEITE | PAGE 53

Nikolaus Gansterer
Geboren 1974 in Klosterneuburg, Österreich. Lebt und arbeitet in Wien | Born 1974 in Klosterneuburg, Austria. Lives and works in Vienna, Austria.

Thinking Drawing Diagram, 2011
Kreide auf Tafel | Chalk on blackboard
Größe variabel | dimensions variable
SEITE | PAGE 213

Table of Contents, 2012
Tisch, Objekte, Modelle, Zeichnungen, Video (Loop) | Table, objects, models, drawings, video (loop)
Ausstellungsansicht | exhibition view, Kunstraum Niederösterreich, Wien | Vienna, 2013
SEITE | PAGE 214

Wieimmerweiterdenken, 2012
Kreide auf Tafel | Chalk on blackboard
42 × 31 cm
SEITE | PAGE 215

When Thought Becomes Matter and Matter Turns into Thought, 2013
Holz, Papier, Zeichnungen, Objekte | Wood, paper, drawings, objects
Größe variabel | dimensions variable
SEITE | PAGE 217

Thinking Matters Other Others, 2014
Performance Lecture
Im Rahmen von | for *Scores # 9*, TQW, TanzQuartier Wien, 2014
SEITE | PAGE 10/11

Positioner I (Science-Fiction-Theory-Memory), 2014
Holz, Papier, Zeichnungen, Glas | Wood, paper, drawings, glass
Ausstellungsansicht | exhibition view, Galerie im Taxispalais, Innsbruck, 2014
SEITE | PAGE 216

Monika Grzymala
Geboren 1970 in Zabrze, Polen. Lebt und arbeitet in Berlin | Born 1970 in Zabrze, Poland. Lives and works in Berlin, Germany.

Polyeder/Polyhedron, 2011
Ephemere Raumzeichnung aus 4 km matt schwarzem Klebeband | Ephemeral spatial drawing, 4 km matte black tape
Ausstellungsansicht | exhibition view, Sammlung 49 Nord 6 Est FRAC Lorraine Metz, Frankreich | France, 2011
SEITE | PAGE 173

Raumzeichnung xyz, 2011
Ephemere Raumzeichnung aus 3,3 km schwarzem Klebeband | Ephemeral spatial drawing, 3,3 km black tape
Ausstellungsansicht | exhibition view
Sumarria Lunn Gallery, London, 2011
SEITE | PAGE 174/175

Raumzeichnung (Kubrick), 2013
Ephemere Raumzeichnung aus 3,3 km schwarzem und weißem Klebeband | Ephemeral spatial drawing, 3,3 km black and white tape
Ausstellungsansicht | exhibition view, *Mono Meros*, Kunsthalle Hamburg, 2013
SEITE | PAGE 176/177

Toba Khedoori
Geboren 1964 in Sydney. Lebt und arbeitet in Los Angeles | Born 1964 in Sydney, Australia. Lives and works in Los Angeles, CA, USA.

Untitled (Stick), 2005
Wachs und Öl auf Papier | Wax and oil on paper
360,7 × 203,2 cm
Courtesy Regen Projects, Los Angeles
SEITE | PAGE 149

Untitled (White Windows), 2005–2006
Wachs und Öl auf Papier | Wax and oil on paper
365,8 × 396,2 cm
Sammlung Ringier, Schweiz | Ringier Collection, Switzerland
SEITE | PAGE 14 (DETAIL), 151

Los Carpinteros
Marco Antonio Castillo Valdes, geboren 1971 in Camagüey, Kuba, und Dagoberto Rodríguez Sánchez, geboren 1969 in Caibarién, Kuba. Das Kollektiv wurde 1992 gegründet. Beide leben und arbeiten in Havanna und Madrid | Marco Antonio Castillo Valdes, born 1971 in Camagüey, Cuba; and Dagoberto Rodríguez Sánchez, born 1969 in Caibarién, Cuba. Collective founded in 1992. Live and work in Havana, Cuba, and Madrid, Spain.

Tornado Amarillo Doble (Díptico), 2011
Aquarell und Bleistift auf Papier | Watercolor and pencil on paper
Diptychon | diptych
200 × 227 cm
Thyssen-Bornemisza Art Contemporary, Vienna
SEITE | PAGE 145 (DETAIL), 147

Celosía Poliédrica Flotante (Díptico), 2015
Aquarell auf Papier | Watercolor on paper
Diptychon | diptych
195 × 226,3 cm
Courtesy Sean Kelly Gallery, New York
SEITE | PAGE 146

Constantin Luser
Geboren 1976 in Graz. Lebt und arbeitet in Graz und Wien | Born 1976 in Graz, Austria. Lives and works in Graz and Vienna, Austria.

Drahtobjekte und Wandzeichnung mit Fineliner | Wire objects and wall drawing with fineliner
Ausstellungsansicht | exhibition view, Kunsthalle Krems, 2014
SEITE | PAGE 127, 128–129

Drahtobjekte und Wandzeichnung mit Fineliner | Wire objects and wall drawing with fineliner
Work in progress, Kunsthalle Krems, 2014
SEITE | PAGE 130/131

Lotte Lyon
Geboren 1970 in Graz. Lebt und arbeitet in Wien | Born 1970 in Graz, Austria. Lives and works in Vienna, Austria.

Ohne Titel, 2012
Acryl auf Wand | Acrylic on the wall
Ausstellungsansicht | exhibition view, Aomori Contemporary Art Centre, Aomori, Japan, 2012
SEITE | PAGE 166/167

Ohne Titel, 2013
Skizze für die Deckenzeichnung | Sketch for the ceiling drawing *Rolltreppe*, 2014/15
Tintenroller und Buntstift auf Papier | Rollerball pen and colored pencil on paper
42 × 29,7 cm
SEITE | PAGE 165

Julie Mehretu
Geboren 1970 in Addis Abeba, Äthiopien. Lebt und arbeitet in New York | Born 1970 in Addis Ababa, Ethiopia. Lives and works in New York, NY, USA.

Untitled (2005 drawings), 2005
Grafit und Aquarell auf Papier | Graphite and watercolor on paper
66 × 101,6 cm
Courtesy White Cube
SEITE | PAGE 182

Untitled (2005 drawings), 2005
Tusche, Buntstift, Grafit und Aquarell auf Papier | Ink, colored pencil, graphite, and watercolor on paper
66 × 101,6 cm
Courtesy Jeanne Greenberg Rohatyn
SEITE | PAGE 183

Untitled (7), 2014
Tusche auf Papier | Ink on paper
56,4 × 76,4 cm
Courtesy White Cube
SEITE | PAGE 179

Untitled (8), 2014
Tusche auf Papier | Ink on paper
56,4 × 76,4 cm
Courtesy White Cube
SEITE | PAGE 180

Untitled (9), 2014
Tusche auf Papier | Ink on paper
56,4 × 76,4 cm
Courtesy White Cube
SEITE | PAGE 181

Aleksandra Mir
Geboren 1967, schwedisch-amerikanische Künstlerin. Lebt und arbeitet derzeit in London | Born 1967. Swedish-American artist. Currently lives and works in London, England.

Drawing Room, 2014
Filzstift auf synthetisch grundierter Leinwand | Fiber-tipped pen on synthetic primed canvas
Ausstellungsansicht | exhibition view, Drawing Room, London, 2014
SEITE | PAGE 205, 206/207

Muntean/Rosenblum
Markus Muntean, geboren 1962 in Graz, und Adi Rosenblum, geboren 1962 in Haifa, Israel. Zusammenarbeit seit 1992. Sie leben und arbeiten in Wien und London | Markus Muntean, born 1962 in Graz, Austria; and Adi Rosenblum, born 1962 in Haifa, Israel. Collaborating since 1992. Live and work in Vienna, Austria, and London, England.

Untitled (Some things can be explained ...), 2008
Öl, Acryl, Bleistift, Cut-out auf Leinwand | Oil, acrylic, pencil, and cutout on canvas
195 × 115 cm
Albertina, Wien | Vienna
SEITE | PAGE 31

Untitled (To begin again and again), 2010
Kreide und Collage auf Papier | Chalk and collage on paper
60 × 42 cm
Albertina Wien | Vienna, Erwerbung aus Mitteln der Galerienförderung des BMUKK 2010 | Acquired through the gallery fund of the Austrian Federal Ministry of Education, Arts and Culture
SEITE | PAGE 32

Untitled (Focus on the future), 2010
Kreide und Collage auf Papier | Chalk and collage on paper
60 × 42 cm
Albertina Wien | Vienna, Erwerbung aus Mitteln der Galerienförderung des BMUKK 2010 | Acquired through the gallery fund of the Austrian Federal Ministry of Education, Arts and Culture
SEITE | PAGE 33

Untitled (Those who restrain), 2010
Kreide und Collage auf Papier | Chalk and collage on paper
42 × 60 cm
Albertina Wien | Vienna, Erwerbung aus Mitteln der Galerienförderung des BMUKK 2010 | Acquired through the gallery fund of the Austrian Federal Ministry of Education, Arts and Culture
SEITE | PAGE 34

Untitled (Love is trouble ...), 2010
Kreide und Collage auf Papier | Chalk and collage on paper
59,4 × 42 cm
Albertina Wien | Vienna, Erwerbung aus Mitteln der Galerienförderung des BMUKK 2010 | Acquired through the gallery fund of the Austrian Federal Ministry of Education, Arts and Culture
SEITE | PAGE 35

Paul Noble
Geboren 1963 in Dilston (Northumberland), England. Lebt und arbeitet in London | Born 1963 in Dilston (Northumberland), England. Lives and works in London, England.

Welcome to Nobson, 2008–2010
Bleistift auf Papier | Pencil on paper
20 Blätter | panels
Gesamt | total: 452 × 715 cm
Courtesy Gagosian Gallery
SEITE | PAGE 136, 137 (DETAIL), 138/139

Prisonob, 2013
Bleistift auf Papier | Pencil on paper
12 Blätter | panels
Gesamt | total: 366 × 608 cm
Courtesy Gagosian Gallery
SEITE | PAGE 133 (DETAIL), 134/135

Jockum Nordström
Geboren 1963 in Stockholm. Lebt und arbeitet in Stockholm | Born 1963 in Stockholm, Sweden. Lives and works in Stockholm, Sweden.

Inability, 2014
Aquarell und Collage auf Papier | Watercolor and collage on paper
64 × 45 cm
Courtesy David Zwirner, New York / London
SEITE | PAGE 89

Järtecken (Portent), 2014
Aquarell und Collage auf Papier | Watercolor and collage on paper
45 × 64 cm
Courtesy David Zwirner, New York / London
SEITE | PAGE 90

Let's open the year, 2014
Aquarell und Collage auf Papier | Watercolor and collage on paper
45 × 72,5 cm
Courtesy David Zwirner, New York / London
SEITE | PAGE 91

When I met myself, 2014
Grafit auf Papier | Graphite on paper
32 × 25 cm
Courtesy David Zwirner, New York / London
SEITE | PAGE 92

Jag låg och jag satt
Jag drömde den natt
Jag drömde den visan var bakvänd satt
I was laying down and I was sitting up
I dreamed that night
I dreamed that the song was backwards, 2014
Malkreide, Grafit, Aquarell und Collage auf Papier | Crayon, graphite, watercolor, and collage on paper
100 × 145 cm
Courtesy David Zwirner, New York / London
SEITE | PAGE 93

Fritz Panzer
Geboren 1945 in Judenburg, Österreich. Lebt und arbeitet in Wien | Born 1945 in Judenburg, Austria. Lives and works in Vienna, Austria.

Rolltreppe, 2006
Drahtskulptur | Wire sculpture
320 × 450 × 145 cm
Courtesy Krobath, Wien / Berlin
SEITE | PAGE 169

Milchpackerl, 2014
Drahtskulptur | Wire sculpture
30 × 30 × 30 cm
Courtesy Krobath, Wien / Berlin
SEITE | PAGE 170

Detail aus | of *Judenburg, Prenning und Gutmann*, 2014
Drahtskulptur / Wire sculpture
100 × 100 × 100 cm
Courtesy Krobath, Wien / Berlin
SEITE | PAGE 171

Micha Payer + Martin Gabriel
Micha Payer, geboren 1979 in Wolfsberg, Österreich, und Martin Gabriel, geboren 1976 in Linz. Zusammenarbeit seit 2000. Beide leben und arbeiten in Wien | Micha Payer, born 1979 in Wolfsberg, Austria; and Martin Gabriel, born 1976 in Linz, Austria. Collaborating since 2000. Live and work in Vienna, Austria.

innenraum denken, 2009
Bleistift und Buntstift auf Papier | Pencil and colored pencil on paper
11 Teile | parts
Gesamt | total: 150 × 180 cm
STRABAG Kunstforum
SEITE | PAGE 124–125

Fenster zum Garten (Triptychon), 2010
Bleistift und Buntstift auf Papier | Pencil and colored pencil on paper
Gesamt | total: 290 × 175 cm
Courtesy Christine König Galerie, Wien
SEITE | PAGE 119 (DETAIL), 120/121

wiederholte individualfälle, 2014/15
Bleistift und Buntstift auf Papier | Pencil and colored pencil on paper
3 Teile | panels
Gesamt | total: 75 × 225 cm
Courtesy Christine König Galerie, Wien
SEITE | PAGE 122/123 (DETAIL)

Dan Perjovschi
Geboren 1961 in Sibiu, Rumänien. Lebt und arbeitet in Bukarest und Sibiu | Born 1961 in Sibiu, Romania. Lives and works in Bucharest and Sibiu, Romania.

WHAT HAPPENED TO US?, 2007
Wandzeichnung | wall drawing
Work in progress, MoMA, New York, 2007
SEITE | PAGE 76/77

Chalk Reality, 2011
Kreide auf Tafel | Chalk on blackboard
Ausstellungsansicht | exhibition view, Galerija Gregor Podnar, Berlin, 2011
SEITE | PAGE 73

Chalk Reality (Beliefs), 2010–2011
Kreide auf Tafel | Chalk on blackboard
120 × 240 cm
Courtesy Galerija Gregor Podnar, Berlin
SEITE | PAGE 74

Chalk Reality (Borders), 2010–2011
Kreide auf Tafel | Chalk on blackboard
120 × 240 cm
Courtesy Galerija Gregor Podnar, Berlin
SEITE | PAGE 74

Chalk Reality (Geopolitics), 2010–2011
Kreide auf Tafel | Chalk on blackboard
120 × 240 cm
Courtesy Galerija Gregor Podnar, Berlin
SEITE | PAGE 75

Chalk Reality (Identity), 2010–2011
Kreide auf Tafel | Chalk on blackboard
120 × 240 cm
Courtesy Galerija Gregor Podnar
SEITE | PAGE 75

Chloe Piene
Geboren 1972 in den USA. Lebt und arbeitet in New York | Born 1972 in the USA. Lives and works in New York, NY, USA.

King Night (Valkyrie), 2013
Weiße Kreide auf schwarzem Seidenpapier | White charcoal on black tissue
76,2 × 52,1 cm
Courtesy Galerie Heike Curtze und Petra Seiser, Wien, und Susanne Vielmetter Projects, Los Angeles
SEITE | PAGE 102

Engel 01, 2014
Weiße Kreide auf schwarzem Papier | White charcoal on black paper
99,1 × 70,5 cm
Courtesy Galerie Heike Curtze und Petra Seiser, Wien, und Susanne Vielmetter Projects, Los Angeles
SEITE | PAGE 101

Valkyrie 02, 2014
Kohle auf Velin | Charcoal on vellum
177,8 × 109,2 cm
Courtesy Galerie Heike Curtze und Petra Seiser, Wien, und Susanne Vielmetter Projects, Los Angeles
SEITE | PAGE 103

Rainer Prohaska
Geboren 1966 in Krems, Österreich. Lebt und arbeitet in Wien | Born 1966 in Krems, Austria. Lives and works in Vienna, Austria.

Drawing an Orange Line #6, 2014
Acrylstift auf Aceton-Print auf lackierter Siebdruckplatte | Arcrylic paint marker on acetone print on coated silkscreen
53 × 125 cm
Courtesy the artist
FRONTISPIZ | FRONTISPIECE

Robin Rhode
Geboren 1976 in Kapstadt. Lebt und arbeitet in Berlin | Born 1976 in Cape Town, South Africa. Lives and works in Berlin, Germany.

Vultures, 2012
C-Prints
8 Teile | parts
Gesamt | total: 261,4 × 88,2 cm
Courtesy of the artist
SEITE | PAGE 22/23

A Spanner in the Works of Infinity, 2012/13
C-Prints
9 Teile | parts
Gesamt | total: 132,8 × 192,8 cm
Privatsammlung | Private collection, by arrangement with SAFFCA
SEITE | PAGE 79 (DETAIL), 80/81

Mithu Sen
Geboren 1971 in Burdwan, Westbengalen, Indien. Lebt und arbeitet in New Delhi | Born 1971 in Burdwan, West Bengal, India. Lives and works in New Delhi, India.

Tongues that won't stop wounding 1, 2014
Mischtechnik auf Papier mit handgraviertem Plexiglas | Mixed media on paper and hand engraving on Plexiglas
30 × 23 × 3 cm
Courtesy Galerie Krinzinger
SEITE | PAGE 95

Tongues that won't stop wounding 4, 2014
Mischtechnik auf Papier mit handgraviertem Plexiglas | Mixed media on paper and hand engraving on Plexiglas
30 × 23 × 3 cm
Courtesy Galerie Krinzinger
SEITE | PAGE 97

Tongues that won't stop wounding 5, 2014
Mischtechnik auf Papier mit handgraviertem Plexiglas | Mixed media on paper and hand engraving on Plexiglas
30 × 23 × 3 cm
Courtesy Galerie Krinzinger
SEITE | PAGE 96

Tongues that won't stop wounding 6, 2014
Mischtechnik auf Papier mit handgraviertem Plexiglas | Mixed media on paper and hand engraving on Plexiglas
30 × 23 × 3 cm
Courtesy Galerie Krinzinger
SEITE | PAGE 96

Tongues that won't stop wounding 11, 2014
Mischtechnik auf Papier mit handgraviertem Plexiglas | Mixed media on paper and hand engraving on Plexiglas
30 × 23 × 3 cm
Courtesy Galerie Krinzinger
SEITE | PAGE 97

individual mythologies, 2014
Mischtechnik auf Papier mit handgraviertem Plexiglas | Mixed media on paper and hand engraving on Plexiglas
121 × 106 × 3 cm
Courtesy Galerie Krinzinger
SEITE | PAGE 98

a day of standing still, 2014
Mischtechnik auf Papier mit handgraviertem Plexiglas | Mixed media on paper and hand engraving on Plexiglas
121 × 106 × 3 cm
Courtesy Galerie Krinzinger
SEITE | PAGE 99

David Shrigley
Geboren 1968 in Macclesfield (Cheshire), England. Lebt und arbeitet in Glasgow | Born 1968 in Macclesfield (Cheshire), England. Lives and works in Glasgow, Scotland.

Light Switch, 2007
Animation
1:29 min., loop
Courtesy the artist, Stephen Friedman Gallery (London), Anton Kern Gallery (New York) and Galleri Nicolai Wallner (Copenhagen)
SEITE | PAGE 83

Sleep, 2008
Animation
1 min., loop
Courtesy the artist, Stephen Friedman Gallery (London), Anton Kern Gallery (New York) and Galleri Nicolai Wallner (Copenhagen)
SEITE | PAGE 84

Tintenstrahldrucke von digitalisierten Zeichnungen, mit Kleister auf die Wand tapeziert | Inkjet prints of digital files of drawings wheat-pasted on wall
Ausstellungsansicht | exhibition view, Bergen Kunsthall, 2009
SEITE | PAGE 86/87

Headless Drummer, 2012
Animation
1 min., loop
Courtesy the artist, Stephen Friedman Gallery (London), Anton Kern Gallery (New York), Yvon Lambert (Paris), Galerie Francesca Pia (Zürich), BQ (Berlin) and Galleri Nicolai Wallner (Copenhagen)
SEITE | PAGE 85

Paul Sietsema
Geboren 1968 in Los Angeles. Lebt und arbeitet in Los Angeles | Born 1968 in Los Angeles, CA, USA. Lives and works in Los Angeles, CA, USA.

Boat drawing, 2010
Tusche auf Papier | Ink on paper
Diptychon | Diptych
Je | each: 130 × 172 cm
Privatsammlung | Private collection
SEITE | PAGE 202–203

Plank drawing, 2014
Tusche auf Papier in Künstlerrahmung | Ink on paper in artist's frame
172 × 86 cm
Privatsammlung | Private collection
SEITE | PAGE 197

Painted oval, 2014
Tusche auf Papier in Künstlerrahmung | Ink on paper in artist's frame
196 × 136 cm
Privatsammlung | Private collection
SEITE | PAGE 199

Painted coins, 2014
Tusche und Emailfarbe auf Papier | Ink and enamel on paper
81 × 88 cm
Collection of Maurice Marciano
SEITE | PAGE 201

Untitled (Five Euro), 2015
Tusche und Emailfarbe auf Papier | Ink and enamel on paper
40 × 32 cm
Courtesy John and Naomi Reese
SEITE | PAGE 200

Tatiana Trouvé
Geboren 1968 in Cosenza, Italien. Lebt und arbeitet in Paris | Born 1968 in Cosenza, Italy. Lives and works in Paris, France.

Untitled, 2011
Aus der Serie | from the series *Intranquility*
Bleistift auf Papier auf Leinwand | Pencil on paper on canvas
125 × 200 × 3,5 cm
FWA, Foundation for Woman Artists, Antwerp, Belgium
SEITE | PAGE 141

Untitled, 2011
Aus der Serie | from the series *Intranquility*
Bleistift und Kupfer auf Papier auf Leinwand | Pencil and copper on paper on canvas
153 × 240 × 3,5 cm
Courtesy Averill Ogden & Winston Ginsberg
SEITE | PAGE 142/143

Ignacio Uriarte
Geboren 1972 in Krefeld. Lebt und arbeitet in Berlin | Born 1972 in Krefeld, Germany. Lives and works in Berlin, Germany.

Amorphous (4 colors), 2014
Dokumentenechter Tintenroller auf Papier | Document-proof rollerball pen on paper
143,2 × 103,2 cm
Privatsammlung | Private collection
SEITE | PAGE 191

Amorphous Growth in Red, 2014
Dokumentenechter Tintenroller auf Papier | Document-proof rollerball pen on paper
3 Teile | parts
51,8 × 35,8 cm, 71,6 × 51,8 cm, 103,2 × 71,6 cm
Privatsammlung, München | Private collection, Munich
SEITE | PAGE 192

Amorphous Growth in Green, 2014
Dokumentenechter Tintenroller auf Papier | Document-proof rollerball pen on paper
3 Teile | parts
51,8 × 35,8 cm, 71,6 × 51,8 cm, 103,2 × 71,6 cm
Courtesy Philipp von Rosen Galerie, Köln
SEITE | PAGE 193

Amorphous, 2014
Ausstellungsansicht | exhibition view
143,2 × 103,2 cm
Courtesy Philipp von Rosen Galerie, Köln
SEITE | PAGE 194/195

Marcel van Eeden
Geboren 1965 in Den Haag. Lebt und arbeitet in Zürich und Den Haag | Born 1965 in The Hague, the Netherlands. Lives and works in Zurich, Switzerland, and The Hague, the Netherlands.

Untitled, 2013
Negrostift und Buntstift auf Papier | Negro pencil and colored pencil on paper
56 × 76 cm
Courtesy Georg Kargl Fine Arts, Wien
SEITE | PAGE 37

Untitled, 2013
Negrostift und Buntstift auf Papier | Negro pencil and colored pencil on paper
28 × 76 cm
Courtesy Georg Kargl Fine Arts, Wien
SEITE | PAGE 38/39

Untitled, 2013
Negrostift und Buntstift auf Papier | Negro pencil and colored pencil on paper
Je | each 19 × 28 cm
Courtesy Georg Kargl Fine Arts, Wien
SEITE | PAGE 40

Untitled, 2013
Negrostift und Buntstift auf Papier | Negro pencil and colored pencil on paper
Je | each 28 × 38 cm
Courtesy Georg Kargl Fine Arts, Wien
SEITE | PAGE 41–43

Erik van Lieshout
Geboren 1968 in Deurne in den Niederlanden. Lebt und arbeitet in Rotterdam | Born 1968 in Deurne, the Netherlands. Lives and works in Rotterdam, the Netherlands.

Ron, 2010
Mischtechnik auf Papier | Mixed media on paper
150 × 258 cm
Albertina, Wien | Vienna
SEITE | PAGE 55

The Mall, 2010
Mischtechnik auf Papier | Mixed media on paper
150 × 515 cm
Dauerleihgabe der Österreichischen Ludwig-Stiftung für Kunst und Wissenschaft | Permanent loan of the Austrian Ludwig Foundation for Art and Science
SEITE | PAGE 56/57

Sandra Vásquez de la Horra
Geboren 1967 in Viña del Mar, Chile. Lebt und arbeitet in Berlin | Born 1967 in Viña del Mar, Chile. Lives and works in Berlin, Germany.

La Examinadora, 2009
Grafit auf Papier in Wachs | Graphite on paper in wax
70 × 50 cm
Courtesy Kewenig, Berlin / Palma
SEITE | PAGE 111

Oh, estatua de sal!!, 2011
Grafit und Aquarell auf Papier in Wachs | Graphite and watercolor on paper in wax
39 × 26,5 cm
Courtesy Kewenig, Berlin / Palma
SEITE | PAGE 108

El canto dionisiaco, 2011
Grafit und Aquarell auf Papier in Wachs | Graphite and watercolor on paper in wax
39 × 26,5 cm
Courtesy Kewenig, Berlin / Palma
SEITE | PAGE 108

El Tango Feroz, 2013
Grafit auf Papier in Wachs | Graphite on paper in wax
32,5 × 21 cm
Courtesy Kewenig, Berlin / Palma
SEITE | PAGE 109

El Ciclope, 2013
Grafit auf Papier in Wachs | Graphite on paper in wax
39 × 25 cm
Courtesy Kewenig, Berlin / Palma
SEITE | PAGE 109

Diosa de los Tormentos, 2014
Grafit auf Papier in Wachs | Graphite on paper in wax
100 × 70 cm
Privatsammlung | Private collection, Potsdam
SEITE | PAGE 106

El Tiempo, 2014
Grafit auf Papier in Wachs | Graphite on paper in wax
108 × 78 cm
Courtesy Kewenig, Berlin / Palma
SEITE | PAGE 106

El baile eterno, 2014
Grafit auf Papier in Wachs | Graphite on paper in wax
100 × 70 cm
Courtesy Kewenig, Berlin / Palma
SEITE | PAGE 107

Altiplano durmiente, 2014
Grafit auf Papier in Wachs | Graphite on paper in wax
78 × 108 cm
Collection Florence et Daniel Guerlain
SEITE | PAGE 110

Ausstellungsansicht | exhibition view, Kewenig, Berlin, 2014/15
SEITE | PAGE 105

Jorinde Voigt
Geboren 1977 in Frankfurt am Main. Lebt und arbeitet in Berlin | Born 1977 in Frankfurt am Main, Germany. Lives and works in Berlin, Germany.

Der über Sexualität laufende Intimgehalt, Niklas Luhmann: Liebe als Passion, Einbeziehung der Sexualität XXXVIII, 2014
Tinte, Blattgold, Bleistift, Pastell, Fixativ auf Papier | Ink, gold leaf, pencil, pastel, and fixative on paper
140 × 210 cm
Sammlung Hoffmann, Berlin
SEITE | PAGE 185

Sinnüberschuss, Niklas Luhmann: Liebe als Passion, Evolution von Kommunikationsmöglichkeiten X, 2013
Tinte, Ölkreide, Bleistift auf Papier | Ink, oil pastel, pencil on paper
210 × 140 cm
Courtesy Jorinde Voigt
SEITE | PAGE 186

Ordnungseffekt, Niklas Luhmann: Liebe als Passion, Freiheit zur Liebe: Vom Ideal zum Paradox XVII, 2013
Tinte, Blattgold, Bleistift, Pastell, Ölkreide auf Papier | Ink, gold leaf, pencil, pastel, oil pastel on paper
210 × 140 cm
Sammlung Dr. Minks
SEITE | PAGE 187

Quintessenz, Niklas Luhmann: Liebe als Passion, Passion: Rhetorik des Exzesses und Erfahrung der Instabilität XXIII, 2013
Tinte, Blattgold, Bleistift, Ölkreide auf Papier | Ink, gold leaf, pencil, oil pastel on paper
210 × 140 cm
Courtesy Jorinde Voigt
SEITE | PAGE 188

Superpassion, Niklas Luhmann: Liebe als Passion, Passion: Rhetorik des Exzesses und Erfahrung der Instabilität XXII, 2013
Tinte, Bleistift, Gold, Pastell, Ölkreide auf Papier | Ink, pencil, gold, pastel, oil pastel on paper
210 × 140 cm
Courtesy Jorinde Voigt
SEITE | PAGE 189

Wir danken allen, die uns für diese Ausstellung Werke zur Verfügung gestellt haben |
We would like to thank all those who have made works available for this exhibition

Foundation for Woman Artists (FWA), Antwerp; Freymond-Guth Fine Arts, Zürich; Stephen Friedman Gallery, London; Frith Street Gallery, London; Gagosian Gallery; Jeanne Greenberg Rohatyn; green-grassi, London; Collection Florence et Daniel Guerlain; Sammlung Hoffmann, Berlin; Georg Kargl Fine Arts, Wien; kaufmann repetto, Milano / New York; Kewenig, Berlin / Palma; Christine König Galerie, Wien; Galerie Krinzinger, Wien; Krobath Wien / Berlin; Collection of Maurice Marciano; Collection of Phil Mercado and Todd Quinn, Los Angeles; Sammlung Dr. Minks; Collection of Margaret Morgan and Wesley Phoa; Neue Galerie Graz am Universalmuseum Joanneum; Averill Ogden & Winston Ginsberg; Galerija Gregor Podnar, Berlin; John and Naomi Reese; Regen Projects, Los Angeles; Sammlung Ringier, Schweiz | Ringier Collection, Switzerland; Philipp von Rosen Galerie, Köln; Sean Kelly Gallery, New York; STRABAG Kunstforum; Thyssen-Bornemisza Art Contemporary, Vienna; Leslie Tonkonow Artworks + Projects, New York; Brigitte von Trotha-Ribbentrop; Susanne Vielmetter Los Angeles Projects; Private collection of Irina and Maris Vitols, Riga; White Cube, London; Zeno X Gallery, Antwerp; David Zwirner, New York / London, den Künstlerinnen und Künstlern sowie jenen Privatsammlerinnen und Sammlern, die ungenannt bleiben wollen | the artists and those private collectors who wish to remain anonymous.

Weiters danken wir | Furthermore, we are grateful to:
Bergen Kunsthall; BQ, Berlin; carlier | gebauer, Berlin; Galerie Volker Diehl, Berlin / Moskau; Marian Goodman Gallery, New York / Paris / London; Barbara Gross Galerie, München; Galleri Magnus Karlsson, Stockholm; Galerie Johann König, Berlin; Matthew Marks Gallery, New York / Los Angeles; Galerie Perrotin, Paris / New York / Hong Kong.

Dieser Katalog erscheint anlässlich der Ausstellung
This catalogue is published in conjunction with the exhibition

Drawing Now: 2015
in der Albertina, Wien, vom 29. Mai bis 20. September 2015
at Albertina, Vienna, May 29 to September 20, 2015

515. Ausstellung der Albertina
515th exhibition of the Albertina

Ausstellung | **Exhibition**

Direktor | Director
Klaus Albrecht Schröder

Kuratorin | Curator
Elsy Lahner

Kuratorische Assistenz | Curatorial Assistant
Melissa Lumbroso

Ausstellungsorganisation | Exhibition Management
Barbara Buchbauer

Restaurierung | Conservation
Elisabeth Thobois, Karin Steiner

Katalog | **Catalogue**

Herausgegeben von | Edited by
Klaus Albrecht Schröder, Elsy Lahner

Redaktion | Editing
Elsy Lahner

Projektleitung | Project Manager
Margarete Heck

Projektmanagement | Project Management Hirmer
Karen Angne

Verlagslektorat | Copyediting
Katrin Boskamp-Priever, Hepstedt (Deutsch | German)
Keonaona Peterson, Southbridge, MA (Englisch | English)

Übersetzungen | Translations
Michael Scuffil, Köln (Deutsch–Englisch | German–English)
Elizabeth Tucker, Brooklyn, New York (Deutsch–Englisch | German–English)
Volker Ellerbeck, Berlin (Englisch–Deutsch | English-German)
Bernadette Ott, München | Munich (Französisch–Deutsch | French–German)
David Wharry, Paris (Französisch–Englisch | French–English)

Grafik | Design
Klaus E. Göltz, Halle

Papier | Paper
Garda Pat 1.1 150 g/m²

Lithografie | Lithography
Reproline mediateam GmbH, München | Munich

Verlagsherstellung | Production
Sophie Friederich

Druck und Bindung | Printing and Binding
Passavia Druckservice, Passau

Printed in Germany

Presented by BMW

Partner der | of the Albertina SUPERFUND

Bibliografische Information der Deutschen Nationalbibliothek
Die Deutsche Nationalbibliothek verzeichnet diese Publikation in der Deutschen Nationalbibliografie; detaillierte bibliografische Daten sind im Internet über http://www.dnb.de abrufbar.
Bibliographic information published by the Deutsche Nationalbibliothek
The Deutsche Nationalbibliothek lists this publication in the Deutsche Nationalbibliografie; detailed bibliographic data are available in the Internet at http://www.dnb.de

Fotonachweis | Photo credit
© Julia Gaisbacher (Frontispiz | Frontispiece), Robin Holland (S. | pp. 76/77), Simona Koch (S. | pp. 10/11), Peter Cox (S. | pp. 25, 26 oben | top), Felix Tirry (S. | p. 26 unten | bottom), Dirk Pauwels (S. | pp. 18, 27–29), Jhoeko Fotografie (S. | pp. 55–57), Robert Wedemeyer (S. | pp. 59–63), Marcus Schneider (S. | p. 73), Bergen Kunsthall/Thor Brødreskift (S. | pp. 86/87), Per-Erik Adamsson (S. | pp. 89–93), Martin Seck (S. | pp.101–103), Stefan Müller (S. | p. 105), Dr. Cordia Schlegelmilch (S. | pp. 106–107, 109–111), Eric Tschernow (S. | p. 108), Prudence Cuming Associates (S. | pp. 133–135), Mike Bruce (S. | pp. 136–139), André Morin (S. | pp. 141–143), Serge Hasenböhler, Basel (S. | pp. 153–157), Marcus Leith (S. | pp.159–163), Tadasu Yamamoto (S. | pp. 166/167), Jens Ziehe (S. | p. 169), Rudolf Strobl (S. | p. 170), Teresa Novotny (S. | p. 171), Ben Westoby (S. | pp. 179–181), Simon Vogel (S. | pp. 191–195), Norbert Migueltz (S. | pp. 205–207), Alex Delfanne (S. | pp. 209, 211).

Umschlagabbildung | Cover illustration (Museumsausgabe | Museum edition)
Los Carpinteros, *Tornado Amarillo Doble (Diptico)*, 2011 (Detail | detail)
(S. | p. 147)

Umschlagabbildung | Cover illustration (Buchhandelsausgabe | Trade edition)
Robin Rhode, *A Spanner in the Works of Infinity*, 2012/13 (Detail | detail)
(S. | pp. 80/81)

Frontispiz | Frontispiece
Rainer Prohaska, *Drawing an Orange Line #6*, 2014

ISBN 978-3-7774-2500-9 (Museumsausgabe | Museum edition)
ISBN 978-3-7774-2408-8 (deutsche Buchhandelsausgabe | German trade edition)
ISBN 978-3-7774-2434-7 (englische Buchhandelsausgabe | English trade edition)

www.hirmerverlag.de
www.hirmerpublishers.com